KB203740

리처드 스턴스는 하나님의 사랑을 국내외 이웃들에게 보여 주라는 하나님의 명령에 흔쾌히 순종하여 삶을 바꿔 놓고 세상을 변화시키라고 우리를 독려한다. 《구멍 난 복음》은 하나님의 사람들이 변화되어 하나님의 큰 사랑에 따라 급진적으로 살아갈 때 가능한 상황에 대한 소망이 넘쳐 나는 책이다. -게리 하우겐, 인터내셔널저스티스미션 총재

리처드 스턴스는 대부분의 북미인들은 쳐다보지도 않는, 그러나 하나님은 애통해하시는 장소들을 보여 준다. 그런 하나님의 눈으로 보지 못하면 우리 그리스도인의 연민은 절름발이 신세를 면할 수 없다. 하나님의 눈으로 볼 때 비로소 우리는 예수님의 부르심에 걸맞은 치유자들이 될 수 있다. 이 책을 혼자 보지 말고 담임목사, 교인들, 기도 동역자들과 함께 보라. 그리고 행동하라. -데이빗 네프, 크리스채너티투데이미디어그룹 편집장 및 부사장

나는 다리를 놓는 사람으로서 언제나 '가진 자들'과 '못 가진 자들'을 연결하려 노력해 왔다. 리처드 스턴스의 《구멍 난 복음》은 우리 모두가 자신의 기독교 신앙과, 그것이 어떻게 우리를 이끌어 아파하는 세상에 다가가게 하는지 더 잘 이해하도록 도와준다.
-돌퍼스 위어리 박사, 미션미시시피 대표

경고와 약속 : 양심의 가책을 느끼고 삶이 변하기를 원치 않는다면 이 책을 읽지 말라. 그러나 마음이 열리고 새로운 희망으로 삶이 채워지기를 원한다면 꼭 읽으라. 눈길을 사로잡는 사실들과 진실이 가득 담겨 있는 이 책은, 세상의 필요를 다룬 일반적인 책이 아니다. 무엇보다도 리처드 스턴스가 각성하여 하나님의 전 지구적인 목적을 깨닫게 되는 사적인 이야기다. 이 책을 읽으라. 저자의 매혹적인 여정을 알게 될 것이고, 어쩌면 당신만의 새로운 여행을 시작하게 될지도 모른다. -레이턴 포드, 레이턴포드선교회 대표

예수님처럼 살라는 강력하고 절박한 부름. 스턴스는 견실한 신학, 감동적인 이야기들 그리고 자신의 신앙 여정을 모아 온전한 복음대로 살라는 외면할 수 없는 외침으로 엮어 냈다. 강력 추천! -로널드 사이더, 《가난한 시대를 사는 부유한 그리스도인》의 저자

각오하시라. ……에너지가 넘쳐나는 책이니! 리처드 스턴스는 지식과 사랑으로 우리 기독교인들의 신앙 체계에 구멍이 난 이유를 차례차례 설명한다. 그는 이웃, 부, 가능, 인식 같은 단어들을 재정의하고…… 만만찮은 작전 지시를 내리며, 우리 각 사람이 희망과 연민을 쏟아부을 때 이 구멍을 보수할 수 있는 방법, 아예 없애 버릴 수 있는 구체적인 방법이 생긴다는 것을 보여 준다. 저자는 변화가 가능하다는 믿음으로 우리의 사고를 확장시키고 용기를 준다. 이 책을 다 읽고 나면 당신도 그 믿음을 갖게 될 것이다.
-루시 스윈돌, 작가, '믿음의 여성들' 강연자

《구멍 난 복음》은 우리가 사는 사회가 우리의 선택이 그대로 반영되는 곳이라는 사실을 각성하게 한다. 우리에게 책임이 있는 것이다. 참 무서운 메시지지만 해방감과 힘을 주기도 한다. 리처드 스턴스는 탁월한 분석력과 경험의 렌즈를 통해 우리 각자가 삶에 대한 기본적인 결정을 재검토하게 한다. 우리가 어떻게 반응하는지에 따라 우리의 운명과 세계의 운명이 크게 달라질 것이다. -매들린 올브라이트, 전직 미 국무장관

월드비전은 전 세계 곳곳에서 전략적으로 중요한 역할을 감당하고 있다. 그리고 세계 역사상 최대의 구호 기관으로서 어려운 사람들을 보살피고 위기 상황에 대처하고 있다. 리처드 스턴스는 이 긍휼의 사역을 놀라운 솜씨로 이끌고 있다. 그의 책은 이웃을 사랑하고 고통받는 자들을 위로할 기회에 대해 다시 생각하도록 촉구한다. 그의 메시지는 시의적절하고 꼭 필요하다. 하나님, 그를 축복하시고, 월드비전의 사역과 그것을 받아들이는 모든 사람들을 축복하소서. -맥스 루케이도, 목사, 작가

나에게 믿음에서 행동으로, 성공한 삶에서 의미 있는 삶으로 전환한 사람을 하나 뽑으라고 한다면 리처드 스턴스를 목록의 제일 위에 올릴 것이다. 《구멍 난 복음》은 모든 그리스도인이 하나님을 위해 은둔처에서 나와 세상으로 들어가도록 촉구하고 있다.
-밥 버포드, '리더십 네트워크'의 설립자, 《하프타임》의 저자

그의 예배 방식은 눈먼 사람들의 눈이 되고 저는 사람들의 발이 되는 것이다. 리처드 스턴스는 에이즈와 극도의 빈곤에 맞서 강력한 목소리를 내는 사람이자 그 이상의 존재다. 그는 행동하는 영웅이다. -보노, U2의 리더

리처드 스턴스는 내가 아는 그 누구 못지않게 탁월한 리더다. 내가 그를 처음 만났을 때 그는 미국의 대표적 기업의 최고경영자로 고공비행 중이었다. 높은 자리에서 일하는 데 익숙해졌을 텐데도 그는 겸손함과 하나님 나라 중심의 세계관으로 내게 깊은 인상을 주었다. 그가 월드비전 회장이 되었을 때, 나는 하나님께서 그의 지성과 마음을 사용하셔서 수천 명의 스태프와 후원자들에게 영감을 불어넣어 빈곤을 완화시키고 에이즈의 영향을 끊어 내는 일에 최선을 다하게 만드는 모습을 맨 앞에서 지켜보았다. 그의 새 책《구멍 난 복음》은 독자를 더 높은 단계의 제자도로 부를 것이다. 당신이 하나님 손에 이끌려 새로운 자비와 행동의 자리에 이르기를 응원한다. 리처드 스턴스는 전략을 갖고 있다. ……이제 당신이 움직일 차례! -빌 하이벨스, 윌로우크릭커뮤니티교회 설립자 겸 담임목사

나는 이 책이 너무나 좋다! 마음을 사로잡는 더없이 명확한 메시지를 선물해 준 그가 참 고맙다. 나는 세계의 절박한 필요들을 부각한 책들을 읽어 보았고, 그 필요를 채우기엔 터무니없이 작은 내 모습에 신음했다. 리처드의 책은 다르다. 이 책은 그리스도의 발자취를 따르고 전 세계의 남녀와 어린이들의 삶에 지속적인 변화를 이루어 내고 싶은 모든 신자에게 나아갈 길을 환히 보여 준다. 하나님은 살아 계시고, 뜻밖의 곳에서 일하신다. 이 책은 함께 일하자고 권하시는 하나님의 초청장이다!
-쉴라 왈쉬, *Let Go!*의 저자, '믿음의 여성들'의 연사

《구멍 난 복음》은 스턴스가 돈과 힘의 상징인 중역실을 떠나 세상의 가난하고 고통받는 사람들을 만나게 되는 과정을 기록하고 있다. 그 여정은 그의 삶을 영원히 바꿔 놓았다. 나는 이 책을 한 자도 빠짐없이 읽었고 한 장 한 장 넘길 때마다 그리스도께, 그리고 그분이 사랑하시는 세상에 더욱 깊이 헌신해야겠다는 각오를 다지게 되었다. 친구들에게 주고 함께 읽고 싶은 책이다. 다 읽고 나서 나는 마음이 몹시 아팠고 눈을 들어 새로운 길을 보게 되었다. -스티븐 헤이너, 교수 기독학생회(IVF) 전 대표

《구멍 난 복음》에서 리처드 스턴스는 미국 교회의 해묵은 오점을 명확하게 지적한다. 너무나 오랫동안 우리는 개인의 경건과 사회 정의를 인위적으로 분리시켜 왔다. 이제 더 이상 그래선 안 된다! 그의 예언자적 목소리는 우리에게 반성과 회개, 반응을 촉구한다. 그의 촉구를 외면하지 말자. -알렉 힐, 미국 기독학생회 대표

리처드 스턴스는 정의를 강물처럼 흐르게 하라고 외치는 현대판 아모스 선지자다. 정의는 복음과 선지자들의 진지한 명령이다. 너무나 많은 그리스도인들이 너무나 오랫동안 이 일을 '다른 사람들'에게 맡겨 왔다. 이 책을 회심을 촉구하는 제단 초청으로 대하길 바란다.
—유진 H. 피터슨, 《메시지》 번역자, 밴쿠버 리전트칼리지 영성신학 명예교수

리처드 스턴스는 예수님의 좋은 소식이 세상 모든 사람에게 좋은 소식이 되어야 한다는 주장을 설득력 있게 펼쳐 나간다. 온전한 복음은 가난한 사람들에게 마음만 쓸 게 아니라 구체적인 조치를 취할 것을 요구한다. 이 책은 기업계 리더들도 꼭 읽어야 한다. 하나님이 여러 사업 기술과 자발적인 마음을 사용해 영원한 가치가 있는 일들을 이루실 수 있음을 놀라운 사례를 통해 보여 주기 때문이다. —조나단 T.M. 렉포드, 국제해비타트 총재

이 책은 월드비전이 남긴 최고의 유산이다. 《구멍 난 복음》은 절실하고도 사려 깊게 행동을 촉구하는 소집 나팔이다. 우리 시대를 위한 예언자적이고 소망 어린 말씀이다. 많은 사람들이 이 책을 읽고 그대로 행한다면, 세상은 분명 달라질 것이다.
—존 오트버그, 작가, 멘로파크장로교회 담임목사

이 책은 강력한 개인 간증, 저자의 삶을 바꿔 놓은 가난한 사람들과의 만남, 그리고 통찰력 있는 성경 주석까지 싣고 있다. 월드비전 창립자 밥 피어스의 경우처럼, 리처드 스턴스도 하나님의 마음을 아프게 하는 일들 때문에 마음 아파했다. 이제 스턴스는 최고경영자로 쌓은 뛰어난 경영 능력을 가지고 가난하고 억압받는 사람들을 섬기고 있다. 이 책을 적극 추천한다. —존 M. 퍼킨스, '화해와 개발을 위한 존 퍼킨스 재단' 대표

리처드 스턴스는 가난한 자들을 섬기라는 예수님의 부르심에 등을 돌리지 않았던 '부유한 청년 관원'이다. 이제 빈곤 퇴치 분야의 세계적인 리더인 그는, 그를 불러 '가난한 자들을 향한 좋은 소식'으로 삼으신 하나님과 복음에 응해 강렬한 비전을 제시한다. 이 책에는 부유한 그리스도인들이 구원받을 방법이 담겨 있다. 그의 인생, 그리고 이 책은 교회가 어떤 '충만한 복음'으로 부름받았는지 증언하고 있다. 《구멍 난 복음》은 자신의 믿음이나 삶에 뭔가 빠져 있다는 느낌을 받는 사람, 세상을 향한 그리스도의 사명에 더 깊이 들어가기 원하는 모든 사람에게 길을 보여 준다. —짐 월리스, 〈소저너스〉 대표

리처드 스턴스는 하나님이 우리 모두에게 바라고 기대하시는 바를 더없이 분명하게 알려 주는 책을 선사했다. 그는 부모님이 에이즈로 돌아가신 후 혼자서 동생들을 보살피는 한 아프리카 어린이와의 잊지 못할 만남을 회상한다. 어린이가 모두에게 잊힌 채 외롭고 슬프게 살아간다는 건 용납할 수 없는 일이다. 리처드는 그리스도인이 이런 문제들을 직시해야 하며, 기아, 빈곤, 질병을 줄이고, 특별히 그런 어려운 처지의 어린이들을 돌보기 위해 더 많은 일을 해야 한다는 사실을 분명하게 지적한다. 실제로는 그 어린이들이 우리 모두의 아이들이기 때문이다. 믿음의 공동체가 보다 절박한 심정으로 가난한 사람들을 섬기고 더 많은 자비를 베푼다면 세상은 극적으로 나아질 수 있다. 그는 월드비전을 효율적이고 통찰력 있게 이끈 경험을 통해 이 문제들을 그 심각성에 맞게 제대로 대할 줄 안다. 놀랍고도 중요한 이 책은 그리스도인들이 우리 가운데 가장 가난하고 약한 사람들을 섬기고 보살피고 사랑할 책임이 있다고 말한다. 리처드는 내게 개인적인 책임이 있다는 것과 그 책임에 우선순위를 둬야 한다는 것, 그리고 인생의 참된 보상과 성취를 어디서 찾아야 하는지 되새기게 해 주었다. –짐 모리스, 전직 유엔 세계식량계획 사무총장

리처드 스턴스는 우리 가운데 가장 어려운 사람들과 약한 사람들을 품어 예수 그리스도의 온전한 복음을 받아들이라고 진실하고 열정적으로 촉구하고 있다. 감동적인 사연들, 외면할 수 없는 사실들과 자료들, 스턴스의 탁월한 성경 적용과 월드비전에서의 경험들을 읽고 나면 독자도 이렇게 자문하게 될 것이다. '나는 어떻게 해야 하나?' –찰스 콜슨, 교도소선교회 설립자

리처드 스턴스는 자신의 삶에만 몰두하는 그리스도인들, 건강과 부와 행복이라는 아메리칸 드림을 추구하는 그리스도인들을 대상으로 열정적이고 설득력 있는 책을 썼다. 그는 모든 것을 가진 자리에서 아무것도 없는 사람들을 위해 희생적인 삶을 사는 자리에 이른 본인의 신앙 여정을 소개한다. 리처드는 달변가다. 그리고 그의 말은 옳다. –케이 워렌, 캘리포니아 레이크포리스트 소재 새들백교회 HIV/에이즈이니셔티브 실행이사

《구멍 난 복음》은 하나님이 우리를 통해 세상을 변화시키실 수 있음을 상기시켜 준다. 이 책을 읽고 리처드 스턴스를 안내자 삼아 주님께 돌아오라. –켄 블랜차드, 《칭찬은 고래도 춤추게 한다》, 《예수는 어떻게 12제자를 위대한 리더로 키웠는가》 저자

이 책은 한 기독교 지도자가 '그저 그런 또 하나의 책'이 아니다. 우리 모두가 들어야 할, 그리고 기독교계에 꼭 필요한 메시지다.

-토니 캄폴로, 목사, 이스턴대학 명예교수, 강연자, 《일터에 사랑》 저자

리처드 스턴스의 책은 여러 이야기와 사례를 통해, 듣는 설교보다 보는 설교가 훨씬 낫다는 사실을 알려 준다. 우리 모두에게 중요한 책이다!

-토니 홀, 미국 대사

아시아의 쓰나미, 아프리카에서 굶주리는 에이즈 고아들, 고작 열 살의 나이에 노예로 팔려 가는 소녀들. 뉴스에서 계속 접하다 보니 이제 별다른 느낌을 받지 못하는 소식들이다. 이 책은 한때 모든 것을 다 가졌다고 생각했으나 우간다의 어린 에이즈 고아와 대면한 후 영적 각성을 경험한 아이비리그 출신 최고경영자의 이야기다. 리처드 스턴스는 월드비전의 책임자로서 매일 기근, 질병, 극심한 빈곤, 충격적인 불의와 마주하지만, 읽는 이의 마음을 사로잡고 반응을 촉구하는 그의 이야기는 소망의 메시지를 전해 준다. ……그리스도인들이 '주의 나라가 임하시고 뜻이 하늘에서 이룬 것같이 땅에서도 이루어지이다'라는 오래된 기도의 의미를 깨닫게 될 때 이루어질 소망이다.

-J. 브래디 앤더슨, 전직 탄자니아 대사 및 미국 국제개발처(USAID) 행정관

이 책은 교회를 향해 '누가 내 이웃인가?' 하고 큰소리로 묻고 그 대답을 기다린다. 남에 대한 관심과 관용을 찾아보기 힘든 세상에서, 사람들은 하나님의 사랑이 말에 그치지 않고 구체적으로 표현되기를 바라고 있다. 이 책을 읽으면 분명 영감을 받을 것이고, 이 책이 요구하는 대로 따른다면 우리의 삶은 영원히 달라질 것이다. 리처드 스턴스의 책은 아픈 영혼들을 위한 사파리와 같다. 이런 책은 안전한 사무실에서 쓸 수 없다. 그는 참호에 나갔다가 '교회야, 어디 있느냐?'라고 물으시는 하나님의 메시지를 가지고 돌아왔다. 뭔가 빠졌다는 느낌과 공허감에 마음이 괴로웠다면 《구멍 난 복음》을 읽으라. 그 빈자리를 어떻게 채워야 할지 알게 될 것이다! -T.D. 제이크스, 댈러스 포터스하우스교회 담임목사

구멍난 **복음**

믿음이란 한 알의 밀알이 땅에 떨어져 죽음으로 많은 열매를 맺음과 같이 진리의 열매를 위하여 스스로 죽는 것을 뜻합니다. 눈으로 볼 수는 없으나 영원히 살아 있는 진리와 목숨을 맞바꾸는 자들을 우리는 믿는 이라고 부릅니다. 「믿음의 글들」은 평생, 혹은 가장 귀한 순간에 진리를 위하여 죽거나 죽기를 결단하는 참 믿는 이들의, 참 믿는 이들을 위한, 참 믿음의 글입니다.

The Hole in
Our Gospel

구멍 난 복음

리처드 스턴스 지음 | **홍종락** 옮김

현숙한 여인을 누가 찾을 수 있느냐?
그녀는 루비보다 훨씬 더 값지다.
그녀의 남편이 그녀를 마음으로 끝까지 믿으니
부족한 것이 없을 것이다.
그녀가 사는 날 동안
남편에게 도움이 되고 해가 되지 않는다.

그녀는 한 손은 가난한 사람들을 돕고
다른 한 손은 궁핍한 사람들을 돕는다.

능력과 존귀함이 그녀의 옷이며
미래에 대한 두려움도 없다.
그녀는 입을 열면 지혜가 나오고
그녀의 혀에는 따뜻한 훈계가 있다.
그녀는 또 집안의 크고 작은 일을 보살피고
일하지 않고 얻은 빵은 먹지 않는다.
그녀의 자녀들이 일어나 그녀를 찬양하고
그녀의 남편도 그녀를 축복하고 칭찬하며
"덕을 끼치는 여자들이 많지만
당신은 그들 모두보다 뛰어나다"라고 한다.
고운 것도 거짓되고 아름다움도 잠깐이지만
여호와를 경외하는 여자는 칭찬을 받을 것이다.
그녀의 손에서 난 것을 그녀에게 돌려라.
그녀가 한 일에 대해 성문 안에서 칭찬이 자자하게 하여라.
―잠언 31장 중에서 (우리말성경)

르네에게

내 소중한 아내이자 동역자, 내게 한결같이 힘을 주는 사람,
우리 가족을 붙들어 주는 닻이요, 잠언 31장 여인의 본보기가 되는 사람.
하나님이 나를 그분이 원하시는 존재로 만드시고자 내게 주신 선물.

한국어판 서문

월드비전 미국의 회장을 처음 만난 것은 내가 월드비전 한국의 회장직을 시작한 2003년 캐나다에서 열린 컨퍼런스에서였다. 이 모임은 전 세계 월드비전 회장단의 21세기에 펼쳐 나갈 정책을 논의하는 자리였는데, 1998년부터 시작된 그의 5년간의 실무 경험을 통해 세계 월드비전 공동체에서 강력한 지도력을 발휘하는 것을 보며 감명을 받았다.

월드비전은 한국 전쟁 때 고아들과 미망인을 돕기 위해 창설된 기독교 국제구호 기관으로, 한국은 미국을 비롯한 몇 나라의 후원국으로부터 40년(1950~1990)간 도움을 받았다. 그래서 그런지 우리는 만나는 즉시 마음을 활짝 열고 대화를 나눌 수 있는 친구가 되었다. 레녹스 회사 최고경영자 직을 마다하고 왜 월드비전 미국의 회장직을 선택했느냐는 나의 질문에 그도 질문으로 대답하였다. "당신은 치과의사로, 목사로, 사회복지 교수로 일할 수 있는데 왜 월드비전 한국의 회장직을 선택했습니까?"

그는 기독교인을 비롯한 모든 사람들이 지구촌의 가난한 어린이들의 생명을 지켜 주어야 한다고 열변을 토했다. 그는 이미 그때에 그리스도인들의 믿음이 외부로 표현되지 않는다면 그것은 '구멍 난 믿음'이라고 강조했다.

이 책은 기독교 세계관을 토대로 가난한 사람들을 위한 크리스천과 교회의 사명이 무엇인지를 제시하고 자신을 비롯한 현대 그리스도인과 교회가 어떻게 구멍 난 신앙인, 구멍 난 교회로 전락했는지를 자기 성찰적 차원에서 지적하며 '온전한 믿음'으로 이 세상을 변화시켜야 한다고 주장한다. 20억에 달하는 그리스도인들이 기독교가 말하는 사랑을 실천하여 가난한 이웃들이 살기 좋은 세상으로 변화시켜야 함을 미래의 과제로 제시하고 있다.

이 책은 기독교 세계관에 따라 많은 성경구절을 인용하고 있지만, 결코 기독교 변증서가 아니라 실천을 위한 책이다. 기독교인이 아니라고 해도 이 책을 끝까지 읽어 나가면, 21세기 인간 사회에서 쉽게 발견할 수 있는 결점들에 대해 성찰하게 될 것이라고 저자는 말한다.

저자는 자신이 말한 대로 실천하는 삶을 살기 위해 자기와의 싸움에서 패배하고 승리한 경험을 글로 고백한다.

'구멍 난 복음', '구멍 난 교회'를 향해 미국의 라디오 뉴스 앵커 폴 하비가 지적한 경고의 말이 있다. "우리는 이제 사람을 낚는 어부가 아니라 어항만을 지키는 사람이 되었다."

21세기에 살면서 가난한 이웃의 생명을 지켜 주는 지구촌 시민 사회의 일원이 되기를 원한다면, 리처드 스턴스의 《구멍 난 복음》을 강력히 추천한다.

월드비전 한국 회장
박종삼

차례

한국어판 서문 6

서론 11

프롤로그 19

1부/ 구멍 난 내 복음 ─ 어쩌면 당신의 복음도

1. 구멍 난 전체 29

2. 하나님 일에 대한 겁쟁이 43

3. 네게 한 가지 부족한 것이 있다 60

2부/ 구멍이 깊어지다

4. 자비와 정의 ─ 복음의 양대 기둥 87

5. 세 가지 가장 큰 계명 104

6. 구멍 난 나 117

7. 손에 쥔 지팡이 141

3부/ 구멍 난 세상

8. 새 천년의 가장 큰 과제 155

9. 추락하는 백 대의 제트 여객기 168

10. 이 그림이 뭐가 잘못되었을까? 179

11. 거미줄에 걸려 195

12. 계시록의 말 탄 자들 204

13. 거미, 거미, 더 많은 거미들 231

14. 끝으로, 좋은 소식 245

4부/구멍 난 교회

15. 두 교회 이야기 259
16. 중대한 불이행 274
17. 인도적 위기 상황을 외면한 교회 287
18. 아메리칸드림 죽이기 306
19. 2퍼센트의 2퍼센트 315
20. 미국 교회에 보내는 편지 329
21. 그리스도인들이 인기가 떨어진 이유 336
22. 두 진짜 교회 이야기 343

5부/구멍 보수하기

23. 이 문제를 어떻게 할 건가요? 359
24. 너희에게 떡이 몇 개나 있느냐? 369
25. 시간, 재능, 재물 379
26. 산더미 같은 겨자씨들 404

부록

더 알기 원하신다면 415
월드비전 416
감사의 말 418
스터디가이드 422
주 433

서론

하나님은 우리에게 무엇을 기대하시는가? 이것이 이 책의 내용이다. 정말 간단한 질문이다. 하지만 대답도 그렇게 간단할까? 기독교 신앙의 내용은 무엇인가? 매주 교회에 가고, 식사 기도를 하고, 심각한 죄들을 피하는 것으로 족할까? 아니면 하나님은 그 이상을 기대하실까?

나는 그리스도인이다. 어쩌면 당신도 그럴 것이다. 하지만 그게 정확히 무슨 뜻인가? 그리스도인이 되기 위해서는 먼저 예수 그리스도가 하나님의 아들임을 믿어야 한다. 그리고 이것이 사실이라면 모든 것이 달라진다. 만약 그리스도가 하나님이라면, 그분이 말하고 행한 모든 것이 우리가 살아가는 방식에 대단히 깊은 의미를 갖게 되기 때문이다.

그래서 "하나님은 내게 무엇을 기대하시는가?"라는 질문은 나뿐 아니라 그리스도를 따른다고 자처하는 모든 사람에게 대단히 심오한 질문이다. 예수님은 이것에 대해 많은 말씀을 하셨다. 물론 그분은 하나님의 성품과 그분과 우리의 관계에 대해 깊은 깨달음을 주셨지만, 하나님이 우리에게 기대하시는 것, 우리의 가치 체계, 세상에서 우리가 어떻게 살아야 하는지에 대해서도 길게 말씀하셨다. 그러면 우리는 어떻게 살아야 할까? 거룩하신 하나님과 어떤 관계를 맺어야 할까? 하나님은 당신과 내게 과연 무엇을 요구하실까? 하나님은 믿음보다, 심지어 자기부인self-denial보다 더 많은 것을 요구하신다. 하나님은 당신을 따르고자 하는 사람들에게 모든 것, 즉 전적 헌신을 요구하신다. 사실, 그리스도께서는 2천 년 전에 열두 명을 불러 그들의 세상을 변화시키게 하신 것처럼, 세상을 변화시키는 동역자로 우리를 부르신다.

21세기의 세상은 분명 변화가 필요하다. 매일 올라오는 신문과 방송의 머리기사에는 불안감을 자극하는 소식이 가득하다. 테러 행위, 종족과 종교간 갈등, 전쟁과 분쟁, 널리 퍼진 기아와 빈곤, 전 세계적 경제 위기, 잔인한 독재자들, 부패한 정부들, 광범위한 자연재해, 기후 변화, 핵무기의 위협, 그리고 아동 인신매매와 노예제의 소식이 들려온다. 9·11 테러 이후의 세계는 무섭고도 위협적이고, 대다수 사람들은 그것에 대해 뭔가 조치를 취하기는커녕 상황을 이해하는 데만도 어려움을 겪는다. 세계의 문제들은 우리 대부분에게 너무 크고 어렵게만 보인다. 그 문제들과 씨름하기보다는 뒤로 물러나 있는 쪽이 훨씬 쉽다. 주일 오전, 교회 예배당에 앉아 안도감을 누리며 교우들에게 둘러싸여 있으면 바깥 세계의 폭력, 고통과 혼란을 남의 일로만 여기기가 매우 쉽다. 눈에 안 보이면 마음에서도 멀어지는 법.

그러나 잠깐. 우리는 그리스도인이다. 우리에게 세상의 문제들로부터 등을 돌릴 권리가 있을까? 하나님이 그것을 허락하실까?

나는 아주 편향적인 시각에서 이 책을 썼다. 나는 "하나님이 세상을 이처럼 사랑하사 독생자를 주셨으니 이는 그를 믿는 자마다 멸망하지 않고 영생을 얻게 하려 하심이라"(요 3:16)는 사실을 믿는다. 예수님이 이 문제 많은 세상을 위해 기꺼이 죽으셨다면, 나 역시 이곳에 관심을 가져야 할 것이다. 이곳에 사는 사람들을 더욱 사랑해야 할 것이다. 어쩌면 나에게도 예수님이 그토록 사랑하시는 세상을 사랑하기 위해 감당할 몫이 있을 것이다.

《구멍 난 복음》의 배후에는 아주 단순한 생각이 놓여 있다. 그리스도인, 즉 예수 그리스도를 따르는 자가 되었다면 하나님과 개인적인 관계가 이루어져 사람이 달라지는 정도에서 만족해서는 결코 안 된다는 믿음이다. 그리스도인이 되었다면 세상과 공적인 관계도 달라져 세상을 변화시키는 일이 따라와야 한다.

그리스도를 믿는 개인적 믿음이 외부로 적극 표현되지 않는다면, 그것은 구멍 난 믿음이다. 조니 캐쉬는 이렇게 노래했다. "천국 생각만 하는 당신, 땅에선 아무 쓸모가 없어."[1] 이런 사람에 대한 사도 야고보의 생각은 분명했다. 그의 과감한 요구를 들어 보라. "행함이 없는 네 믿음을 내게 보이라. 나는 행함으로 내 믿음을 네게 보이리라"(약 2:18). 당신의 믿음을 공적인 것으로 만들라는 의미이다.

예수님이 전하신 복음, 즉 좋은 소식을 받아들이는 것은 하나님과 우리의 사적 관계보다 훨씬 많은 것을 아우른다. 복음은 변화된 한 민족이 세계의 주도적인 가치관과 관행에 도전하고 그것들을 바꾸게 하시려는 하나님의 비전에서 태어났다. 예수님은 그 결과로 생겨날 새로운 세계 질서를 '하나님의 나라'(마 12:28, 19:24, 21:31, 43, 막 1:15 등 참조)라 부르셨고, 그분을 따르는 자들의 삶과 행위를 통해 그 나라가 실현될 거라고 말씀하셨다. 예수님은 그분을 따르는 사람들에게 많은 것을 요구하셨다. 예수님이 하나님의 아들임을 믿는 것보다 훨씬 더 많은 반응을 기대하셨다. 그분은 근본적으로 다른 삶의 기준을 받아들이고, 이웃은 물론 원수까지 사랑하고, 잘못을 저지른 사람들을 용서하고, 가난하고 짓밟힌 자들을 일으켜 주고, 가진 것이 적은 사람들과 내 것을 나누고, 희생적인 삶을 살라고 촉구하셨다. 그리고 빛이 어둠을 비추듯 주위 세상에 영향력을 끼치라고 말씀하셨다. 빛은 어둠을 몰아내고 뒤집는다. 마찬가지로, 진리는 거짓을 몰아내며 선은 악을 뒤집는다.

이것은 쉬운 일이 아니다. 예수님을 따르려고 해본 사람이라면 누구나 그 여정에 좌절과 난관과 실패가 가득함을 안다. 두 걸음 전진하면 한 걸음 후퇴하게 된다. 그리스도를 따르기로 한 사람들은 세상의 거절과 비웃음에 굴하지 않고 세상과 다른 가치 체계와 신념에 충실하게 살고자 몸부림쳐 왔다. 모든 세대의 그리스도인이 세상에서 뒤로 물러나 신앙을 사적인 것으로만 남겨 두고 싶은 유혹을 받았다.

하지만 우리는 세상을 변화시킬 좋은 소식, 복음의 전달자다. 믿는 것으로 충분하지 않다. 예배로 충분하지 않다. 개인 도덕으로 충분하지 않다. 기독교 공동체로 충분하지 않다. 하나님은 언제나 더 많은 것을 요구하셨다. 그리스도를 따르는 일에 헌신하는 것은 우리를 지켜보는 세상 사람들이 우리의 말과 행동과 태도 속에서 하나님의 성품, 즉 그분의 사랑과 정의와 자비를 엿볼 수 있게 하겠다는 다짐이다. 사도 바울은 "우리는 그리스도의 사절"이고 "하나님께서는 우리를 시켜서 여러분에게 권면"(고후 5:20, 표준새번역)하신다고 썼다.[2] 하나님은 우리를 그분의 대표자로 택하셨다. 그분은 밖으로 나가 '좋은 소식'을 선포하라고, '좋은 소식'이 되라고, 세상을 변화시키라고 우리를 부르셨다. 사적인 영역에서만 믿음대로 사는 것은 그리스도인에게 절대 있을 수 없는 일이었다.

　나는 기독교 세계관에 따라 이 책을 썼으나 기독교를 변증하는 내용으로 채우지는 않았다. 전체 미국인의 4분의 3 이상이 '그리스도인'으로 자처하는 상황이니, 기독교 세계관이 미국인 절대다수의 세계관이라고 봐도 무방할 것이다. 나는 이 책에서 신구약 성경을 자주 인용했다. 무엇보다 성경이 하나님의 영감으로 된 말씀이라 믿고, 성경에는 큰 권위가 있기 때문이다. 그러나 크리스천이 아닌 독자라 해도 이 책을 잡은 이상 계속 읽어 나가면 좋겠다. 그런 독자는 이 책을 통해 기독교계에서 쉽게 발견할 수 있는 결점들에 대한 자기비판과 성찰을 보게될 것이다. 기독교계라는 집단은 결코 완전하지 않다. 그러나 그리스도인이건 아니건, 다른 사람들을 보살피는 일이 남의 일이라는 듯 이 책을 무심하게 읽지 않았으면 한다. 세상을 사는 우리 모두에게는 세상의 문제들과 싸우고 다른 사람들에게 자비를 베풀어야 할 책임이 있다.

　나는 이 책에 내 이야기를 엮어 넣었다. 내 이야기는 하나님의 오래 참으심을 체험한 평범한 사람의 사연이기 때문이다. 이것은 다른 많은 사람들이 그렇듯, 하나님께 신실하려 노력하면서 자신의 삶을 통해 세상을 좀더 나은 곳으로 만들고자 힘써 온 한 사람의 기록이다. 나는 내 삶을 바쳐 그리스도를 따르기로 작정한 날부터 하나님이 내게 기대하시는 바가 무엇인지 헤아리려고 애썼다. 그리고 능력이 닿는 한, 신앙에 충실하게 살려고 노력했다. 사적으로는 기도와 성경공부, 예배에 충실했고, 공적으로는 내가 속한 작은 인간관계뿐 아니라 더 넓은 지역사회 안에서 나의 언행을 통해 하나님의 사랑을 다른 사람들에게 보여주고자 했다. 나는 그리스도인들이 '복음'이라 부르는 좋은 소식의 신비와 사람의 마음을 변화시켜 세상을 바꾸는 그 능력을 제대로 헤아리고자 노력했다. 그러나 그 길을 가면서 비틀거릴 때도 많았기에, 복음을 다 파악한 양 내세울 생각은 없다.

세상에서 제일 가난한 사람들의 제일 절실한 필요를 채우는 일에 함께하자고 촉구하는 작가, 배고픈 사람들에게 먹을 것을 주고, 재난 피해자들을 지원하고, 지구 전역에서 고아와 과부들을 보살피는 세계적인 인도주의 단체를 이끄는 작가라고 하면, 영적 영웅이나 성인쯤으로 상상할지도 모른다. 나를 신사복 차림의 '마더 테레사'로 생각할 수도 있다. 그러나 혹시라도 그런 인상을 갖고 있다면 그것은 나를 완전히 오해한 것이다. 처음부터 이 점을 분명히 해두고 싶다. 나는 '말한 대로 살기 위한' 싸움을 평생 벌여 온 보통 사람이다. 나는 성인도 영웅도 아니고, '세상을 구원'하겠다고 나서지도 않는다. 그 정도의 용기나 상상력은 없다. 나는 그야말로 마지못해 끌려와 이 일을 하게 된 사람이고 많은 면에서 겁쟁이다. 그러나 독자가 내 이야기를 읽어 가면서 나의 실수를 통해 배우기도 하고 내 실패들을 보며 웃기도 했으면 좋겠다. 하나님이 나처럼 결점투성이의 인간을 여전히 사용하신다는 사실은 매우 놀랍고 또 격려가 된다. 그분이 나를 사용하실 수 있다면, 당신도 사용하실 수 있다.

이 책은 '만약에?'라는 질문을 던진다. 만약 우리 각 사람이 새로운 다짐으로 좋은 소식, 온전한 복음을 진정으로 받아들이고 큰일에서나 작은 일에서나 삶을 통해 그것을 드러낸다면 어떻게 될까? 만약 우리 각자가 하나님께 "저를 사용하소서. 세상을 변화시키기 원합니다"라고 말씀드린다면 어떻게 될까? 오늘날 지구상에서 그리스도인으로 자처하는 사람은 20억에 이른다. 지구 인구의 3분의 1이다. 우리가 세상을 변화시켰는가? 물론 변화시켰다. 하지만 우리의 비판자들은 그 변화가 언제나 좋은 쪽은 아니었다고 금세 지적할 것이다. 그러면 우리는 세상을 하나님이 뜻하시는 방식으로 변화시켰는가? 우리는 우리가 '복음'이라 부르는 좋은 소식을 효과적으로 전한 사절이었는가? 전 세계 교회들이 되풀이하는 주기도문에는 이런 구절이 있다. "나라가 임하시오며 뜻이 하늘에서 이루어진 것같이 **땅에서도** 이루어지이다"(마 6:10, 강조 추가). 우리는 과연 그렇게 믿고 기도하고 있는가?

온전한 복음은 미래의 어떤 시기가 아니라 지금, 먼 하늘나라가 아니라 여기 이 땅에 하나님 나라가 왔음을 알리는 비전이다. 20억의 그리스도인이 자신들을 통해 세상을 변화시키는 하나님의 이 비전을 받아들인다면 어떻게 될까? 상상해 보라. 아니, 그중 2천 명만 자신의 믿음을 한 단계 도약시킨다면 하나님은 어떤 일을 하실까? 2천 년 전, 세상은 고작 열두 사람의 손으로 돌이킬 수 없을 만큼 변화되었다.

그리고 그 일은 다시 벌어질 수 있다.

2008년 12월
워싱턴 주 벨뷰에서
리치 스턴스

내가 복음을 부끄러워하지 아니하노니 이 복음은
모든 믿는 자에게 구원을 주시는 하나님의 능력이 됨이라. -로마서 1:16

누구든 내 말을 듣기만 하면 나를 축복하고
나를 보기만 하면 나를 인정했었다.
내가 울부짖는 빈민과
도와줄 사람 없는 고아를 구해 주기 때문이었다.
죽어 가는 사람도 나를 축복했고
과부의 마음이 나 때문에 기뻐 노래했었다.
내가 의를 옷 삼아 입었고
공의가 내 겉옷이요 내 면류관이었다.
내가 눈먼 사람들에게는 눈이 됐고
발을 저는 사람에게는 발이 됐으며
가난한 사람에게는 아버지 같은 존재였으며
또 무슨 문제가 생기면 해결해 주었고
악인의 턱을 깨뜨리고
그 이 사이에 물고 있는 것을 다시 찾아 주기도 했었다.
-욥 29:11-17 (우리말성경)

프롤로그

천사가 이르되 무서워하지 말라 보라 내가 온 백성에게 미칠 큰 기쁨의 좋은
소식을 너희에게 전하노라. ─누가복음 2:10

1998년 8월, 우간다 라카이

이름은 리처드. 나와 같은 이름이었다. 에이즈로 부모를 잃은 고아였
다. 나는 아이의 볼품없는 오두막 안에 앉아 아이가 울먹이며 털어놓는
사연을 듣고 있었다. 열세 살의 리처드는 수돗물도, 전기도, 침대도 없
는 그 작은 오두막에서 혼자 힘으로 두 동생을 키우느라 애쓰고 있었
다. 그들의 삶에는 어른이 없었다. 그들을 보살피고, 먹이고, 사랑해 주
고, 남자가 되는 법을 가르쳐 줄 사람이 아무도 없었다. 안아 주거나 밤
에 이불을 덮어 줄 이도 없었다. 동생들이 없으면 리처드는 혼자였다.
어떤 아이도 그런 처지에 놓여서는 안 된다. 내 아이들이 그런 빈곤 상
태에 방치된 채 부모의 보호도 받지 못하고 혼자 힘으로 살아가는 모습
을 머릿속에 떠올려 보았는데, 도저히 견딜 수가 없었다.

나는 그곳에 있고 싶지 않았다. 나는 그곳에 있을 사람이 아니었다.

멀리 떨어진 나만의 안전지대가 있었고, 고아들이 혼자 힘으로 고통스럽게 살아가는 그런 곳은 나와 어울리지 않았다. 그곳에는 빈곤, 질병, 불결함이 얼굴과 눈이 있어서 나를 빤히 쳐다보았고, 나는 가난한 사람들의 고통을 보고, 냄새 맡고, 만져야 했다. 바로 그 지역, 라카이는 우간다를 휩쓴 에이즈 대유행의 진원지였다.[1] 그곳에서 죽음의 바이러스가 피해자들이 모르는 상태로 수십 년간 그들을 따라다녔다. 리처드와 그 동생들과 어색하게 앉아 있는 내 얼굴에서 땀이 뚝뚝 떨어졌다. 촬영 담당자는 우리의 눈물을 찍었다. 내 눈물과 아이들의 눈물을.

나는 내 거품 안에서 사는 쪽이 더 좋았다. 그 순간이 닥치기 전까지 내 삶, 가족, 경력을 안전하게 싸고 있던 거품이었다. 그것은 이번 일처럼 난감한 일들을 막아 주어 내가 너무 충격적인 장면, 심란한 상황을 접하지 않게 해주었다. 아주 드물게 그런 일들이 거품을 뚫고 들어오면, 나는 채널을 돌리거나 신문을 다른 면으로 넘기거나 수표를 발행했다. 그렇게 해서 나는 가난한 사람들과 거리를 유지할 수 있었다. 그러나 라카이에서는 달랐다. 그곳에는 '그런 일들'이 얼굴과 이름을 가지고 있었다. 내 이름 리처드도 있었다.

불과 60일 전, 나는 미국에서 최고급 식기를 제작하여 여유가 있는 사람들에게 판매하는 회사, 레녹스의 최고경영자였다. 나는 필라델피아 외곽, 6천 평 대지 위에 지은 침실 열 개짜리 집에서 아내와 다섯 자녀와 함께 살았다. 매일 재규어를 몰고 출근했고 파리, 도쿄, 런던, 피렌체 같은 곳으로 출장을 다녔다. 비행기도 일등석을 탔고 최고급 호텔에 묵었다. 나는 지역 사회에서 존경받았고, 도시 외곽의 유서 깊은 교회에 출석했으며, 아이들이 다니는 기독교 학교의 이사였다. 나는 괜찮은 사람이었다. 가히 성공한 그리스도인의 '전형'이라 할 만했다. 내 거품이 터져 버린 곳, 라카이는 들어 본 적도 없었다. 그러나 그로부터 60일 후, 하나님은 내 인생을 뒤집어 놓으셨고 나는 이전과 완전히 다른 삶을 살게 되었다.

8개월 전, 나는 당시 신임 회장을 물색하고 있던 기독교 구호개발 단체인 월드비전의 연락을 받았다. 정말 뜻밖의 일이었다. 왜 나였을까? 그곳은 내가 추구하던 자리가 아니었다. 아니, 그날 그 전화가 울렸을 때 나는 내 사업을 열심히 챙기고 있었다. 그러나 그것은 24년 동안 계획된 전화였다. 그러니까 1974년, 스물세 살의 나는 대학원 기숙사 침대 옆에 무릎을 꿇고 앉아 내 삶을 그리스도께 바쳤다. 내게 그것은 작은 결정이 아니었고 몇 달 간에 걸친 독서, 연구, 친구들과의 대화 끝에, 특히 나중에 내 아내가 될 르네의 중요한 증언을 듣고 나서 이루어진 결과였다. 당시 나는 그 결정에 담긴 의미를 잘 알지 못했지만, 한 가지만은 분명했다. 일단 그리스도를 따르기로 약속했으니, 앞으로는 모든 것이 달라지리라는 점이었다.

도자기 그릇을 사지 않으려던 남자

그리스도인이 되고 나서 몇 달 후 나는 르네와 약혼했다. 결혼식과 신혼 생활을 계획하면서 그녀는 지인들에게 요청할 백화점 혼수품으로 자기, 크리스털, 은 식기를 보러 가자고 했다. 그때 내가 보인 반응은 독선적이긴 했지만 새로 얻은 믿음이 생활과 통합되고 있었음을 잘 보여 주었다. "세상에 굶주리는 어린이들이 있는 한, 우리는 도자기,

크리스털, 은 식기를 쓸 수 없어."

20년 후, 내가 미국의 최고급 식기 회사 사장이 된 것을 하나님은 아이러니하게 여기셨을 것이다. 1998년 1월에 월드비전의 전화를 받았을 때, 나는 전화선 맞은편에 하나님이 계심을 느꼈다. 내 귀에 들려온 것은 회장직 수락을 종용하는 사람의 목소리가 아니라 하나님의 음성이었다. '리치, 굶주리는 어린이들에 대한 열정이 넘쳐서 혼수품도 다 채우지 않으려 하던 1974년의 그 젊은 이상주의자를 기억하느냐? 지금 네 모습을 자세히 보아라. 너는 어떤 사람이 되었느냐? 그러나 리치야, 아직도 그 아이들에 대한 관심이 남아 있다면, 너에게 이 일을 맡기고 싶구나.'

나는 월드비전 회장으로 임명되기까지 몇 주 동안 기도하면서, 모세가 그랬던 것처럼 다른 사람을 보내 달라고 하나님께 간청했다. 뭔가 착오가 있었던 게 분명했다. 나는 마더 테레사 같은 사람이 아니었다. 나는 이렇게 기도했다. 하나님, 다른 어느 곳이라도 좋습니다만, "부디 가난한 사람들, 빈곤과 질병으로 고통받고 소외당한 곳에만은 저를 보내지 말아 주세요." 나는 그리로 가고 싶지 않았다.

하지만 나는 월드비전의 신임 회장이 되어 바로 그 자리로 나아갔다. 노련한 스탭진에서 새로운 소명에 '불타오르는 계기'를 삼으라고 나를 파견한 것이었다. 매순간을 다 담아내는 영상 담당자와 함께.

월드비전의 창설자 밥 피어스는 이렇게 기도한 적이 있다. "하나님의 마음을 아프게 하는 일들로 인해 제 마음도 아프게 하소서." 하지만 마음 아플 일을 정말 바랄 사람이 어디 있는가? 그런 걸 하나님께 구한단 말인가? 우리는 하나님께 마음 아픈 일이 없게 해달라고 기도하지 않는가? 그러나 예수님의 생애를 살펴보면 그분이 이사야가 묘사한 대로 "슬픔과 고통을 당하는 사람"(사 53:3, 현대인의성경)이었음을 알 수 있다. 저는 자, 병든 자, 과부, 고아를 만날 때마다 예수님은 마음이 흔들렸고 그들을 불쌍히 여기셨다. 하나님은 세상을 위해 목숨을 버리셨는데 오늘날 세상은 부서져 있으니, 그 모습을 보시는 하나님의 마음도 부서지지 않을까. 리처드의 사연도 하나님의 마음을 아프게 할 것이 분명하다.

문 바로 바깥에 있는 두 개의 엉성한 돌더미는 리처드의 부모님이 거기 묻혀 있다는 표시였다. 그 아이가 매일 그 앞을 지나다녀야 한다고 생각하면 지금도 심란해진다. 리처드와 동생들은 처음에는 아버지가, 나중에는 어머니까지 서서히 죽어 가는 끔찍한 모습을 지켜봤을 것이다. 부모의 생애 말년에 그들을 먹이고 씻긴 사람은 바로 아이들 아니었을까. 모를 일이다. 어쨌건 이제 어린 리처드가 가장이다.

소년소녀 가장. 만나선 안 될 두 단어의 조합이다. 나는 이 표현이 뜻하는 바를 이해해 보려고 애썼다. 이 단어는 리처드의 곤경뿐 아니라 수만 명, 또는 수백만 명이 넘는 아이들이 처한 곤경을 말해 준다. 나는 에이즈로 생겨난 고아가 라카이에만 6만 명이 있고, 사하라 남부 아프리카에는 1200만 명에 달한다는 얘기를 들었다.[2] 어떻게 이런 상황이 있을 수 있는가? 나는 리처드에게 크면 뭐가 되고 싶냐고 어색하게 물었다. 유년기를 잃어버린 아이에게 그렇게 묻다니, 내가 생각해도 우스꽝스러운 질문이었다. 아이가 대답했다.

"의사요. 병이 있는 사람들을 돕고 싶어요."

"성경책이 있니?"

내가 물었다. 아이는 다른 방으로 달려가서 금박이 입혀진 소중한 책을 갖고 돌아왔다.

"읽을 수 있니?"

"저는 요한복음을 자주 읽어요. 하나님이 어린아이들을 사랑하신다는 말이 나오거든요."

그 말을 듣는 순간 가슴에서 뜨거운 덩어리가 올라와 눈물이 흘러내리기 시작했다.

'주님, 용서하소서. 용서하소서. 저는 몰랐나이다.'

그러나 사실 나는 알았다. 세상의 가난과 고통을 모르지 않았다. 어린이들이 먹을 것과 깨끗한 물이 없어서 매일 죽어 간다는 사실도 알고 있었다. 에이즈와 그로 인해 남겨지는 고아들에 대해 알면서도 그 사실을 남의 일로만 여긴 채 다른 쪽을 바라보고 있었던 것뿐이었다.

하지만 그 일 이후 나는 완전히 달라졌다. 하나님은 내가 라카이를 보기 원하셨고, 그날 나의 슬픔은 회개로 바뀌었다. 성경이 그토록 분명하게 얘기하고 있는데도 나는 가난한 사람들에 대해 눈을 감고 있었다. 내 마음은 분노로 가득 찼다. 처음에는 나 자신에 대한 분노였고, 다음에는 세상에 대한 분노였다. 리처드의 사연을 왜 듣지 못했을까? 언론은 유명 드라마, 주식 시장의 최신 소식, 임박한 빌 클린턴 탄핵 청문회 소식으로 채워졌다. 아프리카를 다룬 신문과 방송의 머리기사와 잡지 표지기사는 어디를 향했는가? 1,200만 명의 고아가 있는데 아무도 몰랐단 말인가? 그중에서도 가장 속상했던 생각은 이것이었다. '교회는 어디에 있었는가?' 아니, 우리 시대의 가장 심각한 인도주의적 위기 상황 한복판에서 예수 그리스도를 따르는 사람들은 무엇을 했는가? 교회는 "고아와 과부를 그 환난 중에"(약 1:27) 돌보았어야 하지 않는가? 미국 전역의 강단은 최전선으로 달려가 자비를 베풀자는 권고로 불타올랐어야 하지 않는가? 그리고 지금 이 순간에도 그렇게 불타올라야 하지 않는가? 절박한 어려움에 처한 어린이들을 교회가 손을 내밀어 돌보아야 하지 않는가? 미국 전역의 수십만 교회는 어떻게 그 아이들이 맞닥뜨린 심각한 비극에 철저히 귀 막은 채 목청껏 찬양을 불러 댈 수 있을까? 라카이의 오두막에 앉아 나는 계속 생각했다. '록스타와 할리우드 배우들까지 다 아는 상황을 어떻게 우리만 모를 수 있을까? 참으로 큰 비극이 아닌가?'

10년이 지난 지금, 이제 나는 안다. 우리가 이해하는 복음에는 뭔가 근본적인 것이 빠져 있음을.

복음이라는 단어는 말 그대로 '좋은 소식'을 뜻한다. 예수님은 자신이 "가난한 자에게 복음을"(눅 4:18) 전하러 오셨다고 선포하셨다. 그러나 교회는 라카이의 리처드와 그 동생들을 위해 어떤 기쁜 소식, 어떤 복음을 갖고 있었을까? 하나님의 백성은 30억에 달하는 세상의 빈민들에게 어떤 '좋은 소식'을 전했을까?[3] 수백만 명에 이르는 아프리카의 에이즈 고아들은 어떤 '복음'을 보았을까?[4] 21세기를 사는 기독교인 대부분이 받아들인 복음의 정체는 무엇일까?

해답은 이 책의 제목에 나와 있다. **구멍** 난 복음이다.

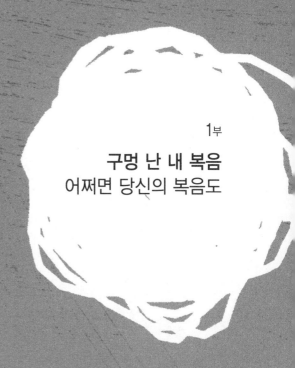

구멍 난 내 복음
어쩌면 당신의 복음도

지상에서 그리스도의 몸은 당신의 몸뿐

당신의 손은 그분의 손

당신의 발은 그분의 발.

당신의 눈은 그리스도의 자비가

세상을 내다보는 창.

그분은 당신의 발을 빌어 선을 행하시고

당신의 손을 빌어 우리를 축복하십니다.

—아빌라의 성 테레사

열정, 달변, 학식보다 친절 때문에 회심한 죄인들이 더 많다.

—프레드릭 W. 페이버

1. 구멍 난 전체

오늘날 우리는 믿음 때문에 변화되어야 한다고만 생각하지, 믿음이 정말 우리를 변화시킨다거나 그럴 수 있다고 생각하지는 않는다. 실제로 우리는 죽어서 천국에 가기를 기다리며 이 세상의 악에 맞서 부질없는 싸움을 하고 있다. 어찌된 일인지 우리는 믿음의 본질이 순전히 정신적이고 내적인 것이라는 생각을 갖게 되었다. ─달라스 윌라드

구멍이 어디 있는가?

우리의 복음에 어떻게 구멍이 날 수 있을까? 프롤로그에서 말한 대로, 복음은 말 그대로 기쁜 기별이나 좋은 소식을 뜻한다. 메시아를 통해 하나님 나라가 도래했음을 전한다는 뜻의 줄임말이다. 한 사전은 복음의 의미를 이렇게 정의했다.

복음: 기쁜 기별. 특히 그리스도가 세상에 선포한 구원과 하나님 나라에 대한 기쁜 소식[1]

복음은 그리스도의 대속의 죽음을 통해 이제 남녀 모두가 하나님과 화해할 수 있게 되었다는 놀라운 소식이다. 그러나 예수님이 선포하신 좋은 소식은 구원과 죄 용서를 넘어서는 온전함을 담고 있었다. 바로 하나님 나라가 지상에 임하는 일이 포함되어 있었던 것이다. 기존의 세계를 뒤집어엎을 이 새 나라의 특징은 팔복에 잘 형상화되어 있다.

> 심령이 가난한 자는 복이 있나니
>
> 천국이 그들의 것임이요
>
> 애통하는 자는 복이 있나니
>
> 그들이 위로를 받을 것임이요
>
> 온유한 자는 복이 있나니
>
> 그들이 땅을 기업으로 받을 것임이요
>
> 의에 주리고 목마른 자는 복이 있나니
>
> 그들이 배부를 것임이요
>
> 긍휼히 여기는 자는 복이 있나니
>
> 그들이 긍휼히 여김을 받을 것임이요
>
> 마음이 청결한 자는 복이 있나니
>
> 그들이 하나님을 볼 것임이요
>
> 화평하게 하는 자는 복이 있나니
>
> 그들이 하나님의 아들이라 일컬음을 받을 것임이요
>
> 의를 위하여 박해를 받은 자는 복이 있나니
>
> 천국이 그들의 것임이라(마 5:3-10).

그리스도께서 말씀하신 나라에서는 하나님이 가난한 자, 병든 자, 슬퍼하는 자, 장애인, 노예, 여자, 아이들, 과부, 고아, 나병환자, 이방인들, 한마디로 '지극히 작은 자'(마 25:40)들을 높여 주시고 받아 주실 것이다. 그 나라의 질서 안에서는 정의가 현실로 나타날 것이다. 먼저는 예수님을 따르는 자들의 마음과 생각 안에서, 나중에는 그들의 영향력을 통해 더 넓은 사회에서도 정의가 실현될 것이다. 예수님의 제자들은 세상의 '소금'과 '빛'이 되어야 했다(마 5:13-14 참조). 그들은 한 덩이의 빵 전체를 부풀리는 '누룩'이 되어야 했다. 그분의 나라는 죽은 이후에만 경험할 수 있는 먼 장래의 아득한 나라가 아니었다. 그리스도의 '하늘나라' 선포는 지금 구원받은 사람들이 거하는 달라진 세계 질서를 지금 요구하는 외침이었다. 다시 말해, 방금 묘사한 완전한 하나님의 나라는 지상에서 시작될 것이다. 이것이 예수님이 처음 선포하신 비전이었고, 우리 세계를 위한 좋은 소식이었다. 그러나 이것은 우리의 21세기 복음관과 일치하지 않는 듯하다. 어찌된 일인지 하나님이 주신 이 원대한 비전은 흐려지고 왜소해졌다.

'결신카드' 복음

여러분이 하고 있는 이 봉사의 직무는 여러분의 고백처럼 여러분이 그리스도의 복음에 순종하고 있다는 것과 그들뿐만 아니라 모든 사람에게 여러분이 후한 헌금을 한다는 증거가 되어 그들이 하나님을 찬양하게 될 것입니다. -고후 9:13(현대인의성경)

복음을 바라보는 우리의 시각은 점점 편협해지다 못해 급기야 단순한 일 처리 정도로 여기게 되었다. 아침 예배 시간에 결신카드의 빈칸에다 그리스도를 믿기로 결단한다고 적었거나, '제단 초청' 시간에 강단 앞으로 나아가는 일을 복음을 믿는 것의 전부로 여기게 된 것이다. 복음전도에 대한 나의 생각도 예수님의 지상명령을 근거로 여러 해 동안 그 정도에 머물렀던 게 사실이다. 나는 가능한 한 많은 사람들이 내세에 지옥에 가지 않게 구원해 내는 일에만 관심을 가졌다. 따라서 그들의 이 세상 삶에 관심을 둘 만한 여유는 없었다. 그들이 가난하건 굶주리건 박해받건, 부유하건 탐욕스럽건 오만하건 크게 상관하지 않았다. 그저 그들이 '영접기도'를 따라하게 만들고 다음 번 회심 후보자에게로 넘어갈 따름이었다. 복음의 좋은 소식을 사람들이 받아들이기 좋고 이해하기 쉽게 만들려던 시도가 지나치다 못해 그것을 구입 가능한 일종의 '보험증서'로 축소시켜 버린 듯하다. 효과가 확실한 보험증서만 갖고 있으면, 죄인은 부유하고 성공한 삶이건, 가난하고 고통받는 삶이건 얼마든지 기존의 생활로 돌아갈 수 있다. 보험증권이 서랍에 들어 있는 한, 다른 일들은 그다지 중요하지 않다. 내세로 가는 '티켓'은 이미 확보해 두었으니까.

하나님 나라에 대한, 이런 식의 제한된 견해에는 정말 문제가 있다. 이것은 온전한 복음이 아니다. 아니, 커다란 구멍이 뚫린 복음이다. 우선, 내세에만 초점을 맞추면 하나님이 이 세상에서 우리에게 기대하시는 바를 소홀히 여기게 된다. 그리스도께서 "너희 안에"(눅 17:21) 있다고 말씀하신 하나님 나라는 지금 여기, 타락한 세상 속에 있는 모든 것에 문제를 제기하고 그것을 변화시켜야 할 나라이다. 이 나라는 세상을 떠나는 방편이 아니라 세상을 구원하는 도구로 주어졌다. 물론 하나님 나라는 우리에게 죄악을 회개하고 그리스도를 따르는 일에 삶을 바치라고 요구할 뿐 아니라, 세상으로 들어가 열매를 맺으라고도 명령한다. 구체적으로 말하면, 가난한 자들과 소외된 자들을 일으켜 세우고, 불의를 보면 문제를 제기하고, 모든 문화에 존재하는 세속적 가치관을 거부하고, 이웃을 우리 자신처럼 사랑해야 한다. 도래하는 하나님 나라에 '합류'하는 일은 하나의 결단, 일처리로 시작되지만, 그보다 훨씬 많은 일이 뒤따라야 한다.

복음은 세상을 위해, 세상 속에서 펼쳐지는 하나님의 역동적이고 아름다운 사랑의 교향곡인데, 우리는 그것을 단조롭게 귀에 거슬리는 단음으로 줄여 놓았다. 원래 돌비 스테레오를 이용해 고해상도로 보여 주신 놀라운 좋은 소식을 흐릿한 흑백 무성영화로 만들어 놓은 것이다. 그 과정에서 우리는 사람의 마음뿐 아니라 세상까지도 변화시키는 복음의 능력을 대부분 제거해 버렸다. 복음전도에 대한 우리의 제한된 생각을 보면 이것을 잘 알 수 있다. 예수님은 그분을 따르는 자들에게 화해와 용서의 좋은 소식을 땅 끝까지 전하라고 명령하셨다.

기독교는 퍼져 나가야 할 종교이지만 강압적인 수단의 사용은 있을 수 없다. 하나님의 사랑은 말로 전해지는 게 아니다. 직접 보여 줘야 한다. 우리는 다른 사람들을 조작하거나 꼬드겨서 동의를 이끌어 내거나 그들이 자기 종교를 버리고 기독교를 받아들이도록 강요해서는 안 된다. 다른 사람들이 구체적인 방식으로 하나님의 사랑을 보고 듣고 느낄수 있게 복음을 선포하고 그것을 삶으로 구현해야 한다. 우리가 믿음에 따라 이 세상에서 고결하고 자비롭게 살아갈 때, 하나님은 다른 사람들이 우리를 통해 그분의 사랑과 성품을 엿볼 수 있게 하신다. 사람들의 마음에 역사하여 용서하고 구원하는 일은 우리가 아니라 하나님이 하신다. 강요는 불필요하고 도움도 안 된다. 하나님이 추수의 책임자시다. 물론 우리는 반드시 땅을 갈고 씨앗을 심고 물을 주어야 한다.

복음전도를 묘사하는 말로 신약성경에서 자주 사용된 추수 비유를 자세히 살펴보자(예를 들어 마 9:37-38, 막 4:1-20, 26-29, 눅 10:1-3, 요 4:35-38). 20세기 대부분에 걸쳐 미국의 복음전도자들은 농작물이 이미 익었으니 따기만 하면 된다는 이 추수 개념을 적극 사용했다. 이것이 빌리 그레이엄의 위대한 전 세계적 전도대회와 CCC(대학생선교회)의 전도책자 《사영리》, 〈예수〉 영화, '전도폭발'의 본질에 자리 잡은 생각이다. 이 모든 도구와 시도들은 그리스도께 삶을 바치면 누구나 죄를 용서받을 수 있다는 좋은 소식을 대단히 효율적으로 선포하게 해주었다. 수백만 명의 사람들이 자신의 삶을 그리스도께 바쳤다. 나도 《사영리》와 빌리 그레이엄 전도대회에 깊은 영향을 받은 사람이다. 그래서 이런 성공적인 '추수 전략들'이 익은 곡식들을 수확하는 데 참으로 효과적임을 직접 증언할 수 있다.

그러나 아직 익지 않은 곡식은 어떨까? 어른이 되고 나서 그리스도께 헌신한 사람들의 경우, 대부분 예수님에 대해 듣자마자 곧바로 회심하지 않았다. 바나리서치 그룹에 따르면, 열여덟 살 때까지 그리스도인이 안 된 사람이 이후 그리스도인이 될 확률은 6퍼센트에 불과하다.[2] 복음의 내용을 전해 듣는 일만으로 즉시 마음을 바꾸는 경우는 드물다. 대개는 그보다 훨씬 오랜 시간이 걸린다. 당장 우리 자신만 돌아보아도 그렇다. 존경하는 친구들 및 가족들과의 관계, 독서, 토론, 기독교 신앙에 관한 기초 학습, 신앙으로 삶이 달라진 사람들을 보고 느낀 놀라움, 다른 사람들을 향한 사랑과 친절한 행위로 드러나는 순전한 믿음을 목격하고 체험한 감동 등으로 이루어진 발견의 여정이 아니었던가. 우리가 수확할 만큼 '익기' 위해서는 그 전에 다른 많은 일들이 벌어져야 했다.

풍성한 수확을 얻기 위해 먼저 있어야 할 온갖 것들을 생각해 보라. 첫째, 누군가가 가서 땅을 골라야 한다. 나무들을 베고, 거대한 그루터기를 뽑아내고, 땅속에 묻힌 암석들과 돌덩이들을 캐내고 옆으로 치우는 수고를 감수해야 한다는 말이다. 그러나 아직 수확은 멀었다. 그다음 땅을 갈아엎어야 한다. 쟁기질을 하고, 흙에 비료를 섞고, 씨앗을 심을 수 있게 이랑을 지어야 한다. 그러고 나서 주의 깊게 씨를 뿌리고 흙을 덮어 주어야 한다. 그래도 아직 수확은 없다. 농작물을 먹는 동물들을 막으려면 울타리도 세워야 한다. 그리고 언제나 그렇듯, 오랜 생장기 동안 모종에 세심하게 물을 주고 보살피고 비료도 줘야 한다.

때로는 나쁜 날씨, 홍수, 병충해 등이 수확을 위협하기도 한다. 그러나 이 모든 수고를 성실하게 감당하고 하나님이 좋은 씨앗과 무난한 날씨를 허락하신다면, 마침내 풍성한 수확이 결과로 나타난다.

다른 나라에서 평생을 헌신했지만 그리스도를 구주로 영접하는 사람의 모습을 단 한 번도 보지 못하다가, 50년이 지난 후에야 엄청난 수확의 씨앗을 뿌렸음이 밝혀진 신실한 선교사들의 이야기를 들어 본 적이 없는가? 우리는 즉각적인 만족을 얻는 데 익숙해졌기에 곧장 수확에 들어가는 쪽을 더 좋아할 것이다. 그루터기를 뽑아내고 돌덩이를 옮기는 고역을 좋아할 사람이 누가 있는가? 그러나 그 온갖 '다른' 일들이야말로 온전하게 도래하는 하나님 나라의 핵심이 아닌가? 우리가 다른 사람들의 삶에 참여하고, 관계를 맺고자 애쓰고, 슬픔과 기쁨을 함께하고, 관대하고, 무조건적인 사랑으로 돌보고, 힘 없는 사람들을 위해 싸우고, 가난하고 취약한 계층을 향해 특별한 관심을 기울이는 것은 그리스도의 사랑을 말뿐이 아니라 행동으로 주위 사람들에게 보여 주는 일이다. 복음의 씨앗을 사람의 마음에 심는 일이다.

예수님은 언제나 건강, 가족, 일, 가치, 관계, 다른 사람을 향한 행동을 포함한 사람 전체와 그의 영혼에 관심을 갖지 않으시던가? 예수님이 생각하시는 복음은 결신카드 작성을 훌쩍 넘어선다. 복음은 혁명적으로 새롭게 바라본 세상과 변화된 사람들, 즉 '모든 민족에 속한 그분의 제자들'(마 28:19 참조)에 의해 변화된 땅을 아우른다. 그들은 혁명적인 하나님의 나라를 불러들이게 될 터였다. 주기도문에 나오는 "나라가 임하시오며 뜻이 하늘에서 이루어진 것같이 땅에서도 이루어지이다"라는 말은 그때나 지금이나 예수님을 따르는 자들에게 좋은 소식을 선포할 뿐 아니라, 그 자체로 좋은 소식이다. 바로 지금 이곳에서도 말이다(마 6:10). 이 복음, 온전한 복음은 개인 구원 이상의 것을 의미한다. 그것은 사회 변혁을 뜻한다.

예수님의 사명 선언문

내가 온 것은 양으로 생명을 얻게 하고 더 풍성히 얻게 하려는 것이라.

-요 10:10

혁명은 나사렛에서 시작되었다. 나사렛은 예수님이 자라나신 곳이다.

이웃 사람의 아들이 교회 주일예배 시간에 말씀을 전하게 되었다고 생각해 보자. 그가 일어서서 그리스도의 재림과 연관된 성경구절을 읽고 이렇게 말한다. "오늘 이 말씀이 너희가 듣는 자리에서 이루어졌다!" 어떤 충격을 받게 될지 상상이 되는가? 예수님은 나사렛의 회당에서 바로 이런 일을 하셨다. 예수님은 메시아의 초림을 말씀하셨다는 점만 다를 뿐이다. 이 일은 예수님이 세례 요한에게 세례를 받으시고 광야에서 40일 동안 사탄의 시험을 당하신 직후, 그분의 공적 사역 초기에 벌어졌다.

> 예수께서 성령의 능력으로 갈릴리에 돌아가시니 그 소문이 사방에 퍼졌고 친히 그 여러 회당에서 가르치시매 뭇 사람에게 칭송을 받으시더라 예수께서 그 자라나신 곳 나사렛에 이르사 안식일에 늘 하시던 대로 회당에 들어가사 성경을 읽으려고 서시매 선지자 이사야의 글을 드리거늘 책을 펴서 이렇게 기록된 데를 찾으시니 곧
> 주의 성령이 내게 임하셨으니
> 이는 가난한 자에게 복음을 전하게 하시려고
> 내게 기름을 부으시고
> 나를 보내사 포로 된 자에게 자유를,
> 눈먼 자에게 다시 보게 함을 전파하며
> 눌린 자를 자유롭게 하고
> 주의 은혜의 해를 전파하게 하려 하심이라
> 하였더라 책을 덮어 그 맡은 자에게 주시고 앉으시니 회당에 있는 자들이 다 주목하여 보더라. 이에 예수께서 그들에게 말씀하시되 이 글이 오늘 너희 귀에 응하였느니라 하시니(눅 4:14-21).

예수님이 읽으신 구절은 왕인 동시에 종이 될 장래의 메시아를 기대하는 메시아 예언이었다. 나사렛에서 하신 이 말씀은 예수님이 메시아인 그분의 정체를 최초로 공식 선언하신 것으로, 그분이 누구시며 왜 세상에 왔는지 선포하는 내용이었다. 이것은 한마디로 예수님의 사명 선언문이었고, 메시아와 도래할 그분의 나라를 영접하는 사람들에게 주시는 하나님의 위대한 약속이 담겨 있었다. 이 사명선언문에는 세 가지 주요 요소가 등장한다.

첫째, 구원의 좋은 소식이 선포된다. 이 좋은 소식을 받는 사람들은 무엇보다도 예수님이 팔복에서 약속하신 대로 가난한 사람들이다. 오늘날 우리가 '복음 선포'를 말할 때는 대체로 전도를 가리킨다. 구원의 좋은 소식, 즉 하나님의 용서를 구하고 자신의 삶을 하나님께 바치면 누구나 구원받을 수 있음을 말로 선언하는 것이 바로 복음 선포라고 생각한다. 그러나 이것은 복음의 전부가 아니다.

둘째, "눈 먼 자에게 다시 보게 함"(18절)을 전파한다. 이사야 61장의 원래 본문에는 "마음이 상한 자를 고치며"(1절)라는 약속도 있다. 이 구절들은 예수님의 좋은 소식 안에 병자들과 슬픈 자들을 향한 자비도 포함되어 있으며, 우리의 영적 상태뿐 아니라 물리적 복지에 대한 관심도 들어 있음을 말해 준다. 우리는 예수님의 사역을 보며 이 관심을 거듭 거듭 확인하게 된다. 그분은 병자들과 저는 자들을 고치셨고, 가난한 자들의 사정에 공감하셨고, 가난한 자들을 먹이셨고, 눈먼 자들의 시력을 말 그대로 회복시키셨다. 예수님은 가난과 질병, 인간의 아픔에 구체적으로 대응하는 일에 분명한 관심이 있으셨다.

셋째, 정의를 향한 헌신의 위엄 있는 선포가 나온다. 예수님은 "포로

된 자에게 자유를 선포하고", "눌린 자를 자유롭게 하고", "주의 은혜의 해를 전파"하러 오셨다. 1세기 팔레스타인 지역에서 포로와 눌린 자라 하면 로마의 지배 아래 사는 자들을 말했겠지만, 더 넓은 의미에서 보자면, 정치적·사회적·경제적 불의의 피해자가 된 모든 사람을 말한다. '주의 은혜의 해'를 선포함은 구약성경의 희년을 말하는 게 분명하다. 희년에는 노예들이 해방되고, 빚이 탕감되고, 모든 땅은 원래의 주인에게 돌아갔다. 희년은 부자가 지나치게 부유해지고 가난한 사람들이 지나치게 가난해지지 않도록 막으려는 하나님의 보호책이었다.

그렇다면 온전한 복음의 선포는 그리스도를 믿으면 구원받는다는 좋은 소식을 사람들에게 전하고 그에 따른 반응을 기대하는 전도 활동에 그치지 않는다. 그것은 병자와 가난한 자들을 위한 구체적인 자비와 성경적 정의, 우리 세계에 만연해 있는 온갖 잘못들을 바로잡기 위한 시도이기도 하다. 하나님은 우리 존재의 영적, 물리적, 사회적 차원들에 두루 관심을 갖고 계신다. 이 온전한 복음이 가난한 자들을 위한 참으로 좋은 소식이고, 세상을 변화시킬 능력을 가진 사회적 혁명의 토대가 된다. 이것이 예수님의 사명이었다면, 그분을 따른다고 주장하는 모든 사람의 사명이기도 하다. 이것은 나의 사명이고, 당신의 사명이고, 교회의 사명이다.

온전한 복음의 능력

2001년 인도 구자라트에 끔찍한 지진이 나서 2만 명의 목숨을 앗아갔다. 그 일이 있은 지 6개월 후[3] 나는 그곳을 방문했다. 거의 모든 집과 건물이 쓰러져서 거리가 쑥대밭이 되었다. 나는 몇몇 동료들과 함께, 월드비전, 해비타트 운동, 미국 국제개발처의 협력으로 건설되는 수백 채의 새 집 가운데 첫 번째 집의 헌정식에 참석했다. 서구에 있는 대부분의 사람들은 상상도 못할 많은 인명 피해가 있었지만, 오뚝이 같은 인도 사람들은 외부에서 주어진 약간의 도움에 힘입어 차츰 안정을 되찾고 생활을 이어 나가고 있었다.

헌정식이 진행되는 동안, 우리 일행 몇 미터 뒤로 마을 원로들이 앉아 모든 광경을 지켜보고 있었다. 그들은 〈내셔널지오그래픽〉에 나올 법한 위엄 있고 근엄한 모습을 하고 있었다. 주름이 깊게 팬 얼굴에 하얀 수염과 콧수염을 길렀고, 머리에는 터번을 두르고 있었다. 행사가 진행되는 동안 그들은 지역 방언으로 활발한 대화를 나누었다. 그런데 그들이 모르는 사실이 하나 있었다. 우리 동료 중 한 사람인 아툴 탠던[4]이 그 지역에서 자랐다는 사실이다. 그는 원로들이 하는 말을 모두 알아들었다.

헌정식이 끝난 후, 아툴은 자신이 엿들은 내용을 들려주었다. 그들은 '이 기독교인들'이 바다 건너 수천 킬로미터를 넘어와서 자기들 마을의 재건을 돕는 이유가 무엇인지 추측하고 있었다고 했다. 그들은 생판 모르는 사람들이 자신들을 돕는 이유를 궁금해했다. 그들은 해비타트 운동과 월드비전 같은 단체들을 통해 그리스도인들이 보여 준 구체적인 사랑과 행동으로 하나님의 사랑과 하나님의 나라를 깊이 있게 체험하고 있었다.

아씨시의 성 프란체스코는 행동으로 실천하는 믿음에 사람의 마음을 변화시키는 힘이 있음을 알았다. 그는 이렇게 말했다. "항상 복음을 전파하라. 필요하다면 말도 사용하라." 우리는 아직 그들의 언어로 한마디도 말하지 않았지만, 마을 원로들은 이미 복음을 들었다.

구멍이 가득한 성경

> 그리스도의 은혜로 여러분을 부르신 분을 여러분이 그렇게 쉽게 떠나 다른 복음을 좇는 것에 대해 나는 놀라지 않을 수 없습니다. 사실 다른 복음은 없습니다. -갈 1:6-7(우리말성경)

> 우리는 예수님을 딱 우리 영혼을 구원할 정도의 존재로 축소시켰고 지금은 그분이 세상을 변화시키실 수 있음을 믿지 않는다. -작자 미상

누가복음 4장은 성경이 가난과 정의의 문제를 다루는 유일한 본문이 아니다. 창세기부터 요한계시록에 이르기까지 하나님의 말씀에는 그런 구절들이 가득하다. 하지만 우리는 그런 본문들에 주의를 기울이고 있는가?

내 친구 짐 월리스[5]가 시카고 외곽에 있는 복음주의신학교인 트리니티를 다닐 때였다. 그는 동급생 몇 명과 한 가지 실험을 했다. 성경 66권을 모두 살펴보면서 가난, 부, 정의, 억압을 다루는 대목과 구절마다 밑줄을 쳤다. 그리고 짐의 동료 학생 중 한 사람이 가위를 가져와서 그 구절들을 모두 성경에서 잘라 냈다. 그 결과, 너덜너덜해진 채로 간신히 붙어 있는 책이 남았다. 그 주제들은 모세오경부터 시작해서 역사서, 시편과 잠언, 대선지서와 소선지서를 지나 사복음서, 사도행

전, 서신서와 요한계시록에 이르기까지 성경의 중심에 자리 잡고 있었기 때문에, 그것들을 잘라 내자 누더기가 남은 것이었다. (《가난과 정의의 성경》에 따르면, 성경에서 가난과 정의를 다룬 구절은 2천 개에 가깝다.[6]) 짐은 이 주제에 대해 강연할 때마다 자신의 너덜거리는 성경을 집어 들고 이렇게 외친다. "형제자매 여러분, 이것이 우리 미국의 성경입니다. 구멍이 가득합니다. 우리 모두 가위를 집어 들고 성경에서 우리가 주의를 기울이지 않는 구절들, 그냥 무시해 버리는 본문들을 잘라 내는 게 나을지 모릅니다."[7] 짐의 성경은 말 그대로 구멍이 가득했다.

구멍: 뭔가 단단한 것에서 파냈거나 뚫어진 자리.[8]

예수님이 누가복음 4장에서 소개하신 복음은 참으로 단단하다. 만약 우리의 복음에 구멍이 났다면, 우리를 향한 하나님의 부르심을 이해하는 데 구멍이 있다면, 그것은 성경이 그런 주제들을 분명히 말하지 않아서가 아니다. 짐 윌리스가 말한 대로, 우리가 온전한 복음을 온 세상에 전하라는 하나님의 분명한 메시지를 외면하기로 했기 때문이다. '온전한 복음'을 더 충실하게 이해하기 위한 성경적 근거는 나중에 다시 살펴보겠지만, 예수님이 그분을 따르기로 결심한 사람들에게 기대하시는 바를 머리로 분석하고 나면 심장과 손과 발도 함께 따라가야 한다. 내 경우, 머리로 알던 내용이 심장에 들어가고 손과 발로 내려가는 일은 어려웠다. 말을 하는 것보다 행동으로 실천하기가 훨씬 어려웠다. 언제나 그렇지 않은가?

2. 하나님 일에 대한 겁쟁이

옳은 것을 알고도 행치 않는 것이 가장 비겁한 짓이다. - 공자

참된 복음은 자기성취가 아니라 자기부인을 요구한다. - 존 맥아더

　사치품 회사의 최고경영자가 어쩌다 우간다의 정글에 가게 되었는지 독자의 이해를 돕기 위해 몇 년 전으로 돌아가 보겠다. 어느 금요일 오후, 나는 인생의 최대 고비 하나를 넘고 있었다. 월드비전 이사회는 9개월간의 물색 작업 끝에 나를 최종 후보로 선정하고 미국 월드비전 회장 자리를 제안했다. 나는 아내와 십대 아들 앤디를 데리고 시애틀로 날아갔다. 핵심 리더들을 만나고, 회장이 감당해야 할 과제들에 대해 듣고, 이사회의 제안을 수락할지 최종 결정하기 위해서였다. 프롤로그에서 밝힌 바 있듯, 회장직은 내가 구한 자리가 아니었다. 오히려 나는 누구든 그 일을 감당할 다른 사람을 보내 달라고 기도해 온 터였다. 하지만 이사회는 (그리고 아마도 하나님도) 어떤 이유에서인지 나를 불렀고, 이제 나는 결정을 내려야 했다.

내가 세상의 깨어진 사람들을 돕는다는 영적 흥분과 열정에 들떠 그 부름을 수락했다고 말할 수 있으면 좋겠다. 담대하게 "주여, 내가 여기 있나이다. 나를 보내소서"라고 기도했다고, 섬길 기회를 고대했다고 말할 수 있으면 좋겠다. 하지만 그건 거짓말이다.

이틀에 걸쳐 진행된 월드비전 최고지도자들과의 모임과 인터뷰를 마친 그 주 금요일, 나는 영적, 심적으로 점점 더 깊은 두려움에 빠져들었다. 나는 고통받는 사람들의 괴로운 이야기들을 수없이 들었고, 신임 회장이 직면하게 될 막중한 과제들에 대해 들었고, 이해할 수 없는 전문 용어와 약어들을 잔뜩 접했다. 뭔가 착오가 발생한 게 분명했다. 나는 그런 것들에 대해 전혀 아는 바 없었다. 나는 지난 11년 동안 식기류, 그것도 비싼 식기류를 팔던 사람이었다. 나 말고 적임자가 있을 게 틀림없었다.

그날 오후 르네와 앤디가 있는 숙소로 돌아갔을 때, 나는 심적, 영적으로 진퇴유곡에 빠져 있었다. 시간은 다 되었고 이제 결정을 내려야 했다. 월드비전 이사회의 초청을 받아들여 지난 23년간 쌓은 경력을 뒤로한 채 아내와 다섯 아이를 데리고 미국을 횡단하여 이사를 가야 할까, 아니면 제안을 거절하고 레녹스에 머물러야 할까? 어떤 결정을 내리는지에 따라 모든 것이 달라질 판이었다. 결정을 내리고 싶지 않았다. 겁이 났다. 르네는 하루가 어땠느냐고 물었고, 나는 아직 말할 수 없다고 대답했다. 휴식이 필요했고 혼자 있고 싶었다. 나는 공황 상태에 있었다. 그래서 오후 네 시에 잠옷으로 갈아입고 침대에 기어들어가 이불을 머리끝까지 덮어쓰고 울며 기도하기 시작했다. 내게서 "이 잔을 거두어" 달라고 하나님께 부르짖었다. 처량하기 그지없는 꼴이었다. 잠시 후, 당시 열여섯이던 앤디가 들어와 내 어깨를 두드리며 이렇게 말했다. "다 괜찮을 거예요, 아빠. 엄마랑 저는 나가서 뭐라도 좀 먹고 올게요. 좀 주무세요." 나는 십대 아들 앞에서 훌쩍이고 있었다. 참 대단한 신앙의 본보기였다!

예수님이라면 어떻게 하실까?

> 하나님 안에서 산다고 하는 사람은 예수님이 사신 것과 똑같이 살아야 합니다. -요일 2:6(현대인의성경)

나는 어렸을 때 종종 친구들과 '동전 던져' 자전거 타기 놀이를 했다. 자전거를 타고 가다가 주요 갈림길이나 교차로가 나오면 멈춰서 동전을 던지는 것이었다. 우리는 이렇게 말했다. "앞면이 나오면 곧장 가고, 뒷면이 나오면 우회전 하는 거야." 그리고 동전을 던져서 나오는 대로 했다. 열 살배기 아이들에게 이것은 상당히 신나는 모험이 될 수 있었다. 그렇게 해서 안전한 작은 동네를 멀리 벗어나 처음 가보는 곳에 이르기도 했다. 놀이의 규칙은 하나였다. 동전을 던져서 나오는 대로 따른다.[1]

그리스도를 따르는 우리도 이와 똑같이 해야 한다. 결정을 내려야 할 순간마다, 갈림길을 만날 때마다 "예수님이라면 어떻게 하실까?" (W.W.J.D.: What would Jesus do?)라고 물어야 하고, 정확히 그대로 해야 한다. 그러다 보면 자전거 타기 놀이처럼 안전지대를 벗어나기 마련이지만, 놀라운 모험을 하게 된다!

그리스도께 내 삶을 바쳤을 때, 나는 그 의미를 알고 있었다. 그것은 무슨 일이 있어도 그리스도를 따라야 한다는 것이었다. 나는 말만 번지르르하고 행하지는 않는 위선자가 되지 않으리라 다짐했다. 르네와 나는 결혼한 후, 힘을 모아 그리스도를 위해 살고자 애썼다. 우리는 보스턴으로 이사했고 그 주의 주일에 보스턴코먼 공원에 인접한 파크스트리트교회에 나갔다. 우리는 유년주일학교 교사를 자원했고, 수입의 십일조를 꼬박꼬박 드렸으며, 형편이 되면 성경공부 모임과 교제 모임에도 참여했다. 파크스트리트교회는 멋지게 '선교하는 교회'였다. 르네와 나는 매년 선교대회에 열심히 참석했으며 그 일을 지원하기 위해 아낌없이 헌금했다. 우리는 그리스도에 대한 좋은 소식을 온 세계에 전하는 일에 신바람이 났다. 나는 스물일곱의 나이에 최연소 장로가 되었다. 직장에서는 직급이 올라가기 시작하면서 사람들에게 거침없이 복음을 전했고, 신앙이나 기독교에 대한 논쟁이 벌어질 때면 절대 물러서지 않았다. 파커브라더스(바로 모노폴리, 클루, 너프볼 제작 회사 말이다)에 근무하던 스물여섯 살 무렵에는 금요일마다 교회 아이들과 시간을 보낼 요량으로 한 시간 일찍 퇴근하다가 해고될 뻔하기도 했다. 상사는 파커브라더스에서 성공하려면 업무에 110퍼센트 매진해야 하는데 일찍 퇴근하는 건 고위 경영진에 좋은 인상을 주지 못한다고 말했다. 나는 상사에게 "파커브라더스는 아이들을 위한 기업 아닙니까?"라며 진짜 아이들과 함께 일하는 게 어째서 나쁜 일이냐고 물었다. 나는 위태로운 실적 평가에도 불구하고 회사에서 살아남았고 더 열심히 일하기로 약속했다.

르네는 가난한 사람들의 법률 문제를 돕겠다는 꿈을 이루고자 보스턴대학 법률대학원에 입학했다. 첫째 아이 세라를 돌보면서도 아내는 탁월한 성적으로 졸업했고, 변호사가 되어 매사추세츠 농촌에서 가난한 사람들을 위해 일했다. 우리의 결혼 생활과 가정, 교회 생활, 일자리까지 예수님을 따르는 신앙과 혼연일체를 이루고 있었다. 그런데 어쩌다가 20년이 지난 후 나는 이불을 머리까지 덮어쓰고 곤란한 처지에서 벗어나게 해달라고 하나님께 간청하면서 잠옷 차림으로 우는 지경에 이르렀을까?

내 인생을 변화시킨 두 통의 전화

20년에 걸쳐 많은 일이 벌어졌다. 우선, 우리 부부에게 다섯 아이가 생겼다. 르네는 다섯 명의 아이와 전임 법률 업무를 모두 감당할 수 없다는 걸 알았기에 집에 머물며 아이들을 돌보겠다는 어려운 결정을 내렸다. 나는 파커브라더스에서 9년을 일했고 서른두 살에 사장이 되었다.(금요일마다 아이들을 돕기 위해 일찍 퇴근한 일이 그리 나쁜 결정은 아니었던 것 같다.) 나의 경력은 희한하게 쭉쭉 뻗어갔다. 내가 손대는 일마다 금으로 바뀌는 것 같았고, 나는 매번 적시 적소에 있었다. 평균적으로 나는 9년 동안 12개월에 한 번 꼴로 승진했다.

그러나 파커브라더스의 소유주가 바뀌었고, 나는 더 이상 회사에서 일할 필요 없다는 말을 듣게 되었다. 미국 사업계에서 가끔 있는 일이었지만, 오랜 세월 거침없는 성공 가도를 달려왔던 내게는 상당히 충격적인 일이었다. 나는 현실을 받아들이기 어려웠다. 그러나 금세 마음을 가다듬고, 하나님이 새로운 일을 준비해 두셨으리라 믿으며 열심히 새 일자리를 찾았다.

약 5개월의 구직 활동 끝에 펜실베이니아의 프랭클린민트사에 자리를 구할 수 있었고 파커브라더스에서보다 돈을 더 많이 벌었다. 처음에는 상황이 순조로웠다. 나는 르네와 당시 세 아이를 데리고 보스턴에서 필라델피아로 이사했다. 그런데 생각할 수 없는 일이 벌어졌다. 겨우 아홉 달 만에 해고된 것이다. 이번에 나는 하나님께 온전히 관심을 갖게 되었다.

지금 돌이켜 보면, 하나님은 내가 하나님보다 자신을 더 의지했고, 나의 성공과 하나님의 인정을 혼동했음을 깨닫기 원하셨던 것 같다. 나는 일 년 동안 두 번이나 해고당했고 통틀어 열네 달을 실업자로 보냈다. 이 시기를 거치며 나는 인생의 그 어느 때보다 스스로를 깊이 돌아보고 겸허해졌고, 하나님과의 관계를 무엇보다 중요하게 여기는 법을 배웠다. 매일 아침 일어나면 여러 모임과 맡은 일 때문에 서두를 필요 없이 오랜 시간 성경을 묵상했고 내 삶을 향한 하나님의 인도하심을 구했다. 모세와 이스라엘 자손이 40년간 광야를 방황하는 이야기를 읽으면서 나의 광야 경험이 그렇게 길지 않게 해달라고 기도했다. 하나님이 매일 공급하신 만나, 즉 하늘에서 떨어진 빵은 이스라엘의 생명이 하나님께 온전히 달려 있다는 40년짜리 교훈이었음을 더욱 분명히 알 수 있었다. 하나님의 끊임없는 돌보심이 없으면 그들은 광야에서 속수무책이었고, 나는 그들과 똑같은 처지임을 어렵사리 배우고 있었다. 실업자 신세일 때는 무력감을 느끼게 된다. 불쑥 나간다고 일자리가 구해지는 게 아니기 때문이다. 누군가가 일자리를 제공해 줘야 한다. 전직 최고경영자에게 이런 무력감은 참으로 괴로운 것이었지만, 나는 이 경험을 통해 나라는 존재와 내가 가진 모든 것이 하나님의 손에서 나왔다는 교훈을 생생하게 배울 수 있었다.

내가 그 몇 달 간의 '광야' 기간에 배운 교훈은 대여섯 살 무렵에 배운 교리문답 중 하나로 요약할 수 있다. 어린 시절 나는 하나님에 대한 간단한 질문과 대답들을 외워야 했다. 그중 하나가 "하나님이 왜 나를 만드셨는가?"였다. 답은 "하나님을 사랑하고 섬기고 그분께 순종하게 하시고자"였다. 나는 수십 년이 지나서야 그 말의 의미를 처음으로 이해하게 되었다. 내가 어디에 있건, 내 상황이 어떠하건, 나는 하나님을 사랑하고 섬기고 그분께 순종하기 위해 만들어진 존재였다. 실업자 상태에서든 최고경영자가 되어서든 나는 그 세 가지 일을 모두 할 수 있었다. 내 상황의 어떠함은 문제가 되지 않았다. 마침내 일자리 제안을 받았을 때, 나는 이 교훈을 간직했고 매일 아침 하루를 시작하면서 이렇게 물었다. '오늘 이곳에서 이 사람들과 함께 어떻게 하나님을 사랑하고 섬기며 순종할 수 있을까?'

마침내 나는 고급 식기 회사 레녹스의 작은 부서장 자리를 제안받았다. 십수 개월 동안 일이 없이 지낸 터라 그 자리를 주신 하나님께 얼마나 감사했는지는 이루 말할 수 없다. 하나님은 가장 고통스러운 시기들을 통해 우리의 믿음을 깊게 하시고 그분의 뜻에 따르게 하신다. 고통스럽기는 했지만 실직 기간은 내 인생에서 영적으로 가장 풍성했던 시기 중 하나였다.

레녹스에서 다시 좋은 일들이 벌어지기 시작했다. 내가 이끌던 부서는 이후 삼 년 동안 세 배로 커졌다. 고위 경영진에서 그 실적을 주목했고 나는 승진에 승진을 거듭해 1995년에는 레녹스의 사장 겸 최고경영자가 되었다. 그러나 이번에는 우선순위를 분명히 했고 내가 누구에게 의지하고 있는지 잊지 않았다.

매우 가난하게 자라난 소년이 대기업 두 곳에서 최고경영자가 된 것이 얼마나 놀라운 일인지 알아야 한다. 내 어린 시절에는 불안이 가득했다. 부모님은 이혼하셨고 아버지는 파산 신고를 했으며 은행에서는 우리 집을 차압했다. 임금이 한 번만 밀리면 바로 빈털터리 신세가 되는 상황이었다. 대학을 졸업하는 일도 대출, 장학금, 여름철의 연속 아르바이트로 이루어진 재정적 기적이었다. 두 번의 여름방학 때는 택시를 몰았다. 나는 공항에서 기업가들을 태우고 그들의 대화를 엿들으면서 꿈을 꾸었다. 회사 중역이 되는 꿈이 아니라 택시 뒷자리에 타는 꿈이었다. 그때까지 평생 한 번도 택시에 승객으로 타본 적이 없었기 때문이다. 그렇기 때문에 실직은 내게 너무나 큰 상처를 남겼다. 어린 시절 나를 괴롭혔던 불안감이 되살아났기 때문이다. 그래서 한 번도 아니고 두 번씩이나 회사의 최고경영자가 되는 것은 가히 아메리칸드림의 실현이라 할 만했다. 나는 엄청나게 불리한 조건을 뚫고 두 번째로 정상에 올랐고, 하나님이 허락하시면 이번에는 그 자리에 머물고 싶었다.

몇 년 후, 나를 이끌어 레녹스를 떠나 월드비전에 합류하게 만든 모든 사건들에는 다 '하나님이 허락하시면'이라는 문구가 찍혀 있는 듯했다. 1997년의 어느 날, 나는 다소 호화로운 사장실에 앉아 있었다. 그때 전화벨이 울렸다. 매사추세츠에 있는 좋은 친구 빌 브라이스였다. 빌 부부와 우리 부부는 오랫동안 친구로 지냈다. 우리 부부는 1975년에 파크스트리트교회에서 빌을 만났고, 그가 아네트와 결혼한 후에는 부부 성경공부 모임에서 매주 만났다.

1984년, 빌은 고민을 안고 성경공부 모임에 왔다. 당시 그는 고든콘웰 신학교의 기금 모금 담당자로 일하고 있었는데, 얼마 전 가난한 사람들을 위해 일하는 월드비전에서 기금 모금 일을 맡아 달라는 제안이 왔다는 것이었다. 빌은 어떻게 해야 할지 모르겠다며 우리에게 기도와 조언을 구했다. 당시 나는 월드비전에 대해 들어 본 적이 없었지만 그 사역 내용은 너무나 근사하게 들렸다. 내가 말했다. "제정신인가? 케케묵은 구닥다리 신학교를 위해 기금 모금을 할지, 굶주린 아이들의 목숨을 살리는 일을 도울지 결정할 수가 없다고? 그게 그렇게 내리기 힘든 결정인가?"(고든콘웰 신학교는 미국 최고의 신학교 중 하나로, 훌륭한 졸업생들을 배출하여 세상을 변화시키고 있다. 당시 내가 빌에게 건넨 경솔한 말은 그리 성숙한 조언도 사려 깊은 말도 아니었다. 이 점에는 누구나 동의할 것이다.) 그래서 빌은 하던 일을 그만 두고 월드비전에 합류했고, 수다스럽게 굴었던 나는 그의 최초의 기부자가 되었다.

그로부터 13년이 지난 지금 빌이 레녹스에 있는 내게 전화를 걸어온 것이다. 그는 미국 월드비전의 밥 사이플 회장[2]이 일 년 후 그만두고자 하니 후임자를 찾기 시작하라고 이사회에 통보해 왔다고 말했다. 내가 말했다.

"우와! 이제 월드비전 어떻게 하지? 밥 사이플 같은 사람을 대신할 이가 어디 있겠어?"

빌은 잠시 뜸을 들이다가 말했다.

"그래서 전화한 걸세."

이어서 그는 상당히 놀라운 말을 했다. 그는 두어 주 전, 밥의 결정에 대해 처음 들은 이후부터 하나님께 적절한 후임자를 인도해 달라고 기도해 왔노라고 했다. 그러더니 불쑥 이렇게 말을 뱉었다.

"내게 설명을 요구하지는 말게. 하나님이 자네가 월드비전의 후임 회장이 될 거라고 말씀하셨네."

계속해서 그는 하나님이 보통은 이런 식으로 자신에게 말씀하지 않으시지만, 그 자리를 놓고 기도할 때마다 후임자가 리치, 그의 친구 리치가 될 거라는 하나님의 말씀을 들었다고 말했다. 더욱이, 빌은 하나님이 자신에게 말씀하신다는 사실을 그렇게 확신한 적이 일찍이 없었다고 했다.

독자는 이 중대한 소식에 내가 어떻게 반응했는지 묻고 싶을 것이다. 나는 큰 소리로 웃어 버렸다. 나는 빌에게 그건 말도 안 되는 생각이고 그동안 진한 차를 너무 많이 마셔서 약간 탈이 난 거라고 말했다. 내가 어떻게 월드비전의 회장이 된단 말인가. 우선, 나는 그 자리에 관심이 없고 회사에 매인 몸이기도 했다. 나는 정상에 올라 있었고, 내 일을 좋아했고, 내 집과 사는 동네가 마음에 들었으며, 다섯 명의 어린 자녀는 멋진 기독교 학교에 다니고 있는데 그들을 다른 곳으로 이사 가게 만들 생각은 없었다. 몇 년 전 '광야' 생활을 체험한 터라, 생활에 또 다른 큰 단절이 일어나길 원하지 않았다.

그리고 나는 그런 일을 감당할 자격 조건을 갖추고 있지 않았다. 나는 아프리카 나라들이 지도의 어느 구석에 붙어 있는지도 몰랐으니, 거기 사람들을 도울 방법을 모르는 것이야 말할 나위도 없었다. 신문에서도 그저 국내 소식, 스포츠, 연예 기사만 보았을 뿐, 국제 면은 읽지도 않았다. 게다가 나는 부자들이 고객의 대부분을 차지하는 고급 식기 제조 회사를 운영하고 있었다.

더욱이, 나는 월드비전 이사 중에서 아는 사람이 하나도 없었고 그들 역시 나를 몰랐다. 그러니 내가 어떻게 회장이 될 수 있겠는가?

"이력서를 어디로 보내야 하는지 알려 주겠네."

빌이 말했다.

"빌, 내 말 안 들었나? 난 어디로든 이력서를 보내지 않을 거야. 이건 터무니없는 생각이야."

내 대답에 빌은 당황하면서도 물러서지 않았다.

"이력서를 보내지 않으면 어떻게 그 자리를 잡을 수 있겠는가?"

"바로 그거야. 나는 그 자리를 잡지 않을 거야. 내가 하려던 말이 바로 그거라구."

그러자 그는 내게 못 말릴 친구라며 하나님의 계획에 귀를 기울이지 않고 있다는 말을 했던 것 같다. 내가 그에게 남긴 마지막 말이 지금도 기억난다.

"하나님이 나를 원하신다면, 어디서 나를 찾으실지도 아실 걸세."

몇 달이 지나갔고, 빌은 내게 가끔 연락해서 월드비전 후임 회장 물색에 대한 최신 소식을 알려 주었다. 그들은 구인 전문 회사를 고용하여 미국 전역에서 후보자를 물색하고 있으며, 그 과정을 이끌 위원회도 결성했다고 했다. 전화할 때마다 빌은 내 마음이 바뀌었는지 물었다. 그러나 내 마음은 변하지 않았고 여전히 그가 이상해 보였다.

빌의 '예언'이 있고 6개월 후, 나는 책상 앞에 앉아 우편물을 살펴보고 있었다. 그때 레녹스의 부사장 중 한 명의 자필 쪽지가 눈에 들어왔다. 그는 내가 일하는 건물에서 20분 정도 떨어진 소장품 부서에서 일하고 있었다. 내용은 다음과 같았다.

리치, 오늘 〈월스트리트저널〉을 읽다가 구인란을 봤어요. 이 광고를 보니까 리치 생각이 났습니다. 나는 언젠가 당신이 이런 일을 하게 될 거라고 늘 생각했거든요. 여기 있는 거 한번 보세요. 이미 보셨을지도 모르겠네요.

－밥

추신: 이런 쪽지를 남기다니, 바보 같은 짓이란 거 알아요. 제 말 오해 마세요. 사장님은 탁월한 최고경영자이고 우리에게 꼭 필요한 분이에요!

다음 쪽으로 넘겨 보니 작은 광고 사본이 있었다. '월드비전 회장 구함'. 그리고 직무 소개가 이어졌다. 그것이 월드비전의 의뢰를 맡은 구인 회사에서 그물을 좀더 넓게 치고 '사업가 유형' 후보의 지원을 유도해 볼 생각으로 〈월스트리트저널〉에 딱 한 번 실은 광고였음을 내가 알게 된 것은 나중의 일이었다. 솔직히 말하면, 그 쪽지를 보자 등골이 오싹해졌다. 밥은 내가 친구 빌과 나눈 대화를 전혀 알지 못했다. 왠지 섬뜩했다. 하지만 빌에게 그 얘기를 해주면 재미있겠다 싶어서 나는 전화기를 집어 들고 그에게 전화를 했다.

그는 상황 설명을 듣더니 상당히 흥분했다.

"보라구. 내가 뭐랬어. 그게 하나님이 보내 주신 메시지가 아니면 뭐겠나. 이제 내 말을 믿나?"

나는 그에게 내 생각은 다르며 광고 조각은 이미 쓰레기통에 들어갔다고 말했다. 그건 이상한 우연의 일치일 뿐이었다. 하나님의 뜻이라면 그보다는 좀더 분명하게 말씀해 주셔야 했다.

빌이 내게 첫 번째 전화를 건 지 7개월이 지난 1998년 1월, 인생을 바꿔 놓는 또 다른 전화가 왔다. 이번에도 나는 전함만 한 크기의 책상 앞에 앉아 있었는데, 비서가 웬 구인 담당자가 전화를 했다며 통화하겠느냐고 물었다.

"그러지, 뭐."

나는 언제나 구인 담당자들과 통화를 했다. 앞날이 어찌될지는 아무도 모르기 때문이다. 우리의 대화는 이렇게 진행되었다.

"안녕하세요, 리치. 제 이름은 랍 스티븐슨입니다. 월드비전 이사회에서 차기 회장 물색을 위해 고용한 사람입니다. 몇 분만 시간을 내주실 수 있습니까?"

그가 '월드비전'이라고 말하는 순간, 나는 등골이 서늘해졌다. 우연의 일치가 이어지다 보니 약간 으스스해지기까지 했다.

내가 물었다.

"제 이름은 어떻게 아셨습니까? 빌 브라이스가 연락해 보라고 하던가요?"

구인 담당자는 빌 브라이스라는 사람은 모르고 내 이름은 기부자 목록에서 찾았다고 했다.

나는 안도하며 말했다.

"좋습니다. 무엇을 도와드릴까요?"

스티븐슨 씨는 이후 몇 분에 걸쳐 월드비전의 활동을 설명했다. 월드비전이 하는 일이라면 나도 빌과 많은 대화를 나눈 터라 웬만큼 알았다. 직무 소개와 자격 조건에 대해 상당히 오랜 독백을 이어 간 후, 그는 전형적인 질문을 했다.

"아시는 분 중에 이 일에 적합한 사람이 있습니까?"

"없습니다. 제가 보니 당신들은 최고경영자와 마더 테레사에다 인디아나 존스를 더해 놓은 사람을 찾는 것 같은데, 저는 그런 사람을 모릅니다. 셋 중에서 둘을 갖춘 사람은 있겠지만, 셋 모두를 갖춘 사람은 없을 겁니다. 하지만 제 눈과 귀를 열어 놓고 있겠습니다. 생각나는 사람이 있으면 꼭 연락드리지요."

나는 가능한 한 짧게 통화를 끝내기를 바랐다. 이런 통화는 위험했다. 그러나 그때 헤드헌터의 또 다른 전형적인 질문이 나왔다.

"본인은 어떻습니까? 이 일에 관심이 있으신가요?"

나는 불편하게 웃었다.

"저요? 아닙니다. 저는 자격도 안 되고, 관심도 없고, 게다가 하고 있는 일이 있습니다."

내가 가난한 사람들에 대해 무엇을 안단 말인가. 게다가 이 사람은 내가 사치품 회사를 경영한다는 걸 잊었나? 말도 안 되는 소리였다.

랍은 위축되지 않고 말을 이어 갔다.

"사장님을 꼭 만나 뵈어야 할 것 같습니다. 사장님과 대화를 나누다 보니, 사장님을 만나 뵈어야 한다는 확신이 듭니다. 성령께서 주시는 생각이 분명합니다. 저는 이 일자리 때문에 2백 명의 사람들과 대화를 나누었는데 이런 영적 확신을 갖게 된 경우는 처음입니다. 저와 저녁 식사를 하시면서 이 문제를 좀더 상의해 보실 의향이 있으십니까?"

이런 얘기를 모든 후보자에게 했을까? 슬슬 겁이 나기 시작했다. 전화를 끊어야겠다는 생각이 들었다. 나는 이렇게 대답했다.

"아니라고 봅니다, 랍. 우리 두 사람 모두에게 시간 낭비가 될 겁니다. 저도 바쁘고 그쪽도 바쁘지 않습니까. 게다가 그쪽은 미니애폴리스에 있고 저는 필라델피아에 있는 걸요."

"제가 그리로 날아가겠습니다. 그저 마음만 열어 놓으시면 됩니다."

천만의 말씀이었다. 사실 내 마음은 완전히 닫혀 있었다. 이건 있을 수 없는 일이었다. "기도해 보겠습니다. 하지만 제 대답은 아니요, 입니다"라고 나는 말할 참이었다.

그러나 양해를 구하고 전화를 끊으려는 찰나, 그는 이렇게 덧붙였다. "하나만 더 여쭤 보겠습니다."

드디어 올 것이 왔다.

"하나님의 뜻에 마음을 열어 놓고 계십니까?"

세상에! 그런 끔찍한 질문을 하다니. 그런 무례한 질문을 하다니! 얼마나 대답하기 거북한 질문이었던지. 그 질문에 나는 정말 할 말을 잃었다. 한참 침묵이 흘렀던 것 같다. 나는 천천히 대답했다.

"글쎄요……. 그래요……. 하나님의 뜻에 마음을 열기를 진심으로 원합니다. 하지만……."

그런데 내 대답을 생각해 보니 '하지만'이 아주 많았다.

- 하지만 난 자격이 없어요. 제가 이 자리를 맡는 건 터무니없는 일이에요.
- 하지만 나는 전 세계의 빈곤이나, 구호나 개발이나 기금 모금에 대해 아는 바가 없어요. 정말 큰 실수하시는 거라고요.

그리고 더 이기적인 '하지만'들도 있었다.

- 하지만 나는 회사에서 정상의 자리에 오르기 위해 20년이 넘게 일해 왔어요. 나에게 그 모든 걸 다 포기하라고 요구할 순 없어요. 그건 경력

면에서 자살 행위라고요.

- 하지만 난 레녹스의 최고경영자 자리가 좋아요. 조금만 있으면 돈을 많이 벌게 될 겁니다. 몇 년만 더 일하면 평생 일하지 않아도 먹고살 만큼 돈을 벌게 될 거예요.

- 하지만 우리는 6천 평의 대지에 침실이 열 개 있는 200년 된 농장에서 살아요. 우리가 몇 년 동안 기다려서 산 꿈의 집이에요. 그걸 팔라는 건 지나친 요구예요.

- 하지만 새로 산 회사 차는 어떻게 해요? 감청색 재규어 XK-8이라고요. 돌려줘야 한단 말이에요.

- 하지만 난 아이가 다섯이에요. 다들 학교도 잘 다니고 있고 친구들도 좋아해요. 그런데 아이들을 데리고 미국 반대쪽으로 이사를 가라고요? 그리고 월드비전 월급으로 아이들 대학까지 어떻게 다 보내요? 그나저나 봉급은 얼마나 되요?

그리고 내 마음 더 깊은 곳에는 가장 큰 두려움, 영적·정서적인 두려움이 자리 잡고 있었다.

- 하지만 주님, 저는 이 일을 하고 싶지 않습니다. 이 일을 하면 내 삶이 끝장날 겁니다. 주님, 저를 가난한 사람들에게 보내지 마소서. 주님, 거기만 아니면 어디든 좋습니다.

- 하지만 하나님, 제겐 이 일을 할 능력이 없어요. 빈곤, 슬럼, 기아, 질병, 죽어 가는 아이들, 슬픔에 빠진 부모들. 주님, 제게 그곳에 가라고 요구하지 마소서. 그렇게 많은 고통과 고난과 절망 속으로 보내지 마소서.

그 짧은 몇 초 동안 이 모든 생각들이 머릿속을 스치고 지나갔다. 마음 깊은 곳에서 나는 이 일에 무엇이 걸려 있는지 알고 있었기 때문이다. 하나님은 그날 내게 선택을 요구하셨다. 내게 어떤 제자가 될 것인지 결정하라고 촉구하셨다. 20년 전 나는 예수 그리스도께 모든 것을 걸었었고, 이제 그분은 증서를 내놓으라고 요구하셨다. 내 삶에서 가장 중요한 것은 무엇인가? 하나님은 그것을 알고 싶어 하셨다. 경력, 재정적 안정, 가족, 일, 아니면 무슨 일이 있어도, 어떤 대가를 치르더라도 그분을 따르는 일인가?

하나님은 왜 나를 만드셨는가?

그분을 사랑하고 섬기고 순종하게 하시려고…….

"하나님의 뜻에 마음을 열어 놓고 계십니까?"

수화기 너머로 랍의 음성이 다시 들려왔다.

"글쎄요……. 그래요……. 하나님의 뜻에 마음을 열기를 진심으로 원합니다. 하지만 이건 하나님의 뜻이 아니라고 확신합니다, 랍."

그가 말했다.

"한번 알아봅시다. 같이 저녁 식사 하면서요."

3. 네게 한 가지 부족한 것이 있다

하나님이 우리를 부르시는 자리는 우리의 깊은 기쁨과 세상의 깊은 굶주림이 만나는 곳이다. -프레드릭 뷰크너

너희가 섬길 자를 오늘 택하라. 오직 나와 내 집은 여호와를 섬기겠노라.
-여호수아 24:15

월드비전의 부름을 받고 시작된 '영혼의 어두운 밤'을 지나는 동안, 나는 성경을 더욱 집중해서 읽기 시작했다. 그런데 마태복음 19장의 젊은 부자 관리 이야기에 이르자 당장 가위를 가져와 그 부분을 잘라 내고 싶은 마음이 들었다. 다들 그 장면을 기억할 것이다. 세 복음서 기록에서 청년, 부자, 관리 등 여러 가지로 묘사된 사람이 예수님께 나아와 이렇게 여쭈었다. "선생님이여 내가 무슨 선한 일을 하여야 영생을 얻으리이까?"(16절). 이 대목을 읽다 보니 그 사람에게서 내 모습이 보였다. 그는 젊고 부유한 사람이었다. 동료들과 지역 사회에서 존경을 받고 있었을 것이다. 존경받는 유대인의 전형과도 같은 인물이었음에 틀림없다. 그가 하는 일마다 성공하고, 정기적으로 성전에 나가고, 수입

의 십일조를 내고, 모든 성일과 절기를 지키고, 토라를 읽는 모습이 상상이 되었다. 제도권 전체가 그의 활동 무대였고 결국 정상에 도달했다. 그는 바로 나였다. 나를 알던 사람이라면 누구나 내가 성공한 그리스도인의 삶을 대표하는 인물이라고 말했을 것이다. 매주 교회에 출석하고, 멋진 결혼생활을 누리고, 다섯 명의 매력적인 (평균 이상의) 아이들이 있고, 책상에 성경책을 놓고 일하는 기업체 최고경영자에다 여러 기독교적 활동들을 충실히 후원하고 있었으니, 어디 하나 빠지는 게 없었다. 나는 그 청년의 사고방식을 진심으로 이해할 수 있었다. 그날 예수님을 찾아가면서 그는 약간은 자부심에 부풀어 있었을 것이다. 예수님께 질문을 하면서도 그분이 자신의 등을 두드려 주고 군중 앞에서 이렇게 말해 주길 은근히 기대했을 것이다.

"친구들이여, 이 사람이야말로 내가 찾는 제자의 모습이다."

그러나 예수님의 답변은 다소 실망스러웠다.

"네가 생명에 들어가려면 계명들을 지키라"(17절).

이건 그 사람이 원하던 대답이 아니었다. 그래서 그는 좀더 구체적인 답변을 얻어 낼 요량으로 이렇게 물었다.

"어느 계명이오니이까?"(18절).

판에 박힌 답변이었다.

"살인하지 말라, 간음하지 말라, 도둑질하지 말라, 거짓 증언하지 말라, 네 부모를 공경하라, 네 이웃을 네 자신과 같이 사랑하라"(18-19절).

이제 젊은이는 조금 만족한 듯 이렇게 말했다.

"이 모든 것을 내가 지키었[나이다]"(20절).

다시 말하면 이런 얘기다.

"예수님, 절 한번 보세요. 제 평판을 확인해 보세요. 제 랍비에게 여쭤 보세요. 제가 그 모두를 해냈다는 것을 아시게 될 겁니다."

청년은 여기서 멈췄어야 했다. 그럼 손해 볼 것도 없고, 흉한 꼴도 당하지 않았을 것이다. 그냥 예수님께 감사하다고 말하고 악수나 한번 한 뒤 자리를 떴어야 했다. 그러나 그는 조금 더 밀어붙였다.

"아직도 무엇이 부족하니이까?"(번역하면 이런 뜻이다. "이봐요, 랍비여. 이건 너무 쉬워요. 더 어려운 문제 하나 내보세요.")

그러자 이번에는 예수님이 그를 꼼짝 못하게 만드셨다. 그분은 자기 의에 빠진 젊은이에게 이렇게 말씀하셨다.

"네게 아직도 한 가지 부족한 것이 있으니 가서 네게 있는 것을 다 팔아 가난한 자들에게 주라. 그리하면 하늘에서 보화가 네게 있으리라. 그리고 와서 나를 따르라"(막 10:21).

바로 그때 청년의 머릿속에서 어떤 생각이 지나갔을지 상상이 되는가?

'예수님, 잠깐만요! 농담하지 마세요, 예수님. 그건 좀 지나친 요구 아닌가요? 저는 정말 힘들게 일해서 이 자리까지 왔습니다. 제게는 맡은 일들이 있단 말이에요. 그런데 가진 걸 모두 팔아서 나눠 주라고요? 저는 그냥 짐을 싸서 떠날 수가 없습니다. 아내와 자식들을 부양해야 하고, 직원들도 이끌어 줘야 하고, 큰 규모의 계약도 코앞에 두고 있습니다. 이곳에 땅도 많이 갖고 있구요. 너무 과격하게 나오지 마세요. 말씀이 좀 지나치신 것 아닙니까? 제가 한 말씀 드리지요. 가난한 사람들을 도울 수 있게 수표 한 장 크게 끊어 드리면 어떨까요……'

그러나 예수님의 말씀은 공중에 사무쳤다.

"네게 아직도 한 가지 부족한 것이 있으니 가서 네게 있는 것을 다 팔아 가난한 자들에게 주라……. 그리고 와서 나를 따르라."

충격적인 대목이다. 예수님은 그 사람의 영혼을 꿰뚫어 보시고 그의 마음 상태를 진단하셨다. 다들 보았다시피, 표면적으로 그는 올바른 일들을 했지만 그의 마음은 나뉘어 있었다. 재산과 지위를 최고 자리에 놓고 하나님과 경쟁하고 있었다. 외적 행동은 하나님께 바쳤으나 그의 헌신은 절대적인 것이 아니었다. 그는 자아를 하나님께 완전히 굴복시키지 않았다. '모든 것을 걸지' 않았다. 나는 소유를 다 팔아 가난한 사람들에게 주라는 예수님의 말씀이 모든 사람에게 해당되는 것은 아니라고 믿는다. 예수님은 이 특정한 청년의 마음을 꿰뚫어 보시고 그가 자신의 삶을 하나님께 전적으로 맡기지 않았음을 아셨다. 그에게는 지위와 재산이 우상이 되었던 것이다. 무엇보다 심란한 대목은 마태의 기록에 나와 있는 구절이다. "그 청년이 재물이 많으므로 이 말씀을 듣고 근심하며 가니라"(마 19:22).

그는 어쩔 수가 없었다. 결단의 순간을 맞아 그는 모든 것을 포기할 수가 없었다. 그는 예수님께 등을 돌리고 떠나갔다.

꿰

"하나님의 뜻에 마음을 열어 놓고 계십니까?"

이것은 분명 랍이 내게 던진 질문이었지만, 내 마음속 깊이 파고들었다. 예수님은 모든 것을 원하셨다. 언제나 그러셨다.

'네게 한 가지 부족한 것이 있구나, 리치. 네 소유를 팔아 가난한 자들에게 주어라. 그러면 너는 천국에 보화를 갖게 될 것이다. 그리고 와

서 나를 따르거라.'

하던 일을 그만두고, 집을 팔고, 가족을 데리고 이사해 월드비전에서
섬기는 일은 예수님이 부자 청년에게 요구하신 내용과 다를 바 없었다.
가시방석이 따로 없었다. 내가 당장 달려가 가위를 가져오고 싶었던 이
유를 알겠는가?

지난 몇 년 동안 나는 내 사연을 듣고 전화를 걸어와 자신들도 하나
님을 직접적으로 섬기며 성공한 삶에서 의미 있는 삶으로[1] 넘어가고
싶다고 하는 많은 남녀들과 대화를 나누었다. 그들 중에는 자신이 어떠
어떠한 사역을 감당하면서 기독교 사업에 전념하기로 했다고 하는 사
람들도 있었다. 그러면 나는 몇 가지 질문을 한다. 거주지를 옮길 의향
이 있습니까? 직함과 월급은 얼마나 중요합니까? 가장 필요한 자리에
서 일할 의향이 있습니까? 그러면 그들은 어김없이 대답 대신 조건들
을 제시한다. 대개 이런 식이다.

"글쎄요, 우리는 꼭 애틀랜타 지역에 머물고 싶습니다. 친구들이 다
이곳에 있고 여러 해 동안 공을 들여 집이 딱 좋은 상태가 되었거든요.
아이들은 아주 특별한 사립학교에 다니는데, 그 아이들을 데리고 다른
곳으로 이사하고 싶지 않습니다. 6년을 기다린 끝에 고대하던 컨트리
클럽 회원이 되었어요. 임금이 너무 많이 줄면 기존 생활을 유지할 수
없지요……. 하지만 그 외의 다른 부분에선 우리는 섬기는 일에 활짝
열려 있어요."

나는 그들의 심정이 정말 이해가 된다. 왜냐하면 나 역시 월드비전으
로 부름받고 고민할 때 그런 것들이 마음에 걸렸기 때문이다. 그러나
나는 하나님이 우리에게 기대하시는 바는 우리의 조건이 아니라 그분

의 조건에 따라 그분을 섬기는 것임을 배우게 되었다. 그분은 이 사실을 누가복음에서 아주 분명히 밝혀 주셨다.

> 길 가실 때에 어떤 사람이 여짜오되 "어디로 가시든지 나는 따르리이다"
> 예수께서 이르시되 "여우도 굴이 있고 공중의 새도 집이 있으되 인자는 머리 둘 곳이 없도다" 하시고
> 또 다른 사람에게 "나를 따르라" 하시니
> 그가 이르되 "나로 먼저 가서 내 아버지를 장사하게 허락하옵소서"
> 이르시되 "죽은 자들로 자기의 죽은 자들을 장사하게 하고 너는 가서 하나님의 나라를 전파하라" 하시고
> 또 다른 사람이 이르되 "주여 내가 주를 따르겠나이다마는 나로 먼저 내 가족을 작별하게 허락하소서"
> 예수께서 이르시되 "손에 쟁기를 잡고 뒤를 돌아보는 자는 하나님의 나라에 합당하지 아니하니라" 하시니라(눅 9:57-62).

예수님은 부유한 청년 관리를 만나셨을 때처럼 내게도 절대적인 양도를 요구하셨다. 제자가 되는 일은 모든 것을 버리고 무조건 예수님을 따른다는 뜻이요, 우리 삶을 온전히 그분의 손에 맡긴다는 뜻이다. 그분의 제자가 되고 싶다고 하면서도 여러 조건을 달 경우, 예수님은 그 조건을 수락하지 않으신다. 그분은 무조건적인 양도를 요구하신다.

> 무리와 제자들을 불러 이르시되 누구든지 나를 따라오려거든 자기를 부인하고 자기 십자가를 지고 나를 따를 것이니라 누구든지 자기 목숨을 구

원하고자 하면 잃을 것이요 누구든지 나와 복음을 위하여 자기 목숨을 잃으면 구원하리라 사람이 만일 온 천하를 얻고도 자기 목숨을 잃으면 무엇이 유익하리요"(막 8:34-36).

어려운 가르침이다. '번영의 복음'은 설 자리가 없다.

야베스의 기도 다시 보기

또 무리에게 이르시되 아무든지 나를 따라오려거든 자기를 부인하고 날마다 제 십자가를 지고 나를 따를 것이니라 누구든지 제 목숨을 구원하고자 하면 잃을 것이요 누구든지 나를 위하여 제 목숨을 잃으면 구원하리라.
—눅 9:23-24

몇 년 전《야베스의 기도》[2]가 나와 선풍적인 인기를 끌었을 때, 무슨 내용이기에 다들 그 얘기를 하나 궁금해서 살펴보았다. 그 책의 토대는 역대상 4장의 긴 족보 한가운데 실려 있는 모호한 기도였다.

주께서 내게 복에 복을 더하사 나의 지경을 넓히시고 주의 손으로 나를 도우사 나로 환난을 벗어나 근심이 없게 하옵소서 (대상 4:10, 개역한글).

책의 요지는 하나님께 이런 식으로 복을 구하면, 즉 하나님 나라를 위해 쓰임 받게 해달라고 참으로 기도하면 좋은 일들이 생길 거라는 내용이었다. 다시 말해, 하나님은 '우리의 지경을 넓혀' 주실 것이며 우리는 더욱 깊고 넓게 하나님을 섬길 수 있게 된다는 것이다. 잘못된 얘기는 아니었다. 그러나 책을 읽은 많은 사람은 그 내용을 다르게 해석했다. 하나님은 우리에게 성공적인 경력과 재정적 수익, 기타 외적인 번영의 표시들을 허락하셔서 복 주기 원하시니, 구하기만 하면 그것들을 받을 수 있다는 뜻으로 받아들였다. 많은 사람에게 그 책은 충성되고 신실한 그리스도인들에게 하나님이 성공과 건강과 물질적 번영으로 보답하신다는 믿음, 즉 '번영의 복음'의 찬가가 되었다.

그러나 나는 다른 생각이 들었다.

'잠깐만. 우리가 하나님께 "우리 지경을 넓혀 달라고" 참으로 기도하면, 하나님은 언제나 행복과 성취와 물질적 축복을 주시는 방식으로 응답하실까? 매일 자기 십자가를 지라는 말씀, 자아에 대해 죽어야 한다는 말씀은 어떻게 되는 거지? 사도 바울을 봐. 지경이 넓혀지는 게 정말 뭔지 알 수 있잖아! 하나님은 그를 이방인의 사도로 만드셨고, 그로 하여금 신약성경의 절반을 쓰게 하셨고, 놀라운 방식으로 초대 교회를 세우고 든든하게 하셨잖아. 하지만 그건 "설탕과 향신료와 모든 근사한 것"이 가득한 삶은 절대 아니었어.'

그렇다. 하나님이 바울의 지경을 넓혀 주셨을 때 그에게 과연 어떤 일이 벌어졌는지 들어 보라.

> 내가 수고를 넘치도록 하고 옥에 갇히기도 더 많이 하고 매도 수없이 맞고 여러 번 죽을 뻔하였으니 유대인들에게 사십에서 하나 감한 매를 다섯 번 맞았으며 세 번 태장으로 맞고 한 번 돌로 맞고 세 번 파선하고 일 주야를 깊은 바다에서 지냈으며 여러 번 여행하면서 강의 위험과 강도의 위험과

동족의 위험과 이방인의 위험과 시내의 위험과 광야의 위험과 바다의 위
험과 거짓 형제 중의 위험을 당하고 또 수고하며 애쓰고 여러 번 자지 못
하고 주리며 목마르고 여러 번 굶고 춥고 헐벗었노라(고후 11:23-27).

하나님께 그런 축복을 구하기 전에 다시 한 번 생각해 봐야 할 것이
다. 성경에는 하나님이 그분의 뜻을 행하기 위해 사용하셨으나 그로 인
해 값비싼 대가를 치러야 했던 사람들이 수두룩하다. 열두 제자 중 열
명은 순교했다. 세례 요한은 헤롯에게 목 베임을 당했다. 이사야는 톱
으로 잘려 반 토막 났다. 수세기에 걸쳐 수백만 명이 예수 그리스도를
믿는 신앙 때문에 순교했다. 현재 수천 명을 대상으로 사역하고 있는
조니 에릭슨 타다는 다이빙 사고로 전신이 마비되어 그의 지경이 넓어
진 후 본격적으로 사역이 시작되었다. 힘 있는 강연으로 유명한 크리스
천 강사이자 교도소선교회를 설립한 척 콜슨은 워터게이트 사건 때 저
지른 범죄로 유죄 선고를 받고 감옥에 간 후 '지경이 넓어'졌다. 수천
명의 선교사들이 그들이 섬기는 자리에서 하나님이 일과 사역의 지경
을 넓혀 주심에 따라 가난과 결핍 같은 희생을 감수해야 했다. 하나님
은 그분을 따르기만 하면 모두가 환란과 고통을 면할 거라고 약속하지
않으신다. 그리스도인들은 불신자들과 똑같이 암에 걸리고, 사랑하는
사람들을 잃고, 경제적 어려움을 겪는다. 그러나 하나님은 우리의 비극
까지도 사용하셔서 우리의 지경을 넓히시고 회의적인 세상 사람들에
게 다른 삶의 모습을 보여 주실 수 있다.

하나님은 그분을 따르기 위해 삶을 바치는 사람들에게 복 주시는가?
물론 그렇다. 때로는 물질적으로, 때로는 돈, 성공, 건강, 행복한 가정

으로 복 주시기도 하신다. 그러나 반드시 그렇게 하겠다고 약속하신 적은 없다. 다만 어려움을 당하건 번영을 누리건, 언제나 하나님의 사랑을 받고 하나님이 허락하시는 의미 있는 삶을 사는 복을 받는다. 우리가 하나님을 위해 희생할 때 그분의 손에 들려 쓰임 받는 도구임을 느끼는 것도 하나님이 주시는 복이다.

《야베스의 기도》는 그리스도인들은 환란이나 고통을 겪지 않는다고 믿고 싶어 하는 사람들에게 수백만 부가 팔려 나갔다. 나는 그것이 저자의 의도가 아니었을 거라고 믿는다. 그렇지만 나라면 그 작은 책 안에 '비용 계산하기'라는 장을 덧붙이고 싶다. 그래서 하나님의 축복은 우리의 은행 계좌가 아니라 고통을 통해 주어지기도 한다는 것을, 아니, 그런 경우가 적지 않다는 것을 사람들에게 알려 주고 싶다. 물론 그 주장을 뒷받침하는 성경 말씀이 있다. "사랑하는 자들아 너희를 연단하려고 오는 불 시험을 이상한 일 당하는 것같이 이상히 여기지 말고 오히려 너희가 그리스도의 고난에 참여하는 것으로 즐거워하라. 이는 그의 영광을 나타내실 때에 너희로 즐거워하고 기뻐하게 하려 함이라. 너희가 그리스도의 이름으로 치욕을 당하면 **복 있는 자로다**. 영광의 영 곧 하나님의 영이 너희 위에 계심이라"(벧전 4:12-14, 강조 추가).

프로도와 권력의 반지

> 돈을 종으로 삼지 못하면 돈이 주인이 되고 말 것이다. 탐욕스러운 사람이 부를 소유한다는 말은 적절치 못하다. 부가 그를 소유한다고 말해야 한다.
> ―프란시스 베이컨 경

나는 젊은 부자 관리의 이야기가 머릿속을 꽉 채운 상태에서 거북할 만큼 그와 비슷한 결정을 내려야 할 처지였다. 당시의 나는 월드비전에서 본격적으로 회장 제의를 받은 것도 아니었다. 그냥 고려 대상 후보자로 이름을 올려도 되겠느냐는 질문을 받은 것뿐이었다. 이쯤 되면 이런 생각을 할 사람도 생길 것이다. '이 사람, 뭐가 문제야? 상당히 좋은 기회잖아. 그런 직책의 후보로 검토 대상에 오르는 걸 동의하는 게 뭐가 그리 어렵다는 거야? 월드비전 회장직이 욕심나지 않을 사람이 누가 있겠어?' 돌이켜 보면 내가 생각해도 이 모든 고민이 참 천박하게 보여서 부끄럽다. 과분한 봉급, 지나치게 큰 집, 비싼 차를 포기해야 하는 배부른 최고경영자의 고민에 공감할 사람은 그리 많지 않을 것이다.

　나는 모든 걸 포기하고 아프리카의 수단으로 건너가 진흙 오두막에 살라는 요구를 받은 게 아니었다. 그저 시애틀로 거처를 옮기고 상당히 근사한 집과 넉넉한 봉급을 받으며 신나게 일해 보자는 초청을 받은 거였다. 내가 감수해야 할 '희생'은 다분히 내 머릿속에서만 존재하는 것이었다. 하지만 뭔가가 소중해지면 그것이 재산이건, 일이건, 지위나 신분이건, 친구나 가족이건, 그것들을 놓기가 정말 싫어지는 법이다. 그것들이 우리 삶에서 하나님과 경쟁하는 우상이 될 수 있다.

　나는 《반지의 제왕》의 열렬한 팬이다. 책을 여러 번 읽었고 영화도 몇 번이나 보았다. 이야기 속의 권력의 반지는 무엇보다 그것을 낀 사람을 보이지 않게 만드는 마력이 있다. 하지만 아이러니하게도, 그 반지를 소유하는 사람마다 결국 반지의 소유가 되어 버리는 것을 발견하게 된다. 반지가 유혹하는 힘이 너무 커서 저항할 수 없는 지경에 이르기 때문이다. 그 반지를 오래 끼고 그 능력을 많이 경험할수록 그것을 빼거나 내놓기가 더 힘들어진다. 반지를 향한 갈망에 완전히 사로잡혔던 비참한 골룸은 자신의 '보물', 절대반지 말고는 아무것도 생각하지 못하는 처량한 존재로 쪼그라들고 말았다. 그는 인간성을 거의 전부 잃어버렸다. 여기 어떤 비유가 담겨 있는지 다들 볼 수 있을 것이다. 우리 삶에는 불건전한 방식으로 우리를 '소유'할 수 있는 것들이 있다. 그리스도를 따르는 자에게, 무엇이건 주님과의 관계보다 소중해진다면 모두 파괴적인 결과를 낳게 된다. 절대반지와 마찬가지로, 이런 것들은 많은 경우 아름답고 빛이 난다. 선하고 긍정적인 모양새로 우리 삶에서 반짝인다. 승진, 늘어나는 은행 잔고, 배우자와 자녀 등은 참으로 좋은 것들이지만, 거꾸로 우리가 그것들의 소유가 되어 버려 그로 인해 마음이 나누어지고 주님께 충성하지 못하게 된다면 그것들이 바로 걸림돌이 되어 버린다. "네 보물 있는 그곳에는 네 마음도 있느니라"(마 6:21).

나의 경우는 성공과 경력이 주는 위신과 그 때문에 다른 사람들에게 받는 존경, 그에 따라오는 부유함이 점점 더 중요해졌다. 어린 시절 겪었던 경제적 불안 때문에 그런 것들이 특히나 더 매력적으로 다가왔던 듯하다. 내가 붙들었던 아메리칸드림을 놓기도 쉽지 않았다. 평소 이것은 눈에 잘 띄지 않는 마음의 일이었다. 그러나 하나님이 그분의 발 앞에 내 우상들을 내려놓으라고 하시자 달라졌다. '리치, 하나님의 뜻에 네 삶을 열어 놓을 의향이 있느냐?' 그제야 나는 그것들이 나를 철저히 사로잡고 있었음을 깨닫게 되었다.

《반지의 제왕》에서 마법사 간달프는 주인공 프로도에게 권력의 반지를 갖고 위험한 여행을 떠날 때 직면할 위험들을 알려 준다. 그는 반지가 그것을 맡은 자를 소유하려는 큰 힘을 갖고 있다고 경고한다. 물론 프로도는 그 말을 믿지 못한다. 그건 그냥 반지가 아닌가. 그래서 간달프는 시험 삼아 그에게 반지를 빼서 파괴해 보라고 한다.

> 간달프가 말했다.
> "해봐! 지금 해보라고!"
> 프로도는 호주머니에서 반지를 다시 꺼내 쳐다보았다……. 금은 아주 매혹적이고 깨끗했다. 프로도는 그 색깔이 참 짙고 아름답고, 참으로 완벽하게 둥글다고 생각했다. 정말 훌륭한 물건이었고 더없이 소중하게 느껴졌다. 반지를 꺼낼 때만 해도 난롯불에서 가장 뜨거운 부분에 던져 넣을 생각이었다. 그러나 이제 보니 처절한 싸움 없이는 그럴 수가 없었다. 그는 손 안의 반지를 가늠해 보고 망설였다. 그리고 간달프가 했던 모든 얘기를 간신히 떠올렸다. 그는 굳게 마음먹고 반지를 던져 버릴 것처럼 손을 움직였다. 그러나 어느새 자신이 반지를 호주머니에 도로 넣었음을 알게 되었다.
> 간달프가 싸늘하게 웃었다.
> "봤지?"[3]

젊은 부자 관리의 상황이 이와 같았다. 그는 자신의 모습과 지위에 완전히 밀착되어 버린 나머지 예수님이 가진 것을 모두 팔아 가난한 사람들에게 나눠 주라고 하시자 도저히 그대로 할 수가 없었다. 그것은 나의 상황이기도 했다. '반지'를 너무 오랫동안 손가락에 끼고 다니는 바람에 그것이 좋아졌던 것이다. "네게 있는 것을 다 팔아 가난한 자들에게 주라. ……그리고 와서 나를 따르라." 그 말을 따르기란 쉽지 않았다.

미인대회 2등

성장하기 위해서는 일시적으로 안정을 포기해야 한다. ─게일 쉬히

구인 전문가 랍과 통화한 지 두 주 후 우리 두 사람은 함께 저녁 식사를 하게 되었다. 우리는 네 시간 동안 대화했고, 월드비전과 나에 대해 생각할 수 있는 모든 주제를 다루었다. 대화가 끝난 후 랍은 내 생각과 달리 내가 좋은 후보가 될 거라고 믿는다고 했다. 그는 15명의 짧은 후보 목록에 내 이름을 올리고 내 정보를 이사회에 공개해도 되겠느냐고 물었다.

"이것이 사장님을 향한 하나님의 뜻이라면, 우리가 알아낼 것입니다. 만약 그렇지 않다면 그것 또한 알게 되겠지요. 사장님이 잃을 게 뭐가 있겠습니까?"

그 사람이야 말하기 쉽겠지. 돌아보면 이후 몇 달의 기억이 희미하다. 몇 주에 한 번씩 랍이 전화해서 이런 말을 했던 것 같다.

"후보를 열두 명으로 줄였습니다. 사장님이 그중 한 명입니다."

그 다음에는 여덟 명, 그 다음엔 네 명으로 줄었다. 나는 점점 불안해졌다. 내 평생 2등이 되기를 그렇게 바란 적이 없었다. 한때 파커브라더스의 사장이었던 터라, 모노폴리 게임이 자꾸 생각났다. "미인대회에서 2등에 뽑히셨습니다. 10달러를 모금하세요"라고 적힌 공동모금회 카드가 뽑혔으면 하는 심정이었다. 그러면 나는 후보자로 나서서 경쟁에 참가했던 훌륭한 제자라는 느낌을 간직한 채 고개를 꼿꼿이 들고 물러날 수 있을 것이다. 실제로는 아무 일도 하지 않고도 하나님께 순종할 마음

이 있음을 보여 드릴 수 있을 것이었다. 최후의 네 후보자(아이러니하게도, 3월부터 대학 농구 4강전이 진행되고 있었다)는 시카고로 와서 월드비전 신임 회장 물색 위원회 위원들과 면접을 보라는 요청을 받았다.

인터뷰를 할 때마다 나는 내가 좋은 후보가 아니며 필요한 경험이 전혀 없다고 열심히 설명했다. 한번은 월드비전의 이사이고 윌로우크릭 교회의 유명한 빌 하이벨스 목사님이 냉정하게 내게 알려 주었다.

"리치, 이 자리에 선택을 받으면 세계에서 가장 끔찍한 지역들로 가야 할 겁니다. 가슴 아픈 상황을 접하게 될 거예요. 쓰레기 더미에서 사는 아이들, 질병으로 자녀들을 잃어버린 여성들, 에이즈에 걸려 죽어 가는 사람들을 보게 될 겁니다. 그런 것들이 편안하십니까?"

나는 숨이 턱 막혔다.

"편안하냐구요? 너무나 거북해서 말로 다 표현할 수도 없을 지경입니다! 완전히 겁먹었습니다! 하나님은 제게 긍휼의 은사를 주지 않으신 것 같습니다. 제 말을 오해하지는 마세요. 저는 마음이 약합니다. 디즈니 영화를 보고도 울지요. 어려움에 처한 아이들을 보면 마음이 아픕니다. 하지만 편안하냐구요? 천만의 말씀입니다. 혹시 마더 테레사 같은 사람을 찾으신다면, 사람을 잘못 고르신 겁니다."[4]

나는 그걸로 얘기가 끝났다고 사뭇 확신했다. 나를 뽑는 일은 결코 없으리라. 그래, 잘해야 2등일 거야. 어쩌면 3등이나 4등일지도 몰라. 나는 그렇게 확신하며 집으로 돌아갔다. 그러니 다음날 아침 밥의 전화를 받고 내가 얼마나 놀랐을지 상상할 수 있을 것이다. 그는 전날 일정이 모두 끝난 뒤 여섯 명의 이사들을 모아 놓고 종이에 1순위 후보의 이름을 적어 달라고 했다. 여섯 장의 투표 용지에는 모두 내 이름이 적혀 있었다.

　나는 믿기지 않아서 물었다.

　"그게 무슨 뜻입니까?"

　"축하합니다. 그 자리를 잡으셨어요!"

　"뭐가 어떻게 됐다고요? 하지만 전 그 자리를 원하지 않아요. 제가 할 수 없는 일입니다. 이건 옳지 않아요."

　이런 일이 벌어질 수도 있다는 걸 진작 알았어야 했다. 하나님은 인간들이 선택할 법한 사람을 결코 뽑지 않으신다. 그분은 어부, 세리, 반란자 무리를 제자로 삼으셨다. 그리스도인을 가장 극심하게 박해했던 바울을 골라 이방인의 사도로 삼으셨고 신약성경의 대부분을 쓰게 하셨다. 그분은 이새의 자식들 중 제일 꼬마를 이스라엘을 다스리는 왕으로 뽑으셨고, 목자 모세를 선택해 지구상에서 가장 강력한 왕 파라오와 맞서게 하셨으며, 노예로 있던 수십만 명의 이스라엘 자손을 이끌고 나오게 하셨다. 하나님은 이런 일들에 정말 유머 감각을 발휘하시는 듯하다. 그렇다면 고급 식기류를 팔던 사람을 불러 가난한 자들을 돕게 하는 일이라고 안 될 이유가 어디 있겠는가? 말이 된다, 그렇지 않은가?

　고린도전서의 다음 구절은 내 인생의 말씀이 되었다. "그러나 하나님께서 세상의 미련한 것들을 택하사 지혜 있는 자들을 부끄럽게 하려 하시고 세상의 약한 것들을 택하사 강한 것들을 부끄럽게 하려 하시며"(1:27).

　나는 랍에게 이사진이 선택한 1번 후보가 그 결정을 확신하지 못하니 2순위 후보에게 최종 통보를 유보하는 게 좋겠다고 말했다. 그리고 우리는 내가 최종 결정을 내리기에 앞서 아내와 함께 시애틀로 날아가 모임을 갖고 이야기를 나누며 현장을 확인할 필요가 있다는 결정을 내렸다. 월드비전은 지난 몇 달간 나를 탐색했지만, 나는 그들에 대해 아는 바가 없었다. 현실을 부정하고 있었던 게 아닌가 싶다. 이제 내가 월드비전 시애틀 본부로 가서 실사를 해봐야 할 처지였다. 내 인생을 뒤집어 놓을 판단을 내리기 전에 묻고 싶은 질문이 천 개는 될 듯했다.

그러나 내 이야기를 마치기 전에 당시에 벌어졌던 또 하나의 놀라운 일을 이야기해야겠다. 우리가 시애틀로 날아간 바로 그날 벌어진 일이다. 나는 그날 아침 일찍 사무실에 나갔다. 몇 달 전 런던에 사는 업계 동료를 초대해 레녹스 사업장을 안내하기로 약속해 두었기 때문이다. 그의 이름은 키스였고 영국의 유명한 식기 회사를 소유한 부유한 투자가였다. 머릿속이 너무 복잡한데다 그날 시애틀로 갈 일정도 있고 해서 나는 어수선한 마음으로 키스와 함께 레녹스를 둘러본 후 커피를 대접하기 위해 사장실로 돌아왔다. 그런데 그는 자리에서 일어나 문을 닫고 오더니 둘이서만 할 얘기가 있다고 말했다.

또 다른 영국 식기 회사를 매수하여 두 회사를 합병할 계획이라는 키스의 설명을 들으면서 나의 놀라움은 점점 커져 갔다. 새로 탄생할 회사는 세계 최대 규모의 식기 회사가 될 거라고 했다. 그리고 그는 폭탄 선언을 했다. 내가 그 회사의 최고경영자로 왔으면 좋겠다는 것이었다. 그는 내가 그 자리에 딱 맞는 후보자임을 알기 때문에 구인 회사를 쓸 생각이 없다고 말했다. 내가 말을 꺼내려 하자 그는 내 말을 막더니 알려 줄 소식이 하나 더 있다고 했다. 나를 부자로 만들어 주겠다는 거였다. 그는 내가 레녹스를 떠나 최고경영자직을 맡아 주면 새 기업의 지분 10퍼센트를 주겠다고 했다. 그 정도면 족히 2500만 달러에서 5000

만 달러는 될 거라고 했다.

상상할 수 있겠지만, 이런 사건들은 내 인생에서 매일 벌어지지 않는다. 두 달 전, 월드비전과 대화를 시작했을 즈음 르네가 했던 말이 문득 떠올랐다. 아내는 결단의 시기가 오면 커다란 유혹, 재정적인 미끼가 내 앞에 나타나 월드비전으로 가는 길을 막으려 할 거라고 말했다. 그런데 생각해 보라. 여섯 시간 후면 나는 최종 결정을 내리기 위해 시애틀행 비행기에 오를 예정이었다.

나는 키스에게 그의 제안에 어안이벙벙하지만 곤란한 사정이 있다고 말했다. 레녹스의 누구도 내가 월드비전과 나눈 얘기들을 알지 못하던 때였지만 나는 키스에게 고민을 털어놓기로 했다. 단체의 이름은 밝히지 않은 채, 나는 그에게 아내와 내가 독실한 그리스도인이며 지난 몇 주에 걸쳐 회장직을 놓고 대형 자선 단체와 이야기를 진행해 온 터라고 말했다. 그리고 내가 그 제안을 받아들인다면 우리 부부의 신앙을 좀더 직접적으로 실천에 옮길 기회가 될 거라고 말했다. 나는 그날 오후에 있을 최종 인터뷰까지 얘기한 뒤, 자선 단체와 일이 잘 안 되면 그의 제안에 각별히 관심을 갖게 되겠지만, 먼저 그들과 협의를 마무리해야 한다고 말했다.

키스는 약간 당황하는 듯했다. 그는 내가 레녹스의 최고경영자 자리를 떠나 자선 단체에서 일할 생각을 한다는 사실이 놀랍지만 그런 조치를 고려하다니 존경스럽다고 말했다. 그리고 그는 내게 사연을 하나 들려주었는데, 그것은 하나님이 리치 스턴스에게 주시는 직접적인 메시지가 되어 버렸다.

아이를 가질 수 없었던 그들 부부는 수십 년 전에 인도 출신의 어린 소녀를 입양했다고 했다. 그들은 아이를 친자식처럼 길렀으나 아이는 열 살 무렵 갑자기 세상을 떠나고 말았다. 아이가 어떻게 죽었는지는 말하지 않았다. 그들은 슬픔을 주체하지 못했고 그는 사업에도 흥미를 잃었다. 그러다 결국 그들 부부는 갈라서고 말았다. 그러던 어느 날 그는 우편물을 살펴보다가 월드비전이라는 단체에서 온 후원 요청서를 보게 되었다. 한 달에 20파운드로 한 아이의 후원자가 될 수 있다는 내용이었다.(나는 다시 소름이 쫙 돋는 것을 느꼈다.) 흥분한 그는 편지를 써서 딸을 잃은 사연을 설명하고는 딸이 태어난 인도의 같은 지역에 사는 열 살짜리 여자아이를 후원할 수 있겠느냐고 물었다. 두 주 후 그는 새 '딸'의 사진을 받았고 이후 몇 년 동안 정기적으로 아이에게 편지를 쓰고 선물도 보냈다고 했다.

그가 말했다.

"리치, 어찌된 일인지, 그 아이의 후원자가 되고 난 후 나는 마침내 내 슬픔을 떠나보낼 수 있었네."

그러고는 여러 해에 걸쳐 자신이 이 월드비전이라는 단체에 깊은 감명을 받게 되었다는 말을 하고 싶었다고 했다. 가난한 사람들을 돕기란 쉽지 않은데, 그들에겐 믿을 만한 경험과 사려 깊은 전략이 있었고 그 일을 효율적으로 감당하는 비결도 있었다고 했다. 그는 이렇게 덧붙였다.

"그래서 나는 대형 자선 단체가 리치, 자네 같은 사람에게서 어떤 유익을 얻을 수 있을지 알 것 같네. 하지만 말일세. 이기적인 소리인 줄은 알지만, 그래도 나는 자네가 나와 함께 일했으면 좋겠네."

그의 말을 듣고 내가 얼마나 큰 충격을 받았을지 짐작할 수 있을 것이다. 이것은 우연의 일치일 수가 없었다. 하나님은 이 놀라운 유혹을 통해 내게 이렇게 말씀하고 계셨다.

"봤느냐, 리치? 월드비전을 통해 나는 가장 가난한 사람들뿐 아니라 가장 부유한 사람들에게도 다가갈 수 있다. 내 뜻에 네 삶을 열어 놓을 의향이 있느냐?"

나는 다소 주저하면서 키스에게 내가 차기 미국 회장이 되어 주기를 바라는 단체가 바로 월드비전이라고 말했다. 우리 둘 다 이것이 얼마나 이상한 우연의 일치인지 깨달았고, 그의 얼굴에선 핏기가 가셨다. 우리는 모임을 마쳤다. 나는 결정이 내려지면 몇 주 후 그에게 전화하겠다고 약속했다. 그리고 공항으로 떠났다.

그렇게 해서 나는 결국 이불을 덮어쓰고 잔뜩 웅크린 채 울먹이던 금요일 오후를 맞게 되었다.

이틀에 걸친 모임을 마친 후, 토요일에는 부동산 중개인과 함께 우리가 살게 될 동네를 둘러보았다. 역시 우울한 시간이었다. 그러고 나서 우리는 일요일 비행기를 타고 집으로 돌아왔다. 나는 너무나 속상하고 고민스러운 나머지 그날 랍의 사무실로 전화를 걸어 음성메시지를 남겼다. 얼마나 겁쟁이였던지 그에게 직접 말할 자신도 없었던 것이다.

"미안합니다. 일을 여기까지 끌고 오는 게 아니었는데. 끔찍한 실수였어요. 랍, 난 자격이 없어요. 지금이라도 안 되겠다고 말하고 내 생활로 돌아가야겠어요. 용서해 주세요."

그 청년이 재물이 많으므로 이 말씀을 듣고 근심하며 가니라……

다음날 레녹스에선 모회사의 회장과 그 밖의 고위 지도자들과 함께 이후 며칠 동안 이어질 집중적인 모임이 시작되었다. 나는 다시 업무에 복귀해야 했다. 하던 일을 계속해야 했다. 그날 아침, 랍은 거듭해서 전화를 걸었고 그때마다 내가 바쁘다는 말을 들어야 했다. 그날 일과가 끝난 후, 나는 그에게 다시 전화를 걸었다. 우리는 대화를 나누었다. 나는 그 일을 맡을 수 없는 이유를 최선을 다해 설명했다. 그리고 월드비전은 이제 어떻게 할 것인지 물었다. 랍은 내 결정에 상당히 충격을 받은 듯했고 모든 과정을 처음부터 다시 시작해야 할 거라고 말했다. 이사회가 다른 후보자들은 적당하지 않다고 판단했기 때문이었다. (나는 이런 생각이 들었다. '다른 후보들이 얼마나 부족했던 거야? 미스터 도자기보다 못하단 말이야?')

그날 저녁 퇴근하고 집에 돌아온 나는 정신적으로 너무나 지쳐 쓰러질 판이었다. 그런데 르네가 그날 교회 선교대회가 있으니 갈 준비를 하라고 했다. 나는 그날 선교대회는 정말 가고 싶지 않다고 대꾸했다. 아내는 자신과 아이들은 갈 작정인데 아버지가 아이들에게 좋은 본을 보여 주면 좋겠다고 말했다. 그래서 나는 마지못해 차에 올랐다.

그날 저녁 예배 시간에 나는 마음이 산만하여 강사의 말이 도통 귀에 들어오지 않았다. 그는 세상과 그 엄청난 필요에 대해 많은 말을 했다. 헌금을 요청하기에 좋은 준비였다. 그러나 그는 말을 마친 후 돈을 요구하지 않았다. 평소와는 사뭇 다른 분위기였다. 그는 예배당에 있는 누군가에게 하나님이 말씀하고 계신다고 말했다. 하나님이 그 사람을 부르시는데, 후원금을 내라는 게 아니라 가서 섬기길 원하신다고 했다. 전 세계에서 어린이들이 굶주림에 시달리고 고통받고 있으며, 그들을 도와야 한다고 그는 말했다. 그 아이들은 복음을 들어 보지도 못했고, 주님은 그들에게 다가갈 누군가를 필요로 하신다고 했다. 강사는 찬양이 연주되는 동안 하나님이 그 사람의 마음을 만지시기를 기도한다고 말했다. 나는 예배당에 나 혼자 앉아 있는 것처럼 느껴졌다. 어떻게 알았을까? 나는 계속해서 달아나려 했으나, 하나님은 길목마다 지키시며 이렇게 물으셨다. "리치, 나의 뜻에 마음을 열어 놓겠느냐?"

그날 밤, 집에 돌아와 아이들을 재운 후, 르네와 나는 부엌에 마주 앉았다. 그리고 나는 그대로 무너져 내렸다. 주체할 수 없이 눈물이 쏟아졌다.(자주 있는 일이다.) 두 달에 걸친 인터뷰, 불안, 정신적·영적 긴장을 더 이상 버틸 수 없었다. 그러나 한 가지 생각만은 또렷했다. 강사는 전 세계에서 고통받는 어린이들에 대해 말했다. '내가 하나님께 순종하지 않는 바람에 고통받는 아이들이 생기면 어떡하나?' 행동에는 결과가 따른다고 아이들에게 늘 가르쳐 오지 않았던가? '나의 비겁함 때문에 세상 어딘가에서 한 아이라도 목숨을 잃게 되면 어떡하나?' 그런 생각을 하면서 살아갈 수는 없었다. 나는 그럴 수 없었다. 나는 그렇게 무너졌다. 자격 조건 운운하던 온갖 가장과 합리화들이 허물어지며 재가 되어 버렸다. 하나님은 나를 깨뜨리셨고 나는 더 이상 그분을 피해 달아날 수 없었다. 르네는 나를 안아 주었다. 우리는 함께 울었다. 그녀는 줄곧 의연한 모습을 보여 주었다. 아내는 처음부터 이렇게 말했다.

"우리는 하나님이 원하시는 곳에 있어야 해요. 그곳이 월드비전이라면, 그냥 그곳으로 가요."

기업체 최고경영자의 아내 중에서 그렇게 말할 수 있는 사람이 얼마나 될까?

"그렇게 하세요. 꿈꾸던 집을 팔고, 다섯 명의 아이를 다니던 학교에 보내지 말아요. 아는 사람이 아무도 없는 시애틀로 이사를 가요. 그리고 하나님의 뜻이니 수입을 75퍼센트 줄여요. 아무 문제 없어요."

그러나 르네는 그런 사람이었다. 그녀는 어린 시절부터 가난한 사람들을 돕는 꿈을 꾸었고, 이번 일이 우리에게 그 일을 맡기시는 하나님의 방법이라고 보았다. 하나님은 내가 그분이 원하시는 남자가 되는 데 그녀 같은 여자가 필요함을 처음부터 아셨다.

다음날 나는 랍에게 다시 전화를 걸어 잠도 안 오고 음식도 안 넘어간다, 이렇게는 못 살겠다, 이번 달에 5킬로그램은 빠진 것 같고, 잠도 많이 못 잤다고 말했다. 나는 우리 가족이 함께 며칠 동안 기도해 볼 것이니 다음 번 위원회 모임에서 우리를 위해 기도해 달라고 부탁했다. 정말 기도해 줘야 한다고 말했다. 5분 동안 짧게 기도하는 게 아니라 하나님이 우리 가족에게 (그리고 내게) 분명하게 알려 주시도록 오랫동안, 전심으로 깊이 있게 기도해 달라고 말했다. 너무나 중요한 일이었기에 하나님을 구하지 않을 수 없었고, 월드비전으로서도 실수를 용납할 수 없는 큰 문제였다. 우리는 며칠 후 위원회 모임이 끝나고 나서 다시 이야기를 나누기로 했다. 그리고 우리는 그대로 했다. 그들도 기도했고, 나도 기도했고, 르네와 아이들도 기도했고, 부부 성경공부 모임에서도 함께 기도했다. 모두가 기도했다. 어린아이의 믿음을 가진 열 살 난 아들 피트는 금식기도를 해야 할 것 같다고 말한 뒤 그렇게 했다. 며칠 후, 위원회 모임이 끝나고 랍이 전화를 했다. 그는 이사회가 그들의 결정을 놓고 뜨겁게 기도했다고 전했다. 그들은 나와 다른 후보자들을 위해 기도했고, 그들의 결정에 하나님의 인도하심을 구하며 기도했다. 랍은 이사회가 그렇게 기도한 후 하나님이 나를 월드비전으로 부르고 계심을 어느 때보다 확신하게 되었다고 말했다. 마침내 나는 체념하고 항복하는 심정으로 말했다.

"좋습니다. 그렇게 합시다. 만약 이것이 끔찍한 실수라면, 하나님이 문을 닫아 주시도록 기도합시다."

하나님은 문을 닫지 않으셨다.

4월, 나는 이사회의 초청을 공식적으로 수락했다.

5월, 레녹스의 최고경영자직을 사임했다.

6월, 월드비전 미국 회장으로서 새 일을 시작했다.

7월, 이삿짐 차가 2백 년 된 자연석 농장 앞에 섰다.

그리고 8월, 나는 우간다의 정글에서 고아가 된 리처드와 그 동생들과 함께 있었다. 나는 리처드가 아주 오래전의 일처럼 느껴지는 그날 밤 부엌에서 염려했던 아이, 내가 하나님께 불순종한다면 죽게 될지도 모를 그 아이가 아닐까 하는 생각이 들었다. 하나님은 그렇다고 말씀하시는 것 같았다.

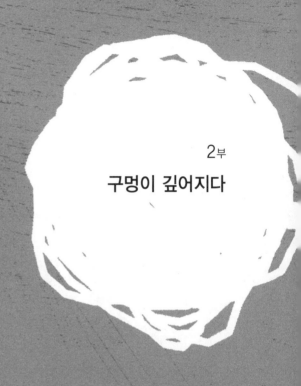

2부

구멍이 깊어지다

나는 인애를 원하고 제사를 원하지 아니하며 번제보다 하나님을 아는 것을 원하노라.

-호세아 6:6

첫 번째 종교개혁의 관건은……신조였다. 이번에는 우리의 행위가 관건이 될 것이다.
첫 번째 종교개혁으로 교회가 분열되었지만, 이번에 교회는 하나가 될 것이다.

-릭 워렌

4. 자비와 정의―복음의 양대 기둥

지옥에는 산상수훈을 높이 평가했던 사람들로 가득할 것이다. 그 정도에서 머물러서는 안 된다. 그것에 순종하고 행동으로 옮겨야 한다. ―존 맥아더

결국 우리는 적들의 말이 아니라 친구들의 침묵을 기억하게 될 것이다. ―마틴 루터 킹 2세

"하나님의 뜻에 마음을 열어 놓고 계십니까?"라는 질문과 뒤이은 사건들에 이끌려 나는 새로운 발견의 길로 접어들었다. 내 삶을 향한 하나님의 뜻은 무엇이었을까? 하나님은 내게 무엇을 기대하셨을까? 하나님은 그리스도를 따르고 복음의 전달자가 되기 원하는 사람에게 무엇을 기대하시는가? 그 해답은 신비롭지도, 분별하기 어렵지도 않다. 그것은 성경의 매 쪽마다 분명하게 새겨져 있다. 사람들을 향한 자비와 정의를 추구하시는 하나님의 열정이 거기에 선명하게 드러나 있다.

사람아 주께서 선한 것이 무엇임을 네게 보이셨나니 여호와께서 네게 구하시는 것은 오직 정의를 행하며 인자仁慈를 사랑하며 겸손하게 네 하나

님과 함께 행하는 것이 아니냐(미가 6:8).

그리스도께서 나사렛 회당에서 선포하셨고 누가복음 4장에 실려 있는 그분의 사명 선언문은 복음과 그것이 내게 뜻하는 바에 대한 나의 해석에서 무엇이 빠졌는지 보여 주는 빙산의 일각일 뿐이었다. 누가복음의 그 본문은 모세와 선지자들을 통해 하나님이 2천 년간 이스라엘 민족에게 말씀하신 내용의 절정이자 성취였다. 화해와 자비, 정의의 위대한 주제들은 신구약 성경 전체에 걸쳐 깊이 새겨져 있다. 이 주제들에 대한 철저한 분석은 이 책의 범위를 벗어나는 작업이다. 그러나 하나님이 그분을 따른다고 자처하는 사람들에게 무엇을 기대하시는지 분명히 알려 주는 대표적인 구절 두 가지만큼은 함께 살펴보았으면 한다. 이사야 58장과 마태복음 25장이다.

이사야 58장

이사야서에 나오는 다음 대목은 하나님 나라에 대한 비전과 그 비전이 그분의 백성의 삶과 공동체 안에서 어떻게 드러날지를 숨 막힐 정도로 장엄하게 보여 준다. 주전 7세기에 기록된 이사야서는 포로가 된 민족에게 주어진 말씀이다. 그들은 부패한 왕들 치하에서 몇 세기에 걸쳐 하나님을 저버리고 우상을 섬기다가 하나님의 형벌을 받아 앗수르에게 잔인하게 정복당했다. 그들은 나락으로 떨어지기 직전, '하나님과 올바른 관계를 회복하기 위해' 필사적으로 애쓴 민족이었다. 하지만 하나님은 거룩함을 추구하는 그들의 시도가 천박할 뿐 진실하지 않다고 판단하셨다. 그들은 기도하고 금식하고 종교 축제와 의식을 지켰지만 그건 그냥 신실한 척하는 시늉일 뿐이었다. 하나님은 그들의 위선을 조롱하신 후 참된 신실함을 보여 주는 원대한 환상을 제시하셨다.

> 주저하지 말고 크게 외쳐라.
>
> 나팔처럼 목소리를 높여라.
>
> 내 백성에게 그들의 죄악을 드러내고
>
> 야곱의 집에 그들의 허물을 밝혀라.
>
> 그들은 날마다 나를 찾고
>
> 내 길 알기를 기뻐하는 듯하니
>
> 그들이 마치 올바르게 행동하고
>
> 하나님의 가르침을 저버리지 않은 민족 같구나.
>
> 그들은 무엇이 올바른 가르침인가를 내게 묻고
>
> 하나님께 가까이 나아가는 것을 기뻐하는 듯 보인다.
>
> 그들은 '우리가 금식을 하는데
>
> 왜 주께서는 보시지 않습니까?
>
> 우리가 통회하며 괴로워하는데
>
> 왜 주께서는 모른 체하십니까?'라고 말한다 (1-3절, 우리말성경).

이 구절에서 하나님은 그 백성이 그분의 뜻과 임재를 구하는 듯 보인다고 인정하셨다. 그들은 스스로를 "올바르게 행동하고 하나님의 가르침을 저버리지 않은 민족"으로 여겼다. 심지어 그들은 "하나님께 가까이 나아가는 것을 기뻐하는 듯" 보이기도 했다. 그들이 도리어 하나님께 약간 화가 나 있었다. 하나님이 그들의 금식, 예배, 기도를 무시하시는 듯했기 때문이다. 하지만 하나님은 종교성이라는 그들의 허식을 꿰뚫어 보셨다.

> 너희들이 금식하는 날, 너희 자신의 향락만을 찾고,
>
> 일꾼들에게는 무리하게 일을 시킨다.
>
> 너희가 다투고 싸우면서 금식을 하는구나.
>
> 이렇게 못된 주먹질이나 하려고 금식을 하느냐?
>
> 너희의 목소리를 저 높은 곳에 들리게 할 생각이 있다면,
>
> 오늘과 같은 이런 금식을 해서는 안 된다.
>
> 이것이 어찌 내가 기뻐하는 금식이겠느냐?
>
> 이것이 어찌 사람이 통회하며 괴로워하는 날이 되겠느냐?
>
> 머리를 갈대처럼 숙이고
>
> 굵은 베와 재를 깔고 앉는다고 해서
>
> 어찌 이것을 금식이라고 하겠으며,
>
> 주께서 너희를 기쁘게 반기실 날이라고 할 수 있겠느냐?(3-5절, 표준새번역)

그렇다. 하나님은 이스라엘의 피상성을 파악하고 계셨다. 표면적으로 그들은 경건해 보였을지 모른다. 그러나 그들은 근원적인 행동을 바꾸지 않았다. 하나님은 부패한 마음으로 드리는 의식과 예식에 만족하지 않으신다. 이 구절에서 그분은 기도에 대한 우리의 믿음을 흔들어 놓을 만한 말씀을 하셨다. 그들의 위선 때문에 그들의 기도에 귀를 기울이지 않으시겠다니! 우리는 하나님이 언제나 우리 기도를 들으시는

것을 당연하게 여긴다. 그러나 이 구절은 진실하지 못한 마음으로 바치는 기도는 하나님이 듣지 않으신다고 말한다. 하나님이 사람의 기도와 예배를 기뻐하지 않으신다면, 무엇이 정말 그분을 기쁘시게 할까?

> 내가 받고 싶은 금식은 이런 것들이 아니냐?
> 부당하게 묶인 사슬을 끌러 주고
> 멍에의 줄을 풀어 주는 것,
> 압제받는 사람을 자유롭게 놓아주고
> 모든 멍에를 부숴 버리는 것이 아니냐?
> 너희가 굶주린 사람에게 먹을 것을 나눠 주고
> 가난한 노숙자를 집에 맞아들이는 것이 아니냐?
> 헐벗은 사람을 보면 옷을 입혀 주고
> 네 혈육을 못 본 체하지 않는 것이 아니냐?(6-7절, 우리말 성경)

이 말씀은 정의와 공정함, 가난한 자들에게 관심이 있는 민족과 사회를 묘사하고 있다. 개인 윤리뿐 아니라 사회 윤리도 등장한다. "모든 멍에를 부숴 버리라"는 말은 개인, 사회, 정치, 경제의 모든 차원에서 온갖 불의한 체제, 법률, 관행을 깨뜨려야 한다는 의미다. 내가 앞서 말한 '온전한 복음', 하나님의 성품에 근거한 나라의 도래를 알리는 좋은 소식의 내용과 상당히 유사하다. 이런 나라, 참된 개인적·사회적 변화를 행동으로 보여 주는 민족에게 하나님은 놀라운 약속을 하신다.

> 그렇게만 하면 네 빛이 새벽 동녘처럼 터져 나올 것이고

네 상처는 빨리 아물 것이다.

그리고 네 옳음을 밝혀 주실 분이 네 앞에 가시고

여호와의 영광이 네 뒤에서 보살펴 주실 것이다.

그때야 비로소 네가 부르면 여호와께서 대답하실 것이다.

네가 도와 달라고 외치면 그는 '내가 여기 있다' 하고 말씀하실 것이다.

네가 너희 가운데서 억누르는 멍에와

손가락질과 못된 말을 없애 버린다면

네가 굶주린 사람에게 열정을 쏟고

괴롭힘을 당하는 사람의 소원을 들어준다면,

네 빛이 어둠 가운데 떠올라서

네 어둠이 대낮처럼 밝아질 것이다.

여호와께서 너를 언제나 이끄시고

땡볕이 내리쬐는 마른 땅에서도 배불리시며

네 뼈를 단단하게 하실 것이다.

너는 마치 물 댄 동산 같고

물이 끊어지지 않는 샘 같을 것이다(8-11절, 우리말성경).

놀라운 약속이다! 별다른 설명이 필요 없는 말씀이다. 하나님은 당신의 백성이 순종할 때 그들을 기뻐하신다. 당신의 종들이 배고픈 사람들에게 먹을 것을 주고 가난한 사람들을 보살피고 정의를 확립할 때, 하나님은 그들의 기도를 들으시고 응답하실 것이다. 하나님은 그들을 인도하시고 보호하실 것이며, 그들은 세상의 빛이 될 것이다. 이것이 하나님의 백성이 하나님의 세상을 하나님의 방식으로 변화시키는 그림이다. 이 복음에는 구멍이 없다. "뜻이 하늘에서 이루어진 것같이 땅에서도 이루어지이다"라는 예수님의 기도는 바로 이런 뜻이다. 박애, 사랑, 공평은 메시아의 나라의 특징들이고, 그리스도는 그 나라가 지상에서 시작되기 원하셨다.

예수님의 공적 사역이 진행되면서 세례 요한조차도 그분이 정말 메시아신지 의심하게 되었다. 그는 확신을 얻고자 예수님께 제자들을 보내었다. 그들이 말했다. "세례 요한이 우리를 보내어 당신께 여쭈어 보라고 하기를 '오실 그이가 당신이오니이까? 우리가 다른 이를 기다리오리이까?' 하더이다"(눅 7:20).

예수님은 좋은 소식(메시아)이 왔음을 알리는 표징들을 나열하시는 것으로 대답하셨다. "너희가 가서 보고 들은 것을 요한에게 알리되 맹인이 보며 못 걷는 사람이 걸으며 나병환자가 깨끗함을 받으며 귀먹은 사람이 들으며 죽은 자가 살아나며 가난한 자에게 복음이 전파된다 하라"(눅 7:22). 예수님은 요한을 격려하시고자 메시아이신 자신을 통해 하나님 나라가 임했다는 구체적인 증거를 나열하셨다.

이 다가올 나라의 일원이 되길 원하는가? 그렇다면 기억할 게 있다. 하나님은 우리 자신과 교회, 신앙 공동체가 변화의 진정한 증표들인 자비, 긍휼, 정의와 사랑을 구체적으로 드러내기 원하신다는 것이다. 그럴 때 비로소 우리 빛이 새벽 햇살처럼 비칠 것이고, 우리의 상처가 빨리 아물 것이고, 우리가 도움을 청하고 부르짖을 때 하나님이 "내가 여기 있다"고 대답하실 것이다.

마태복음 25장

여기, 온전한 복음이 무엇이며 하나님이 그분을 따르는 자들에게 기대하시는 바가 무엇인지 이해하는 데 도움이 될 만한 또 하나의 경계표가 있다. 부활하신 그리스도께서 다시 오신 후에 있을 심판의 날에 대한 놀라운 기록이다. 이 구절에 담긴 내용은 오늘날의 우리뿐 아니라 마태 당시에도 충격으로 다가왔을 것이다. 마태복음 25장 31-46절을 주의 깊게 읽어 보자.

인자人子가 자기 영광으로 모든 천사와 함께 올 때에 자기 영광의 보좌에 앉으리니 모든 민족을 그 앞에 모으고 각각 구분하기를 목자가 양과 염소를 구분하는 것같이 하여 양은 그 오른편에 염소는 왼편에 두리라.

그 때에 임금이 그 오른편에 있는 자들에게 이르시되 "내 아버지께 복 받을 자들이여 나아와 창세로부터 너희를 위하여 예비된 나라를 상속받으라. 내가 주릴 때에 너희가 먹을 것을 주었고 목마를 때에 마시게 하였고 나그네 되었을 때에 영접하였고 헐벗었을 때에 옷을 입혔고 병들었을 때에 돌보았고 옥에 갇혔을 때에 와서 보았느니라."

이에 의인들이 대답하여 이르되 "주여 우리가 어느 때에 주께서 주리신 것을 보고 음식을 대접하였으며 목마르신 것을 보고 마시게 하였나이까? 어느 때에 나그네 되신 것을 보고 영접하였으며 헐벗으신 것을 보고 옷 입혔나이까? 어느 때에 병드신 것이나 옥에 갇히신 것을 보고 가서 뵈었나이까?" 하리니

임금이 대답하여 이르시되 "내가 진실로 너희에게 이르노니 너희가 여기

내 형제 중에 지극히 작은 자 하나에게 한 것이 곧 내게 한 것이니라" 하시고

또 왼편에 있는 자들에게 이르시되 "저주를 받은 자들아 나를 떠나 마귀와 그 사자들을 위하여 예비된 영원한 불에 들어가라. 내가 주릴 때에 너희가 먹을 것을 주지 아니하였고 목마를 때에 마시게 하지 아니하였고 나그네 되었을 때에 영접하지 아니하였고 헐벗었을 때에 옷 입히지 아니하였고 병들었을 때와 옥에 갇혔을 때에 돌보지 아니하였느니라" 하시니

그들도 대답하여 이르되 "주여 우리가 어느 때에 주께서 주리신 것이나 목마르신 것이나 나그네 되신 것이나 헐벗으신 것이나 병드신 것이나 옥에 갇히신 것을 보고 공양하지 아니하더이까?"

이에 임금이 대답하여 이르시되 "내가 진실로 너희에게 이르노니 이 지극히 작은 자 하나에게 하지 아니한 것이 곧 내게 하지 아니한 것이니라" 하시리니

그들은 영벌에, 의인들은 영생에 들어가리라(31-46절).

여기 나오는 큰 그림의 내용은 너무나 분명하다. 역사의 종말에 있을 최후의 심판(단 7:13-14 참조)을 엿보게 해주는 그림이다. 그때 그리스도께서는 보좌에 앉아 인류를 심판하실 것이다. 그리스도 앞에 모인 사람들은 양과 염소, 이 두 부류로 나뉠 것이다. 여기서 가장 놀라운 부분은 두 무리를 나누는 기준일 것이다. 양과 염소는 그리스도에 대한 믿음의 고백 여부에 따라 나뉜 게 아니라, 가난한 자, 병든 자, 감옥에 갇힌 자들에게 구체적인 사랑의 행위를 실천했는지에 따라 분리되었다. '지극히 작은 자'에게 사랑의 행위를 실천하며 살았던 사람들은 그리스도의

축복을 받고 아버지 나라로 영접을 받았다.[1] 작은 자들의 처지를 모른 체했던 자들, 어려운 자들에게 자비를 베풀어 사랑을 표현하지 않았던 자들은 영원한 불로 내어쫓겼다.

이것은 분명 성경에서 잘라 내 버리면 속 편할 구절의 하나다. 구원받기 위해서는 올바른 말을 하고 올바른 신조를 믿는 걸로 충분하며, 가난한 자들에 대한 그리스도의 관심을 꼭 드러내며 살아야 하는 건 아니라고 믿고 싶은 게 우리의 솔직한 심정이다. 21세기에 이 구절을 읽는 우리가 왜 이리 정신이 번쩍 드는 걸까? 뭔가 핵심을 건드리고 있기 때문이 아닐까? 현대의 독자를 위해 이 구절들을 내 맘대로 풀어 쓰자면 이렇게 될 것이다.

나는 굶주렸으나 너희는 필요한 것을 다 가졌다. 나는 목말랐으나 너희는 페트병 생수를 마셨다. 나는 외국인이었으나 너희는 나를 추방하고 싶어 했다. 나는 옷이 필요했으나 너희는 더 많은 옷을 원했다. 나는 병들었으나 너희는 내가 병들 만한 짓을 해서 그렇게 된 거라고 말했다. 나는 감옥에 있었으나 너희는 내가 응분의 대가를 치르는 중이라고 말했다(RESV-리처드 E. 스턴스 역본).

정직하게 말해 보자. 가난한 사람들에 대한 우리의 반응은 종종 이 불경한 역본이 말하는 바에 더 가깝지 않은가. 그렇건 그렇지 않건, 이 대목에 담긴 그리스도의 말씀을 무시해 버릴 수는 없다. 아무리 거북하다 해도 그 말씀의 의미를 직시해야 한다. 하나님은 그분을 따르기로 선택한 사람들에게 명확한 기대를 갖고 계신다.

그러나 우리가 충분한 선행을 쌓아 하나님을 만족시켜야 구원을 받는다는 뜻은 아님을 분명히 해두고 싶다. 그리스도를 향한 순전하고 진실한 믿음에는 눈에 보이는 변화된 삶의 증거가 따라오기 마련이라는 뜻일 따름이다. 현대식으로 말하자면, 말만 하고 말한 대로 행하지 않는 사람은 가짜로 드러나게 된다는 뜻이다. "우리가 그의 계명을 지키면 이로써 우리가 그를 아는 줄로 알 것이요 그를 아노라 하고 그의 계명을 지키지 아니하는 자는 거짓말하는 자요 진리가 그 속에 있지 아니하되"(요일 2:3-4).

요한일서의 이 구절은 지금 다루고 있는 다른 많은 구절들과 마찬가지로 상당히 심란한 내용을 담고 있다. 그리스도를 따른다고 자처하는 많은 사람들이 결국엔 거짓말쟁이로, 심지어 자기 자신까지 속였던 자들로 드러나게 될 거라는 내용이다. 하지만 그리스도를 참으로 따르는 사람은 가난한 사람들에게 위로와 정의를 가져다주기 위해 무조건 모든 것을 버려야 한다는 말은 아니다. '이 지극히 작은 자'에 대한 진정한 관심이 그들의 삶과 신앙에 구체적으로 반영되어야 한다는 의미로 이해하면 된다. 구호 단체들을 통해 소액을 정기적으로 기부하거나, 정부에 대해 가난한 사람들의 입장을 대변해 줄 수도 있고, 무료 급식소나 지역 요양소, 도널드맥도널드하우스(아내와 두 딸 새라와 그레이스가 이곳에서 봉사하고 있다) 등에서 정기적으로 자원봉사를 할 수도 있다. 예수님도 가난한 사람들을 돕는 데 깨어 있는 시간을 죄다 쓰지는 않으셨다. 그분은 부자들과 정찬을 함께하셨고, 결혼식과 잔치에서 즐거운 시간을 보내셨고, 회당에서 가르치셨다. 모르긴 해도 아마 목수일도 좀 하셨을 것이다. 그래도 그분의 생애와 사역 가운데 가난한 사람들을 향한 사랑이 일관되게 구체적으로 표현되었다는 사실에는 의문의 여지가 없다. 우리가 물어야 할 질문은 이것이다. 그리스도께서 그날에 내 삶의 열매를 보실 때 그분이 사랑하시는 가난한 사람들을 향한 진실한 관심의 증거를 발견하실까? 더 나아가, 오늘 그분은 내가 무엇을 하길 원하실까? '지극히 작은 자'를 위한 마음을 표현하기 위해 어떤 믿음의 시도를 해야 할까?

마태복음 25장에 담긴 또 하나의 충격적인 메시지는 "너희가 여기 내 형제 중에 지극히 작은 자 하나에게 한 것이 곧 내게 한 것이니라"(마 25:40), 이것이다. 말씀에 등장하는 선한 양들도 이 대목에서 깜짝 놀랐다. 그들은 자신이 그저 어려운 사람들에게 인간적인 사랑을 베풀었다고 생각했으나, 사실 그것은 정체를 숨긴 '그리스도'에게 사랑을 베푸는 일이었음이 드러났기 때문이다. 마더 테레사는 그녀가 섬기는 가난한 사람들의 얼굴에서 '가장 비참한 모습으로 변장하신 그리스도'를 보았다고 말한 적이 있다.

요약하면, 우리는 신구약 성경 전체에 걸쳐 가난한 자들과 소외된 자들을 향한 하나님의 관심을 명확하게 볼 수 있었다. 예수님은 누가복음 4장에서 그리스도의 메시아적 신분과 사명에 대해 극적으로 선언하시며 그분이 "가난한 자에게 복음을 전하러"(18절) 오셨음을 알리셨다. 그리스도께서 그분을 따른다는 사람의 고백의 진정성을 확인하시는 기준은 그가 어려움에 처한 사람들을 구체적으로 돌보았는지의 여부임을 배웠고, 우리가 가난한 사람들을 보살필 때 실제로는 그리스도를 보살피는 것이라는 말씀을 들었다. 그분의 정체성이 가장 작고 낮은 자들과 하나로 연결되어 있는 것이다. 가난한 자들에게 베푸는 자비와 정의 없이는 '온전한 복음'도 없다. 너무나 간단하다.

이제 문제는 하나다. 21세기의 우리는 그렇게 간단하고 심오한 것을 놓쳐 버린 걸까?

참으로 비참한 모습으로의 변장

모인 사람은 육십 명 정도 되었다. 우리 부부와 딸 해나, 우간다 월드 비전 스탭진 몇 명, 그리고 다양한 연령대의 아이들이 40명 정도 있었다. 우리는 주인공들이 도착하면 노래와 축하로 환영해 줄 계획을 세워 놓았다. 그들이 그날 아침에 도착할 거라는 말을 들은 터였다.

철문이 끼익 소리를 내며 열리자, 우리의 기대도 함께 커졌다. 그들이 도착한 것이다. SUV 한 대가 서서히 들어오더니 우리 쪽으로 다가와서 멈추었다. 그리고 문이 열렸다. 십대 소년 둘이 주춤거리며 차에서 내려 모여 있는 사람들을 마주보고 섰다. 두 얼굴에는 두려움과 혼란이 서려 있었다. 대량 학살범인 자신들을 이렇게 환영해 주리라 기대하지 못했기 때문이었다.

나는 우간다 북부의 굴루만큼 영적으로 어두운 곳에 발을 디뎌 본 적이 없다. 굴루는 소위 '신의 저항군Lord's Resistance Army'(이하 LRA)이 20년 넘게 폭력적인 잔혹 행위를 저지른 진원지다. 조직의 지도자 조지프 코니는 스스로를 하나님의 아들이라 선언한 괴물 같은 작자다. 사탄이 살아 있고 우리 세계에 모습을 드러낸다면, 틀림없이 그 잔혹한 밀교 집단 속에 있을 것이다. 그들은 걸핏하면 아이들을 납치하여 총부리를 들이대고 살인, 강간, 식인 행위 등을 강요했다. 코니는 공포 통치 기간에 3만 8천 명 이상의 아이들을 납치하여 일부는 죽이고 나머지는 LRA의 소년병으로 강제 징집해 살인자로 만들었다.[2] LRA는 잔혹한 세뇌의 일환으로 아이들에게 형제자매들을 큰 칼로 난도질해 죽이도록 강요하기도 했다. 귀한 총알을 아끼기 위해서였다. 아이들은 자신이 죽인 사람들의 피를 마셔야 했다. 대개 열두세 살 정도에 불과한 소녀들은 집단 강간을 당한 뒤 성 노예가 되거나 반군 지휘관들의 '아내'가 되어야 했다. 20년에 걸쳐 이루어진 LRA의 소름끼치는 만행으로, 150만여 명의 사람들이 자기 땅에서 쫓겨나 굴루 안팎에 있는 국내실향민[3]을 위한 난민촌에서 살게 되었다. 전혀 그럴 법하지 않은 이런 환경에서, 나는 미국의 그리스도인들에게는 무기력한 것이 되어 버린 복음의 경이로운 능력을 목격했다.

월드비전의 전쟁피해아동 센터는 LRA 반군 무리에서 구출되었거나 탈출한 아이들의 재활과 회복을 위해 10년 넘게 일해 왔다. 이들은 우리로선 상상도 못할 영적, 심리적, 정신적 상처를 입었고, 강요에 못 이겨 저지른 끔찍한 일들 때문에 고향 마을에서도 괴물 취급을 받고 두려움과 거절의 대상이 되어 버렸다. 때로는 부모들까지도 그들의 귀향을 거부했다. 그들은 유년기를 빼앗겼고 수많은 끔찍한 사건들로 영혼이 더럽혀졌다. 아동센터는 그렇게 상처 입은 수천 명의 아이들에게 집중적인 신앙적 · 정서적 상담을 비롯해 용서와 화해 상담, 직업 기술 훈련까지 제공했다. 그날 센터에 들어온 두 소년도 LRA에 사로잡혀 약탈을 당했던 아이들이었다. 그들도 강요에 못 이겨 사람들을 죽이고 난도질했다.

두 소년의 퀭한 눈은 초점이 없었다. 차마 말로 표현할 수 없는 현장들을 목격한 눈이었다. 그들의 영혼은 죽어 버린 듯했다. 생명의 기운을 읽을 수 없었다. 우간다 반군에게 사로잡혔다가 풀려나 도움과 회복과 치유를 받기 위해 월드비전으로 보내졌다. 그들에게는 이름도 있었다. 마이클과 조지프.[4] 마이클의 왼팔은 오그라들어 있었다. 몸이 덜 자란 상태에서 총격전 도중 총상을 입은 탓이었다. LRA는 소년병들에게 집으로 탈출하려다 걸리면 바로 죽여 버리겠다고 경고했다. 아이들은 월드비전이 운영하는 전쟁피해아동 센터로 끌려가면 독살되거나 더 험한 꼴을 당할 거라는 말도 들었다. 그날 두 소년이 차에서 걸어 나오면서 두려움에 떨었던 것은 바로 그 때문이었다.

40명의 다른 '전쟁피해아동들', 하나같이 상처 입은 영혼들이 두 아이를 둘러싸고 기쁨의 노래를 부르며 박수를 치기 시작했다. 하나님께 바치는 찬양의 노래들, 치유와 용서의 송가들은 천사들의 합창인 듯 아름다웠다. 예상과는 너무나 다른 환영을 접한 마이클과 조지프는 놀라 어안이벙벙한 듯했다. 그러는 사이 그들의 눈에 낯익은 얼굴들, 탈출했던 다른 아이들의 얼굴이 들어오기 시작했다. 자기들처럼 LRA의 잔인한 손에 붙들려 그들의 명령에 따라 살인을 저지른 아이들이었다. 그들의 공허한 눈에 생기가 어리기 시작했다. 여러 아이들이 하이파이브를 제안하며 안아 주자 그들의 입가에 서서히 조심스러운 미소가 피어났다. 얼마 후 우리는 센터 안에 골함석으로 만든 임시 예배당으로 몰려들어갔다. 예배당 안에는 거친 나무 벤치들이 놓여 있었다. 하나님의 치유하시는 용서와 능력을 찬양하는 노래들이 거듭거듭 터져 나오면서 자연스럽게 찬양예배가 펼쳐졌다. 집에 잘 왔다, 집에 잘 왔어, 마이클과 조지프. 너희들은 이제 집으로 왔다. 좋은 소식, 삶을 변화시키는 영광스러운 복음이 마이클과 조지프를 압도했고, 그 순간, 생각도 못했던 용서의 가능성이 새로운 여명처럼 그들 안에서 떠올랐다. 그들은 다시 용서받고 회복되고 온전해질 수 있었다. 도무지 믿기 어려운, 기절할 만큼 좋은 '희소식'이었다.

> 주의 성령이 내게 임하셨으니 이는 가난한 자에게 복음을 전하게 하시려고 내게 기름을 부으시고 나를 보내사 포로 된 자에게 자유를, 눈 먼 자에게 다시 보게 함을 전파하며 눌린 자를 자유롭게 하고 주의 은혜의 해를 전파하게 하려 하심이라(눅 4:18-19).

칠흑 같은 어둠 속에선 작은 성냥불 하나로도 환한 빛이 켜진다. 마이클과 조지프의 어둠은 너무나 깊었지만 온전한 복음의 빛은 밝고, 눈부시고, 강렬하고, 권위 있고, 희망차게 빛났다. 예수님도 사로잡히셨다. 그분도 얻어맞고 난도질당하셨다. 그분도 그들처럼 이루 말할 수 없는 악에 직면하셨고 그것을 물리치셨다. 예수님은 용서를 가능하게 만드셨다.

그날은 부활절 주간이었고, 이틀 후 나는 전쟁피해아동 센터의 예배 시간에 말씀을 전해 달라는 부탁을 받았다. 청중은 세상의 가장 어두운 구석에서 부활절의 의미를 발견한 마흔 명의 소년 '병사들'이었다. 나는 탕자의 비유, 떠났다가 돌아온 아들을 아버지가 안아 주고 그의 모든 잘못을 조건 없이 용서하고, 잃었다 찾은 아들을 위해 살진 송아지를 잡아 잔치를 베풀고, 그의 자리를 회복시켜 집으로 환영해 들이는 이야기를 하기로 했다. 나는 말씀을 전하면서 마이클과 조지프를 지켜

보았다. 성가대의 새 얼굴로 자리 잡은 두 아이는 새로운 희망과 열렬한 찬양을 눈과 입술에 머금고 귀를 기울이고 있었다. 두 탕자가 집으로 돌아와 아버지의 품에 안겨 있었다. 그들은 좋은 소식, 복음을 체험하고 그 안에서 구원을 발견했다. 내가 그랬던 것처럼.

이 네 동생은 죽었다가 살아났으며 내가 잃었다가 얻었기로 우리가 즐거워하고 기뻐하는 것이 마땅하다(눅 15:32).

5. 세 가지 가장 큰 계명

그리스도가 어제 죽으셨고, 오늘 아침 부활하셨고, 내일 다시 오실 것처럼 살라. —마르틴 루터

　복음을 온전히 이해하지 못하고 뭔가를 놓치는 것은 우리만의 모습이 아니다. 때로는 큰 그림을 보는 일이 신앙인에게 가장 어려운 일이 되기도 한다. 성경은 일상생활의 작은 일들에 도움을 줄 수 있고, 실제적인 도움을 주는 구절들과 비유들, 원리들로 가득하다. 우리는 매주 교회에 나가 2천 쪽 분량의 책 중 단 몇 구절에 대한 설교를 듣는다. 그렇기 때문에 자칫하면 개별 '나무들'을 보는 데 시간을 쏟느라 신앙의 큰 그림을 규정하는 '숲'을 놓치기 쉽다.

　후견지명이라는 큰 이점을 가지고 이스라엘 민족에 대한 구약성경의 기록을 읽어 보면 하나님이 그들을 "목이 곧은 백성"이라 부르신 (예를 들어 출 32:9, 33:3, 5, 신 9:13을 보라) 이유를 알 수 있다. 그들이 '사태 파악'을 못하고 멋대로 행동하다 하나님의 심판을 받은 경우가 얼마나 많았던가? 출애굽 이후 이스라엘 백성은 하나님의 명백한 가르침에 거

둡 불순종했다. 이집트에 재앙을 내리고 홍해를 기적적으로 가르신 하나님의 능력을 목격하고도 얼마 지나지 않아 시내산에서 금송아지를 만들어 섬겼다. 왕정 시기에는 이스라엘과 유다 모두 왕들이 하나님께 불순종했고 백성들을 불순종의 길로 이끌었다. 사사기, 열왕기상·하와 역대상·하에서는 왕들과 그 백성들, 즉 하나님께 선택된 민족의 행동을 가리켜 "여호와의 목전에 악을 행했다"고 표현한 구절이 50회나 등장한다![1] 나는 이 구절들을 읽을 때마다 하나님이 이스라엘과 유다 사람들을 선택하시고 그들에게 선지자들을 보내시고 그들 가운데 거하셨는데도 전혀 상황을 파악하지 못하는 그들의 모습이 당황스럽다. 어떻게 그 큰 그림을 그토록 어처구니없게 놓쳐 버릴 수 있을까?

신약성경으로 넘어가 보자. 2천 년 이상의 예언이 있은 후, 오래 기다렸던 메시아가 마침내 예수라는 사람으로 나타나셨다. 그러나 구원자를 그토록 오래 기다렸던 이스라엘은 그분을 알아보지 못했을 뿐 아니라 대제사장, 사두개파, 산헤드린 공회 등 지도자들이 공모하여 기존 종교 체제에 도전한다는 죄목을 씌워 그분을 십자가에 매달았다. 예수님이 가장 엄하게 꾸짖은 대상은 도둑, 살인범, 간음자들이 아니라 당대의 신앙 지도자들, 곧 성경을 가장 많이 연구한 사람들(오늘날로 말하면 목사와 신학 교수들)이었다. 예수님은 스물한 절(마 23:13-33)에 걸쳐 그들을 위선자(7회), 눈먼 지도자(2회), 눈먼 바보들, 지옥의 자식들, 회칠한 무덤, 뱀, 독사의 자식이라고 부르셨다! 율법과 이스라엘 역사에 정통했던 그들이 어쩌면 그렇게 철저히 빗나갈 수 있었을까? 그들의 영적 맹목 상태는 메시아를 십자가에 못 박을 정도였으니, 실로 충격적이다.

'바보라도 알 수 있는 성경'

> 그 때에 예수께서 대답하여 이르시되 천지의 주재이신 아버지여 이것을
> 지혜롭고 슬기 있는 자들에게는 숨기시고 어린아이들에게는 나타내심을
> 감사하나이다. ─마 11:25

예수님은 이야기(비유)를 들려주심으로 보통 사람이 하나님의 진리를 더 잘 받아들이고 이해하기 쉽게 만드셨다. 그분의 가르침은 명료했기 때문에 배후의 의미를 해독하기 위해 복잡한 신학 지식을 갖추는 일은 필요하지 않았다. 예를 들어 산상설교는 단순하면서도 아름답다. 예수님은 그것을 더욱 간단하게 요약해 주셨다. 사두개파 사람들이 율법에 대한 세부적인 질문들을 예수님에게 퍼부은 직후였다. 이어서 바리새파 사람들이 예수님을 걸고 넘어뜨릴 거리를 찾을 요량으로 공격을 시도하고 나섰다. "바리새파 사람들이, 예수가 사두개파 사람들의 말문을 막아 버리셨다는 소문을 듣고, 한자리에 모였다. 그런데 그들 가운데 율법 교사 하나가 예수를 시험하여 물었다. '선생님, 율법 가운데 어느 계명이 중요합니까?'"

예수님은 수천 년에 걸친 유대교의 가르침을 일거에 추려 내어 누구라도 이해할 수 있게 하나님의 율법을 요약하셨다. 그분의 답변을 들어 보자. "예수께서 그에게 말씀하셨다. '네 마음을 다하고 네 목숨을 다하고, 네 뜻을 다하여, 주 너의 하나님을 사랑하여라' 하셨으니, 이것이 가장 중요하고 으뜸 가는 계명이다. 둘째 계명도 이것과 같은데 '네 이웃을 네 몸같이 사랑하여라' 한 것이다. 이 두 계명에 모든 율법과

예언자들의 본 뜻이 달려 있다"(마 22:37-40, 표준새번역).

하나님을 사랑하라. 네 이웃을 사랑하라. 이것이 전부이다. 이것은 '바보라도 알 수 있는 성경'이다.[2] 이 가르침이 교사들과 지도자들의 복잡한 가르침에 휘둘리던 보통 사람에게 얼마나 명쾌하게 다가왔겠는가?(아이러니하게도, 예수님은 이 교사들에게 사뭇 다른 어조로 말씀하신다. "그들은 지기 힘든 무거운 짐을 묶어서 남의 어깨에 지우지만, 자기들은 그 짐을 나르는 데 손가락도 꼼짝하려고 하지 않는다. ……율법학자들과 바리새파 사람들아, 위선자들아, 너희에게 화가 있다! 너희는 사람들 앞에서, 하늘나라의 문을 닫기 때문이다. 너희는 자기도 들어가지 않고, 들어가려고 하는 사람도 들어가지 못하게 한다"[마 23:4, 13, 표준새번역].) 이 두 계명은 구약성경에 나오는 것들이다(레 19:18, 신 6:5). 온 마음과 목숨과 뜻을 다하여 하나님을 사랑하라는 첫 번째 계명은 우리의 전 존재로, 즉 전적으로 온전하게 하나님을 사랑해야 한다는 뜻이다. 이것은 구약성경 율법의 수많은 규정보다 상위에 있다. 하나님에 대한 모든 순종이 무엇보다 그분을 향한 사랑에서 나와야 한다고 밝히고 있기 때문이다. 그리스도께서는 바리새파 사람들을 꾸짖으시며 사랑도, 자비도, 정의도 없는 율법주의를 나무라셨다.

예수님은 두 번째 큰 계명을 첫 번째 계명과 의도적으로 연결시키며 "둘째 계명도 이것과 같은데……"라고 말씀하셨다. 이웃을 나 자신처럼 사랑하는 일은 하나님을 전 존재로 사랑하는 일과 같다는 말씀이다. 그러니까 예수님은 이웃 사랑이 하나님 사랑과 같다고 말씀하신 것이다. 참으로 하나님을 사랑한다면 이웃 사랑으로 표현될 것이고, 이웃을 참으로 사랑하는 것이야말로 하나님을 사랑한다는 표현이다. 두 사랑은 서로 이어져 하나로 연결되어 있다.

이 연결 관계는 마태복음 25장이 밝히는 내용과 같다. 마태복음 25장에서 그리스도께서는 다른 사람들에게 베푼 사랑의 행위를 참된 신앙의 증거로 여기시고 그것을 그리스도께 베푼 사랑의 행위로 보셨다. 이것은 이사야 58장의 핵심이기도 하다. 하나님은 참된 금식(참된 예배)이란 배고픈 사람들에게 먹을 것을 주고, 벌거벗은 자들에게 입을 것을 주고, 가난한 사람들에게 정의를 베푸는 일이라고 말씀하셨다.

두 가지 '가장 큰 계명' 모두 사랑의 표현을 명하고 있다. 하나님에 대한 사랑과 이웃을 향한 사랑을 표현하라고 명하는 것이다. 사랑이 가장 위에 있고, "모든 율법과 예언자들"의 본 뜻이 이 두 계명에 달려 있다(마 22:40). 고린도전서 13장에서 바울은 가장 아름다운 언어로 이 주제를 되풀이했다. "내가 사람의 방언과 천사의 말을 할지라도 사랑이 없으면 소리 나는 구리와 울리는 꽹과리가 되고, 내가 예언하는 능력이 있어 모든 비밀과 모든 지식을 알고 또 산을 옮길 만한 모든 믿음이 있을지라도 사랑이 없으면 내가 아무것도 아니요, 내가 내게 있는 모든 것으로 구제하고 또 내 몸을 불사르게 내줄지라도 사랑이 없으면 내게 아무 유익이 없느니라"(1-3절).

그렇다면 세 번째로 큰 계명은 무엇일까? 여기서 약간의 재량을 발휘해 말해 보자면, 그리스도께서 승천하시기 전에 주신 마지막 지상명령至上命令은 분명 앞의 두 계명과 비슷한 무게를 갖는다. 예수님은 나사렛 회당에서 선언하신 사명을 통해 변화된 세계에 대한 비전이 담긴 사회 변혁을 묘사하셨고, 그 혁명을 온 민족에게 전하라고 지상명령을 통해 제자들에게 촉구하셨다.

열한 제자가 갈릴리에 가서 예수께서 지시하신 산에 이르러 예수를 뵈옵고 경배하나 아직도 의심하는 사람들이 있더라 예수께서 나아와 말씀하여 이르시되 하늘과 땅의 모든 권세를 내게 주셨으니 그러므로 너희는 가서 모든 민족을 제자로 삼아 아버지와 아들과 성령의 이름으로 세례를 베풀고 내가 너희에게 분부한 모든 것을 가르쳐 지키게 하라 볼지어다 내가 세상 끝날까지 너희와 항상 함께 있으리라 하시니라(마 28:16-20).

온전한 복음을 온 세상에 전하라는 것은 완전히 새로운 시대가 왔음을 알리는 완전히 새로운 명령이다. "제자를 삼으라"는 명령에 순종하려면 메시아가 인간과 하나님을 단번에 화해시키러 오셨다는 복음을 먼저 전해야 한다. 이것은 그리스도의 대속의 죽음과 죄 용서를 통해 유대인과 이방인 모두에게 주시는 좋은 소식이다. 그리스도의 메시지를 세상에 전하라는 부름은 그리스도께서 가난한 자들에게 복음을 전하고, 눈먼 자를 다시 보게 하고, 포로된 자를 풀어 주고, 주의 은혜의 해를 선포하러 오셨다는 누가복음 4장의 중대 선언을 이어받는 또 하나의 축이다. 그러나 이것은 선포하라는 부름이자 제자를 삼으라는 부름이기도 하다.(제자란 신앙 때문에 [예수님이] 분부한 모든 것"[20절]에 순종하며 사는 사람들이다.) 앞의 두 계명은 하나님을 사랑하고 이웃을 사랑하라는 부름이요, 세 번째 계명은 가서 새 신자들을 제자로 삼아 똑같이 행하게 하라는 부름이다.

이제 하나님이 기대하시는 바가 무엇인지에 대한 가장 단순한 형태의 답이 나왔다.

- 하나님을 사랑해야 한다.
- 이웃을 사랑해야 한다.
- 가서 다른 사람들을 제자로 삼아 똑같이 행하게 해야 한다.

'하나님 나라'의 전파는 그분의 교회, 즉 그리스도의 명령을 받고 성령의 능력에 힘입어 그 임무를 감당하기로 헌신한 남녀들에 의해 이루어지게 되어 있었다. 예수님을 따르는 자들은 아무 일도 하지 않고 그냥 앉아 그분의 다시 오심을 기다려서는 안 되었다. 그들은 그분이 다시 오셔서 만물이 회복되고 그분의 나라가 온전해질 때 비로소 완성될 혁명의 전위 부대로서 담대하게 전진해 가야 했다. 오늘날도 마찬가지다. 우리는 세상을 포기하거나 세상에서 물러나서는 안 된다. 오히려 그와 정반대로 움직여야 한다. 우리는 그리스도의 나라를 위해 세상을 되찾고 새롭게 해야 한다.

아버지께서 나를 보내신 것같이 나도 너희를 보내노라(요 20:21).

수십 년 동안 목사이자 복음전도자로 월드비전에서 섬겨 온 인도인 동료 샘 카말레손의 도움에 힘입어 나는 지상명령의 분명한 의미를 이해하게 되었다. 그는 가서 제자를 삼으라는 주님의 명령이 하나님이 하시는 일에 합류하라는 직접적인 초청이자 행동 촉구라고 말했다. 하나님은 우리 각자에게 이렇게 말씀하신다. "너와 내가 함께 가자! 우리는 해야 할 일이 있다. 절박한 일이다! 내게 합류하라!" 하나님의 파트너가 되어 하나님 나라의 일에 참여하게 되는 것은 참으로 놀라운 일이다. 우리가 정말 하나님의 파트너라면, "하늘을 쳐다보"(행 1:11 참조)고 서서 그리스도의 다시 오심만을 기다려서는 안 된다. 우리는 말과 행동으로 복음을 전하며 주님의 일을 감당해야 하고, 그럼으로써 하나님 나라를 알려야 한다. 그리스도께서 다시 오시면, 그분을 따르는 우리들이 그분의 이름으로 시작한 일이 마무리될 것이다. 그리스도께서는 우리가 부분적으로만 성취한 일을 온전하게 하실 것이다. 톰 라이트는 그의 훌륭한 책《마침내 드러난 하나님의 나라Surprised by Hope》에서 우리가 하나님의 계획 안에서 감당하게 될 역할을 이렇게 설명했다.

우리가 복음에 순종하고 있다면, 그리스도를 따르고 있다면, 성령의 내주來住하심과 힘 주심과 인도하심을 받고 있다면, 우리는 현재 하나님 나라를 **위해** 건설적인 일을 할 수 있고 해야 한다. 이 말은 "주님 안에서 하는 일은 **헛되지 않다**"는 고린도전서 15장 58절 말씀을 떠올리게 한다. 우리는 절벽 아래로 굴러 떨어지기 직전에 있는 기계의 바퀴에 기름칠을 하는 것이 아니다. 얼마 안 있으면 불속에 던져질 위대한 그림을 복원하는 것이 아니다. 건축 현장으로 쓰이기 위해 파헤쳐질 정원에 장미를 심는 것이 아니다. 이상하게 보일지 모르고, 부활 자체만큼이나 믿기 어려울지 몰라도, 우리는 때가 되면 하나님의 새 세상의 일부가 될 무엇인가를 성취하고 있다. 모든 사랑과 감사와 친절의 행위, 하나님의 사랑과 그분의 피조 세계의 아름다움에서 영감을 얻은 모든 그림과 예술 작품, 심각한 장애를 입은 아이에게 읽기나 걷기를 가르치는 데 들인 모든 시간, 동료 인간들과 인간 이외의 피조물들을 보살피고 양육하고 위로하고 지원한 모든 행위, 그리고 물론 모든 기도, 성령의 인도를 받은 모든 가르침, 복음을 전파하고 교회를 세우고 부패함이 아닌 거룩함을 구현하고 예수님의 이름이 세상에서 영광을 받으시게 하는 모든 행동, 이 모두가 하나님이 언젠가 만드실 새 창조 세계 안에 하나님의 부활의 능력을 통해 자리를 잡을 것이다. 이것이 하나님의 사명에 담긴 논리이다.[3]

이 '하나님의 사명'이 곧 우리의 사명이다. '온전한 복음', 좋은 소식은 우리를 향한 하나님의 사랑과 그분을 향한 우리의 사랑에서 생겨난다. 그 사랑이 친절하고 자비롭고 정의로운 행동들을 통해 세상에 혁명을 일으킨다. 그리고 우리가 그 사랑의 대행자가 될 때, 사람들을 영원히 변화시키는 구세주의 메시지에 신뢰성을 부여하게 된다.

> 세례자 요한 때로부터 지금까지 하늘나라는 힘 있게 성장하고 있다. 힘 있는 사람들이 하늘나라를 차지할 것이다(마 11:12, 쉬운성경).

행동하는 온전한 복음

> 그런즉 그들이 믿지 아니하는 이를 어찌 부르리요 듣지도 못한 이를 어찌 믿으리요 전파하는 자가 없이 어찌 들으리요 보내심을 받지 아니하였으면 어찌 전파하리요 기록된 바 아름답도다 좋은 소식을 전하는 자들의 발이여 함과 같으니라. -롬 10:14-15

나무배를 타고 메콩 강을 몇 시간째 거슬러 오르고 있었다. 로스 오우르능이라는 한 작은 가정교회의 목회자를 만나러 가는 길이었다. 오우르능 목사는 환한 미소를 짓는 작은 사람이었다. 그는 우리에게 사다리를 타고 작은 대나무집으로 어서 올라오라고 손짓했다. 오우르능 목사의 하루 일과는 대부분 쌀농사를 짓는 일이었지만, 몇 년 전에 개척해 여든세 명의 교인이 있는 작은 교회의 목회도 맡고 있었다. 교인들은 주일 오전마다 그의 작은 집에서 모여 예배를 드렸다.

우리는 오우르능 목사와 함께 앉아 그의 동네, 그의 교인들 그리고 농사에 대해 이야기를 나누었다. 그는 미국 교회들에 대해 알고 싶어 했고, 성경의 이해를 돕는 성경 주석과 연구 지침서가 있는지 물었다. 그가 가진 책은 크메르어로 된 성경 하나뿐이었다. 그에게는 보물과도 같은 책이었다. "하지만 성경은 어렵습니다. 이해를 도와줄 만한 다른 책들이 있으면 좋겠습니다." 그의 사정에 비하면 내가 사는 나라는 기독교 서적, 주석과 자료들에 말 그대로 '파묻혀 있는' 것과 같았다.

오우르능 목사는 교회에서 '오케스트라' 역할을 하는 두 줄짜리 수제 악기를 보여 주었다. 결혼식이나 특별 행사가 있을 때면 교회에서는 각기 50킬로미터 정도 떨어져 있는 다른 두 교회에 사람을 보내 기타를 빌려왔다. 다 쓰고 나면 다음날 다시 뛰어가서 갖다 준다고 했다. 그 말을 듣자 우리 교회의 100만 달러짜리 파이프오르간 생각이 났다.

얼마 후 나는 물었다.

"목사님, 국민의 90퍼센트 이상이 불교도인 나라에서 어떻게 그리스도인이 되셨습니까?"

그가 들려준 이야기는 행동으로 나타난 온전한 복음의 능력을 확증해 주었다.

"5년 전 월드비전이 우리 마을에 와서 활동을 시작했습니다. 저는 우리 마을에 온 외부인들이 의심스러웠고 분명 뭔가 꿍꿍이가 있을 거라고 믿었습니다. 캄보디아 사람들은 크메르루즈의 인종 학살 이후 외부인들을 절대 믿지 않습니다. 그러나 월드비전에서 나온 사람들[캄보디아 사람들이었습니다]은 결핵으로 고통받는 사람들을 보살피기 위해 결핵 진료소를 세웠습니다. 아이들이 다니는 학교를 좋게 만들고, 농부들에게 더 나은 농업 기술을 가르쳐 수확량을 늘리게 했습니다. 하지만 제 의심은 여전히 풀리지 않았고 화까지 났습니다. 틀림없이 다른 이유가 있을 거라고 확신했기 때문입니다. '이 낯선 사람들이 왜 우리를 돕는 걸까?' 저는 그렇게 생각했습니다.

어느 날 저는 그들에게 직접 따져 보기로 했습니다. 그래서 월드비전 책임자에게 가서 여기 온 이유를 밝히라고 했습니다. 저는 그의 대답을 듣고 깜짝 놀랐습니다. "우리는 예수 그리스도를 따르는 자들입니다. 우리는 이웃을 우리 몸처럼 사랑하라는 명령을 받았습니다. 우리는 하나님이 여러분을 사랑하신다는 것을 보여 주려고 왔습니다."

저는 이렇게 물었습니다. "당신이 말하는 예수 그리스도가 누굽니까?"

그 사람은 자리에서 일어나더니 선생님이 지금 보시는 이 성경책을 제게 갖다 주었습니다. 그는 예수에 대한 모든 것이 이 책에 있다고 말했습니다. 그날 밤 저는 집으로 돌아와 창세기를 읽었습니다. 저는 이 책에서 제가 평생 궁금하게 여기던 하나님을 만났습니다. 하늘과 땅을 창조하신 하나님, 우주의 창조자를 만난 거지요. 다음 날 저는 그에게 달려가 제가 읽은 내용을 말해 주고는, 그가 말하는 예수라는 인물은 여전히 모르겠다고 말했습니다. 그는 저를 도시로 데려가서 기독교 목사를 만나게 해주겠다고 했습니다. 그 사람이 제가 궁금해하는 내용을 설명해 줄 거라고 말이지요. 몇 주 후 그는 저와 제 친구를 데리고 그 목사님께 갔습니다. 목사님은 성경을 펼치더니 예수님에 대해 많은 구절들을 읽어 주고 구원의 좋은 소식을 설명해 주었습니다. 설명을 끝내고 나서 그는 우리더러 예수님의 제자가 되어 그분께 삶을 바치고 싶으냐고 물었습니다. 우리 둘 다 그러겠다고 했지요. 그날 우리는 그리스도를 구세주로 믿고 따르기로 다짐했습니다."

그의 이야기가 나를 사로잡았다. 그가 그리스도를 만나게 된 계기를 준 사람은 가난한 자들을 섬기러 온 그리스도인들이었다. 그들은 병자를 간호하고, 어린이들을 가르치고, 배고픈 자들을 위해 식량 생산이 늘어나도록 도왔다. 그들의 봉사는 도무지 모른 체할 수 없는 것이었고 한 사람의 마음에 이런 질문들이 생겨나게 했다. '당신들은 여기 왜 왔습니까? 왜 우리를 돕는 겁니까?' 이 질문들에 대한 답은 복음, 좋은 소식이었다.

나는 물었다.

"목사님, 정말 아름다운 사연입니다. 그럼, 목사님의 교회에서 예배를 드리시는 여든세 명은 어떻습니까? 그분들은 어떻게 예수님을 따르게 되었습니까?"

그가 대답했다.

"저는 예수님에 대해 알고 나서 너무 신이 났지요. 그래서 이 좋은 소식을 제가 아는 모든 사람에게 전하게 되었습니다. 이 여든세 명은 제 작은 양무리입니다."

우와. 그곳, 캄보디아의 대나무집에서 나는 지상명령의 메아리를 들었다.

"너희는 가서 모든 민족을 제자로 삼아 아버지와 아들과 성령의 이름으로 세례를 베풀고 내가 너희에게 분부한 모든 것을 가르쳐 지키게 하라. 볼지어다. 내가 세상 끝날까지 너희와 항상 함께 있으리라"(마 28:19-20).

나는 방금 내가 목격한 것이 무엇인지 알았다. 행동으로 나타난 온전한 복음이었다.

6. 구멍 난 나

숲속에 두 갈래 길이 나 있었다.
나는 사람들이 적게 간 길을 택했다.
그리고 모든 것이 달라졌다. -로버트 프로스트

나는 태양이 떠오른 것을 믿듯이 기독교를 믿는다. 내 눈에 그것이 보이기 때
문이며 그 덕분에 다른 모든 것을 볼 수 있기 때문이다. -C. S. 루이스

앞에서 나는 예수 그리스도의 복음이 갖는 의미를 놓고 줄곧 고민해
왔다고 말했다. 나는 이 책에 등장하는 모든 문제들로 씨름해 왔고 지
금도 여전히 씨름하고 있다. 가난한 사람들에 대해 나는 어떤 책임을
져야 할까? 돈은 어떻게 써야 할까? 나의 자기중심성을 어떻게 다뤄야
할까? 하나님은 그분을 따른다고 주장하는 내게 무엇을 기대하실까?
그분의 말씀대로 늘 행하지도 못하면서 그분을 '주님'이라 부를 수 있
을까? 나는 과연 이런 책을 써서 그리스도인으로 살아가는 다른 사람
의 모습에 문제를 제기할 권리가 있을까? 나는 신학 학위도 없고 정식
신학 교육을 받은 것도 아니다. 그리고 성인이 된 후 대부분의 시간을

어려운 사람들을 돕는 일이 아니라, 회사에서 성공을 향해 매진하는 데 썼다. 나는 바울의 기분을 이해할 수 있을 것 같다. 그는 죄인 중의 '괴수'(딤전 1:15)로 자처하며 다른 죄인들에게 충고했다. 눈먼 거지가 음식을 구하도록 돕는 또 한 사람의 눈먼 거지와 같다고 할 수 있다. 하지만 하나님은 깨지고 불완전한 사람들을 사용하셔서 다른 사람들에게 자극을 주시고 격려도 하신다. 그분은 우리의 실수와 승리를 가로등 삼아 길에 빛을 비추시고, 다른 사람들이 따라올 수 있게 하신다. 각 사람의 삶을 변화시키는 복음의 능력은 기적이다. 그분이 내 삶에서 행하신 일도 기적이다.

결국, 복음에 반응하는 일은 민족이나 공동체, 교회에 맡겨진 일이 아니다. 한 번에 한 사람씩 개인적으로 해야 할 일이다. 세 가지 가장 큰 계명, 즉 하나님을 사랑하고 이웃을 사랑하고 모든 민족으로 제자를 삼는 일은 좋은 소식에 먼저 반응했던 하나님의 백성의 일이다. 변화받은 사람들이 있어야 세상을 변화시킬 수 있다. 그러나 우선 우리 각자에게 나름의 '다메섹 도상途上'의 체험, '도마의 순간'이 있어야 한다. 의심이 사라지고 무릎을 꿇어 그리스도를 나의 주 나의 하나님으로 인정하는 순간이 있어야 한다(행 22:1-11, 요 20:24-28). 그때 비로소 참된 신앙의 여정이 시작된다.

아이비리그를 꿈꾸다

부모님이 나를 도울 수 없음을 처음으로 깨달았던 밤이 생각난다. 그 기억은 지금도 또렷하게 남아 있다. 열 살 때의 일이다. 하루는 침대에 누워 있었는데, 부엌에서 들려오는 거친 말다툼 소리에 나는 이불 속에서 잔뜩 몸을 웅크렸다. 거기 숨어 있는 한 안전하다고 생각했다. 집을 나갔던 아버지가 며칠 만에 술 취한 채로 돌아오셨다. 어머니는 분노와 두려움을 토해 내고 있었다. 어머니를 나무랄 상황은 아니었다. 어머니의 세계와 결혼 생활이 산산이 부서지고 있었으니까. 돈은 떨어졌고 은행이 집을 차압하기 직전이었다. 그런데 아버지는 전에도 그랬듯 아내와 두 아이를 버려 둔 채 말도 없이 잠적했다가 3일 만에 나타난 것이다. 그동안 현실에서 도피해 술을 마시며 지냈을 것이다. 아마 다른 여자들과 함께 있었으리라.

열 살짜리 아이가 그 모든 상황을 다 이해하지는 못한다. 그러나 느낄 수는 있다. 그날 밤, 나는 불안하고 불편해서 어떤 일도 할 수 없었다. 바닥이 꺼져 아래로 아래로 떨어져 내리는 듯했다. 아무도 날 잡아 줄 수 없었다. 그때 문득 깨달았다. '부모님은 나를 도와줄 수 없구나. 더 이상은.' 부모님이 날 사랑하지 않은 건 아니었다. 물론 사랑했다. 다만 그분들의 생활과 문제가 완전히 통제 불능의 상황이었기 때문에, 누나와 나는커녕 본인들의 삶도 주체하지 못한 것뿐이었다. 그래서 나는 깨달았다. 이제 모든 건 내게 달려 있었다. 내가 스스로 내 삶을 책임지고 살아가야 했다. 지금의 상황에서 벗어날 길이 있다면, 그것을 찾아내야 할 사람은 바로 나였다. 흥미롭게도, 그 사실을 깨닫자 오히려 위안이 되었다. '난 할 수 있어.' 이렇게 다짐도 했다. 다른 사람들은 내 기대를 저버릴지 몰라도 나만은 나를 저버리지 않으리라.

나는 앞으로의 일들을 계획하기 시작했다. 첫째, 어떻게든 유년 시절을 버텨 내야 했다. 그러기 위해서는 마음을 굳게 먹고 부모님의 이혼과 파산, 집에서 쫓겨나 임대 주택과 아파트를 전전해야 하는 이후의 세월을 참아야 한다. 가정에는 문제가 많았지만 나는 망가지지 않고 살아남아야 했다. 나는 이렇게 생각했다. '8년. 그때까지 참아야 해.' 열여덟이면 나는 독립할 수 있을 것이다. 그때까지 어떻게든 살아남는 게 관건이었다.

하지만 그다음엔 어떻게 하지? 내 인생이 부모님의 삶과 어떻게 달라질 수 있을까? 답은 분명했다. 학교였다. 어머니도 아버지도 고등학교를 마치지 못하셨고, 아버지는 중학교 2학년 때 중퇴하셨다. 나는 두 분이 책 읽는 모습을 한 번도 보지 못했다. 하지만 교육이 성공으로 가는 티켓이라는 말을 얼마나 많이 들었던가? 나는 교육을 받아야 했다. 이런 생각은 어린 내 머릿속에 희미하게 자리 잡았고, 한 가지 계획으로 형태를 갖추더니 해가 갈수록 점점 자랐다.

그래서 나는 열세 살 때 아이비리그 여덟 개 대학에 편지를 보내 교과 카탈로그를 요청했다. 다른 아이들이 야구 선수나 소방관이 될 꿈을 꾸고 있을 때, 나는 밤늦도록 앉아 프린스턴과 코넬의 교과과정 카탈로그를 뒤적였다. 어쩌면 언젠가 나도……, 라는 믿음을 갖고서.

많은 급우들은 술과 마약에 흥미를 느꼈지만 나는 달랐다. 술과 마약은 아버지뿐 아니라 우리 가족 전체의 삶을 황폐하게 만든 원흉이었다. 그런 것들에 내가 왜 손을 대겠는가? 나에겐 할 일이 있었고 그런 것들에 정신 팔 여유가 없었다.

어머니는 이혼을 하고 집마저 잃은 후, 셋집을 얻어 제너럴일렉트릭 사의 점원으로 일하셨다. 아버지가 보내 주시는 불규칙한 생활비를 더하면 그 일만으로도 원래 살던 동네와 학군에서 멀리 떨어지지 않은 곳에서 몇 년 동안 살 수 있었다. 나에게 그건 크게 위안이 되는 일이었다. 삶이 온통 흐트러지는 상황이었지만 적어도 그 부분만은 그대로 남아 있었기 때문이다.

십대 시절을 지나면서 자립심은 커져 갔다. 나는 대부분의 십대들보다 훨씬 자기 생각이 뚜렷했다. 나는 부모님의 권고를 받아들여 가톨릭 교회에서 영성체를 받고 견진성사도 받았지만, 정작 두 분은 교회 문턱에도 가지 않았다. 아버지가 두 번이나 이혼한 탓에 부모님은 교회에서 불청객이 된 느낌을 받았고 무척 거북해하셨다. 그래서 열다섯 살 때 불쑥, 나도 미사에 참석하지 않겠다고 선언했다. 성당은 묵주 찬 할머니들이나 갈 곳이지 나처럼 자라나는 지성인이 다닐 만한 곳은 아니라고 말했다. 내가 볼 때 가톨릭교회에는 위선자들과 버팀목이 필요한 나약한 사람들로 가득했는데, 나는 분명히 그런 부류가 아니었다. 게다가 자립심이라는 새로운 종교가 도움이 되고 있었다. 나에겐 인생에 대한 계획이 있었고, 다른 누구의 도움도 필요하지 않았다.

하지만 여섯 살 위의 캐런 누나만큼은 내게 큰 격려가 되었다. 누나는 나와 똑같은 어려운 상황을 딛고 대학에 진학하여 잘 해냈다. 누나는 집에서 시러큐스에 있는 르모인 대학을 다니며 우등으로 졸업했고 졸업 후 고등학교 영어 교사가 되었다. 지금도 누나는 내가 자신이 맡은 첫 번째 학생이라고 말한다. 누나의 도움에 힘입어 나는 꿈을 잃지 않았으며, 과제도 다 해냈고, 3학년 때는 학급 최고 성적으로 졸업할 수 있었다. 그러나 아이비리그는 내게서 점점 멀어지는 듯했다. 뉴욕주 시러큐스에 살면서 다른 주에는 한 번도 가보지 못한 아이가 정말 하버드나 프린스턴에 갈 수 있을까? 그 학교들은 부잣집 아이들을 위한 곳이 아니던가? 내가 아이비리그 학교들 중 한 곳에 갈 계획이라고 했더니 어머니는 웃으셨다. "그거 좋지. 그런데 돈은 누가 대냐? 난 못 낸다. 네 아버지야 말할 것도 없지!"

어쩌면 나는 낼 수 있을지도 몰랐다. 나는 열네 살부터 신문 배달, 식료품점 계산대 물품담기 도우미, 동네 극장과 요양원 화장실 청소까지 (바닥부터 시작한다더니) 가리지 않고 틈틈이 아르바이트를 해서 버는 족족 다 모았다. 그러나 그렇게 열여덟 살까지 모은 돈은 1,200달러에 불과했다. 아이비리그 대학의 한 학기 등록금에도 못 미치는 액수였다.

그래도 나는 아이비리그 대학에 지원했다. 사실은 코넬대학 한 곳에만 지원했다. 코넬대는 시러큐스에서 80킬로미터 떨어진 곳에 있었다. 결국, 내 꿈은 더 멀리 갈 만큼 크지는 못했던 셈이다. 그래도 가까이 위치한 코넬대학은 가능성이 있어 보였다. 절친한 친구 존도 코넬대를 선택했는데, 그걸 보니 더욱 가망이 있어 보였다. 놀랍게도(어머니도 놀라셨다) 나는 입학 허가를 받았고 뉴욕주평의원회장학금과 코넬공학장학금, 그리고 최대한의 학자금 대출을 받았다.

그해 9월, 코넬대가 있는 이타카까지 80킬로미터의 길을 차로 배웅해 준 사람은 아버지였다. 우리는 도중에 식당에 잠시 들러 아침 식사를 했는데, 아버지가 나를 보며 자랑스럽다고 말씀하신 기억이 난다. 이후 아버지는 4년이 지나 내가 졸업할 때까지 학교에 한 번도 들르지 않으셨다. 하지만 나는 위로 날아오르는 발사대에 올랐다. 드디어 해낸 것이다.

소개팅 상대는 하나님

형제들아 너희를 부르심을 보라. 육체를 따라 지혜로운 자가 많지 아니하며 능한 자가 많지 아니하며 문벌 좋은 자가 많지 아니하도다. 그러나 하나님께서 세상의 미련한 것들을 택하사 지혜 있는 자들을 부끄럽게 하려 하시고 세상의 약한 것들을 택하사 강한 것들을 부끄럽게 하려 하시며 하나님께서 세상의 천한 것들과 멸시받는 것들과 없는 것들을 택하사 있는 것들을 폐하려 하시나니 이는 아무 육체도 하나님 앞에서 자랑하지 못하게 하려 하심이라. -고전 1:26-29

"하나님은 당신을 사랑하시며 당신을 위한 놀라운 계획을 가지고 계십니다."

그녀는 미소를 지으며 손에 든 소책자를 읽었다.

"농담이겠지요."

나는 말했다.

"아니요, 진심으로 하는 말이에요. 계속해도 되나요?"

그녀는 예뻤고 금발이었고, 열아홉, 코넬대학 신입생이었고, 내 소개팅 상대였다. 6주 후면 나는 대학을 졸업하고 두 번째 아이비리그 학교인 펜실베이니아대학교의 와튼경영대에서 경영학 석사 과정을 밟기로 되어 있었다. 내 삶에 대한 하나님의 계획이 뭔지는 몰랐지만, 나 자신의 계획은 착착 진행되고 있었다.

코넬대학에서 나는 멋진 4년을 보냈다. 코넬대학은 나의 거창한 기대를 저버리지 않았고, 내가 불안정한 유년기를 극복하고 원하는 존재가 될 수 있도록 힘을 주었다. 돌아 보면, 그 4년간의 비용을 어떻게 감당했는지 모르겠다. 엄청난 빚을 지고 졸업했지만, '티켓'을 확보한 상태였다. 이제 와튼경영대로 갔다가 미국 기업계로 진출하여 아메리칸드림, 나의 아메리칸드림을 실현하면 되는 거였다. 내 전공은 신경생물학이었다. 나는 과학의 확실성과 논리를 사랑했다. 자립을 최고로 여기는 나의 가치관은 사회적 다윈주의의 적자생존 논리와 잘 맞았다. 강한 자가 지배한다! 나는 강하고 영리하고 독립적이었기 때문에 성공하고 있었다. 그것도 프랭크 시나트라가 노래한 것처럼 '내 식대로my way'.

그리고 나는 소개팅 자리에 나갔다. 내가 속한 남학생 사교 클럽에서 만난 신입 여학생이 2주 전에 주선해 준 자리였다. 상대는 그녀의 '예수쟁이' 룸메이트 르네였다. 그녀는 룸메이트에게 바로 나 같은 사람, 예수쟁이와는 전혀 상관없는 사교적인 남자가 필요하다고 생각했던 것 같다. 그러고 보면 내 곁에는 늘 기독교인들이 따라다녔다. 내가 고등학교 때 사귄 여학생은 할아버지와 외할아버지가 모두 목사에다 삼촌은 빌리 그레이엄 전도단에서 노래를 부른 독실한 기독교 집안 출신이었다. 우리 두 사람은 2년 동안 사귀면서 종교 문제로 가끔 말다툼을 했다. 그러나 내가 워낙 완고한 회의론자였기에, 결국 그녀는 나를 포기하고 말았다. 그녀는 내게 책을 한 권 주면서 그 책이 "모든 걸 설명해 줄 것"이라고 말했다. 하지만 나는 읽지 않았다. 적어도 그때는.

나는 코넬대학에 진학한 첫날 밤 기숙사 식당 한쪽 끝에서 모든 신입생이 술에 취해 가는 모습을 지켜보았다. 또 다른 신입생 데이브가 나와 함께 서 있었다. 술을 마시지 않는 사람은 우리 둘뿐이었다. 나야 술을 안 마시는 이유가 분명했지만, 그 친구는 왜 그런 건지 궁금해서 물어 보았다.

"난 그리스도인이야. 넌 왜 안 마셔?"

"아버지가 알코올중독자야."

데이브와 나는 이후 4년 동안 친구로 지냈다. 우리는 그리스도가 하나님인지의 여부를 놓고 논쟁을 벌이며 숱한 밤을 지새웠다. 다른 모든 면에서는 총명하기 그지없는 친구가 어떻게 사람이 죽은 사람들 가운데서 살아났다는 말을 믿을 수 있는지, 나는 이해할 수 없었다. 내게 그것은 부활절 토끼처럼(부활주일 전날 부활절 토끼가 착한 아이들을 위해 집 주변에 달걀을 숨겨 놓는다는 믿음이 있어서 아이들은 토끼가 숨겨 놓은 달걀을 찾는 풍습이 있다.—옮긴이) 우스꽝스러운 이야기였다. 데이브가 코넬대학에서 보낸 4년 중 가장 좌절스러운 부분이 나였을 것 같다. 그 역시 나를 포기했던 것 같다.

그런데 내 앞에 또 다른 기독교인이 등장한 것이다. 우리는 함께 영화를 본 후 교내에 있는 작은 커피숍으로 갔다.('예수쟁이'와 데이트할 때는 할 수 있는 게 별로 없었다.) 우리는 잡담을 나누었지만 이내 화제가 동나고 말았다. 그 어색한 침묵의 순간, 그녀는 핸드백에 손을 넣더니 소책자를 꺼냈다. 대학생선교회의 《사영리》였다. 전에 본 적이 있는 전도 책자였다.

"하나님은 당신을 위한 놀라운 계획을 가지고 계십니다."

그녀가 말했다.

"농담이겠지요."

그러나 그녀는 아주 진지했다. 나는 계속해 보라고, 최대한 잘 설명해 보라고, 전에 들어 본 적이 있는 내용이지만 그 문제로 기꺼이 얘기를 나눌 의향이 있다고 말했다. 그러자 그녀는 내게 사영리를 한 번에 한 쪽씩 전부 다 설명했고, 우리의 토론이 시작되었다. 나는 그런 내용은 '부활절 토끼' 이야기와 다를 바 없다고 했고 그녀는 그런 말투에 발끈했다. 그러나 우리는 결국 신과 진리와 가치에 대해 훌륭한 대화를 이어 나갔다. 그때까지 나는 여자들과 그런 이야기를 제대로 나눠 본 적이 별로 없었다. 당시 스물두 살로 그녀보다 '훨씬' 나이가 많았던 나는 그녀에게 '커서' 무엇을 하고 싶으냐고 물었다. 그녀는 그 질문에도 발끈했지만 앞으로 하고 싶은 일은 분명하다고 말했다. 열 살 때부터 하고 싶었던 일이라고 했다. 그녀는 변호사가 되어 가난한 사람들의 법적 문제를 도와줄 거라고 말했다. 나는 그 말이 매우 인상적이었고 그녀가 멋있게 보였다.

"난 최고경영자가 되어서 돈을 많이 벌 거예요."

내가 말한 장래 계획이었다.(그녀는 이 말에 감탄하지 않았다.) 나는 르네를 집까지 데려다주고 숙소로 돌아왔지만 그녀 생각이 떠나지 않았다. 르네는 다른 여자들과 달랐다.

희한하게도, 그 후 우리는 자주 마주쳤다. 나는 도서관에서 공부하고 있는 그녀를 '우연히' 발견하고 옆자리에 앉아 공부하는 척했다. 그러다 조금 후에 그녀를 꼬드겨 휴식 시간을 갖고 커피 한 잔을 마시곤 했다. 화창한 날이 계속되자 우리는 바깥으로 산책도 나갔고, 가끔 인근 공원으로 드라이브도 나갔다. 봄철과 로맨스는 찰떡궁합인 법. 몇 주 안 되어 우리 두 사람은 사랑에 빠졌다. 하나님이라는 어색한 주제만 등장하지 않으면 우리는 그럭저럭 잘 지냈다. 하지만 그 화제가 나오면 언쟁이 벌어지고, 성질이 폭발하고, 마음에 상처를 입었다. 그래서 우리는 가능한 한 그 화제를 피하게 되었다.

그 학년 말에 슬픈 일이 벌어졌다. 르네의 아버지가 심장마비로 갑자기 돌아가신 것이다. 그녀는 곧장 비행기에 몸을 싣고 캘리포니아 집으로 갔다. 그녀는 아버지와 아주 가까웠고 깊이 사랑했다. 겨우 열아홉의 나이에 닥친 아버지의 갑작스러운 죽음은 큰 충격이었다. 어쩌면 그 비극 때문에 우리가 더 가까워졌는지도 모른다. 내가 그녀의 아픔을 함께 나누려고 노력하면서 우리의 관계는 인격적으로 더욱 깊어졌다. 그해 여름, 우리는 매일 편지를 주고받으며 거의 모든 주제에 관해 이야기했고, 신앙 문제로도 직접 만날 때보다 훨씬 부드럽게 의견을 나눌수 있었다. 여름이 끝날 무렵, 나는 캘리포니아로 날아가 그녀와 얼마간 함께 시간을 보냈다.

그리고 그해 가을, 필라델피아대학교 와튼경영대학원 입학과 더불어 나의 아메리칸드림 2부가 시작되었다. 학비는 장학금과 융자금을 더 받아서 마련했다. 르네와 나는 이후 몇 달에 걸쳐 장거리 교제를 계속했다. 우리는 여전히 편지를 주고받으며 몇 주에 한 번씩 주말에 만났다. 그러나 11월의 어느 주말, 그동안 억눌러 왔던 우리의 종교적 차이가 마침내 불거지고 말았다. 우리는 사납게 논쟁을 벌였고 결국 나는 그녀에게 상처를 주는 어리석은 말을 내뱉고 말았다.

"분명히 말해 두지. 나는 절대 기독교인이 안 될 거야. 이 사실을 받아들이는 게 나을 걸. 내 마음을 바꾸려면 물 위를 걷고, 물을 포도주로 만드는 기적이 필요할 거야. 난 이 문제로 논쟁하는 데 질렸어. 그러니 선택하시지. 나야, 하나님이야?"

지금도 그 오만한 말들을 생각하면 참 민망해진다. 그러나 그것은 자신을 중심으로 나름의 종교를 세워 온 사람으로선 불가피한 최후통첩이었다. 힘겨운 유년 시절을 버텨 내기 위한 어린 소년의 자구책이 독기 어린 자아 숭배로 꽃피었고, 더 나아가 자멸의 상태로 치닫고 있었다.

르네는 어떻게 해야 할지 알고 있었다.

"오빠가 일을 쉽게 만들어 주네요. 우리 관계가 여기까지 오도록 두는 게 아니었어요. 우리 두 사람, 맺어질 수 없는 사이란 걸 속으로는 알고 있었어요. 그리스도를 믿지 않는 사람과는 결혼하지 않을 거예요."

그리고 끝이었다. 슬픔과 눈물을 안고 우리는 헤어졌다.

구멍 난 내 세계관

> 그러나 내 말을 듣고도 실천에 옮기지 않는 사람은 기초 없이 맨땅에 집을 지은 사람과 같다. 그 집은 폭우가 덮치는 즉시 무너져 폭삭 주저앉았다.
> —눅 6:49(우리말성경).

두 달 후, 어느 평범한 저녁이었다. 나는 며칠간 학교를 떠나 시러큐스로 돌아와 아버지의 엘리베이터 없는 아파트에 머물고 있었다. 아버지는 여전히 술을 마셨고, 3층에 있는 집으로 아버지의 술친구들이 가끔 모였다. 저녁이면 나는 친구들에게 전화를 걸어 시내로 나가 그 우울한 광경을 피하곤 했다. 그런데 유독 그날만은 아무도 없었다. 텔레비전 편성표를 뒤져 봐도 관심이 끌리는 게 하나도 없었다. 결국 나는 벽장에서 대학 시절에 보던 책들을 뒤지게 되었다.

바로 그때 손에 걸린 책이 존 스토트가 쓴 《기독교의 기본 진리》[1]였다. 나는 그 책을 꺼내 펼쳐 보았다. 표지를 넘기자 고등학교 시절의 여자 친구가 쓴 메모가 적혀 있었다. "리처드, 이 책을 읽기를 바래. 내가 믿는 내용을 나보다 더 잘 설명하고 있거든."

'허, 이 작가가 부활절 토끼에 대해 뭐라 말하는지 궁금하군.'

토요일 저녁에 신학을 다룬 책을 읽는다? 그것 자체가 내게는 기적 같은 일이었다. 그때 왜 그랬는지 지금도 알 수 없지만 어쨌든 나는 그 책을 읽기 시작했다. 그런데 놀랍게도, 도중에 책을 내려놓을 수가 없었고, 일곱 시간이 지난 새벽 네 시가 되어서야 마지막 책장을 덮었다. 나는 침대에 앉아 몸을 떨었다. 내가 읽은 내용은 나를 송두리째 흔들어 놓았다. 그날 밤 하나님이 나를 찾아오셨고, 그 사실에 대한 깨달음이 내 삶 속으로 마구 비집고 들어왔다. 나를 중심으로 한 자립적, 과학적 세계관이 공격을 받았다. 나는 구명 뗏목이 가라앉아 붙잡을 것 하나 없이 파도 속으로 내던져진 사람 같은 심정이 되었다.

나는 그날 당장 그리스도인이 되지는 않았다. 여러 해 동안 회의주의에 빠져 살았던 터라, 나 자신을 제외한 다른 것을 믿기 위해선 더 많은 지적 '증거'가 필요했다. 코넬대학에서 과학을 공부한 나는 모든 초자연적인 것에 대항하는 튼튼한 합리주의적 요새를 건설할 수 있었다. 그러나 솔직히 말하자면, 나는 여러 수업을 통해 자연계의 내적 작용을 더욱 깊이 헤아리게 되었지만, 마음을 갉아먹는 불안은 떨칠 수 없었다. 광합성을 자세히 설명할 수 있었지만, 꽃의 아름다움은 여전히 설명할 수 없었다. 계통 발생, 개체 발생, 유전학에 대해 말할 수 있었지만, 간단한 나비 한 마리의 기적은 설명할 수 없었다. 태양계, 별들의 일생, 빅뱅에 대한 자료를 읽었지만, 그 모두가 맨 처음 어떻게 생겨났는지는 설명할 수 없었다. 나는 내 세계관에 커다란 구멍이 나 있음을 깨달았고, 더 이상 이전처럼 그것을 무시할 수 없었다.

우리는 왜 여기 있는가? 우리는 어디서 왔는가? 우리 주위 곳곳에서 온통 볼 수 있는 아름다움과 질서와 복잡성을 어떻게 설명해야 하나? 선과 악의 개념은 어디서 왔는가? 죽으면 어떤 일이 벌어질까? 무신론자들과 불가지론자들도 이런 질문들은 불편하게 여긴다. 답을 모르기 때문이다. 그런데 내가 벽장에서 발견한 작은 책은 해답을 갖고 있는 듯했다. 저자는 "그리스도가 실제로 살다가 죽었고, 무엇보다 죽은 자들 가운데서 부활한 실존 인물이며, 하나님은 창조 가운데 활동하셨고, 그분을 아는 것이 가능하다"는 기독교의 주장이 옳다는 사실을 설득력 있고 지적으로 엄밀하게 논증했다. 이 세계관에서는 모든 것이 들어맞았다.

다음 날, 공황 상태에 빠진 나는 서점에 가서 종교 코너를 뒤졌다. 비교종교학, 고고학, 신학, 역사, 과학과 성경에 대한 책을 열 권 넘게 샀다. 손에 잡히는 모든 자료를 구해 지칠 줄 모르고 읽고 공부했다. 며칠 후, 나는 캘리포니아에 있는 르네에게 전화를 했다.

"어, 오빠네요. 뜻밖이네요. 무슨 일이에요?"

"부활절 토끼 사업에 대한 글을 읽고 있다고 말해 주려고. 그래야 다음번에 널 만날 때 밀리지 않을 것 같아서."

그녀는 재미있어하지 않았다. (그녀가 전화를 끊기 전에) 나는 말했다.

"진심이야. 난 이 모든 내용을 다른 책들을 읽기 시작했어. 혹시 르네가 추천해 줄 책이 있는지 묻고 싶어서 전화한 거야."

"성경은 어때요?"

그녀가 대답했다. 놀랍게도, 대학에서 5년을 공부하고도 나는 성경이 어떤 책인지조차 모르고 있었다. 그것이 종교 서적이라는 것만 알았을 뿐, 내용에 대해선 거의 아무것도 몰랐다. 많은 불가지론자들과 무신론자들처럼, 나도 읽어 보지도 않은 책을 거부했던 것이다.

"좋아. 어디 가면 구할 수 있는데?"

그녀는 모든 서점에 다 있을 테니 요한복음부터 읽어 나가라고 했다. 나는 페이퍼백 성경을 사서 독서 목록에 추가했다.

그리고 이후 두세 달에 걸쳐 50권이 넘는 책을 읽었다. 사건 해결을 위해 노력하는 사립 탐정이 된 기분이었다. 나만의 진리를 만들어 내는 게 아니라 진리를 찾아 나선 것은 그때가 처음이었다. 나는 르네와 가끔 대화를 나누었고 그녀에게 새로운 질문들을 쏟아 냈다. 그녀는 여학생 클럽 자매들이 나를 위해 기도하고 있다고 말했다. 그 말을 듣자 부아가 치밀었다. "오지랖 넓은 사람들의 기도 따윈 필요 없어. 이건 나혼자 할 일이라구!"(나는 내 구원마저도 스스로 책임지려 했던 것이다!) 하지만 책을 하나씩 읽어 갈 때마다 막혔던 의문들이 풀렸고 퍼즐 조각들이 착착 맞춰졌다. 하나님의 오묘한 진리에 깃든 질서와 아름다움과 신뢰감이 눈에 들어오기 시작했다.

그러던 어느 평범한 날, 나는 마지막 책장을 덮었다. 틀림없었다. 기독교는 옳았다. 물론, 믿음의 도약이 필요한 부분이 남아 있었지만, 그건 언제나 남아 있는 법이다. 하지만 그리스도의 생애와 그것을 둘러싼 놀라운 사건들에 대한 조사가 이미 끝났기 때문에 도약해야 할 거리는 얼마 되지 않았다. 나는 기독교의 주장들이 타당하다는 지적 확신을 갖게 되었다. 그 주장들은 논리와 역사적 분석의 시험대를 통과했고, 지적 자살 없이도 능히 믿을 수 있는 내용이었다. 여러 해 뒤에 만난 캄보디아 목사님처럼, 나 역시 늘 궁금하게 여기던 하나님을 기독교의 가르침에서 발견했다. 코넬대의 수업 시간에 만났던, 그지없이 놀라운 우주를 창조하신 분이 바로 이 하나님이었다. 신비롭게도, 하나님이 사람이 되어 사시고 사랑을 베푸시다 나를 위해 죽으셨다. 게다가, 그로 인해 내 교만과 오만, 이기심과 주제넘음의 죄들이 용서받을 길이 열렸다.

그러나 나는 어려운 선택의 기로에 서 있다는 사실을 잘 알고 있었다. 나는 그 놀라운 진실을 받아들이고 예수 그리스도를 따르는 일에 삶을 바칠 수도 있었고, 하나님께 등을 돌리고 옳은 줄 뻔히 아는 길을 떠나 남은 평생 동안 거짓된 삶을 살 수도 있었다. 하지만 양다리를 걸칠 수는 없었다. 예수님이 가장 중요한 진리가 되셔서 앞으로 내가 하게 될 모든 일을 다스리시거나, 인생을 나 혼자 책임지면서 모든 것을 내 방식으로 하거나, 둘 중 하나였다. 예수님의 말씀은 분명했다. "내가 곧 길이요 진리요 생명이니 나로 말미암지 않고는 아버지께로 올 자가 없느니라"(요 14:6).

모든 것을 다 걸다

> 잃어버릴 수 없는 것을 얻기 위해 간직할 수 없는 것을 내놓는 사람은 바보가 아니다. –짐 엘리엇

짜증스런 일이지만, 진리는 옳으므로 그와 반대되는 모든 것은 거짓이다. 그리스도는 죽은 자들 가운데 부활하신 성육하신 하나님이거나, 그런 존재가 아니거나 둘 중 하나다. 여기에는 어중간한 입장이 있을 수 없다. 그분이 성육하신 하나님이 아니라면, 그분의 가르침은 공자, 필 박사나 오프라의 가르침보다 더한 권위를 가질 수 없다. 우리는 그 가르침을 취할 수도 있고 버릴 수도 있다. 그러나 만약 그리스도가 하나님이라면 모든 것이 달라진다. 그리스도가 하나님이라면 인류에게, 우리가 살아가는 방식과 세상을 이해하는 방식에 있어서 그분의 가르침보다 중요하고 권위 있고 중심이 될 만한 것은 없다는 뜻이 된다. 그리스도는 전부 아니면 전무를 선택해야 하는 상대이다. 우리 모두는 그분에 대해 어느 쪽으로건 이미 결정을 내렸다. 내 삶을 전심으로 그분께 바쳤거나, 아니면 바치지 않았거나.

혹시 수십 년 전의 나처럼 그리스도를 다짜고짜 거부했는가? 우리가 왜 여기 있고, 어디로 가고 있는지 묻는 심란한 질문들에 대해 더 나은 대답이 있다고 생각했는가? 아니면, 지지 정당이나 좋아하는 스포츠팀을 대하는 정도만큼만 그리스도의 중요성을 인정하는가? 그렇다면 삶이라는 '집'의 방 한 칸만을 그리스도께 드렸을 뿐, 그분을 집 전체의 기초로 삼지는 않은 것이다.

불가지론의 베일 뒤에 숨어 "난 도무지 확신할 수 없어"라고 말하는 사람도 있을 것이다. 결단을 한없이 미뤄 놓고, 결정하지 않기로 결정해 버린 것이다. 그러나 그것 자체가 하나의 결정이란 걸 잊어서는 안 된다. 하나님을 자신의 가치 기준에 맞게 두드려 맞추어 내가 좋다고 생각하는 것을 정당화해 주는 '고무도장'으로 삼는 경우도 있다.

그리스도를 선택하는 일은 내게 작은 결정이 아니었다. 나는 그 의미를 알고 있었다. 신앙에 투신할 때는 아무것도 남기지 않고, 어떤 대가도 아까워하지 않고, 모든 것을 다 걸고 증서까지 작성하여 넘겨야 하는 법. 그리스도가 주님이라면, 그분의 요구 사항 중에서 선택 사항은 없다. 그분의 가르침은 우리 삶의 운영 체계가 되어야 한다. 이 진리는 너무나 중요하기 때문에 모든 행동과 결정을 포함한 내 삶의 모든 측면이 이제 그분의 뜻에 따라 이루어져야 한다.

그래서 그날 나는 '의심 많은 도마'가 수십 세기 전에 했던 대로, 내 방에서 혼자 무릎을 꿇고 그리스도를 "나의 주 나의 하나님"이라고 불렀다. 나의 오만함과 불신을 용서해 달라고 구했고 그날부터 그리스도를 섬기는 일에 내 삶을 바쳤다. 천사들의 성가가 들려오지도 않았고, 하나님의 극적인 나타나심도 없었지만, 내 삶은 영원히 바뀌었다. 나는 그것을 알 수 있었다. 복음, 하나님의 좋은 소식이 능력 있게 내 삶으로 들어왔고, 모든 것이 달라졌다. 내 삶의 구멍이 메워졌다.

화해와 결혼

르네와 나는 내가 믿음을 갖게 된 것을 축하하면서 다시 교제를 시작했고, 그리스도를 중심으로 우리의 관계를 새롭게 규정해 나갔다. 나는 르네와 화해하고 싶은 불순한 동기로 신앙을 선택하지 않도록 상당히 조심했다. 나는 기독교가 참인지 아닌지를 판단하고 그것을 근거로 결정을 내려야 했다. 그렇지만, 하나님을 더 사랑하기 때문에 사랑하는 남자를 떠날 수 있었던 그녀의 용감한 결정이 내가 신앙을 갖는 데 영향을 준 것은 분명하다. 하나님은 그분을 선택한 그녀의 결정을 귀하게 여기셨고 궁극적으로 그녀의 마음의 소원을 이루어 주셨다. 우리 둘 다 하나님이 우리 관계 안에 뭔가 기적적이고 거룩한 일을 이루셨음을 느꼈다. 우리는 이전보다 훨씬 더 깊고 생생한 사랑을 나누었다. 그것은 더 이상 기분이나 감정의 문제만이 아니었고, 영적인 차원이 더해졌다. 원圓이 구球가 되고, 흑백 사진이 총천연색을 띠게 되었다고나 할까. 내가 그리스도를 영접하고 나서 7개월 후 우리는 약혼했고, 둘 다 학교를 마친 1975년 6월에 결혼했다. 하나님은 우리의 러브 스토리에 친히 해피엔딩을 허락하셨다.

"어찌하여 너희는 나를 불러 '주여 주여' 하느냐?"

그렇게 하나의 결단, 헌신과 더불어 내 믿음의 길이 시작되었다. 완전히 달라진 세계관에 따라 내 삶의 모든 것이 말 그대로 달라졌다. 나는 불신자에서 신자로 변했다. 하지만 그것은 첫걸음일 뿐이었다. 신앙의 진정한 여정을 체험하려면 우리의 선택, 행동, 삶의 다른 모든 것을 우리 뜻이 아니라 하나님의 뜻에 맡겨야 한다. 그리스도인에게 이것은 평생의 과정이다. 믿음, 즉 신앙의 고백은 시작점일 뿐이다. 그리스도께서 우리를 사랑하심을 믿는 것은 기본이다. 그리고 그리스도께서는 성경이 '행함'이라 부르는 선한 일들을 통해 우리가 다른 사람들에게 그리스도의 사랑을 보여 주길 원하신다. 행함이 없는 믿음은 믿음이 아니다. 하나님의 마음에 뿌리내린 참된 믿음은 다른 사람의 고통을 덜어 주기 위해 벌이는 일들로 나타난다. 참된 믿음에는 개인적인 희생과 대가가 따른다.

예수님은 당신을 '주'라 부르는 사람들 중에도 희생적으로 봉사하며 살지 않는 이들이 있을 줄을 아셨고, 당신을 따른다고 고백하면서도 믿음의 증거가 전혀 나타나지 않는 사람들에게 가장 엄한 말씀을 남겨 놓으셨다. "너희는 나를 불러 '주여 주여' 하면서도 어찌하여 내가 말하는 것을 행하지 아니하느냐?"(눅 6:46). 나는 이 말씀을 읽을 때마다 심장이 떨린다.

이보다 더 노골적으로 말씀하실 수는 없었을 것이다. 예수님은 당신의 말씀을 듣는 사람들뿐 아니라 언젠가 당신의 말씀을 읽게 될 모든 사람에게 이렇게 말씀하신다. "너희가 감히 나를 주님이라 부른다면, 내 말대로 행할 것을 기대하노라." 예수님이 주시라고 믿는다면, 우리의 삶은 달라져야 하고, 그분의 명령대로 행해야 한다.

예수님은 위의 버거운 질문을 던지시기 전, 열매 맺는 나무의 비유를 통해 하나님의 참된 종을 알아보는 법을 가르쳐 주셨다. "좋은 나무가 나쁜 열매를 맺지 않고, 또 나쁜 나무가 좋은 열매를 맺지 않는다. 나무는 각각 그 열매를 보면 안다"(눅 6:43-44, 표준새번역). 그분의 참된 제자는 좋은 나무와 같아서 좋은 열매를 맺을 것이다. 그렇다면 좋은 열매를 맺지 않는 사람은 그리스도의 제자가 아니라는 말이 된다. 이것은 구원이 선행을 통해 주어진다는 말이 아니라, 자신의 삶을 예수님께 바친 사람은 좋은 열매를 맺음으로써 그리스도를 주로 모신 사람의 증거를 드러낼 거라는 말씀이다. 이런 선행들은 피상적인 것들이 아니라 예수님이 누가복음 6장에서 선포하신 산상설교의 급진적 메시지를 참으로 받아들이고 내면화시킨 사람들이 자연스럽게 맺는 열매이다. 예수님은 몇 가지 선을 행하는 수준을 훌쩍 뛰어넘어 현 상태를 거부하라고 요구하셨다. 그분을 따르는 자들은 이웃과 원수들을 사랑해야 하고, 누군가 한쪽 뺨을 때리면 다른 쪽 뺨도 돌려대야 하고, 가난한 사람들에게 나눠 주고, 다른 사람들을 판단하지 않고, 잘못을 저지른 사람들을 용서하고, 하늘에 보물을 쌓고, 하나님 나라의 확장을 위해 가진 돈을 써야 한다. 예수님을 진실하게 '주'라 부르는 사람은 성령이 자신의 모든 것을 속속들이 바꾸시도록 자신을 기꺼이 맡겨야 한다. 오늘날도 다르지 않다.

평행 본문인 마태복음 7장에서 예수님은 열매 맺지 못하는 나무들, 즉 그분을 '주'라 부르면서도 그분의 뜻을 행하지 않는 사람들에 대해 더욱 노골적으로 말씀하셨다.

> 아름다운 열매를 맺지 아니하는 나무마다 찍혀 불에 던져지느니라 이러므로 그들의 열매로 그들을 알리라 나더러 주여 주여 하는 자마다 다 천국에 들어갈 것이 아니요 다만 하늘에 계신 내 아버지의 뜻대로 행하는 자라야 들어가리라 그 날에 많은 사람이 나더러 이르되 주여 주여 우리가 주의 이름으로 선지자 노릇 하며 주의 이름으로 귀신을 쫓아 내며 주의 이름으로 많은 권능을 행하지 아니하였나이까 하리니 그때에 내가 그들에게 밝히 말하되 내가 너희를 도무지 알지 못하니 불법을 행하는 자들아 내게서 떠나가라 하리라 (마 7:19-23).

이 가혹한 경고의 말씀에 나만큼 떨리는가? 그래야 마땅하다. 이 말씀은 마태복음 25장과 동일한 메시지를 담고 있다. 양과 염소를 가르는 기준은 가난한 자들과 병든 자들에 대한 반응이었다. 오늘날 그리스도인으로 자처하는 많은 사람들이 언젠가 이런 말을 듣게 될 수 있다. "내가 너희를 도무지 알지 못하니 불법을 행하는 자들아 내게서 떠나가라." 틀림없다. 예수님은 아버지의 뜻을 행하는 자들만이 하늘나라에 들어갈 수 있다고 분명히 말씀하신다.

그러나 혹시 이것이 우리 마음에 거슬리면 쉽게 무시할 수 있는 짧은 한 구절에 불과하지는 않을까? 성경의 다른 구절에서는 찾아볼 수 없는 메시지가 아닐까? 불행히도, 이런 구절들을 성경에서 잘라 내려면 가위질을 훨씬 많이 해야 할 것이다.

야고보서에서도 믿음과 행함의 직접적인 연관 관계를 볼 수 있다. 사도는 이것을 아주 간략하게 요약했다. "너희는 **말씀을 행하는 자가 되고** 듣기만 하여 자신을 속이는 자가 되지 말라"(약 1:22, 강조 추가). 이어서 야고보는 이 짤막한 요구에 살을 붙였다.

> 사랑하는 형제 여러분, 만일 누군가가 믿음이 있다고 하면서 아무 일도 하지 않는다면 그 믿음이 무슨 소용이 있겠습니까? 그 믿음이 그를 구원할 수 있겠습니까? 그리스도 안에서 한 형제 자매 된 사람이 옷이나 먹을 것이 필요할 때, "하나님께서 은혜를 베푸시기를! 몸을 따뜻하게 하고 먹을 것을 좀 많이 드십시오"라고 말하고, 그 사람에게 필요한 것을 주지 않는다면, 그런 말은 아무 도움이 되지 않을 것입니다. 믿음도 마찬가지입니다. 행동이 따르지 않는 믿음은 죽은 믿음입니다(약 2:14-17, 쉬운성경).

야고보는 믿음만으론 충분하지 않다고 분명하게 말했다. 믿음에는 행동으로 드러나는 신앙이 따라야 한다. 내가 전에 다니던 교회의 게리 걸브랜슨 목사님이 이렇게 말한 적이 있다. "무엇을 믿는가는 중요하지 않다. 그것을 제대로 믿어 행동에 옮기는가가 중요하다." 야고보는 행동하는 복음에 대한 목사님의 설명을 마음에 들어 했을 것이다.

사도 요한의 말도 들어 보자.

> 우리가 그의 계명을 지키면 이로써 우리가 그를 아는 줄로 알 것이요. 그를 아노라 하고 그의 계명을 지키지 아니하는 자는 거짓말하는 자요 진리가 그 속에 있지 아니하되 누구든지 그의 말씀을 지키는 자는 하나님의 사랑이 참으로 그 속에서 온전하게 되었나니 이로써 우리가 그의 안에 있는 줄을 아노라. 그의 안에 산다고 하는 자는 그가 행하시는 대로 자기도 행할지니라(요일 2:3-6).

이 말씀을 다시 읽고 곰곰이 새겨 보라. 우리가 정말 하나님을 아는 사람인지 판단하는 척도는 바로 우리의 순종이다. 요한은 그리스도를 안다고 주장하면서도 그분의 명령대로 행하지 않는 자는 거짓말쟁이라고 말했다!

바로 다음 장에서 요한은 순종이 어떤 모습으로 드러나는지 좀더 구체적으로 가르치면서 우리가 재물을 쓰는 방식을 끄집어 낸다.

> 누가 이 세상의 재물을 가지고 형제의 궁핍함을 보고도 도와줄 마음을 닫으면 하나님의 사랑이 어찌 그 속에 거하겠느냐 자녀들아 **우리가 말과 혀로만 사랑하지 말고 행함과 진실함으로 하자** 이로써 우리가 진리에 속한

줄을 알고 또 우리 마음을 주 앞에서 굳세게 하리니(요일 3:17-19, 새번역, 강조 추가).

결론은 분명하다. 예수님은 우리에게 옳은 교리에 대한 믿음 이상의 것을 요구하신다.

자신의 삶을 커다란 집으로 생각해 보자. 그 집에는 직업, 결혼 생활, 정치적 성향, 취미 같은 방들이 많이 있다. 그러면 기독교 신앙도 하나의 방이 될 수 있을까? 그럴 수는 없다. 신앙은 우리가 숨 쉬는 공기처럼 집 안 모든 방에 퍼져 있어야 한다. 신앙은 '주일 예배'나 소명, 집 안에서의 행동뿐 아니라, 주위 모든 사람과의 관계에도 영향을 미쳐야 한다. 가난한 사람들과의 관계도 예외일 수 없다. 신앙은 그렇게 우리 삶의 구석구석 깊숙이 스며들어야 한다.

정리해 보자. 하나님은 우리에게 무엇을 요구하시는가? 모든 것을 요구하신다.

7. 손에 쥔 지팡이

거룩한 삶이 가장 깊은 인상을 남긴다. 등대는 경적을 울리지 않는다. 빛을 비출 따름이다. –D. L. 무디

하나님이 완벽한 사람들만 사용하신다면 아무 일도 이루어지지 않을 것이다. 하나님은 자신을 내어 놓는 모든 사람을 쓰신다. –릭 워렌

그날 대학 기숙사에서 기독교로 회심한 것과 이후 하나님께 헌신한 일은 향후 20년 동안 내가 일상생활과 부부 관계, 직장 생활을 헤쳐 나가도록 인도해 준 나침반이 되었다. 나를 알던 사람들은 나의 변화를 눈치 챘다. 남학생 사교 클럽 사람들은 나를 비웃으며 그 변화가 6개월도 안 갈 거라고 장담했지만 아니었다. 하지만 어떤 변화들은 당장 나타난 반면, 몇 년에 걸쳐 나타나는 변화도 있었다. 그리스도를 따르는 자가 되는 것은 평생에 걸쳐 이루어지는 성장과 배움과 변화의 과정이다. 그것은 내려놓는 과정이기도 하다. 나의 경우, 십 년 가까이 철저한 자립을 추구하며 살아온 터라, 내려놓는 문제를 놓고 끊임없이 내적 싸움을 벌여야 했다.

그리스도인의 삶을 잘 보여 주는 비유로 군 입대를 꼽을 수 있다. 입대 후 군인은 삶의 통제권을 즉시 내려놓는다. 어디에 살지, 언제 이사할지, 어떤 옷을 입을지, 어떻게 행동해야 할지, 무슨 일을 할지, 이 모두를 부대 지휘관이 결정할 사항으로 넘긴다. 그리스도인이 되는 데에도 마찬가지지만, 분명한 차이점이 하나 있다. 그리스도인 중에는 징집병이 없다는 사실이다. 그리스도인이 되는 일은 언제나 자원을 통해 이루어지고 그것이 실현되는 데는 군대식의 4년 의무 복무 기간보다 오랜 시간이 든다. 사실, 내려놓기는 결코 쉬운 일이 아니다. 그러나 자신의 삶을 내려놓지 않는 한, 군인은 군대에 아무 쓸모가 없고, 그리스도인은 하나님께 쓸모가 없다.

앞서 나는 우리의 삶을 그리스도께 완전히 넘겨 드리지 않는 중요한 이유로 우리가 소유한 것들을 잃고 싶지 않은 마음을 꼽았다. 직업, 재산, 돈, 소속 공동체, 친구들, 심지어 가족까지, 우리가 소유한 것들이 도리어 우리를 소유하기 시작한다. 우리의 마음 깊은 곳에서는 주님을 섬길 때만 참된 행복을 찾을 수 있음을 알면서도, 안전과 위안과 행복을 얻기 위해 가진 것들을 붙든다. 그러다 결과적으로는 우리가 가진 것들이 우상이 되어 버린다. 아니, 우리가 하나님보다 우선시하는 것은 무엇이나 우상이 된다. 요나는 이 교훈을 어렵사리 배웠다. 하나님이 우리를 위해 계획하신 복을 받기 위해서는 두 손으로 움켜쥔 다른 것들을 먼저 내려놓아야 한다.

하나님이 요나에게 니느웨로 가서 이교도들에게 복음을 전하라고 말씀하시자, 요나는 냉큼 달아나 그곳을 벗어나는 첫 번째 배에 올라탔다. 그는 그리로 절대 안 갈 작정이었다. 그곳은 최악의 원수들이 사는 땅이었다. 그러다 배가 끔찍한 폭풍을 만났고, 선원들은 요나가 하나님의 진노를 불러낸 원인이라 믿고 그를 배 밖으로 집어던졌다. 그리고 결국 거대한 물고기가 요나를 삼켰다.

'고래 뱃속에서' 요나는 자신이 불순종했음을 깨닫고 하나님께 부르짖었다. 그의 기도문에 나오는 다음의 고백은 월드비전으로 가라는 하나님의 부르심을 놓고 고민했던 나의 경험을 한마디로 요약하고 있었다. "쓸모없는 우상들에 집착하는 사람들은 그들에게 베푸신 은혜를 버렸습니다"(욘 2:8, 우리말성경). "우상들에 집착"한다는 표현을 읽으며 나는 르네가 거듭 말한 내용을 실감했다. "우리를 향한 하나님의 뜻에 등을 돌리면 형편이 더 나아질까요? 지금은 모르지만, 혹 하나님이 어떤 위험에서 우리를 구해 내시려는 건 아닐까요? 그것은 우리 아이 중 하나가 겪게 될 문제일 수도 있고, 당신의 실직이 될 수도 있고, 끔찍한 사고나 그보다 더한 일이 될 수도 있어요."

요나서를 공부해 보면, "쓸모없는 우상들"을 붙드는 것이 정말 위험한 일이라는 결론을 피할 수 없다. 하나님께 순종하는 것만이 유일한 안전망이다.

하나님을 섬기는 일을 회피하기 위해 우리가 자주, 효과적으로 써먹는 핑계가 또 있다. '나에겐 제대로 된 기술이나 능력이 없어.' 하나님이 우리 같은 사람은 쓰실 수 없다고 거듭거듭 말하는 열등감에 굴복하는 것이다. '난 신앙이 부족해. 제대로 교육받지 못했어. 똑똑하지 못해. 돈이 별로 없어서 하나님께 쓰임 받지 못해.' 이렇게 속살대는 자그마한 음성들에 귀를 기울이면, 고린도후서 12장 9절의 요점을 완전히 놓치게 된다. 우리 생각에는 하나님이 강한 자들과 유능한 자들을 더 많이 쓰실 것 같지만, 그분은 이렇게 말씀하셨다. "내 은혜가 네게 족하도다 이는 내 능력이 **약한 데서** 온전하여짐이라"(강조 추가). 이것은 사실이다. 성경의 위대한 이야기들을 보라. 대부분의 경우, 하나님은 세상의 기준대로라면 너무나 약하고 불완전한 사람들을 선택하여 위대한 일들을 행하게 하셨다. 그들 중 상당수는 섬길 기회를 어떻게든 떨쳐 버리려 했다.

말더듬이 모세를 보라. 생물학적으로 볼 때 그는 노예의 아들, 살인자, 왕자로 입양되었으나 현상금이 걸린 채 달아난 자였다. 하지만 하나님은 불이 붙었으나 타지 않는 덤불 속에서 극적으로 그 앞에 나타나셨다. 모세가 하나님을 만난 뒤 바로 그분을 섬길 용기와 담대함을 갖게 되었을까?

전혀 그렇지 않다. 하나님과 모세의 대화를 들어 보자.

> "이제 가라. 이스라엘 자손의 부르짖음이 내게 달하고 애굽 사람이 그들을 괴롭히는 학대도 내가 보았으니 이제 내가 너를 바로에게 보내어 너에게 내 백성 이스라엘 자손을 애굽에서 인도하여 내게 하리라."
>
> 모세가 하나님께 아뢰되 "내가 누구이기에 바로에게 가며 이스라엘 자손을 애굽에서 인도하여 내리이까?"
>
> 하나님이 이르시되 "내가 반드시 너와 함께 있으리라. 네가 그 백성을 애굽에서 인도하여 낸 후에 너희가 이 산에서 하나님을 섬기리니 이것이 내가 너를 보낸 증거니라."
>
> 모세가 하나님께 아뢰되 "내가 이스라엘 자손에게 가서 이르기를 너희의 조상의 하나님이 나를 너희에게 보내셨다 하면 그들이 내게 묻기를 '그의

이름이 무엇이냐?' 하리니 내가 무엇이라고 그들에게 말하리이까?"

하나님이 모세에게 이르시되 "나는 스스로 있는 자이니라." 또 이르시되 "너는 이스라엘 자손에게 이같이 이르기를 '스스로 있는 자가 나를 너희에게 보내셨다' 하라"(출 3:9-14).

모세는 하나님께 집요하게 우는소리를 했다. 그는 하나님이 지시하시는 곳으로 가고 싶지 않았다. 자신의 안전지대를 떠나고 싶지 않았다. 몇 절만 뒤로 넘어가 보자.

모세가 대답하여 이르되 "그러나 그들이 나를 믿지 아니하며 내 말을 듣지 아니하고 이르기를 '여호와께서 네게 나타나지 아니하셨다' 하리이다."

여호와께서 그에게 이르시되 "네 손에 있는 것이 무엇이냐?" 그가 이르되 "지팡이니이다."

여호와께서 이르시되 "그것을 땅에 던지라"(출 4:1-3).

잘 아는 이야기일 것이다. 모세가 지팡이를 땅에 던지자, 하나님은 기적을 일으켜 지팡이를 뱀으로 바꾸셨다. 여기에 주목할 점이 있다. 하나님은 당면 임무에 대한 모세의 자격 조건을 살피지 않으셨다는 점이다. 하나님은 다만 그의 순종을 원하셨다. 나머지는 모두 친히 하시겠노라고 말씀하셨다. 하나님은 나무막대기에 불과한 지팡이를 사용해 모세의 권위를 드러내시고 파라오의 무릎을 꿇리겠다고 하셨다. 이쯤 되면 모세가 확신을 갖고 순종하지 않았을까?

아니었다!

모세가 여호와께 아뢰되 "오 주여 나는 본래 말을 잘하지 못하는 자니이다. 주께서 주의 종에게 명령하신 후에도 역시 그러하니 나는 입이 뻣뻣하고 혀가 둔한 자니이다."

여호와께서 그에게 이르시되 "누가 사람의 입을 지었느냐? 누가 말 못 하는 자나 못 듣는 자나 눈 밝은 자나 맹인이 되게 하였느냐? 나 여호와가 아니냐? 이제 가라. 내가 네 입과 함께 있어서 할 말을 가르치리라."

모세가 이르되 "오 주여 보낼 만한 자를 보내소서."

여호와께서 모세를 향하여 노하여(출 4:10-14).

나만큼이나 한심한 모세의 모습은 적잖은 위안이 되었다.

잘 알다시피, 모세는 결국 순종하여 파라오에게 맞섰고 지팡이를 들어 거듭 기적을 행했다. 그리고 하나님은 모세가 이스라엘 백성을 이집트에서 성공적으로 이끌어 내게 해주셨다. 모세의 지팡이는 홍해를 갈랐고, 하늘에서 만나를 내리게 하여 향후 40년 동안 이스라엘 자손이 광야에서 살아남게 해주었다. 요점을 묻는가? 하나님께 필요했던 것은 모세의 위대한 용기와 기술이 아니었다. 그분은 고작 지팡이 하나로도 이스라엘 민족을 구원하실 수 있었다. 그러나 그분은 모세와 그의 지팡이를 사용하기로 선택하셨다. 하나님의 요구 사항은 단 하나, 모세가 자신을 내려놓고 순종하는 것이었다.

누군가 이렇게 말한 적이 있다. "하나님은 준비된 자를 부르지 않으신다. 그분은 부르신 자를 준비시키신다." 충분히 영리하지 못하고, 선하지 못하고, 재능이 부족하여 하나님을 섬기지 못한다는 것은 핑계일 뿐이다. 우리 모두는 하나님이 사용하실 수 있는 무엇을 가지고 있다.

때로는 달랑 지팡이 하나뿐일 수도 있다. 문제는 하나다. 우리가 가진 지팡이를 그분을 섬기는 일에 내놓을 것인가?

월드비전 사건을 겪기 전까지만 해도 나는 하나님께 '부름받는' 것이 매우 드문 일이고 이젠 더 이상 자주 벌어지지 않는다고 생각했다. 성경에서야 하나님이 사람들을 부르시는 장면을 쉽게 볼 수 있다. 모세는 불붙은 떨기나무를 보았다. 우연의 일치라고 무시하기 힘든 사건이었다. 열두 제자는 직접 예수님의 부르심을 받았다. 바울은 다메섹 도상에서 예수님을 만났다. 야곱은 하나님과 씨름했다. 그러나 나는 월드비전으로 부름받는 과정에서 여러 사건들을 겪으며 부르심에 대한 생각이 완전히 달라졌다. 당시 미국 월드비전의 이사였고 신임 회장 물색 위원이기도 했던 빌 하이벨스 목사님은 그리스도를 따르는 사람은 누구나 어떤 목적을 위해 창조되었으며, 그 목적이 무엇인지 분별하는 것이 가장 중요한 과제라는 말로 격려해 주었다. 그것을 찾을 때 비로소 하나님과 함께 '있어야 할 자리'에 있게 되는데, 그 모습은 최고 실력을 발휘하는 기간의 운동선수가 보여 주는 몰입을 연상케 한다. 하이벨스 목사님은 하나님이 우발적으로 하시는 일은 없다는 말도 해주었다. 하나님은 어느 날 아침, 잠에서 깨어 "월드비전을 경영할 사람을 찾아야 해. 누구를 찾아야 할까?"라고 말씀하시지 않는다. 하나님은 질서의 하나님이시다. 하나님은 어떤 목적을 두고 우리 모두를 창조하셨고 태초에 우리 삶을 구상하셨다. 그분은 우리에게 독특한 인격과 소질을 주셨으며 우리 각자를 특정한 가정에 두셨다. 하루하루, 그분은 우리에게 중요한 사람들을 보내 주시고 여러 경험들을 허락하시며 우리를 빚어 가신다. 하나님은 그분의 목적을 염두에 두고 이 모든 일을 행하신다. 당신과 나, 각 사람에게 딱 맞게.

올림픽 금메달리스트 에릭 리들의 이야기를 영화화한 아카데미상 수상작 〈불의 전차〉에는 에릭의 여동생 제니가 오빠를 나무라는 장면이 나온다. 선교 현장으로 나가야 할 사람이 곁길로 빠져 달리기나 하고 있다고 투덜대는 동생에게 리들은 결코 잊지 못할 대답을 한다. 그의 말을 한마디로 요약하면 이랬다. "나는 하나님이 나를 만드신 목적이 있다고 믿어. 하지만 그분은 나를 빠르게도 만드셨어. 달리고 있을 때 하나님의 기쁨이 느껴져."[1] 에릭 리들은 하나님과 '있어야 할 자리'에 있었다. 그곳은 그의 재능과 상황, 그리고 그의 삶을 향한 하나님의 계획이 한데 모이는 자리였다. 그는 자신의 소명을 발견했고, 그것을 도구 삼아 하나님의 증인이 되었다. 올림픽에 참가한 그는 주일에는 달릴 수 없다며 한 종목에서 출전을 포기했고, 그 일은 전 세계 신문에 머리기사로 실렸다. 그러나 그는 거기서 멈추지 않고 다른 경기에 출전하여 금메달을 땀으로써 공개적으로 하나님께 영광을 돌렸고, 하나님이 살아 계심을 세상에 증거했다.

우리에게 주어진 특별한 소명을 분별하는 일이 마냥 쉽지만은 않다. 잠잠히 있어야만 하나님의 작고 미세한 음성을 들을 수 있다. 꾸준히 성경을 읽고, 부지런히 기도하고, 주의 가르침을 따르고, 우리를 잘 아는 지혜로운 친구들의 말을 경청하고, 섬기는 일에 계속 힘써야 한다. 그리고 하나님의 여러 가능성에 마음을 열어 두어야 한다. 말도 안 되는 모험을 감수하고 예측할 수 없는 일을 감행할 각오가 있어야 한다.

우리는 경력을 쌓느라 바쁜 나머지 소명을 분별하지 못하는 경우가 많다. 내가 그랬다. 그러나 경력과 소명은 하늘과 땅만큼이나 다르다. 존 오트버그 목사는 소명과 경력의 차이에 대해 이렇게 말했다.

미국 사회는 더 이상 소명에 대해 말하지 않는다. 그보다는 모든 것을 경력의 관점에서 생각한다. 많은 사람들에게 직업은 자신의 삶을 희생 제물로 바치는 제단이 되어 버렸다.

소명은 내가 하나님을 위해 하는 일이다. 그런 소명의 자리를 경력이 차지해 버렸고, 그것은 언제라도 나의 신으로 변질될 우려가 있다. 경력은 내가 스스로을 위해 선택하는 일이지만, 소명은 하나님께 받는 것이다. 경력은 나 자신을 위해, 소명은 하나님을 위해 하는 일이다. 경력은 지위와 돈, 권력을 약속하지만, 소명에는 대체로 어려움이 따르며 심지어 어느 정도의 고통을 수반하기도 한다. 그러나 하나님께 쓰임 받을 기회이기도 하다. 경력의 목표는 신분 상승이다. 하지만 소명을 따라가면 대체로 아래로 내려가게 된다.[2]

나는 경력의 요구 조건에 따르고 다섯 아이를 기르느라 분주한 나머지 하나님의 부르심을 듣기가 어려웠다. 그리고 자칫 그것에 등을 돌릴 지경에까지 이르렀다. 그러나 하나님은 계속 나를 좇아오셨고, 거듭해서 이런저런 문을 여시며 넘어오라고 부르셨다. 그리고 마침내 나는 그 문을 넘었다.

거룩한 지팡이

월드비전 사무실에 출근하던 첫날의 기억이 아직도 생생하다. 하겠다고 나서기는 했지만 나는 여전히 두려웠다. 그날 나는 아침 일찍 출근했다. 새로운 삶의 자리로 올라가는 엘리베이터 안에서 아무도 마주치지 않았으면 했기 때문이다. 그러면서 내 모습이 헤드라이트 불빛을 보고 놀란 사슴 같을 거라고 생각했다. 나는 사무실로 슬며시 들어가 문을 닫고 하나님께 부르짖어 기도했다. "주님, 저 왔습니다. 여기 있습니다. 여기 오는 일만으로도 제 용기를 다 짜내야 했습니다. 하지만 저는 이 일을 감당할 수 없습니다. 평생 처음으로 저 자신이 무력하게 느껴집니다. 저는 무엇을 해야 할지 모릅니다. 이제 주님께 달렸습니다. 주께서 저를 이 자리에 불러들이셨으니, 나머지는 주께서 하셔야 합니다." 하나님은 그렇게 하셨다. 어쩌면 내 평생 처음으로, 하나님은 그분이 원하시는 바로 그 자리에 나를 두셨다. 무력한 존재로서 온전히 그분을 의지하는 자리에.

마더 테레사는 이렇게 말한 적이 있다. "나는 세상을 향해 러브레터를 적어 보내시는 하나님의 손에 들린 몽당연필입니다."[3] 그녀의 말이 옳다. 우리는 저자가 아니다. 어느 누구도 다를 바 없다. 우리는 '연필들'일 뿐이다. 이 사실을 이해하고 나면, 우리는 정말 하나님께 유용한 도구가 될 수 있을 것이다.

하나님의 뜻에 마음을 열어 놓고 계십니까? 나의 세계를 뒤흔들어 놓았던 질문, 내 모든 것을 바꿔 놓은 질문이다. 나는 이 질문에 답하기 위해 나를 소유하고 있던 모든 것을 내려놓고, 하나님이 나를 쓰실 수 없을 거라는 잘못된 믿음의 은폐물에서 기어 나와야 했다. 나는 경력이 아니라 소명을 추구해야 했고, 하나님이 사용하시도록 내 '지팡이'를 땅에 던져야 했다. 하나님은 우리 모두가 각자의 삶을 온전히 그분께 넘겨드리고, 그분을 따라가고, 그분의 명령에 순종하고, 그분의 사랑을 다른 사람들에게 보여 주기 원하신다. 그러나 하나님의 사랑을 세상에 보여 주고 그들 앞에 복음을 내놓기 전에 해야 할 일이 있다. 우리의 구멍 난 복음의 구멍을 메우는 일이다.

하나님은 왜 나를 만드셨을까? 그분을 사랑하고, 섬기고, 그분께 순종하게 하시고자. 아주 간단하지만 대단히 심오한 문답이다. 우리 모두 아침마다 "오늘 나는 어떻게 하나님을 사랑하고, 섬기고, 그분께 순종할 수 있을까?"라고 묻는다면 어떻게 될까? 무엇인들 바꿀 수 없겠는가. 어쩌면 세상도 바꿔 놓을 수 있을 것이다.

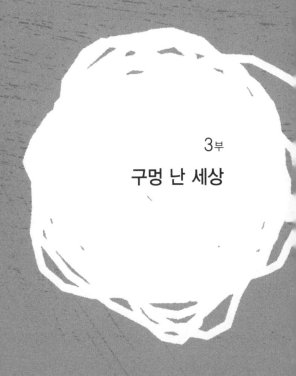

3부

구멍 난 세상

20세기의 가난은 지난 어떤 세기의 상황과도 다르다. 이전의 가난은 자연적 희소성의

결과였으나, 지금의 가난은 부유한 자들이 세상에 대해 여러 가지 우선순위를 매긴

결과이다. 결과적으로, 현대의 가난한 사람들은 연민의 대상이 아니다…….

20세기 소비 경제를 통해 거지를 보고도 아무것도 떠올리지

못하는 첫 번째 세대가 탄생했다.

– 존 버거

우리는 모든 피조물이 이제까지 함께 신음하며, 해산의 고통을 함께 겪고 있다는

것을 압니다.

–로마서 8:22(표준새번역)

8. 새 천년의 가장 큰 과제

이는 내가 다른 사람들은 편안하게 하고 여러분은 곤고하게 하려는 것이 아니라 도리어 공평하게 하려는 것입니다. 지금 여러분의 넉넉한 것으로 그들의 궁핍을 채워 주면 후에 그들의 넉넉한 것이 여러분의 궁핍을 채워 주어 서로 공평하게 될 것입니다. 기록되기를 "많이 거둔 사람도 남지 않았고 적게 거둔 사람도 모자라지 않았다"고 한 것과 같습니다. ─고린도후서 8:13-15(우리말성경)

나는 인간들의 자비와 사랑을 다른 무엇보다 점점 더 귀하게 여기게 된다. ……우리가 찬사를 보내는 모든 기술적 진보, 아니 우리의 문명 자체는 미친 범죄자의 손에 들린 도끼와도 같다. ─알베르트 아인슈타인

몇 년 전, 지미 카터 전 대통령과 얼마간의 시간을 보낼 기회가 있었다. 월드비전은 해비타트 운동이 필리핀 여러 곳에서 펼친 대규모 '번개 건축' 사업의 한 현장을 지원하였고, 나는 카터 대통령과 한 팀이 되어 집 짓는 작업을 하게 되었다. 당시는 여든에 가까웠지만 뜨거운 태양 아래서 힘든 육체노동을 해야 했음에도 하루 종일 기꺼이 일했다. 나는 그 모습에 감탄했다. 함께 일하는 동안, 그는 '20세기 인류가 직면한 가장 큰 과제는 무엇인가?' 라는 제목으로 강연 요청을 받았다고

말했다. 당시는 1999년이었고 세상의 관심은 다가올 새 천년에 쏠려 있었다. 나는 전직 대통령이 내린 결론에 깜짝 놀랐다. 그는 우리 시대의 가장 큰 문제로 지구상에서 가장 부유한 자들과 가장 가난한 자들 사이의 간격이 커져 가는 현실을 지적했다.

그로부터 3년 후, 카터 대통령은 퇴임 후 가난과 질병과의 싸움 및 민주주의 진작振炸에 기여한 공로를 인정받아 노벨평화상을 수상했다. 그가 노벨상 수락 연설에서 펼친 주장은 해비타트 건축 현장에서 내게 했던 말 그대로였다.

> 새 천년의 시작을 앞두고 저는 이곳 오슬로에서 세계가 직면한 가장 큰 과제를 논해 달라는 요청을 받았습니다. 선택할 수 있는 문제들은 많겠지만, 저는 가장 부유한 자들과 가난한 자들 사이의 간격이 점점 커져 가는 현상이야말로 지구상에서 가장 심각하고 보편적인 문제라고 판단했습니다. 가장 부유한 열 개 나라 국민들이 가장 가난한 나라들의 국민들보다 75배나 더 부유하고, 국가들 사이에서만이 아니라 자국민들 사이에서도 소득격차는 매년 더 커지고 있습니다. 이러한 불균등의 결과가 기근, 문맹, 환경 악화, 폭력 충돌, 그리고 메디나 충부터 HIV/에이즈에 이르는 불필요한 질병들과 같은 전 세계 미해결 문제들 대부분의 근본 원인입니다.[1]

그는 웬만한 일은 다 보고 행한 사람이었다. 미국의 대통령이었고 200개국이 넘는 나라들을 다녔고, 세계 각국의 정상 대부분을 만났다. 분명히 이 질문에 답할 자격을 갖춘 사람이었다. 그러나 내가 정말 놀란 것은 '세계가 직면한 가장 큰 과제'로서 그가 선택한 것 때문이 아니라 그가 선택하지 않은 것 때문이다. 그의 노벨상 수락 연설은 9·11 테러 공격이 벌어진 지 1년 만에 행한 것이지만, 그는 전 세계적인 테러 행위나 종교적 극단주의를 거론하지 않았다. 기후 변화, 세계화, 핵 긴장, HIV(인체면역결핍바이러스: HIV 바이러스가 사람의 면역력 수치를 약화시켜 면역력이 다 떨어져 온갖 합병증에 걸릴 위험이 있는데, 이때가 에이즈인 상태.—옮긴이)와 에이즈, 정치적 부패, 인종적 종교적 분쟁을 말하지도 않았다. 기아, 문맹, 질병도 마찬가지였다. 그는 "지상에서 가장 부유한 자들과 가난한 자들 사이의 간격이 커져 가는 현상"을 이 모든 문제들의 근본 원인으로 보았다. 가난 자체가 아니라 부자와 가난한 사람들 사이의 불균형을 언급한 것은 매우 주목할 만한 일이다. 우리 모두가 부자이거나 적어도 편안하다면, 물론 아무 문제가 없을 것이다. 반대로, 우리 모두가 가난하다면, 서로 도울 엄두를 내지 못할 것이다. 그러나 일부는 부자이고 나머지는 가난하다면, 도덕적·현실적인 딜레마가 생겨난다.

최근 나는 아내와 남아프리카의 케이프타운에 다녀왔다. 그곳은 세계에서 가장 아름답고 감탄이 절로 나오는 도시 중 하나다. 우리는 그곳에서 진행 중인 월드비전 사업들을 둘러보았고, 피쉬후크 침례교회를 방문하여 그들이 펼치는 훌륭한 에이즈 퇴치 사업의 내용을 배웠다. 이틀 정도 관광을 위한 시간도 끼워 넣었는데, 실제로 관광을 즐기기는 어려웠다. 케이프타운은 우리가 상상할 수 있는 최악의 가난과 가장 풍족하고 부유한 삶이 때로는 50미터 거리를 두고 공존하는 곳이다. 이런 지역은 전 세계를 통틀어도 몇 군데 되지 않는다. 화려한 주택, 고층 호텔, 포도주 양조장, 고급 쇼핑몰 바로 옆에 배고픔, 빈곤, 범죄, 질병과 절망이 가득하고, 수십만 명의 낙심한 사람들이 거주하는, 다 스러져 가는 판잣집 동네가 드넓게 펼쳐져 있다. '가진 자'들은 출입구를 갖춘 울타리와 곳곳에 보안 카메라가 설치된 마을에 산다. 양철 오두막 속의 '못 가진 자'들은 다른 나라에서 온 벤츠와 비엠더블유가 지나가는 광경을 지켜본다. 내 눈에 비친 그곳은 카터 대통령이 말한 '간격'의 소우주였다. 나는 부자들과 중산층 사람들이 자신들과 극명하게 대비되는 가난한 자들을 매일 보면서 어떻게 살 수 있을까 싶었다.

그들은 정확히 당신과 나처럼 살아간다. 가난한 사람들을 못 본 체하면서. 차이가 있다면, 우리의 경우 세계의 가장 가난한 사람들이 '저 너머'에 있기 때문에 못 본 체하기가 더 쉽다는 것뿐이다.

카터 대통령은 그 간격이 메워질 것 같지 않다는 비관적인 논조로 강연을 마쳤다.

그러나 슬프게도, 산업화된 세계에서는 절망과 낙망의 삶을 견디는 사람들에 대한 이해나 관심을 찾아볼 수 없습니다. 우리는 아직 우리가 가진 과도한 부의 상당 부분을 다른 사람들과 나눌 결심을 하지 않았습니다. 이것은 우리 모두가 기꺼이 져야 할 짐이며, 그렇게 할 때 큰 보람을 얻게 될 것입니다.[2]

누가 내 이웃인가?

우편물 수송, 인간 음성의 수송, 깜빡거리는 그림들의 수송 등 이 세기에 인간이 이룩한 가장 큰 업적들도 다른 세기의 경우와 마찬가지로 '인간들을 가깝게 이어 준다'는 한 가지 목표에 기여한 것들이다.

-앙투안 드 생텍쥐페리

두 번째 큰 계명이 이웃을 우리 자신처럼 사랑하라는 것이라면, 그 다음에 이어지는 핵심 질문은 이것이다. '누가 내 이웃인가?' 가진 자들과 못 가진 자들이 공존하는 세계에서, 우리는 1만 6천 킬로미터 떨어진 곳에 사는 가난한 사람들을 우리의 이웃으로 봐야 할까?

누가 내 이웃인가? 이 질문은 잘 알려진 선한 사마리아인 비유(눅 10:25-37)의 핵심에 놓여 있다. 한 '율법 전문가'가 '이웃'을 사랑하라는 그리스도의 명령이 부과하는 책임의 한계를 알고자 했다. 예수님은 이제는 친숙해진 이 이야기를 들려주시는 것으로 대답을 대신하셨다. 강도들에게 얻어맞고 길가에 버려진 사람의 이야기다. 먼저 제사장이, 그 다음에는 레위인(당대 종교지도자들)이 그 길을 지나갔으나 곤경에 빠진 사람을 무시한 채 멀찍이 거리를 두고 지나쳐 버렸다. 그리고 사마리아인, 즉 유대인들의 멸시를 받던 신학적 민족적 혼혈인이 그를 보고 즉시 도와주었다.

비유를 마치신 예수님은 질문을 했던 사람에게 되물으셨다.

"네 생각에는 이 세 사람 중에 누가 강도 만난 자의 이웃이 되겠느냐?"(36절).

그는 사마리아인이라는 말은 꺼내지 못하고 이렇게 대답했다.

"자비를 베푼 자니이다"(37절).

예수님은 그 사람의 올바른 대답에 대해 역사상 가장 위대한 도덕적 교훈으로 손꼽힐 만한 네 마디 말씀으로 보답해 주셨다.

"너도 이와 같이 하라"(37절).

지난 2천 년 동안 '이웃을 우리 자신같이 사랑'하는 것은 바로 이것을 뜻했다. 우리의 가까운 이웃, 우리 동네에서 매일 만나는 사람들을 사랑하는 것이었다. 대부분의 경우, 수백 수천 킬로미터 떨어진 사람들을 '사랑'하는 일은 불가능했고, 그들의 어려움을 인식하는 일마저도 지난 세기가 되어서야 가능해졌다. 다른 대륙에 사는 사람들이 '이웃'에 포함될 수 있다는 생각은 아주 최근까지도 바보 같은 소리였다. 사실, 카터 대통령이 말한 부자 나라들과 가난한 나라들 사이의 엄청난 불균형은 1800년대 이전에는 존재하지도 않았다. 제프리 D. 삭스에 따르면, 1820년에 세계에서 가장 부유한 지역과 가장 가난한 지역의 1인당 소득의 비율은 4대 1 정도였다.[3] 이것을 2002년에 카터 대통령이 인용한 75대 1과 비교해 보라. 1800년 이전에는 질병에 시달리고 제대로 치료받지 못하는 상황이 모든 사람에게 일어나는 엄연한 삶의 현실이었다. 깨끗한 물과 하수 시설의 부족은 거의 보편적인 현상이었을 것이다. 가뭄, 흉작, 기근, 전염병은 주기적으로 거의 모든 나라를 황폐하게 만들었다. 문맹은 어디서나 흔했다. 일부 국가들의 경제가 다른 나라들보다 빠르게 발전하게 된 것은 산업혁명의 발전과 결합된 식민주의의 유산이 남긴 결과였다. 이것이 오늘날 우리가 보는 불균형을 초래했다. 국가들 간의 경제적 불균형이 19세기와 20세기 들어 더욱 심해지는 중에도, 한 나라의 부유층(혹은 중산층)이 다른 나라의 가난한 사람들에 대해 책임이 있다는 생각은 잘 받아들여지지 않았다. 다른 나라의 이웃들에게 다가갔던 수천 명의 선교사들 정도만이 예외가 될 것이다. 그리스도를 위해 그들이 펼친 영웅적인 시도들을 가볍게 여겨서는 안 된다. 그들은 어김없이 가난, 정의, 질병과 교육 문제와 맞닥뜨렸고 그 문제를 붙들고 싸웠기 때문이다. 그러나 일반 대중의 경우에는 20세기 중반까지만 해도 인식, 접근성, 능력, 이 주요한 세 가지 요소가 미치지 못하여 마음이 있어도 멀리 있는 이웃을 사랑할 도리가 없었다.

인식

어려움에 처한 사람을 돕기 위해서는 먼저 그 어려움을 인식해야 한다. 1900년 이전에는 국제적으로 대량의 소식을 주고받을 매체가 없었다. 전보가 있긴 했지만 널리 쓰이지는 않았고, 전화는 아직 신기한 물건일 뿐이었다. 1920년대까지는 미국에서 라디오 방송을 접하거나 라디오를 보유하는 것조차 흔하지 않았고, 텔레비전은 1940년대와 50년대가 되어서야 대중매체로 떠올랐다. 그 결과, 대중이 세계의 소식을 정기적으로 접할 수 있는 유일한 매체는 신문이었는데, 대부분의 신문은 우리가 오늘날 '인도주의적 관심사'라 부르는 일에 약간의 지면밖에는 할애하지 않았다. 제2차 세계대전 후에도 대중매체는 제한적이었다. 미국에서는 1949년까지 360만 대의 텔레비전 수상기가 팔렸지만, 그나마 대부분의 텔레비전은 채널이 한두 개뿐이었다.[4]

월드비전의 설립자 밥 피어스는 1950년에 아이들의 고통과 전쟁이 남긴 황폐한 모습을 시각적으로 담아 낸 16밀리 영상을 가지고 한국에서 돌아왔다. 피어스는 영사기를 갖고 미국 전역의 교회를 다니며 그 영상을 보여 주었다. 오늘날의 우리로서는 그 영상들이 당시 사람들에게 얼마나 큰 충격을 주었을지 상상하기 어렵다. 그처럼 생생한 이미지들이 바다 건너 미국의 작은 동네에까지 전해진 적이 일찍이 없었기 때문이다. 그 영상을 본 사람들이 보내온 기부금이 신생 단체인 월드비전에 쇄도하여 어린이들에게 절실히 필요했던 도움을 줄 수 있었던 것은 어찌 보면 그리 놀랄 일도 아니다.

오늘날 우리는 미디어가 넘쳐 나고, 인터넷이 사방으로 연결되어 있고, 휴대폰이 갖춰진 세상에 살고 있다. 어디서 무슨 일이 벌어지건 곧바로 모든 곳에서 알 수 있다. 우리는 인간의 비극과 고통이 담긴 이미지와 사연들을 매일 24시간, 주 7일 내내 수없이 접한다. 국제 구호 단체들은 인터넷과 기타 대중매체를 통해 그들의 메시지를 끊임없이 전하고, 돕고 싶지만 도울 방법을 모르는 사람들에게 편리한 '진입로'를 제공한다. 하지만 종류를 막론하고 국제적인 구호에 들어가는 지원금은 미국의 자선 기부금 중 4퍼센트에 불과하다.[5] 우리는 끊임없이 쏟아져 나오는 가난과 불행의 이미지들에 무관심해졌고, 그러다 보니 우리의 무감각을 가리키는 연민 피로감compassion fatigue[6]이라는 용어까지 생겨났다. 그러나 이제는 우리의 먼 이웃들이 어려움에 처했음을 몰랐다고 주장할 수는 없다.

접근성

인식 부족이 제2차 세계대전 이전의 문제였다면, 고통받는 사람들에 대한 접근성이 떨어지는 현실 역시 큰 문제였을 것이다. 1940년 이전, 미국인들에게 해외 여행은 대단히 드문 일이었고, 항공 여행은 일반 대중이 이용할 수 있는 교통수단이 아니었다. 기록을 살펴보면, 1930년에 비행기로 해외를 오간 미국인은 42,570명뿐이었고, 대부분의 행선지는 유럽이었다.[7] 아프리카까지 가서 음식과 물, 하수 시설이 없이, 치료도 받지 못하는 사람들의 고통을 직접 보거나 그것에 대해 실제로 뭔가 할 수 있는 사람은 거의 없었다. 1949년이 되면, 국제선 승객은 150만 명으로 늘어나지만, 미국인 전체로 보면 극히 일부분에 불과한 수치였다.[8] 이 수치를 2005년의 통계와 비교해 보라. 1억 5천만 명 이상의 미국인들이 비행기로 해외를 오갔다.[9] 오늘날, 우리는 24시간 이내에 지구 반대편으로 갈 수 있을 뿐 아니라, 수천만 명의 미국인들이 해외로 오가고 있다. 이제 극도로 가난한 사람들을 볼 수 있고 그들을 도울 수 있는 기회까지 열린 것이다.

능력

전 세계에서 가장 가난한 사람들에 대한 인식과 접근성이 모두 높아진 뒤에도, 그들을 효과적으로 지원할 수 있는 능력은 한동안 제한된 상태에 머물렀다. 제2차 세계대전 이전에도 선진국들의 보건 상태가 제3세계 국가들의 수준을 크게 앞지른 것은 사실이다. 천연두와 장티푸스 같은 질병의 백신이 이미 나와 있었고, 응급 처치, 영양, 전염병 확산, 안전한 출산에 대한 기본 지식이 확립되어 저개발 국가들에게 도움을 줄 수 있는 수준이었다. 하지만 빈곤, 건강, 문화와 경제 사이의 복잡한 관계를 깊이 이해하고 가난에 대처할 수 있는 효과적이고 지속 가능한 전략을 실행에 옮길 수 있게 된 것은 지난 50년 사이의 일이다.

오늘날 우리는 말라리아, 소아마비, 결핵, 폐렴, 에이즈, 산전 산후 관리, 영양과 비타민 결핍, 열대병, 기생충, 주요 아동 질병을 포함한 지역 사회의 무수한 보건 문제들을 다룰 수 있는 정교하고 검증된 대처법을 확보하고 있다. 세계보건기구 같은 국제 기구들과 질병통제센터, 국립보건원 같은 미국 정부 기관들은 이제 이런 문제들을 포함한 국제적 보건 문제들을 다루는 수십 년의 경험을 갖추고 있다. 대수층帶水層 위치탐사법 및 시추공 뚫는 기술, 정수, 빗물 저장 등의 기술이 향상되면서 안전한 수원을 개발하는 새로운 기술들이 많아졌다. 이것만으로도 물이 부족한 마을들의 유아 사망률을 하룻밤 새 거의 절반으로 줄일 수 있다.

1950년대에 시작된 농업 분야의 소위 녹색혁명으로 농작물 수확량이 엄청나게 많아져 같은 면적의 경작지로 훨씬 더 많은 인구를 먹일 수 있게 되었다. 1970년대 이후에는 가난 문제를 개인과 마을 경제 단위에서 다루는 무담보 소액대출 사업이 출현했다. 이는 전혀 새로운 분야다. 성역할 및 문화적 관행 같은 것들과 가난을 잇는 사회학적 고리들도 더 밝혀 냈다. 이와 동시에, 현장에서 일하는 평판 높고 전문적인 수백 개의 인도주의 단체들이 미국인이라면 누구나 참여할 수 있도록 간편한 기회들을 제공한다. 한마디로, 인류 역사상 처음으로 우리는 전 세계에서 가장 절박한 처지의 이웃들에게 다가갈 수 있는 인식과 접근성과 능력을 다 갖추었다. 세계에서 가장 극심한 가난과 고통을 사실상 제거할 수 있는 프로그램, 도구, 기술들이 주어져 있다. 이것은 가난한 사람들에게 정말 좋은 소식이다. 하지만 과연 그럴까?

그렇지 못하다. 우리가 우리 몫을 다하고 있지 않기 때문이다.

분명히 말해 두자. 우리는 먼 이웃들의 고통을 인식하고 있는가? 그렇다. 우리는 개인적으로든, 구호 기관들과 기부금을 통해서든 이 이웃들에 대한 접근성을 확보하고 있는가? 그렇다. 효과 있는 프로그램과 기술들을 통해 변화를 일으킬 능력이 있는가? 이것 또한 사실이다. 그렇다면 선한 사마리아인 비유에서 제사장과 레위인이 피 흘리는 사람을 외면하고 지나가선 안 되었던 것처럼, 우리도 이 이웃들에게 등을 돌려서는 안 된다.

여기, 현대의 선지자의 말에 귀 기울여 보자. 그리고 그 울림을 느껴 보자.

> 우리가 당연하게 여기는 약들이 없어서 매일 1만 5천 명의 아프리카 사람들이 에이즈, 말라리아, 결핵처럼 예방과 치료가 가능한 질병으로 죽고 있다.
>
> 이 통계 하나만 놓고 보아도 많은 사람들이 굳게 붙들고 있는 평등의 개념은 비웃음거리가 되고 만다. 아프리카에서 벌어지는 일은 우리의 그럴듯한 말들을 비웃고, 우리의 진심을 의심하게 하고, 평등 개념에 대한 우리의 신념에 의문을 품게 만든다. 정직하게 말해 보자. 아프리카에서 매일 벌어지는 대규모의 죽음이 다른 곳에서 벌어진다면 어떻게 될까? 그냥 내버려 둘까? 그럴 리 없다. 북미나 유럽, 일본에선 더더구나 어림도 없는 일이다. 죽음의 불길이 한 대륙 전체를 휩쓸고 있다. 그들, 아프리카인의 생명과 우리의 생명이 정말 평등하다고 믿는다면, 우리 모두 그 불을 끄기 위해 더 많은 일을 하게 될 것이다. 이것이 불편한 진실이다.

열정과 비전이 넘치는 예언자의 목소리다. 이것이 오늘날 교회의 위대한 지도자들 중 한 사람, 전 세계의 가난과 불의에 맞선 싸움의 최전선으로 예수 그리스도의 교회를 이끄는 사람의 말이라고 말할 수 있다면 좋겠다. 하지만 아니다. 우리의 도덕적 책임을 그지없이 강력하게 촉구하여 교회를 부끄럽게 만드는 이 목소리의 주인공은 한 록스타다. 가난한 사람들을 위해 지난 25년간 생존 인물 가운데 누구보다 많은 일을 한 사람, 그의 이름은 보노다. 그는 누가 내 이웃인가, 이 질문에 열정적으로 대답한다. 그리고 예수님처럼, 나가서 그들을 '우리 자신처럼' 사랑하라고 촉구한다. 그의 열렬한 호소는 불필요하게 고통받는 사람들과 개입할 힘을 가진 사람들 사이에 존재하는 도덕적 책임을 생생하게 부각한다.

우리 세대를 향해 역사에 자취를 남기라고 촉구하는 보노의 목소리를 다시 들어 보자.

> 우리는 위도緯度 같은 우연적인 요소에 따라 아이의 생사가 결정되는 상황을 더 이상 받아들이지 않는 첫 번째 세대가 될 수 있다. 하지만 그런 의지가 우리에게 있을까? 서구에 사는 우리는 과연 우리의 잠재력을 실현할 것인가, 아니면 귓가에서 부드럽게 속삭이는 냉담함과 무심함에 잠긴 채 편안한 풍요 가운데 잠들 것인가? 매일 1만 5천 명의 사람들이 에이즈, 결핵, 말라리아로 죽어 가는 상황이 아프리카의 위기라면, 이 소식을 심야 뉴스가 다루지 않고, 응급 상황으로 여기지 않는 것은 우리의 위기이다. 미래의 세대들은 역사의 이 시기를 돌아보며 우리가 이 질문에 어떻게 답했는지 알게 될 것이다. 그들 주위의 세계가 증거가 될 것이므로. 역사는

우리의 심판관이 되겠지만, 역사에 어떻게 기록될지는 우리에게 달려 있다. 우리는 어떻게 해야 할지 몰랐다고 말할 수 없다. 그럴 형편이 안 되어서 못했다고 말할 수 없다. 그렇게 할 이유가 없었다고 말할 수도 없다. 모든 것은 우리 손에 달려 있다.[10]

카터 대통령은 빈곤, 인간의 고통, 불평등으로 규정할 수 있는 우리 사회의 구멍을 찾아냈다. 그는 부자들은 더욱 부유해지고 가난한 사람들은 더 가난해져서 사회적 국제적 불균형과 고립이 점점 더 악화되고 세계가 걱정될 정도로 빠른 속도로 해체되는 모습을 보고 있다. 보노는 우리의 도덕성에 뚫린 구멍을 본다. 그는 세상의 가난한 사람들이 얻어맞고 피투성이가 된 채 길가에 누워 있는데, 대다수의 사람들은 그 곁을 그냥 지나치는 모습을 본다. 어느 쪽을 보나 메워야 할 구멍이 있다. 그리고 그것은 점점 더 깊어지고 있다.

9. 추락하는 백 대의 제트 여객기

사실은 고집이 세다. –존 애덤스

진실은 우리가 어떻게 받아들이건 달라지지 않는다. –플래너리 오코너

어린아이들이 내게 오는 것을 용납하고 금하지 말라 하나님의 나라가 이런 자의 것이니라. –마가복음 10:14

세계 어느 곳이건 대형 제트 여객기가 추락하면, 세계의 모든 언론이 그 비극적인 사건을 다각도로 취재하느라 난리가 난다. 당연한 일이다. 오늘 아침 일어나 보니 신문에 이런 머리기사가 실렸다고 가정해 보자. "제트 여객기 백 대 추락, 2만 6,500명 사망." 각국 정상들, 의회와 국회가 모여 이 비극적인 사고의 본질과 원인을 규명하느라 세계 전역에서 대혼란이 벌어질 것이다. 기자들이 충격적인 소식을 전하면서 이 사건이 세계에 미칠 파장을 예측하는 기사를 전 세계적으로 얼마나 쏟아낼지 생각해 보라. 각국 정부들이 항공기 운항을 중단시키고, 공포에 질린 여행객들이 예약을 취소하면서 항공 여행은 전면 중단될 것이다.

미 수송안전위원회는 물론 연방수사국, 중앙정보국, 지역의 법 집행 당국과 다른 나라의 유사한 기관들도 각기 조사를 벌이고 인력을 총동원해 진상 파악과 재발 방지에 힘쓸 것이다.

그런데 바로 다음 날, 제트 여객기 백 대가 더 추락했다고 상상해 보자. 그다음 날 또 백 대, 그다음 날도, 또 그다음 날도. 이런 끔찍한 일이 일어난다는 건 상상도 못할 일이다.

하지만 그런 일은 이미 벌어졌고, 지금도 벌어지고 있다.

그와 같은 사고가 오늘도 벌어졌고, 어제도 벌어졌다. 내일 또 벌어질 것이다. 그러나 언론 보도는 전혀 없었다. 어떤 국가 정상도, 의회도, 국회도 하던 일을 멈추고 이 위기 상황에 대처하지 않았고 어떤 조사도 행하지 않았다. 하지만 어제 2만 6,500명의 어린이가 빈곤과 관련된 예방 가능한 원인들 때문에 죽었고[1], 똑같은 일이 오늘도, 내일도, 모레도 되풀이될 것이다. 한 해가 지나면 거의 천만 명의 어린이가 목숨을 잃을 것이다. 비행기 한 대만 추락해도 전 세계 신문들의 전면을 장식하는데, 어린이를 가득 채운 비행기 100대가 추락하는 것과 같은 이 비극은 왜 우리 귀에 전해지지 않을까? 이제는 충분한 인식과 접근성과 능력까지 갖추고 있는데, 왜 그런 사태를 방치하고 있을까? 죽어가는 아이들이 우리 아이들이 아니고 남의 아이라는 것이 한 가지 이유일 것이다.

남의 아이들

몇 년 전, 저널리스트 수잔 묄러의 책 《연민의 피로감》이 출간되었다.

그 책에서 그녀는 미국 곳곳의 뉴스 편집실에서 자주 들을 수 있는 충격적인 말을 인용했다. "뉴스 업계에서는 브룩클린에서 죽은 소방관 한 명이 영국 경관 다섯 명, 아랍 사람 50명, 아프리카 사람 500명의 가치가 있다."[2] 참으로 끔찍한 등식이다. 끔찍하지만 정확한 말이다. 솔직히 말하면, 같은 미국인들에 비해 멀리 떨어진 다른 문화권 사람들에게 마음이 덜 가는 게 사실이다. 우리가 누군가에게 느끼는 연민은 그들과 우리의 사회적·정서적·문화적·인종적·경제적·지리적 거리와 직접적인 연관 관계가 있는 듯하다. 그러나 우리가 한 인간과 다른 인간의 가치를 구별하는 이유는 무엇일까? 죽어 가는 외국 어린이들의 울부짖음에 귀를 막기가 왜 그렇게 쉬운 걸까? 어떤 면에서 그 이유는 분명하다.

차량 사고로 매년 수천 명의 어린이가 죽는다는 소식을 라디오로 들으면, 물론 슬프기야 하겠지만 마음이 송두리째 흔들리지는 않을 것이다. 하지만 이웃 아이가 방금 차량 사고로 죽었다는 소식을 접한다면, 앞의 경우보다 훨씬 실감나게 다가오고 마음도 더 편치 않을 것이다. 당장 발 벗고 나서서 이웃을 위로하고 슬픔을 함께 나누고 어떻게든 돕고 싶어질 것이다. 그러나 자신의 아이가 죽었다는 말을 들으면 어떨까? 이루 말할 수 없는 참담함을 느낄 것이다. 그 소식은 세상을 뒤흔들어 놓는 더없는 비극이 될 것이고, 사람을 완전히 바꿔 놓을 것이다. 왜 그런지 몰라도, 우리는 정서적·사회적·지리적으로 멀리 떨어진 곳에서 벌어진 비극에는 거의 무관심한 반면, 그 일이 우리 자신이나 가까운 사람에게 벌어지면 전혀 다르게 반응한다.

아프리카에서 기근으로 인한 영양실조로 수백 명이 죽었다는 신문

기사를 읽을 때 당신은 어떤 반응을 보이는가? 잠시 슬픔을 느끼겠지만, 결국에는 페이지를 넘기고 스포츠면과 텔레비전 편성표를 확인한 뒤 일상적인 일을 하지 않겠는가? 그런데 다음 날 아침, 교회에 가려고 집을 나서는데 현관 계단에 굶주린 아프리카 어린이 한 명이 쓰러져 죽어 가고 있다면 어떨까. 만사를 제쳐 두고 급히 아이를 데리고 응급실로 달려가 돈은 얼마라도 낼 테니 아이의 생명을 살려 달라고 하지 않겠는가? 당신은 한 인간으로서 다른 인간의 불행에 긴급하게 반응할 것이고, 전날 읽은 먼 나라의 기근 이야기가 갑자기 자신의 일처럼 느껴질 것이다. 그러나 먼 땅에서 고통받는 어린이들의 곤경이 우리에게 남의 일로만 다가오는 게 문제다. 슬프기는 하지만, 그들이 우리 아이들처럼 느껴지진 않는 까닭이다. 느껴진다면, 우리는 진심으로 슬퍼하게 될 것이다. 우리는 아이들의 부모를 위해 울 것이고, 그보다 훨씬 절박한 반응을 보이게 될 것이다.

하나님은 이 문제를 어떻게 생각하실까? 캄보디아나 말라위 어린이의 고통을 거리를 두고 담담하게 바라보실까? 하나님이 어린이들에게 품으시는 연민이 그들의 지리적 위치, 국적, 인종, 부모의 수입 정도에 따라 달라질까? 다른 일들을 챙기느라 바쁘신 나머지 그들의 고통을 잊어버리실까? 거북한 페이지는 넘겨 버리고 스포츠란을 보실까? 아니면 모든 어린이를 소중히 여기며 그들의 사정에 마음 아파하실까? 하나님은 분명 슬퍼하시고 우신다. 아이들 하나하나가 바로 그분의 아이이기 때문이다.

솔직히 말하면, 내 아이 일처럼 그 아이들을 위해 슬퍼하는 일은 내게도 쉽지 않다. 월드비전 회장이 된다고 해서 캘커타의 테레사로 바꿔

지는 않는다. 그리고 무심한 자세로 그 일을 감당하는 것은 얼마든지 가능하다. 나는 슬픔으로 마음이 타들어가지 않더라도 얼마든지 여러 모임에 참석하고, 재정 보고서를 검토하고, 수요일마다 열리는 채플에 참석하고, 가난한 사람들에 대한 책을 쓸 수 있다. 대부분의 미국인처럼 나도 내 생활과 가정의 소소한 일들에 마음이 쏠려 버릴 수 있다. 나는 근사한 집이 있고, 쾌적한 동네에 살면서, 아름다운 교회에 다닌다. 쇼핑몰에 장 보러 가고, 극장에 가고, 가족 휴가를 떠나는 동안은 수천 킬로미터 떨어진 아이들의 비극적인 삶일랑 거의 잊어버린다. 하지만 그러다가도 다시 비행기에 올라 24시간을 날아 에이즈로 죽어 가는 한 어머니의 집을 방문한다. 그리고 고아가 될 다섯 아이의 처지를 슬퍼하는 그녀의 한탄을 듣는다. 때로는 서서히 굶어 죽어 가는 아기, 지뢰 사고로 한쪽 다리를 잃은 아이, 매춘굴에서 구출된 어린 소녀를 만나기도 한다. 그러면 갑자기 모든 상황이 나와 직결된 일로 다가온다. 남의 아이들이 내게 아주 중요해진다. 그 아이들의 이름을 알게 되었고, 그들의 눈을 들여다보았고, 그 부모들과 함께 울었기 때문이다. 나는 자신에게 분노하고, 스스로의 무심함에 분개하며 미국으로 돌아온다. 이제부터 혼신을 다해 아이들을 위해 달려가리라, 그들을 위해 싸우리라, 새로운 다짐과 열정이 불타오른다. 모임은 더 이상 틀에 박힌 일과가 아니고, 대차대조표는 숫자 이상의 의미로 다가온다. 그 모두가 아이들의 생사가 달린 문제가 된다. '아이들이 절박한 처지에 있어. 뭔가 해야 해! 어린이들을 도와야 해!' 그러나 몇 주가 지나면 불길은 다시 사그라지고, 머릿속 이미지들은 퇴색하고, 나는 어느새 안전하게 보호된 세상 속으로 다시 들어와 있고, 그 아이들은 다시금 내 아이가 아니라 남의 아이들이 되어 버린다.

앞에서 나는 월드비전 설립자 밥 피어스의 기도문을 소개했다. "하나님의 마음을 아프게 하는 일들로 인해 제 마음도 아프게 하소서." 나는 지난 10년간 그의 발자취를 따라 살아가려고 노력했고, 그 과정에서 그의 기도에 대한 새로운 깨달음을 얻게 되었다. 그는 모든 사람이 그 기도에 동참하기를 바랐지만, 그 기도는 매우 개인적인 기도였다는 사실이다. 나는 밥 피어스도 가난한 사람들을 사랑하는 일을 줄기차게 해나가는 데 필요한 아픈 마음과 관심을 잃지 않으려고 몸부림쳤으리라 믿는다. 그의 기도는 자신의 마음을 거듭거듭 아프게 해달라는 부르짖음이었다. 하나님이 그렇게 해주시지 않으면, 남의 아이들을 하나님처럼 사랑할 수 없다는 것을 알았기 때문이다. 하나님이 아파하는 마음을 주시지 않으면 어떤 사람도 그럴 수 없다. 하나님이 그 마음을 주실 때, 비로소 그나 그녀 또는 우리가 하나님의 관심을 갖고 하나님처럼 사랑할 수 있다. 그렇기 때문에 우리는 하나님이 우리의 마음을 부드럽게 하셔서 하나님의 눈으로 세상을 보게 해주시도록 끊임없이 기도해야 한다.

한 무신론자의 책임 추궁

> 인간을 향한 가장 나쁜 죄는 증오가 아니라 무관심이다. 그것은 가장 비인간적인 행위이다. -조지 버나드 쇼

몇 년 전, 프린스턴대학교의 아이라 W. 드캠프 생명윤리학 석좌 교

수 피터 싱어의 글을 몇 편 보았다. 무신론자를 자처하는 싱어는 동물의 권리, 낙태, 안락사 등등 여러 윤리 문제들에 대해 많은 논란을 불러일으킨 사람이다. 그의 입장은 대부분 그리스도인들에게 불쾌하기 그지없는 것이었다. 그러나 멀리 떨어져 있는 남의 아이들도 보살필 도덕적 책임이 우리에게 있음을 논증한 그의 글은 대단히 설득력이 있었다. 그는 나름의 선한 사마리아인 비유를 통해 그 원리를 잘 보여 주었다.

> 내가 속한 대학의 도서관에서 인문학 대형 강의동으로 가는 길에는 얕은 관상용 연못이 있다. 내가 강의를 하러 가는 길에 연못에 빠져 익사할 위험에 처한 어린아이를 보았다고 하자. 누구라도 내가 물속으로 들어가 아이를 건져 내야 한다고 생각하리라. 아이를 건지려면 내 옷은 진흙투성이가 될 것이고, 나는 강의를 취소하거나 연기하고 마른 옷으로 갈아입으러 가야 할 것이다. 그러나 아이의 죽음을 막는 일에 비하면 그것은 사소한 문제다. 물에 빠진 아이를 건져 내야 한다는 판단을 뒷받침할 만한 원리는 다음과 같다. '아주 나쁜 일이 벌어지는 일을 막을 힘이 내게 있고 그에 비길 만큼 중요한 도덕적 원리를 희생하지 않아도 그 일을 할 수 있는 상황이라면, 나는 그 일을 해야 한다.' 이 원리는 논란의 여지가 없어 보인다.[3]

싱어의 비유가 예수님이 들려주신 이야기와 얼마나 유사한지 알 수 있을 것이다. 그리고 싱어는 구해 줄 능력이 있으면서도 아이를 구해 내지 않는다면 심각한 도덕적 결과가 따를 것이라고 말했다.

그렇지만 [이 원리는] 보기보다 간단하지 않다. 정말 이 원리에 따라 산다면, 우리의 삶과 세상은 근본적으로 달라질 것이다. 이 원리는 물에 빠진 아이를 연못에서 구할 수 있는 희귀한 상황뿐 아니라, 절대적 빈곤 가운데 살아가는 사람들을 도울 수 있는 일상적인 상황에도 적용되기 때문이다. 돕지 않는 것이 본질적으로 살인과 다름없다고 할 수 있는지는 분명치 않지만, 잘못인 것만은 틀림없다.[4]

관련된 글에서 그는 다음과 같이 설명했다.

먼저 이 원리는 거리를 가리지 않는다. 내가 도울 수 있는 사람이 10미터 떨어진 이웃 사람의 아이이건 1,000킬로미터 떨어진 이름 모를 벵골인의 아이이건, 도덕적으로는 아무런 차이가 없다. ……도덕적 책임을 제한된 상태로 유지하고 싶은 사람이 있다면, 불행히도 통신 수단과 빠른 수송 수단의 출현으로 상황이 달라졌음을 지적해야겠다. 도덕적 관점에서 보자면, 세계가 '지구촌'으로 변함으로써 우리의 도덕적 상황은 크게 달라졌으나 많은 사람들이 그 사실을 충분히 인식하지 못하고 있다. ……그러므로 지리적인 거리에 따라 도울 상대를 차별하는 일을 정당화하기는 어렵다.[5]

나는 성경과 기독교적 자비를 근거로 남의 아이를 구해야 한다고 주장했지만, 싱어는 윤리학과 도덕적 원리에 근거해 같은 주장을 펼쳤다. 하지만 '누가 내 이웃인가?'의 문제에 싱어는 예수님과 동일한 과격한 생각을 옹호한다. 즉 그리스도인이건 무신론자건, 길가에 쓰러진 사람을 모른 체하고 멀찍이 둘러 지나가는 건 잘못이다.

그런 아이 하나

몇 년 전, 나는 남의 아이를 만난 적이 있다. 2001년 대규모 지진이 나고 6개월 후, 나는 인도의 구자라트에 있었다. 열흘 간 여러 지역을 순방하는 일정을 마치고 마지막 마을을 떠나려던 참이었다. 나는 녹초가 되어, 그저 빨리 호텔로 돌아가고 다음 날이 와서 집으로 떠났으면 싶었다. 그런데 그때, 뜻밖의 일이 벌어졌다. 우리 차가 출발하기 시작하고 한 무리의 사람들이 모여 손을 흔들며 작별 인사를 하는데, 절박한 표정의 한 여성이 어린 남자아이를 안고 내가 앉은 창 쪽으로 달려왔다. 아이를 내게 내밀어 보이는 그녀의 눈은 이렇게 애원하고 있었다. '제발 도와주세요! 어린 아들을 부디 도와주세요.' 아이의 모습을 본 나는 깜짝 놀랐다. 발이 없었기 때문이다. 무릎 아래 두 다리를 모두 절단한 것이다. 곧이어 그녀의 모습은 시야에서 사라졌고, 우리는 도로에 접어들어 호텔로 향했다.

나는 어른거리는 그녀의 얼굴을 머릿속에서 조금씩 떨쳐 냈다. 나는 지쳤다. 월드비전은 대지진이 있은 후 지난 몇 달 간 구자라트에서 수천 명이 넘는 사람들을 도왔다. 하지만 우리가 모든 아이를 도울 수는 없는 노릇이었다. 그 마지막 소년은 내 책임이 아니었다, 나는 그렇게 생각하면서 이튿날 집으로 돌아가는 비행기에 몸을 싣고 내가 본 장면을 잊으려 애썼다.

이후 며칠에 걸쳐, 나는 다시 시차에 적응했고 사무실의 일상 업무로 돌아왔다. 그러나 그 어머니와 아이—남의 아이—의 심란한 이미지가 머리에서 떠나지 않았다. 그 이미지가 나를 괴롭히고 마음에 부담을 주었다. 나는 모든 아이를 도와야 한다고 늘 떠들어 대면서 말한 내용을 실천하지 않는 위선자인가?

그러던 어느 날 저녁 식사 시간, 나는 우리 아이들에게 내가 겪은 일을 말하고 그것 때문에 괴롭다고 털어놓았다. 아이들이 물었다. "아빠, 뭔가 하실 수 없나요?" 그날 밤 나는 인도에 있는 우리 팀에 이메일을 보내 그 아이의 인상착의를 설명하고 10억 명 중의 한 아이를 찾을 수 있겠느냐고 물었다. 나는 아이의 이름을 몰랐고 아이를 봤던 마을의 이름도 기억나지 않았다. 그러나 2주 후, 나는 여섯 살배기 비카스의 사진과 사연이 첨부된 이메일을 받았다. 지진이 났을 때 집이 무너져 내려 아이의 두 다리가 깔렸고 어머니도 다쳤는데, 바로 치료를 받지 못해 며칠 뒤 도움의 손길이 왔을 때는 다리를 잘라 내는 수밖에 없었다. 생명을 구하기 위해 한국에서 온 구호 진료팀은 아이의 두 다리를 잘라 냈다. 비카스는 이제 걸을 수 없고 어디를 가건 기거나 부모의 등에 업혀야 했다. 그래서 그날 내가 그 마을에 도착했을 때, 어머니는 절박한 심정으로 기회를 노리고 있다가 떠나가는 내 차로 달려왔던 것이다. 미국에서 온 이 남자는 어쩌면 내 아들을 도와줄 수 있을지 모른다는 실낱같은 희망을 붙들고.

그 사람이라면 도와줄 수 있으리라 믿고. 슬픔에 빠진 부모들은 예수님이 마을을 지나가셨을 때 그렇게 믿지 않았을까? 예수님께 다가와 그 앞에 무릎을 꿇고 "주여 내 아들을 불쌍히 여기소서"(마 17:15)라고 말한 아버지처럼?

나는 인도의 월드비전 팀이 그 아이를 도울 수 있느냐고 물었다. 아이는 수술을 한 번 더 받고 의족을 달아야 할 거라는 답변이 돌아왔다. 비용은 300달러가 들 것인데, 미국 사무실에서 비용 지출을 인가해 줄 거냐는 질문이 따라왔다.

내가 대답했다. "아닙니다. 그 비용은 월드비전에서 내지 않을 겁니다. 리치 스턴스가 낼 겁니다." 그것은 내가 할 일이었다. 나는 월드비전 회장으로서 대부분의 사람들보다 어려움에 처한 아이들을 더 많이 돕고 있었다. 그러나 하나님은 내게 조직의 프로그램 운영과 전략적 반응 이상의 참여를 원하셨다. 하나님은 어려운 아이들을 돕는 일을 그분 자신의 일로 여기시며 나도 그렇게 하기를 원하셨다. 하나님께 어린이들은 통계 수치가 아니다. 그래서 나는 그 돈을 보냈다.

넉 달 뒤, 성탄절 휴가 기간을 보내며 나는 투덜대고 있었다. 누군가가 커다란 이메일 파일을 보냈는데, 우리집 컴퓨터로 다운로드를 받는 데 시간이 너무 많이 걸렸던 것이다. 마침내 나는 짜증을 내며 파일을 열어 보았다. 사진이었다. 엄마의 손을 잡고 새로운 다리로 서 있는 비카스의 사진. 나는 남의 아이의 눈을 들여다보면서 울었다. 만난 적은 없지만, 그 아이의 곤경은 바로 나의 문제로 다가오지 않았던가.

나는 비카스의 사진을 시애틀의 내 사무실에 걸어 두었다. 그 사진은 모든 아이가 소중하다는 사실을 웅변하고 있다.

10. 이 그림이 뭐가 잘못되었을까?

거짓말에는 세 가지가 있다. 거짓말, 저주받을 거짓말, 그리고 통계이다.
-벤저민 디즈레일리

땅에는 언제든지 가난한 자가 그치지 아니하겠으므로 내가 네게 명령하여
이르노니 너는 반드시 네 땅 안에 네 형제 중 곤란한 자와 궁핍한 자에게 네
손을 펼지니라. -신명기 15:11

나는 통계를 대할 때 애증을 함께 느낀다. 통계는 인류에 영향을 끼
치는 문제들을 다각도로 이해할 수 있게 돕는 값진 도구이다. 통계에
힘입어 문제의 심각성과 범위를 진단하고 그에 따라 우선순위를 부여
할 수 있다. 또 전 세계적으로 사람들에게 고통과 괴로움을 안겨 주는
가장 큰 원인들을 상대함에 있어 어떤 부분들에 노력을 집중해야 하고,
인력과 자원은 어떻게 할당하는 것이 좋은지 판단할 수 있다.(어린이 천
명의 목숨을 앗아 가는 질병보다는 어린이 100만 명의 목숨을 앗아가는 질병의
치료에 더욱 힘써야 하지 않겠는가?) 통계는 고통과 괴로움의 원인과 치료
책을 발견하도록 돕는 핵심 도구이다.

그러나 통계 앞에서 우리의 감수성이 마비될 수 있다. 우리는 이미 가장 충격적인 통계를 들었다. 매일 2만 6,575명의 어린이들이 빈곤과 관련된 예방 가능한 질병 때문에 죽는다. 그러나 전 세계 어린이들이 처한 곤경의 범위와 절박성을 이해하는 데 그토록 중요한 바로 그 통계 때문에 그 어린이 각각의 인간성, 존엄, 가치가 가려져 버리는 것 또한 사실이다. 통계 안에서 아이들의 이름과 사연은 지워지고, 개성은 가려지고, 하나님의 형상으로 창조된 소중한 어린이 하나하나가 도매금으로 처리된다. 통계는 가난한 사람들의 얼굴을 외면하는 또 다른 방법, 멀찍이 돌아가 버리는 또 하나의 방편에 그칠 수도 있다. 인간 행동에 대한 연구 결과가 이 사실을 입증해 준다.

2006년, 오리건대학의 연구자 폴 슬로빅과 와튼경영대의 데버러 스몰, 카네기멜런대학의 조지 로웬스타인은 간단한 행동 실험을 했다.[1] 평범한 사람들로 이루어진 실험 집단을 세 그룹으로 나누었다. 첫 번째 그룹에게는 가난하고 굶주린 일곱 살짜리 아프리카 소녀 로키아의 사연과 사진을 보여 주었다. 두 번째 그룹은 아프리카 네 나라에서 흉작과 식량 부족으로 심각하게 굶주리고 있는 사람들의 수가 1700만 명이라는 통계 자료를 받았다. 게다가 집 없는 사람들이 400만 명이나 된다는 말도 들었다. 다시 말해, 두 번째 그룹은 대규모의 굶주림과 고통에 대해 읽은 것이다. 세 번째 그룹은 어린 소녀 로키아의 사연과 함께 두 번째 그룹에게 주어진 통계 자료도 받았다. 끝으로, 세 그룹의 참여자들 모두 어려운 이들의 고통을 덜기 위해 쓰일 돈을 기부해 달라는 요청을 받았다. 놀랍게도, 로키아의 사연만 들었던 그룹이 가장 많은 돈을 냈다. 2100만 명의 고통받는 사람들에 대한 통계를 들었던 그룹이 가장 적은 돈을 냈고, 두 가지 정보를 다 접한 그룹은 통계만 접한 그룹보다 약간 더 관대하게 기부했다.[2] 수백만 명의 고통이 아니라 한 아이의 사연이 사람들의 마음을 사로잡았던 것이다!

이 연구 결과로 드러난 불편한 진실이 보이는가? 인간이란 존재는 대규모 집단의 사람들을 비인격화된 수치로 보면 그들을 훨씬 무심하게 대하게 된다는 것. 따라서 우리의 마음을 움직여 절박한 행동에 나서도록 이끌어 주어야 할 통계가 오히려 행동하지 않는 구실이 되어 버린다. 이 발견을 확대 적용해 보면 세상의 다른 끔찍한 일들을 이해하는 데도 도움이 된다. 여러 계층 사람들 전체를 대상화하여 우리와 동등한 인격체로 여기지 않게 되면, 생각도 할 수 없던 일들이 가능해진다. 인간 특유의 이런 결점 때문에 홀로코스트와 르완다 종족 학살이 가능했던 게 아닐까? 그리스도인들이 오랜 시간 동안 노예제를 묵인하고 장려하고 유지했던 것도 그 때문이 아니었을까? 이런 식으로 다른 집단을 비인격적으로 바라볼 수 있었기에 자칭 그리스도를 따르는 자들을 포함한 많은 사람들이 남아프리카공화국에서 아파르트헤이트를, 미국에서는 인종 분리 정책을 지속적으로 추진하고 옹호할 수 있었던 게 아닐까?

그리스도를 따르는 우리는 인간의 마음이 얼마나 어둡고 완고한지 예리하게 인식해야 한다. 하나님은 그것을 분명히 알고 계시기에 자기 백성에 대해 이렇게 말씀하신 바 있다. "내가……그 몸에서 돌 같은 마음을 제거하고 살처럼 부드러운 마음을 주어"(겔 11:19). 같은 인간에 대한 냉담함의 근본 원인, 더 나아가 증오와 살인, 종족 학살의 근본 원인도 우리의 '돌 같은 마음'이다. 하나님의 일과 세상 일에 마음이 나뉜

'돌 같은 마음'을 갖고는 가난한 사람들을 사랑할 수 없다. 하나님이 그것을 '살' 같은 마음으로 바꿔 주셔야 한다. 그렇다면 우리도 밥 피어스처럼 '하나님의 마음을 아프게 하는 일들로 인해' 우리 마음도 아프게 해달라고 매일 간구해야 하지 않겠는가?

이제부터 나는 통계 자료로 전 세계의 빈곤을 설명해 가려 한다. 빈곤의 범위에 대한 통계적 설명을 들을 때, 독자는 지금까지 지적한 통계의 부정적 영향을 경계해야 할 것이다. 본격적인 설명에 앞서 빈곤이라는 단어에 대한 독자의 태도의 몇 가지 문제점을 지적해야겠다.

빈곤은 몹쓸 단어

기독교는 가난하고 박해받는 사람들 사이에서는 멋지게 자라나지만 부유하고 안전한 사람들 사이에서는 위축된다. ─필립 젠킨스

가난한 사람과 고아를 변호해 주고,
가련한 사람과 궁핍한 사람에게 공의를 베풀어라.
가난한 사람과 빈궁한 사람을 구해 주어라.
그들을 악인의 손에서 구해 주어라. ─시 82:3-4(표준새번역)

나는 빈곤이라는 단어가 싫다. 빈곤은 엄청나게 많은 편견과 치욕이 따라붙는 함축적인 단어다. 어떤 사람에게는 있고 어떤 사람에게는 없는 질병이나 못된 성질 같은 느낌을 준다. 이 단어는 세상을 '가난한 사람들'과 '나머지 우리'라는 불평등한 두 집단으로 나누어 '우리'는

뭔가 다른 듯한 인상을 갖게 한다. 우리는 각자 경험한 과거와 오해에 근거하여 빈곤이라는 단어와 다양한 것들을 연결해서 생각한다. '기회의 땅'을 자처하는 미국에 사는 우리가 가난한 사람들에 대해서는 쉽사리 안 좋은 판단을 내린다. 미국에서 가난한 사람은 나머지 우리만큼 열심히 일하지 않았거나 여러 가지 잘못된 선택을 내린 낙오자라고 생각한다. 입 밖에 내지는 않더라도, 가난한 사람들이 게으르거나 어리석다고 생각하기도 한다. 아프리카나 동남아 같은 곳의 가난한 사람들을 생각할 때는 인종적·문화적으로 고정된 이미지들을 끌어들이기도 한다. 이 나라, 저 인종은 어쩌면 저렇게 제대로 살아갈 줄 모를까, 혀를 차며 고개를 가로젓기도 한다. 그들의 정부는 왜 그리 비효율적인지, 그들의 지도자들은 왜 그리 무능하거나 부패했는지, 경제는 왜 그렇게 늘 바닥인지 이상해 보일 따름이다. 우리는 부모가 무력한 아이를 대하듯 그들을 딱하게 여기며 온정주의적으로 바라볼 수도 있다. 하지만 이 모든 생각들은 좋게 표현해야 잘난 체요, 나쁘게 말하면 선입견에 불과하다. 하나님의 형상으로 창조된 사람들의 존엄성을 깎아내리는 처사다. 가난한 사람들을 하나님의 눈으로 보려면 우리의 심판자적 태도와 우월 의식부터 먼저 회개해야 한다. 나 역시 그렇게 회개해야 했다.

나는 역기능 가정에서 자랐지만 경제적 어려움을 딛고 아이비리그학교 두 곳을 어렵사리 졸업했고 기업의 최고경영자가 되었다. 나는 빈곤이란 가난한 사람이 내린 선택의 결과요, 누군가의 가난은 순전히 그가 못난 탓이라는 편견에 쉽사리 빠져들었다. 그러나 내가 젊은 시절 열심히 일해서 성과를 거둘 수 있었던 것은 무엇보다 상황이 좋았기 때문이었다. 성장 과정에서 여러 어려움들이 있긴 했지만, 나는 주어진 여러 가지 기회들을 활용하여 그 난관들을 극복할 수 있었다. 우선 나는 기본적인 자유를 인정해 주고 개인의 권리와 법치를 보장해 주는 나라에 살았다. 좋은 공립학교에 다녔고 무료 도서관을 이용할 수 있었다. 굶주림에 시달리거나, 오염된 물을 마시거나, 치료를 못 받는 상황에 처한 적은 없다. 어린 시절에는 예방 접종을 받아 영유아기를 안전하게 넘길 수 있었다. 나는 3천 개 이상의 칼리지와 대학 중에서 원하는 학교를 선택할 수 있었고, 돈이 전혀 없었지만 장학금과 융자금을 받아 학교를 다닐 수 있었다. 내가 사회에 진출했을 때 미국 경제는 굳건히 성장하고 있었고, 내가 그동안 받은 교육과 하나님이 주신 능력을 생산적으로 활용할 기회를 제공했다. 무엇보다 나는 부지런히 살고 열심히 일하면 보답이 따른다는 사실을 알게 되었다.

그러나 내가 만약 수단이나 방글라데시에서 태어났다면 어떻게 되었을까? 동일한 상황이 펼쳐졌을까?

여기서 미국 내의 가난에 대해서도 몇 마디 해야겠다. 앞서 나열한 나의 성공과 발전에 기여한 이점들을 모든 미국인이 누리는 것은 아니다. 내가 자라난 1950년대와 60년대에는 아프리카계 미국인 아이들이 백인 아이들과는 다른 별도의 열등한 학교로 격리되었고, 고등교육을 받을 기회조차 갖지 못한 경우도 많았다. 미국 내에서도 선택의 폭에 심한 제약이 있었던 것이다.

나는 하위 중산층에서 자랐지만 가난하지는 않았고, 좋은 학교가 있고 범죄율도 낮은 안전한 동네에서 살았다. 하지만 그때나 지금이나, 미국 내 가난한 집 자녀들은 극히 파괴적인 세력들에 노출된 채 살아간다. 범죄, 갱단, 폭력, 강간, 마약, 가정 폭력, 경제적 빈곤, 매춘은 그중 몇 가지에 불과하다. 아버지를 본 적도 없고 마약 중독자인 어머니와 슬럼에서 사는 아이는 내 경우와 똑같은 선택권을 갖고 출발할 수 없다. 미국 내의 빈곤은 나쁜 물, 기근, 전염병으로 나타나지 않지만, 그 대신 차별, 협박, 소외와 착취 같은 강력하고 파괴적인 세력으로 나타난다. 그래서 수단의 경우와 동일한 결과인 절망을 낳는다. 미국 내의 빈곤은 아프리카의 빈곤 못지않게 실질적이고 인간의 영혼을 망가뜨린다. 그 뿌리에 놓인 원인들은 같다. 인간 영혼의 손상과 실질적 선택권의 부재이다.

월드비전 일로 40개국 이상을 다녀 본 결과, 나는 거의 모든 빈곤이 근본적으로 선택의 여지가 없는 상황의 결과임을 알게 되었다. 가난한 사람들이 더 게으르거나, 머리가 나쁘거나, 상황을 바꾸려는 의지가 없는 게 아니었다. 다만 그들은 자신들의 힘으로 변화시킬 수 없는 상황에 갇혀 있을 뿐이었다. 영국의 연구자 로버트 체임버스는 다소 무지막지한 표현을 써서 이렇게 말했다. "벼랑 끝에 서 있는 사람들은 게으름을 부리거나 어리석을 여유가 없다. 일할 수만 있으면 그들은 어떤 방식으로건 열심히 일하며, 또 그렇게 일해야 한다. 가난한 사람들 중에서 게으르고 어리석은 이들은 대부분 죽은 지 오래다."

알고 보니, 가난한 사람일수록 대개는 더 열심히 일하고 있었다. 그들은 대부분의 사람들이 도저히 감당하지 못할 만큼 힘든 중노동을 일상적으로 감당한다. 그러나 그들의 힘든 노동은 그들이 처한 여러 가지 상황에 막혀 결실을 맺지 못하고 있다.

몇 년 전 나는 '클린턴 세계 구상'에 참석했다. 그 자리는 클린턴 전 대통령의 주도로 정부와 사업계, 비영리 부문에 이르는 지구상에서 가장 힘 있는 사람들이 모여 전 세계의 빈곤과 질병, 기후 변화 문제에 대한 해결 방안을 모색하는 연례 모임이었다. 클린턴 대통령은 빈곤 문제에 대해 말하면서 천 명에 이르는 참석자들에게 어떤 상황들을 거쳐 각자의 영역에서 높은 지위에 도달하고 성공을 거두어 그날 저녁 그 자리에 이를 수 있었는지 생각해 보라고 했다. 그리고 그는 두 가지 상황이 주요한 역할을 했을 거라고 말했다. 첫째, 우리는 살아오면서 이런저런 기회가 있었다. 둘째, 우리는 그 기회들을 붙잡기 위해 최선을 다했고 그렇게 애쓴 보람이 있었다. 우리는 각자의 노력과 성취한 결과가 직접적인 연관관계가 있음을 본 것이다. 그리고 그는 이렇게 말했다. "자, 한번 상상해 보십시오. 여러분이 아무리 열심히 일해도 그것이 결과로 이어지지 않았더라면 여러분의 삶에 어떤 일이 벌어졌겠습니까? 하루 1달러 미만의 돈으로 살아가는 10억 명이 넘는 사람들이 바로 그런 상황에 처해 있습니다. 그들은 아무리 열심히 일해도 별다른 결과를 얻을 수 없습니다. 노력과 결과를 이어 주는 고리가 끊어져 버렸습니다."

클린턴 대통령의 발언에는 심오한 통찰이 깃들어 있다. 대부분의 사회에서 가장 가난한 사람들의 경우에는 아무리 열심히 일해 봐야 달라지는 게 없다. 그들은 아무리 수고해도 보상이 돌아오지 않는 사회, 문화, 정치, 경제 체제에 갇혀 있다. 이런 상태가 장기간 계속되면 영혼이 황폐해지고 만다. 아무리 재능이 풍부하고 의지가 굳은 사람이라도 그 덫에 걸리면 빠져나갈 수 없다. 성공하기 위해 누구에게나 필요한 핵심 요소인 희망을 잃게 되기 때문이다. 어떻게든 상황을 극복할 수 있으리라, 내일은 오늘보다 나으리라. 내 아이들은 어떻게든 나보다 나은 삶을 살게 되리라는 희망을 잃어버리는 것이다. 그들은 자신이 경제적 사회적 감옥에 갇혀 있으며 빠져나갈 길이 없음을 알게 된다. 방법은 하나뿐이다. 외부에서 무슨 일인가 벌어져 그 상황을 변화시키고, 그들의 노력과 보상을 잇는 고리를 회복시켜 주는 것이다.

예수님 당시에도 가난한 사람들, 병든 사람들, 장애인들은 무가치한 존재, 죄 때문에 하나님의 형벌을 받는 사람들이라는 믿음이 널리 퍼져 있었다. 그런 상황에서 예수님이 문둥병자를 만지시고, 눈먼 사람과 저는 사람을 고치시고, 하류 계층과 계속 어울리시자 바리새파 사람들과 사두개파 사람들은 크나큰 충격을 받았다. 그들은 이 사람들이 불결하고 무가치하다고 생각했던 까닭이다. 그러나 구약성경 선지자들의 생각은 달랐다. 그들은 하나님의 백성이 가난한 자들에게 자비를 베풀지 않고, 더 나아가 그들을 착취했다며 지칠 줄 모르고 꾸짖었다. 우리는 소돔이 끔찍하게 멸망한 이유가 성적 부도덕 때문이라고 생각한다. 하지만 에스겔 선지자는 소돔의 주된 죄목이 부유함에서 생겨난 교만과 가난한 자들에 대한 무관심이었다고 썼다. "네 아우 소돔의 죄악은 이러하니 그와 그의 딸들에게 교만함과 음식물의 풍족함과 태평함이 있음이며 또 그가 가난하고 궁핍한 자를 도와주지 아니하며"(겔 16:49).

성경을 통해 볼 때 하나님은 분명 가난한 자들을 사랑하시고, 그들의 빈곤을 조장한 인간의 악행들, 그리고 빈곤을 그냥 내버려 두는 '부자들'의 무심함을 미워하신다. 가난한 자들이 그리스도의 성육신과 사역의 중심에 있는 이유는 바로 이것일 것이다. 그리스도께서 가난한 자들과 자신을 동일시하시는 모습은 그때나 지금이나 놀랍기 그지없다. 모든 것이 뒤집어지는 그분의 새 나라, 하나님 나라에서는 가난한 자들이 가장 높은 자리를 차지한다.

우리 주 예수 그리스도의 은혜를 너희가 알거니와 부요하신 이로서 너희를 위하여 가난하게 되심은 그의 가난함으로 말미암아 너희를 부요하게 하려 하심이라(고린도후서 8:9).

자신의 삶을 생각해 보자. 깨끗한 물이 없고 모든 어린이의 4분의 1이 다섯 번째 생일을 맞이하기 전에 죽는 곳에서 살았다면 우리 모습, 우리의 삶이 어떠했겠는가? 늘 허약하고, 영양실조 상태에서 자라나 몸과 정신의 발육이 부진하게 되었다고 상상해 보자. 의료 체계가 갖추어져 있지 않아서 잇몸 농양이나 귓속 감염만으로도 죽을 수 있다면 어떻게 될까? 마을에 아예 학교가 없거나 하루 여섯 시간씩 물을 떠 와야 해서 학교에 다닐 수 없다면 어떻게 될까? 더 나아가, 반군이 마을을 공격하고 부모님을 죽이는 바람에 집에서 수백 킬로미터 떨어진 난민 캠프에서 살게 된다면 어떤 일이 벌어질지 생각해 보라.

전 세계의 가난한 사람들이 일상적으로 만나는 현실이다. 아무리 열심히 일해도, 아무리 재능과 재주가 많아도, 제아무리 꿈이 커도, 그들에겐 하나님이 주신 잠재력을 실현할 선택의 여지 자체가 거의 없고 그럴 기회는 더더욱 적다. 하나님의 형상으로 창조된 소중한 사람들이 옴짝달싹 못하는 상황에 내몰려 역사의 쓰레기 더미로 내팽개쳐지고 있다. 가난이 그들의 탓이라고 말해서는 안 된다. 절대로. 어찌 감히 그럴 수 있단 말인가?

인간의 다양한 고통

한 사람의 죽음은 비극이지만, 백만 명의 죽음은 통계일 뿐이다.

–요세프 스탈린

가장 큰 통계로 시작해 보자. 오늘날 지구상에는 67억 명의 사람이 살고 있다. 우리 대부분은 통계에 익숙하지 않고 숫자에 밝지도 않다. 그러니 머릿속으로 그림을 한번 그려 보자. 인류 전체가 손에 손을 잡고 인간 사슬을 만든다면, 지구를 250번 정도 감을 수 있다. 세계 인구는 미국 인구의 25배 정도 된다. 달리 표현하자면, 미국인은 세계 인구의 4.5퍼센트에 불과하다. 전 세계에 비할 때 미국이 그렇게 작은 걸 알고 나서 놀라는 사람이 많다.

인류의 구성을 더 잘 이해하기 위해 지구상의 67억 사람들 모두를 100명으로 이루어진 하나의 '지구마을'로 나타낸다고 상상해 보자. 이렇게 상상해 보면 인종, 종족, 성별에 따라 세상이 어떤 비율로 이루어져 있는지 보다 쉽게 이해할 수 있다. 이 지구마을의 모습을 몇 가지 살펴보면

100 사람 중에서

60명은 아시아 사람

14명은 아프리카 사람

12명은 유럽 사람

8명은 라틴아메리카 사람

5명은 미국 사람이나 캐나다 사람

1명은 남태평양 사람.

51명은 남자, 49명은 여자.

82명은 백인이 아니고 18명은 백인.

67명은 기독교인이 아니고 33명은 기독교인[3]

이렇게 요약할 수 있다. 우리는 미국인이나 피부가 하얀 사람, 그리고 기독교가 소수를 이루고 있는 세상에 살고 있다.

하지만 이제 67억의 사람들을 다른 방식으로 나눠 보자. 가진 자들과 못 가진 자들로 나누는 것이다. '가진 자들'을 정의하는 방식은 많지만, 편의상 수입으로 정의해 보자. 미국인의 평균 수입은 일인당 연 38,611달러, 혹은 하루 105달러다.[4] 이것을 지구 인구의 거의 절반을 차지하는 사람들의 충격적인 일상과 비교해 보자.

하루 2달러 미만   26억 명(세계 인구의 40퍼센트)

하루 1달러 미만   10억 명(세계 인구의 15퍼센트)[5]

하루 105달러(미국)   3억 명(세계 인구의 4.5퍼센트)

하루 1달러 대 하루 100달러 이상. 이것이 평균적인 미국인과 세계에서 가장 가난한 10억 명 사이에 존재하는 불균형이다. 이 간격을 잘 보여 주는 몇 가지 사실을 살펴보자.

• 오늘날 1,125명의 억만장자들이 전 세계 성인 인구의 절반보다 많은 재

산을 갖고 있다.[6]

- 지구상 가장 부유한 7명이 가장 많은 빚을 진 41개국의 국내총생산 합계보다 많은 부를 좌우한다.[7]
- 세계에서 가장 가난한 40퍼센트에 속하는 사람들의 수입은 전 세계 수입의 5퍼센트에 불과하다. 가장 부유한 20퍼센트가 전 세계 수입의 4분의 3을 차지한다.[8]
- 전 세계 인구의 상위 20퍼센트가 전 세계 재화의 86퍼센트를 소비한다.[9]

이쯤 되면 요점을 파악했을 것이다. 지구상 가장 부유한 사람들과 가장 가난한 사람들 사이에는 엄청난 불균형이 존재한다. 그러나 카터 전 대통령이 오슬로에서 말한 바와 같이, 부자들과 가난한 사람들 사이의 이 간격이 언제나 존재했던 것은 아니다. 이것은 상당히 최근에 생겨난 현상이다. 1820년, 가장 부유한 나라들과 가난한 나라들의 간격은 4대 1 정도였다.[10] 1913년에는 그 차이가 11대 1이 되었고, 1950년에는 35대 1까지 벌어졌다. 그리고 카터 전 대통령이 말한 것처럼, 2002년에는 그 차이가 75대 1이 되었다.[11]

사도 바울은 이와 같은 불균형의 문제를 고린도후서에서 다루면서 좀더 넉넉한 고린도 교회가 경제적으로 어려운 예루살렘 그리스도인들을 위해 구제 헌금을 할 것을 촉구했다.

이는 다른 사람들은 평안하게 하고 너희는 곤고하게 하려는 것이 아니요 균등하게 하려 함이니 이제 너희의 넉넉한 것으로 그들의 부족한 것을 보충함은 후에 그들의 넉넉한 것으로 너희의 부족한 것을 보충하여 균등하

게 하려 함이라. 기록된 것같이 많이 거둔 자도 남지 아니하였고 적게 거

둔 자도 모자라지 아니하였느니라(고후 8:13-15).

성경이 신구약 전반에 걸쳐 분명히 밝힌 바에 따르면, 하나님의 백성
은 언제나 그들이 속한 사회에서 기본적인 필요를 해결하지 못하는 사
람이 없도록 보살필 책임이 있다. 룻이 보아스의 밭에 떨어진 밀을 주
울 수 있었던 이유는 땅을 가진 자들이 곡물을 전부 수확하지 말고 가
난한 자들의 몫을 남겨 두라는 하나님의 지시가 있었기 때문이었다.

> 너희가 밭에서 난 곡식을 거두어들일 때에는, 밭 구석구석까지 다 거두어
>
> 들이지 말고, 또 거두어들인 다음에, 떨어진 이삭을 줍지 말아라. 그 이삭
>
> 은 가난한 사람들과 나그네 신세인 외국 사람들이 줍게 남겨 두어야 한다
>
> (레 23:22, 표준새번역).

현대식으로 풀어 쓰면 이렇게 될 것이다. "네 일자리에서 넉넉한 수
입이 나오거든, 그것을 자신을 위해 다 쓰지 말아라. 그중 얼마를 가난
한 사람들과 어려운 사람들을 위해 씀으로써 그들도 사람답게 살 수 있
도록 해주거라." 많이 가지고 있으면서도 다른 사람들에게 아무것도
주지 않는 일은 그리스도인에게 있어선 정의의 문제요, 더 노골적으로
말하면 윤리의 문제다.

나는 내가 저지르는 불의를 좀더 분명히 볼 수 있게 해주는 상황을
만들어 보았다. 내가 아홉 명의 사람들과 함께 무인도에서 살아남으려
애쓰고 있다고 상상해 본다. 그런데 하나님이 내게 필요한 음식이 가득

담긴 꾸러미를 포장해서 보내 주신다고 해보자. 그리고 이렇게 자문한다. 하나님은 내가 그것을 나만을 위해 쌓아 두길 원하실까, 아니면 다른 사람들과 나누길 원하실까? 그것을 나 혼자 다 챙기려고 하면 섬에 사는 다른 사람들이 나를 어떻게 볼지도 생각해 본다. 이렇게 하면 하나님이 가난한 사람들에 대해 우리에게 무엇을 기대하시는지 더 집중해서 생각할 수 있다. 그분은 우리에게 필요한 것보다 훨씬 많은 것을 주셨기 때문이다.

여기서 나는 한 가지 중요한 주장을 펼치고 싶다. '사람들이 가난한 것은 우리의 잘못이 아니지만, 우리는 그것에 대해 뭔가 해야 할 책임이 있다.'[12] 하나님은 어려운 사람들을 도울 방법이 있으면서도 그들을 내버려 두는 것은 잘못이라고 말씀하신다. 어려움에 처한 이웃을 돕는 일은 우리의 도덕적 의무이다. 우리는 그들의 상황을 보면서 "내 문제가 아니야"라고 말할 수 없다. 편안한 거품 속에 점잖이 앉아 세상의 불우한 사람들은 내 책임이 아니라고 주장할 수 없다. 하나님은 우리에게 그런 선택의 여지를 주지 않으셨다.

고린도후서로 돌아가 보자. 바울은 부유한 고린도교회가 예루살렘의 찢어지게 가난한 교회들을 도울 의무가 있다고 말하며 나눔에 대한, 성경에서 가장 유려한 진술을 펼친다.

성경에 이렇게 기록되어 있습니다. "그가 가난한 사람들에게 후하게 나누어 주었으니, 그가 행한 의가 영원히 지속될 것이다." 씨 뿌리는 자에게 씨를 주시고, 먹을 양식을 주시는 하나님께서 여러분에게 씨앗을 주시고 그것을 성장시키셔서 여러분이 거둘 의의 열매가 많아지게 하실 것입니다. 여러분은 모든 면에서 부유하여 넉넉하게 헌금하게 될 것입니다. 여러분이 바친 헌금을 우리가 전달하면 많은 사람들이 하나님께 감사하게 될 것입니다.

여러분이 행한 이러한 봉사는 성도들의 부족한 부분을 채웠을 뿐만 아니라, 그것으로 많은 사람들이 하나님께 많은 감사를 드리게 될 것입니다. 여러분이 낸 구제 헌금은, 여러분이 그리스도의 복음을 믿고 순종한다는 것과 여러분이 그들이나 다른 모든 사람들을 너그럽게 도와주었다는 증거이므로, 그들이 하나님께 영광을 돌리게 될 것입니다. 성도들은 하나님께서 여러분에게 보이신 놀라운 은혜로 인해 깊은 애정을 가지고 여러분을 위해 기도할 것입니다.

말로 다할 수 없는 선물을 주신 하나님께 감사합니다(고후 9:9-15, 쉬운성경).

부자와 가난한 자의 불균형을 하나님이 어떻게 대하시는지 보이는가? "그가 가난한 사람들에게 후하게 나누어 주었으니." 다시 말해, 하나님이 우리에게 여러 가지를 주신 뜻은 청지기로서 그것들을 관리하고 가난한 사람들이 빈궁하게 지내는 일이 없도록 적절히 나누어 주게 하려 하심이다. 가난한 사람들에게 이렇게 관대하게 행하면 "여러분이 그리스도의 복음을 믿고 순종[함으로 인해]······그들이 하나님께 영광을 돌리게 될 것"이다.

'온전한' 복음이 여기 다시 등장한다. 이 복음은 사람들에게 너무나 매력적으로 다가가고, 다가올 하나님 나라를 세상에 보여 주는 증거가 된다.

11. 거미줄에 걸려

세상에는 고통이 가득하지만, 고통을 이겨 내는 일도 가득하다. -헬렌 켈러

우리는 풀리지 않을 것 같은 문제들로 멋지게 변장하여 나타나는 큰 기회들
을 끊임없이 마주한다. -존 가드너

빈곤이 인간에게 미치는 영향을 더 잘 이해하기 위해 빈곤의 내용을
조금 더 깊이 파고들어가 보자. 통계는 빈곤이라는 '병'을 다각도로 이
해하는 데 도움이 된다. 의사가 혈액 검사 결과에 나타난 수치를 보고
환자가 아픈 원인을 알 수 있는 것과 같다. 혈구 수라는 통계가 의사에
게 단서와 통찰력을 제공하여 병의 진단과 치료 과정으로 이어지게 되
는 것이다. 이와 마찬가지로, 빈곤과 관련해서도 여러 단서를 살펴야
한다. 빈곤에 대한 인식과 원인 분석으로 해결을 위해 취해야 할 행동
이 결정되기 때문이다.

하지만 빈곤은 극도로 복잡한 문제다. 가난한 사람들이 여러 원인들
로 짜여진 거미줄에 꼼짝없이 걸려 있는 모습을 상상해 보라. 기아, 전

쟁, 질병, 무지, 불의, 자연재해, 착취의 거미들이 그들을 거침없이 공격해 먹이로 삼고 있다. 빈곤에 대한 해결책들, 가난한 사람들을 거미줄에서 풀어 줄 방법들은 분명히 있다. 그러나 간단한 해결책은 없다.

빈곤에 대한 미국인의 가장 흔한 견해는 물자 부족이라는 것이다. 가난한 사람들은 영양가 있는 음식, 약, 좀더 좋은 집, 깨끗한 물이 나오는 샘, 적절한 옷, 농업 장비, 씨앗 같은 것들만 있으면 더 이상 가난하지 않을 거라는 생각이다. 그래서 우리는 기금 모금함에 1달러를 넣고, 굿윌에 헌옷을 기부하고, 다른 나라로 단기 선교여행을 가서 관개수로를 파고, 영어를 가르치고, 학교 건물을 짓는다. 물론 이런 종류의 자선도 나름의 의미가 있다. 그러나 순진한 '선한 사마리아인들'에게 선물을 받은 이들이 얼마 후 그들에게 되돌아와 더 많은 선물을 요구하는 낭패가 벌어질 수도 있다. 그들은 필요를 채울 수 있는 쉬운 길을 발견하고 기부자들에게 생계를 의지하게 된다. 절박한 상황에서는 그런 것들을 공급하는 일이 필요하지만, 그런 방법은 뿌리 깊은 가난을 해결하지 못하고, 지속 가능하지도 않으며, 의존성만 키울 따름이다. 솔직히 말해, 가난한 사람들에게 무언가 주는 일은 어려운 사람들의 상황에 대한 근본적인 대처나 개선으로 이어지기보다는 주는 사람의 기분만 좋아지는 측면이 더 강하다.

또 다른 견해는 가난한 사람들에게 필요한 것은 지식이고, 제대로 된 교육과 직업 훈련을 받으면 가난에서 벗어날 수 있을 거라는 생각이다. 가난한 사람들에게 기술과 교육이 필요한 경우가 많은 것은 사실이다. 하지만 이 견해는 가난한 사람들을 옥죄는 체제의 힘을 간과하고 있다. 농부가 발전된 농업 기술을 배운다 해도 정부의 토지 사용 제한에 막혀

경지를 소유하지 못한다면 농업 기술을 활용할 도리가 없다. 직업 훈련을 받아 어떤 일을 감당할 수 있게 되어도, 거주 지역의 경제가 파탄이 나서 실업률이 30퍼센트가 넘는다면 훈련받은 기술은 무용지물이 된다. 주변에 학교가 있어도 물을 떠오거나 밭에서 일하는 데 시간을 모두 써야 한다면 학교에 다닐 수가 없다. 어떤 문화권에서는 여자아이의 교육이나 여자들의 재산 소유를 금하고 있다. 이렇게 되면 상황을 개선시킬 그들의 잠재력 자체가 심각한 제약을 받는다. 정부의 보건 체계가 너무나 부실하면 훈련받은 의사와 간호사들이 있어도 자금과 물자, 병상과 병원이 부족하여 환자들을 제대로 치료할 수 없다.

빈곤의 근본 원인들을 이야기할 때는 많은 경우 불의가 '원인 배후의 원인'으로 자리 잡고 있음을 알아야 한다. 다시 말하면, 사람들이 먹을 것이 없고, 치료나 교육을 받지 못하고, 질병에 쉽게 걸리고, 땅이나 자본금을 구할 수 없는 이유는 많은 경우 불의한 자들에게 착취당하고 불의한 구조에 갇혀 꼼짝달싹할 수 없기 때문이다. 인간에 대한 인간의 비인간적 행태가 문제인 것이다. 과부들이 깡패 같은 남자 친척들에게 토지를 빼앗기고, 여자아이들이 강간을 당하거나 억지로 끌려가 매춘부가 되고, 사채업자들이 담보 노동을 통해 어린이들을 착취하고, 부패한 정부는 학교와 병원을 짓는 데 써야 할 돈을 횡령한다. 힘 있는 자들이 힘없는 자들을 착취하는 문제는 예부터 있었고 오늘날에도 악성 전염병처럼 퍼져 있다. 그러나 아모스서에서 하나님은 가난한 자들을 착취하는 그런 악행들을 꾸짖으셨다.

너희가 힘없는 자를 밟고 그에게서 밀의 부당한 세를 거두었은즉 …… 너희의 허물이 많고 죄악이 무거움을 내가 아노라 너희는 의인을 학대하며 뇌물을 받고 성문에서 가난한 자를 억울하게 하는 자로다(암 5:11-12).

가난한 사람들을 억압하는 자들이 종교 행위를 충실히 감당한다고 주장할 때 하나님이 하시는 말씀에 귀를 기울여 보자.

> 내가 너희 절기들을 미워하여 멸시하며
> 너희 성회들을 기뻐하지 아니하나니
> 너희가 내게 번제나 소제를 드릴지라도
> 내가 받지 아니할 것이요
> 너희의 살진 희생의 화목제도
> 내가 돌아보지 아니하리라.
> 네 노랫소리를 내 앞에서 그칠지어다.
> 네 비파 소리도 내가 듣지 아니하리라.
> **오직 정의를 물같이,**
> **공의를 마르지 않는 강같이 흐르게 할지어다**(암 5:21-24, 강조 추가).

마틴 루터 킹은 정의를 빼앗긴 수백만의 아프리카계 미국인들에게 평등과 시민권을 달라고 촉구하면서 아모스서 5장 24절 말씀을 자주 인용했다. 킹 박사처럼, 가난한 사람들이 불의한 체제에 꼼짝없이 갇혀 있음을 알게 된 많은 사람들은 사회 정의의 십자군이 되어 사회적 관행들과 정부 및 기업체의 행태를 비판하고, 선출직 관료들에게 항의 서한을 보내고, 거리에서 시위를 하기도 했다.

그러나 억압적인 체제들에 맞서지 않고서는 사람들이 가난에서 확실히 벗어날 수 없는 것은 분명하지만, 사회의 구조적인 문제들을 모두 바로잡는다고 해서 사람들이 저절로 가난의 족쇄에서 풀려나는 건 아니다. 여기엔 보다 미묘한 다른 요인들이 작용하고 있다. 물질적 가난에 수십 년간 갇혀 지낸 많은 사람들은 영혼의 가난도 함께 겪는다. 그들은 수많은 상심과 실망을 겪으면서 자신에 대한 믿음을 잃고 자포자기 상태가 된다. 월드비전에서 함께 일하는 동료 자야쿠마 크리스천은 이것을 가리켜 가난한 사람들의 '정체성 손상'이라 부른다.[1] 평생 배척과 착취를 당하고 고통과 결핍에 시달린 사람들은 자신을 하나님의 형상으로 창조된 존재, 창의성과 잠재력과 가치를 갖춘 존재로 생각하지 않는다. 그들은 빼앗길 수 있는 마지막 조각 하나, 희망까지 잃어버린 것이다.

　끝으로, 많은 그리스도인들은 가난이 죄악의 결과이며 복음전도가 최고의, 때로는 유일한 치료약이라고 본다. 가난한 사람들이 예수 그리스도를 통해 하나님과 화해하기만 하면 영적 어두움이 걷히고 삶이 달라지기 시작할 거라는 생각이다. 가난에는 참으로 심오한 영적 차원들이 있고, 그리스도를 통한 화해는 분명 부자나 가난한 사람 모두에게 강력한 위로를 준다. 그러나 영혼 구원은 현재와 영원을 통해 충만한 생명을 누리기 위해 필요한 일이지만, 그 자체로는 식탁에 음식을 가져다주지도, 땅에서 물을 끌어올려 주지도, 아이를 말라리아에서 구해 주지도 않는다. 세계에서 가장 가난한 사람들 중 상당수가 그리스도인인데, 고통 가운데서도 흔들리지 않는 그들의 신앙을 보며 나는 많은 교훈을 얻었다.

가난한 사람들을 도우려 애쓰는 사람들이 흔히 저지르는 실수가 있다. 아무리 가난한 사람, 가난한 마을이라도 그 속에 반드시 고유한 자산과 힘이 있음을 보지 못하는 것이다. 그들의 잔이 반쯤 비어 있는 것이 아니라 반쯤 차 있다고 보자. 그러면 그들을 돕기 위한 우리의 접근법이 완전히 달라질 수 있다.

아름다운 세상을 위하여

몇 년 전 잠비아에 갔을 때 나는 서른 살 가량의 로드릭이라는 남자를 소개받았다. 로드릭의 사연은 참 가슴 아팠다. 잠비아 군대에서 복무를 마친 로드릭은 아내 비어트리스가 있는 집으로 돌아가기를 바랐다. 그러나 반란 음모를 꾸몄다는 거짓 혐의를 받고 투옥되고 말았다. 로드릭이 감옥에 갇혀 있는 동안 비어트리스는 아들 존을 낳았다. 몇 년 후 로드릭이 혐의를 벗고 풀려나 집에 와 보니 아내와 아들은 가난하게 살고 있었다. 이후 몇 년 동안 그들은 자녀를 더 낳고 아이들을 부양하려 애쓰며 암울한 시기를 보냈다. 그 와중에 한 아이를 뇌말라리아로 잃기도 했다. 그들에겐 말 그대로 아무것도 없었다. 수입도, 음식도, 의사의 치료도, 기회도. 그러나 로드릭과 비어트리스는 열심히 일했다. 그들은 머리가 좋았다. 그들이 소유한 단 하나의 물건은 소형 헤어드라이기였다. 그래서 그들은 이발업을 시작해 몇 달러를 벌었다. 그들의 주도적인 모습에 감동을 받은 월드비전 스탭이 비어트리스와 로드릭의 가난 너머, 그들이 가진 자산에 주목하게 되었다. 그들은 부지런했고, 사업가 기질이 있었으며 열심히 일할 의지도 있었다. 그래서 월드비전은 음식과 다른 물건들을 주는 대신, 그들이 내놓은 창업 아이템을 검토한 뒤 소규모 융자를 해주었다. 즉, 그들은 몇 필의 천을 사서 홀치기염색을 한 뒤 가족의 옷을 직접 만드는 여성들에게 팔 생각이었다. 솔직히 말해 나는 회의적이었다. 그들 가족이 생계를 꾸려 갈 만큼의 충분한 옷감을 도대체 어떻게 판단 말인가? 나는 소비재 판매업에서 일해 봤기 때문에 시원찮은 사업 아이템은 보면 알았다. 내가 볼 때 홀치기염색 옷감을 파는 시장이 없는 이곳에서 이 사업 아이템이 성공하긴 어려웠다. 나는 아름다운 옷감 한 필을 아내에게 전하는 선물로 받았지만, 여전히 그들의 사업이 실패할 거라고 생각하며 측은한 마음이 들었다.

2008년, 나는 다시 잠비아를 방문해 로드릭과 비어트리스를 만났다. 그들이 소규모 사업을 시작한 이후 4년이 지난 때였다. 나는 깜짝 놀랐다. 그들의 홀치기염색 사업이 성공을 거둔 것이다. 그들은 저축한 돈으로 융자금을 상환했고 상점을 열어 음식, 기저귀, 기타 잡화 등을 팔았다. 상점 하나가 두 개로 늘어났고 첫 번째 직원도 고용했다. 그리고 로드릭은 전력망에 접속할 수 있게 되어 용접 사업을 시작했다. 그는 수수료를 받고 밤새 차량 배터리를 충전해 주는 서비스도 시작했다.(전력망에 접속할 형편이 안 되는 사람들은 이런 배터리로 가정에서 필요한 전기를 해결한다.) 또 그는 집 옆에 셀텔(아프리카 최대의 이동통신업체─옮긴이) 휴대전화국을 세워 휴대전화 보유자들에게 통화 충전 서비스를 제공하고 있었다. 그 다음에는 나무토막과 함석판으로 길쭉한 건물을 세우고 그 안에 벤치를 가득 집어넣은 뒤 텔레비전과 DVD 플레이어, 위성수신안테나를 사서 마을 최초의 극장을 열었다. 그는 영화도 보여 주지만 프로축구 경기를 모두 수신하는데, 마을 남자들은 기꺼이 돈을 내고 축구 경기를 시청한다. 내가 방문했을 때 그는 한낮에 열 명 정도의 고객을 상대로 〈예수〉 영화를 상영하고 있었다.

로드릭은 이제 막 지은 콘크리트 슬라브 건물로 나를 데려갔다. 다음 주에 당구대가 도착할 것이고 마을 최초의 당구장이 생길 거라고 했다. 그렇게 되면 젊은이들이 집중할 일이 생기기 때문에 말썽을 덜 부리게 될 거라는 설명을 덧붙였다. 마을의 젊은이들은 로드릭을 우러러보았다.

한마디로, 4년 전 내가 딱하게 여겼던 로드릭과 비어트리스 부부는 이제 열한 개의 사업체를 가지고 있었다! 그들을 처음 만났을 때 나는 그들의 부족한 부분만 보고 유용한 자질을 놓쳤다. 다시는 그런 실수를 저지르지 않으리라.

나는 로드릭의 가치관을 알아보고 싶은 생각에 한 가지 질문을 했다. "로드릭, 당신은 이제 부자입니다. 새로 얻은 재산을 어떻게 쓸 생각입니까?" 로드릭은 잠시 생각하더니 그가 교회 주일학교에서 가르치고 있는 마을의 많은 고아들 이야기를 꺼냈다. 학생은 모두 마흔한 명인데, 한 달에 두 번씩 각 아이의 집을 방문한다고 했다. 그는 이렇게 말했다. "하나님은 저를 선대하셨습니다. 하나님이 계속 복을 주신다면 고아들을 위한 학교를 하나 세우고 싶습니다. 제가 그 일을 할 수 있게 함께 기도해 주십시오." 로드릭은 아름다운 세상을 만들어 가고 있었다. 그의 모습은 고전 크리스마스 영화 〈멋진 인생 It's a Wonderful Life〉에 출연한 제임스 스튜어트를 연상케 했다. 그의 믿음직한 본보기와 남을 돌보는 정신이 다른 사람들의 삶까지 바꿔 놓고 있었다. 동네 전체가 4년 전에 비해 훨씬 활력이 있어 보였다. 로드릭과 비어트리스가 역할 모델로 자리를 잡자, 다른 사람들도 성공의 가능성을 믿게 되었고 그들의 본을 따라가고 있었다. 한 부부의 삶과 믿음이 마을 전체에 활력과 영감을 불어넣었고, 마을 사람들 속에 줄곧 감추어져 있던 잠재력이 피어날 수 있게 해주었다.

사람들이 가난한 이유와 그들이 가난에서 벗어나 자립할 수 있는 방법에 대한 온갖 다양한 이론들이 있다. 이 자리에서 그 이론들을 다 따져 볼 여유는 없다. 하지만 가난이 대단히 복잡한 문제이며 간단하고 빠른 해결책은 없다는 사실만은 분명히 알아 두자. 한 가지 구체적인 증상을 보고서 특정한 '알약'을 처방하면, 가난한 사람들의 형편은 전혀 나아지지 않는 듯하다. 그런데 그들은 그들의 사정을 잘 알지 못하는 수많은 자칭 의사들이 처방한 알약들을 몇 줌씩 삼키고 있다. 가난한 사람들은 우리가 좋아하는 이론들을 실험해 볼 실험용 쥐가 아니다. 나름의 풍성한 문화적 개인적 사연을 간직한 인간들이다. 그들의 삶에는 희망과 꿈, 비극과 승리가 담겨 있다. 우리는 먼저 그들을 사랑하고 그들의 말에 귀를 기울여야 한다. 그들이 가진 자산들과 하나님께 받은 능력들을 보아야 한다. 하나님의 눈으로 그들을 바라볼 때, 그들의 얼굴에서 하나님의 형상을 발견하게 될 것이다. 가장 고통스러운 모습으로 변장하신 그리스도를 엿보게 될 것이다.

물자 부족, 교육과 지식의 부재, 불의한 사회 체제, 훼손된 정체성, 그리고 영적 어두움, 이 모든 요소들이 가난한 사람들을 사로잡은 거미줄의 가닥임을 이해한 후에는, 거미줄을 누비고 다니며 먹이를 잡아먹는 '거미들'—굶주림, 질병, 착취, 무장 투쟁, 기타 온갖 요인들—로 시선을 돌려야 한다. 나는 그것들을 '계시록의 말 탄 자들'이라 부른다.

12. 계시록의 말 탄 자들

아! 너희에게 재앙이 있을 것이다.

악법을 공포하고

괴롭히는 법령을 만드는 사람들아!

너희는 약한 사람들의 권익을 빼앗고

가난한 내 백성의 공의를 강탈하며

과부들의 재산을 약탈하고

고아들의 물건을 빼앗았다. ─이사야 10:1-2(우리말성경)

나는 굶주렸다······

배고픔으로 죽어 가는 사람에게는 가르침이 아니라 먹을 것을 줘야 한다.

─토마스 아퀴나스

내가 보니, 검은 말 한 마리가 있는데, 그 위에 탄 사람은 손에 저울을 들고 있었습니다. ······음성이 들려왔는데 "밀 한 되도 하루 품삯이요, 보리 석 되도 하루 품삯이다······" 하고 말하였습니다. ─요한계시록 6:5-6(표준새번역).

가난한 사람들을 생각할 때 떠오르는 전형적인 이미지는 비쩍 마른 어린이의 모습일 것이다. 그 그림은 지난 수십 년에 걸쳐 우리 마음속에 깊이 새겨졌다. 그동안 구호 단체들은 그런 이미지들을 활용해 기부 요청을 해왔고, 방송국에서도 생생한 영상과 절박한 응급 상황이 있을 때만 가난한 사람들을 취재하여 보도했기 때문이다. 1984~85년 에티오피아 기근 당시에 어른이었던 사람이라면 전 세계에 충격을 안겨 주고 전례 없는 언론의 관심과 기부, 수백 명에 달하는 유명 인사들의 참여를 이끌어 낸 생생한 죽음의 이미지들을 잊지 못할 것이다. 그러나 불행히도 기아에 대한 대부분의 영상은 시청자들 대부분이 빈곤을 일차원적으로 생각하게 만들었다. 한마디로, 많은 미국인들에게 굶주림과 빈곤은 동의어다. 하지만 앞서 말했듯, 빈곤은 거미줄처럼 얽힌 요인들 때문에 생겨나는 복잡한 상황이다. 굶주림은 빈곤의 한 가지 증상에 불과하다. 그러나 굶주림은 분명 가난한 사람들을 약탈하는 '계시록의 말 탄 자들' 중 최악의 것으로 꼽을 만하다.

2008년 나는 식량 가격의 급등으로 발생한 세계 식량 위기를 다룬 〈뉴욕타임스〉의 사설을 읽었다. 마이애미에서 불과 몇백 킬로미터 떨어진 아이티 사람들의 가슴 아픈 사연을 들어 보자.

인구의 4분의 3이 하루 2달러 미만으로 살아가고 어린이 다섯 명 중 한 명이 만성 영양실조 상태에 있는 아이티. 어두운 경제 상황 속에서도 이곳에서 호황을 누리는 유일한 사업이 있다. 진흙, 기름, 설탕으로 만든 작은 쿠키 판매업이다. 소비자는 가장 가난한 사람들이다. 최근 몇 달간 진흙쿠키를 많이 먹었다는 올비쉬 루이 쥔(24세)이 말했다. "짭짤하고 버터도 들어 있기 때문에 진흙을 먹고 있다는 생각이 안 듭니다. 이걸로 허기를 채울 수 있습니다."

한편, 대부분의 극빈자들은 소리 없이 고통당하고 있다. 행동에 나설 힘도 없을 뿐더러 가난한 다음 세대를 기르느라 너무 바쁘기 때문이다. 팽창 일로에 있는 아이티 시테솔레이의 슬럼에 사는 29세의 플래시드 시몬느는 낯선 사람에게 다섯 아이 중 하나를 데려가 달라고 부탁했다. 힘없이 늘어진 아기를 달래던 그녀는 그날 하루 종일 굶은, 비쩍 마른 걸음마쟁이 넷을 가리키며 말했다. "마음대로 고르세요. 먹여만 주세요."[1]

자녀들에게 먹일 것이 없어서 그저 먹여만 주는 조건으로 모르는 사람에게 데려가라고 부탁하는 상황이 상상이 되는가? 생각도 못할 일이다. 우리 대부분은 정말 배고파 본 적이 한 번도 없다. 우리는 이런 말을 한다. "배고파 죽겠다." "굶어 죽겠다." 그러나 우리 중에 아무것도 먹지 못하고 단 하루라도 지내 본 사람은 거의 없다. 그래서 굶주림이 가난한 사람들에게 실제로 어떤 의미가 있는지 이해하기가 대단히 어렵다. 그 폭포 같은 효과는 굶주림에 따르는 고통과 물리적 불편함을 훌쩍 뛰어넘는다. 굶주림은 사람의 영혼에도 영향을 끼친다. 아마도 가장 파괴적인 영향은 자녀들의 허기를 채워 줄 음식이 오늘도, 내일도 없을 것임을 아는 부모의 절망일 것이다. 이 두려움은 배고픔이 위장을 괴롭히는 것 못지않게 마음을 괴롭히고 삶의 모든 측면을 물들인다. 매일매일이 생존을 위한 싸움이 된다. 다른 모든 일은 옆으로 제쳐 둬야 한다. 생산적인 일, 교육, 가족과 마을의 사업, 사교 활동, 축하하는 일, 놀이, 이 모두를 무기한 연기한 채 음식을 찾아다녀야 한다.

내일부터 음식을 구할 수 없다고 상상해 보자. 식료품을 파는 슈퍼마켓이 없고, 가게가 있어도 음식을 살 돈이 없다. 그럼 모든 게 달라질 것이다. 잠자리에서 일어나면 옷을 갈아입고 직장이나 학교로 출발하지 않을 것이다. 대신, 그날 하루의 모든 시간을 오로지 먹을 것을 구하는 데만 써야 한다는 사실을 깨닫게 될 것이다. 친구들과 사교 모임을 갖거나 즐거운 시간을 보내는 일은 더 이상 없을 것이다. 주말이나 다음 주를 계획하는 일도 없을 것이다. 우리가 알던 삶은 더 이상 존재하지 않을 것이다. 이것이 늘 굶주린 사람들의 현실이다. 그리고 상황은 점점 더 나빠진다.

영양실조는 사람의 몸을 충격적으로 망가뜨린다. 몸은 에너지를 보존하기 위해 신체와 정신의 작용을 느리게 만든다. 배고픈 정신은 집중하지 못한다. 굶주린 사람은 일할 힘이 없다. 배고픈 아이는 학습 능력을 잃고 놀고 싶은 마음도 잃어버린다. 영양 결핍 상태의 여성은 출산 도중 죽거나, 태어날 때부터 영양 상태가 좋지 않은 저체중 아이를 낳을 확률이 높다. 출산 과정에서 살아남은 어머니들도 석 달에서 여섯 달 정도 아기를 먹일 만큼 충분한 젖이 나오지 않는 경우가 많다. 아동의 영양실조는 뇌 발육 부진을 낳고 영구적인 지능 손상으로 이어져 정신 능력이 떨어지는 어른들이 생겨나게 한다. 영양실조는 신체 성장을 제한하고 몸의 면역 체계도 손상시켜 아이와 어른 모두 말라리아, 홍역, 촌충 및 기타 기생충, 결핵, 콜레라, 황열병, 뎅기열병, 설사, 이질 등 가난한 사람들 사이에서 흔히 볼 수 있는 질병들에 더 취약하게 만든다. 비타민과 무기질(B_{12}, 철분, 요오드, 비타민 A, 그리고 기타 주요 영양소) 결핍은 어린 몸에 수많은 해악을 끼쳐 아이의 잠재력은 모든 면에서 위축되고 만다. 안타깝게도, 개발도상국의 어린이 네 명 중 하나[2]가 저체중이고 대략 3억 5천만에서 4억 명의 어린이들이 굶주림에 시달리고 있다.[3] 그뿐만 아니라, 5초마다 한 명의 아이가 굶주림과 관련된 원인으로 죽는 것으로 추정되고 있다.[4] 추락하는 백 대의 제트 여객기를 기억하는가? 굶주림은 그 비행기들이 이륙하는 공항 중 하나다.

수치상으로 볼 때, 만성적인 굶주림과 영양실조는 계시록의 말 탄 자들 중 가난한 사람들을 노략하는 가장 무서운 존재다. 전 세계 인구의 7분의 1, 8억 5400만 명의 사람들이 생존하기에 충분한 음식을 공급받지 못하고 있다.[5] 굶주림과 영양실조가 에이즈, 말라리아, 결핵을 다 합친 것보다 전 세계인의 건강을 더 많이 위협한다.[6] 매일 2만 5천 명 정도, 매년 900만 명의 사람들이 굶주림 및 관련 원인으로 사망한다.[7]

- 개발도상국 어린이는 4명 중 1명꼴로 저체중이다.
- 3억 5천만에서 4억 명의 어린이가 굶주림에 시달린다.
- 전 세계적으로 7명당 1명꼴로 목숨을 연명할 충분한 음식을 확보하지 못하고 있다.
- 매일 2만 5천 명, 연 900만 명의 사람들이 기아나 기아 관련 원인들로 죽고 있다.

우리는 67억 세계 인구 모두를 먹일 수 있는 충분한 식량을 생산할 수 있고 실제로 생산하고 있다. 문제는 그 식량과 식량 생산 능력이 고르게 분포되어 있지 않다는 것이다. 실제로, 식량 부족의 원인들은 많다. 기후, 가뭄, 자연재해는 만성적인 식량 부족과 단기적 식량 부족 모두의 주요 원인이다. 전쟁, 쫓겨난 사람들, 정치적 부패는 또 다른 주요 원인들이다. 가난한 나라들의 전문 기술 및 농업 기반 시설의 부재도 그 외의 원인으로 꼽을 수 있다. 악순환이다. 가난한 사람들은 굶주리고 있고, 굶주림 때문에 가난에서 벗어나지 못한다.

나는 목말랐다⋯⋯

> 물은 생명이다. 우리는 물이 없어 비참하게 살고 있다. -케냐의 한 목소리[8]

대부분의 독자는 오늘 아침을 깨끗한 온수 샤워로 시작했을 것이다. 이를 닦은 후, 물 한잔과 함께 비타민 몇 알을 섭취했을 것이다.(나이가 들수록 먹는 약이 늘어나는 것 같다.) 아침 식사와 함께 원두커피 한 잔이나 주스 한 컵을 마셨을 것이다. 매일 세탁기와 식기세척기를 가동하고, 수세식 화장실을 당연하게 여길 것이다. 집에는 화장실이 하나, 둘, 혹은 세 개가 있을 것이다. 잔디와 정원에 물을 주는 스프링클러도 있을 것이다. 냉장고에는 차가운 음료수와 페트병에 담긴 생수가 있을 것이고, 냉장고 문과 연결된 디스펜서에서는 얼음처럼 차가운 물도 나올 것이다. 자녀들이 있어도, 가족이 마실 물이나 씻을 물을 뜨러 가본 적은 없을 것이다. 그리고 장담하건대 가족 중 누구도 더러운 물 때문에 몸이 아팠던 적은 한 번도 없을 것이다. 다른 나라로 여행을 갔다가 수인성 박테리아나 기생충에 걸린 적은 있을 수 있겠다.

앞서 굶주림의 경우처럼 이렇게 한번 상상해 보자. 내일 아침에 일어나면 물과 관련된 모든 설비와 제품들이 집에서 다 사라진다. 싱크대,

변기, 욕조, 샤워기가 없어진다. 식기세척기, 세탁기, 정원 호스, 스프링클러가 다 없어진다. 하지만 집안의 다른 모든 물건은 그대로 있다. 자, 그럼 이 한 가지 차이점만으로 우리의 생활이 어떻게 달라질까?

한번 생각해 보자. 잠자리에서 일어나 화장실을 쓰고, 뜨거운 샤워를 하고, 이도 닦고, 비타민을 삼키고, 아침 식사를 준비하고 싶지만 그럴 수가 없다. 어떻게 해야 할까? 처음에는 샤워를 못하고, 화장실을 못 쓰고, 식기세척기와 세탁기도 못 쓰는 사소한 불편함 때문에 짜증이 날 것이다. 그러다 서서히 이보다 훨씬 더 심각한 문제가 있다는 깨달음이 찾아올 것이다. 물이 없다는 것은 가족의 건강은 물론 생존까지 위협하는 상황인 것이다. 물을 얻을 방법을 찾는 일이 생활의 전부가 될 것이다. 먹을 게 없어도 몇 주는 버틸 수 있지만 물은 그렇지 않다. 우리가 알던 삶은 일시에 달라지고 말 것이며, 바람직한 방향으로의 변화는 아닐 것이다.

내가 사는 곳에는 다행히 3킬로미터 정도만 가면 아름다운 호수가 있다. 따라서 나는 물 없이 지내야 한다는 걸 알게 되면 물을 떠 올 계획을 세울 것이다. 호수까지 걸어가 마실 물과 간단히 씻을 물을 떠 온다면 왕복 두 시간 정도 걸릴 것이다. 우리 집 수도세를 확인해 보니 우리 가족은 하루에 1,100리터 이상의 물을 쓰고 있었다. 1톤이 넘는 그 많은 양의 물을 떠 오려면 매일 오십 번은 호수를 다녀와야 할 것이다. 따라서 우리 가족은 물 사용량을 약간 줄여야 할 것이다. 물 사용량을 110리터로 줄인다면 전과 비교할 때 90퍼센트나 줄이는 것이지만, 그 정도 물을 3킬로미터 넘게 져 나르는 일은 만만치 않을 것이다. 한 번에 20리터씩 나른다면 하루 대여섯 번은 다녀야 할 테고, 열 시간가량의 중노동이 될 것이다. 매일 아침 헬스장에 가서 운동하는 게 귀찮다면, 이를 닦고 스펀지 목욕을 하는 데 쓸 용도로 물을 20리터씩 호수에서 길어 오라. 하루에 다섯 번만 하면 된다. 자, 매일 이렇게 물을 떠 오면서도 여전히 제시간에 등교하고 출근해야 한다면, 새벽 아주 이른 시간에 물을 뜨러 가야 할 것이다. 몸을 씻는 것은 물론이고 세탁과 설거지도 엄청난 일이 될 것이다.

작년에 아내가 어떤 모임에서 깨끗한 물을 주제로 강연 요청을 받았다. 아내는 나처럼 월드비전 물 공급 사업 현장에 가볼 기회가 없었기 때문에, 약간의 직접 경험이 필요하다고 생각했다. 그래서 집에서 수돗물을 틀지 않고 하루 종일 지내 보기로 했다. 샤워도 안 하고 이도 안 닦고 모닝커피를 포기하는 일이 만만치 않았지만, 아내는 물 없는 생활을 좀더 철저히 실천해 보기로 했다. 그래서 플라스틱 양동이를 들고 3킬로미터 떨어진 호수로 출발했다. 호수에 이르러서는 양동이에 물 10리터 정도만 담아 집으로 향했다.

집에 도착할 무렵 그녀는 녹초가 되었고 양동이 물은 오는 길에 다 튀어 3리터 정도밖에 남지 않았다. 정말 끔찍한 경험이었다. 차를 타고 지나가던 이웃 사람이 양동이로 물을 나르는 아내를 보고 청소 용역업을 시작했느냐고 묻는 바람에 더 잊지 못할 하루가 되었다! 정말 힘든 하루를 보낸 아내는 며칠 후 경험에서 우러난 열정을 담아 강연을 할 수 있었다.

자, 당신은 위에서 살펴본 가상의 물 떠 오기 작업을 듣고 당신과 당신 가족이 얼마나 물에 의존하고 있는지 재미있고 생생하게 느꼈을 것이다. 이제 거기다 좀더 우울한 측면을 추가해 보자. 당신이 호수에서 떠 온 물에 치명적인 박테리아, 기생충, 수인성 병균이 가득하여, 그것들 때문에 말 그대로 사람이 죽어 간다고 생각해 보자. 이것이 현재를 살아가는 전 세계 12억 사람들의 우울한 현실이다.[9] 매년 무려 5백만 명의 사람들이 물 관련 질병으로 사망한다.[10] 수인성 질병 때문에 15초마다 어린이 한 명이 죽는다.[11] 오늘날 전 세계 수백만의 부모들은 이러지도 저러지도 못할 상황에 처해 있다. 그들은 자녀들이 물이 없어 죽어 가거나, 설사로 죽는 쪽 중 하나를 무력하게 지켜볼 수밖에 없다. 그들이 구할 수 있는 것은 오염된 물뿐이기 때문이다.

물이 없는 생활에는 이 외에도 더 많은 비극적 측면들이 있다. 물을 찾고 떠 오는 일은 주로 여성들이 맡는데, 그들은 이 일에 수천 시간씩 쓴다. 수입을 벌어들이고, 가족이나 마을의 행복을 위해 쓸 수 있는 시간이 허비되는 것이다. 물을 떠오는 과제는 어린이들에게도 영향을 준다. 수백만 명의 어린이들이 오랜 시간에 걸쳐 물을 떠 와야 하기 때문에 학교에 다니지 못한다. 그리고 그 물이 안전하지 않기 때문에, 학교에 다닐 수 있는 많은 아이들도 걸핏하면 아프고 학습에 어려움을 겪는다. 메디나충 같은 일부 수인성 기생충은 몸에 큰 해를 줄 수 있고, 트라코마 같은 박테리아성 질병 때문에 시력이 멀기도 한다.

개발도상국의 여자와 아이들은 오염된 물을 떠 오는 일에 매일 2억 시간을 쏟아 붓는다.[12] 2500만 명의 전임 노동자들이 일주일 내내, 하루 여덟 시간씩 물을 떠 오는 것과 맞먹는 시간이다! 남자들도 아내와 아이들과 마찬가지로 끊임없이 질병에 시달리기 때문에 노동 생산성은 점점 떨어지고, 마을 전체의 곡물 수확량과 식량 공급량도 줄어든다. 에이즈나 결핵으로 면역 체계가 약해진 사람들은 수인성 질병으로 더욱 큰 피해를 입는다. 전 세계 병상의 무려 절반을 물 관련 질병에 걸린 사람들이 채우고 있는 것으로 추정된다.[13]

몇 년 전 나는 스티브 힐튼과 서아프리카를 방문했다. 그는 월드비전이 가난한 사람들에게 깨끗한 물을 제공하는 일에 어떤 기관보다 충실히 협력하는 콘래드 N. 힐튼 재단의 대표이다. 우리는 가나 북부의 붐붐이라는 마을을 찾았다. 우리는 몇 년 전 월드비전이 학교 옆에 뚫은 우물 주위에 모였는데, 교장선생님은 그 우물이 생기기 전에는 학생이 40명에 불과했다고 말했다. 지금 그 학교에는 400명이 넘는 학생들이 다닌다! 무엇이 달라진 걸까? 붐붐에 우물이 생기기 전, 여자와 아이들은 매일 다섯 시간 정도 들여서 몇 킬로미터 떨어진 물웅덩이에서 물을 떠 와야 했다. 동트기 전에 일찍 일어나 하루 종일 몇 번씩 오가며 물을 날라야 했다. 그러니 학교에 다닐 시간도 힘도 없었던 것이다. 마을의 또 다른 사람은 우물이 생기기 전에는 아이나 어른 모두 오염된 물에서 발견되는 기생충 때문에 메디나충 질병(드래컨큘러스증)에 지독하게 시달렸다고 말했다. 그 기생충들은 몸 안에서 때로는 1미터까지 자라는데, 다 자란 후에는 피부를 뚫고 나와 극심한 통증과 감염을 일으킨다. 그런데 이제 메디나충이 사라졌다.

스티브와 나는 계속 걸어가며 마을을 둘러보다가 수십 명의 여자들을 만났다. 그들은 지역에서 자라는 식물을 재료로 스킨로션과 화장품 재료로 쓰이는 '시어버터'를 열심히 만들고 있었다. 그들이 시어버터를 팔아 수익을 얻고 있다는 말에 나는 깜짝 놀랐다. 그것은 배스앤드바디웍스사, 다시 말해 미국에도 팔린다고 했다! 그 여성들이 사업을 시작하는 데 필요했던 것은 시간과 깨끗한 물뿐이었는데, 이제 둘 다

주어진 것이다.

우리는 동네 남자들과도 대화를 나누었다. 그들은 농사에 쓸 물이 많아져 수확량이 늘었다고 말했다. 그리고 한 남자가 꺼낸 말에 모두가 웃음을 터뜨렸다. 통역을 맡아 준 가이드가 전한 말은 여자들의 "냄새가 좋아졌다"였다. 뜨거운 태양 아래서 하루 종일 물을 나르지 않아도 되었기 때문이었다. 물 때문에 붐붐 마을은 그야말로 모든 면에서 삼백육십 도 달라졌다.

나는 지금 갖고 있는 '필수품' 중 상당수가 없는 삶을 상상할 수 있다. 차가 없으면 대중교통을 이용하거나 친구와 카풀을 할 수 있을 것이다. 컴퓨터와 인터넷 서비스, 텔레비전, 스테레오, 라디오가 없어도 나는 여전히 별 지장 없이 성공적으로 살 수 있을 것이다. 집의 크기가 줄고 수입이 반으로 줄어도, 학력이 없어져도 나는 살아남을 수 있고 어쩌면 잘살 수도 있을 것이다. 그러나 물과 하수 시설이 없어지면, 나와 아이들의 건강도 함께 사라지게 된다. 내 건강이 사라지면 에너지와 근면성도 사라진다. 가족을 부양할 수 있는 에너지와 능력이 없어지면, 나의 존엄성도 사라진다. 존엄성이 사라지면 나는 아이들과 함께할 더 나은 미래를 향한 희망을 잃어버리게 된다. 이것이 깨끗하고 안전한 물 없이 살아가는 10억 이상의 사람들이 처한 냉혹한 현실이다.

아프리카에서는 물이 중요하다고 말하지 않는다. 그들은 물이 생명이라고 말한다. 물은 문명과 인간 생명이 세워지는 절대적인 기초다. 최고의 소식이 있다. 우리는 물을 제공할 지식과 기술을 갖추고 있다. 우리에게 부족한 것은 단 하나, 의지뿐이다.

나는 병들었도다······

> 창백한 말이 한 마리 보이는데, 그 말을 탄 자의 이름은 죽음이었습니다.
> ······전쟁과 기근과 질병과 짐승으로 세상 사람의 사분의 일을 죽일 수 있
> 는 권한이 주어져 있었습니다. ―요한계시록 6:8(쉬운성경)

빈곤이 가난한 사람들을 사로잡고 있는 여러 원인들이 뒤얽혀 만들
어진 거미줄이라면, 질병은 그 거미줄을 맴도는 가장 악독한 거미 중 한
놈이다. 사나운 말 탄 자 중 하나라고도 할 수 있다. 질병이 가난한 자들
에게 끼치는 피해를 단숨에 보여 주는 두 가지 통계가 있다. 유아 사망
율과 예상 수명이다. 미국과 유럽에서 다섯 살 생일을 맞기 전에 죽는
아이는 1,000명당 2명에 불과하다.[14] 반면, 아프리카에서는 1,000명당
165명이 죽는다(16.5퍼센트). 유아 사망률이 세계 최악인 나라 시에라리
온에서는 다섯 살이 되기 전에 죽는 어린이의 비율이 28.2퍼센트에 달
한다.[15] 그러나 보노는 이렇게 말했다. "우리는 어린이의 생사가 출생지
의 위도라는 우연적 요소로 결정되는 상황을 더 이상 받아들이지 않는
첫 번째 세대가 될 수 있다."[16]

오늘날 태어나는 아이의 평균 예상 수명은 얼마나 될까? 미국의 경우
는 78세다.[17] 그러나 사하라사막 이남의 아프리카 나라들에서는 47세에
불과하고[18], 최악의 나라들, 특히 에이즈의 영향을 받은 나라들은 예상
수명이 35~40세에 불과하다.[19] 아프리카의 상당수 국가에서는 십대가
'중년'에 해당한다는 뜻이다.

다섯 아이를 기르면서 르네와 내가 (주로 르네가) 아이들을 병원에 데

려가는 일이 얼마나 많은지 생각하면 놀라울 때가 많다. 아이들이 어릴 때는 이런저런 이유로 거의 매주 한 번은 의사를 보러 갔다. 귀 감염, 열병, 감기, 팔 골절, 발진, 베인 상처, 기침, 치과 치료, 그리고 예방 접종과 정기 건강 검진이 있었다. 우리는 약국을 꾸준히 찾았고 의사가 처방해 준 여러 약을 구입했다. 많은 젊은 부부들이 증언하는 것처럼, 때로 자녀들이 병에 걸리고 사고를 당하면 아이가 과연 괜찮을지, 의사가 금방 아이를 진찰할 수 있을지 염려스럽기 그지없는 순간들을 맞기도 했다. 한밤중에 의사에게 전화를 걸어 도움을 청한 적도 많았다. 전화할 의사가 없었거나 먹일 약이 없었다면 우리 아이들에게 어떤 일이 벌어졌을까 상상해 보면 정신이 아득해진다.

얼마 전 르네가 니제르를 방문했는데, 그곳은 몇 가지 기준으로 볼 때 세계에서 가장 가난한 나라다. 당시 니제르는 극심한 기근을 겪고 있었다. 가뭄과 대규모 메뚜기 떼의 습격으로 곡물이 쑥대밭이 되었던 것이다. 그렇게 어려움이 끊이지 않는 나라들이 있다. 니제르에 도착한 르네는 식량과 도움을 얻고자 찾아온 수많은 사람들을 위해 '국경없는 의사회'Doctors Without Borders에서 진료소와 급식소를 세운 외딴 지역으로 갔다. 그녀는 쇠약해진 아이들을 안고 몇 마일을 걸어온 젊은 어머니들의 슬픈 사연을 헤아리고자 그들과 이야기를 나누었다.

열일곱 살의 사 마마네는 어린 아들 사하비 이브라힘을 의사에게 보이려고 데려왔다. 아이는 증세가 가장 심각한 아이들이 있는 텐트에 들어갔다. 아이의 작은 코에는 급식 튜브가 끼워졌고, 간호사는 링거를 꽂기 위해 정맥을 찾느라 애를 먹었다. 아기는 울음을 터뜨렸으나 눈은 말라 있었다. 아기는 먹은 것을 며칠째 게워 내고 있었고 심각한 탈수

증세를 보였다. 르네가 왜 좀더 일찍 도움을 받으러 오지 않았느냐고 묻자, 아이 엄마는 아픈 아기를 안고 걷기엔 길이 너무 멀었고, 어제가 되어서야 차를 타는 데 필요한 50센트를 구했다고 말했다.

이것이 세계에 존재하는 치료 접근성의 불균형이다. 세계 인구의 5분의 1이 사는 가장 부유한 나라들이 전 세계의 치료비의 90퍼센트를 소비하고, 나머지 5분의 4가 10퍼센트를 쓰고 있다. 미국인의 1인당 의료비 지출은 연 3,170달러이다. 아프리카와 동남아 대다수 지역의 의료비 지출은 36달러로 그 차이가 88배에 달한다.[20]

9장에서 나는 한 해가 지나면 거의 천만 명의 어린이가 죽게 된다고 썼다. 그 모든 아이들을 다섯 살이 되기 전에 앗아가는 건강의 약탈자들은 다음과 같다.

• 5세 미만 아동의 사망 원인 [21]

출산합병증	21%
폐렴	19%
설사 질환	17%
신생아 질환	15%
말라리아	8%
이질	4%
에이즈	3%
부상	3%
기타	10%

가난한 사람들의 생활 환경이 질병 확산의 '완벽한 조건'이 된다는 점은 아무리 강조해도 지나치지 않다. 보건 전문가들은 영양실조가 이 죽음의 절반에 영향을 미치는 요인이며, 오염된 물이 두 번째 주요 요인이라고 말한다. 농장의 동물들과 함께 좁은 곳에서 살고, 사람의 배설물을 위생적으로 처리하지 못하다 보니 가난한 사람들은 수많은 박테리아에 노출된다. 질병 확산의 원리, 안전한 출산법, 영아 보육법, 상처 치료법 같은 기본 의료 지식의 부족도 피해를 악화시킨다. 거기에다 유능한 의료 전문가들도 없고 의료 체계도 엉망이라는 점까지 고려하면 가난한 나라들의 엄청난 사망률을 이해할 수 있게 된다. 그들은 잇몸 염증이나 다친 상처의 감염만으로도 죽을 수 있다. 출산시의 사소한 합병증도 산모와 아기의 목숨을 모두 앗아갈 수 있다. 넘어지거나 사고로 뼈가 하나 부러지면 평생 불구로 지내게 될 수 있다. 가난한 사람들을 괴롭히는 질병의 목록은 수천 가지에 이르지만, 가장 무서운 3대 질병인 말라리아, 결핵, 에이즈에 대해서는 추가적인 설명과 이해가 필요하다.

말라리아

말라리아는 세계에서 가장 치명적인 질병 중 하나다. 선진국에서는 대체로 박멸되었지만(미국에서 말라리아는 늪지대와 가정에 광범위하게 DDT를 살포하여 1950년에 사라졌다) 가난한 나라들에서는 어느 때보다 많은 목숨을 앗아가고 있다. 세계보건기구에 따르면, 매년 5억 건 이상의 말라리아가 발병하여 150만 명에서 270만 명이 죽는다.[22] 〈내셔널지오

그래픽〉의 2007년 한 표지기사는 말라리아가 역사적으로 인류를 얼마나 괴롭혔는지 집중적으로 다루었다.

> 역사 전체에 걸쳐 말라리아를 피해 간 문명은 거의 없다. 이집트의 일부 미라에도 말라리아의 징후들이 보인다. 히포크라테스는 말라리아의 명확한 단계별 증상들을 기록으로 남겼다. 헬라 제국의 와해로 이어졌던 알렉산드로스 대왕의 사망 원인도 이 질병이었을 확률이 높다. 훈족 왕 아틸라와 칭기즈 칸 군대를 막은 장본인도 말라리아였을 가능성이 있다.
> 적어도 네 명의 교황이 이 병으로 목숨을 잃었다. 이탈리아의 시인 단테도 이 병으로 죽은 듯 보인다. 조지 워싱턴도 말라리아를 앓았고 에이브러햄 링컨과 율리시스 S. 그랜트도 마찬가지였다. 1800년대 후반 워싱턴 D.C.에 말라리아가 너무 심하게 번지자 한 저명한 의사가 도시 주위에 거대한 철조망을 세우자는 주장을 펼쳤으나 성공하지 못했다. 미국 남북전쟁 당시 북군 100만 명의 목숨을 앗아간 주범도 말라리아였고, 제2차 세계대전 당시 태평양전쟁 지역에서는 말라리아로 인한 사망자가 전투로 인한 사망자보다 많았다. 일부 과학자들은 역사상 인류의 절반가량이 말라리아로 죽었을 거라고 믿고 있다.[23]

말라리아가 인류 역사 및 현대 세계에 미치는 지대한 영향에도 불구하고 우리 대부분은 그 병에 대해 아무것도 모른다. 말라리아를 옮기는 단세포 기생충인 말라리아 원충은 얼룩날개 모기류에 속하는 모기가 퍼뜨린다. 이 문장 끝에 나오는 마침표 크기의 물 한 방울 속에 무려 5만 마리의 말라리아 원충이 들어갈 수 있는데,[24] 한 사람을 죽이는 데는 원충 하나면 충분하다. 일단 사람 몸속에 들어가면 원충 한 마리가 수십억 마리로 증식할 수 있기 때문이다. 이 '돌격대'는 혈류를 공격하고, 적혈구 속에 들어가 적혈구를 파괴한다. 이 기생충들을 '익혀' 죽이기 위해 체온은 급속히 상승하고, 환자는 두통, 근육통, 그리고 극심한 발열과 오한에 번갈아 가며 시달리게 된다. 최악의 경우, 말라리아 원충들이 뇌를 공격하는 뇌말라리아가 되면 뇌가 부풀어 오르고 환자는 혼수상태에 빠진다. 뇌세포들이 죽으면 몸의 기능도 멈추기 시작한다. 혈액 세포가 너무 많이 파괴될 경우, 주요 장기에 혈액을 공급하는 데 지장이 생기고, 폐는 충분한 공기를 얻지 못하며, 심장은 제대로 혈액을 보내지 못하게 된다. 말라리아에 가장 취약한 환자들은 대개 어린이들인데, 이들은 말라리아와의 싸움을 오래 감당하지 못하고 굴복하고 만다. 이런 악순환이 연쇄적으로 나타나면서 30초당 한 명의 어린이가 말라리아로 죽고 있다.[25] 말라리아에 걸렸다가 살아남은 사람들은 뇌 손상을 입거나 기력이 쇠약해져서, 계속 말라리아 발병 지역에 살 경우 일 년에도 몇 차례씩 다시 감염될 확률이 아주 높아진다.

말라리아의 영향은 인명과 건강의 손상에 그치지 않는다. 너무나 많은 사람들이 말라리아로 병들기 때문에(매년 전 세계 인구의 열세 명 중 한 명) 어마어마한 생산성 손실이 발생한다. 발병률이 높은 나라들에서는 말라리아로 인한 노동 시간 손실과 노동력 손상으로 1.3퍼센트의 국내 총생산 손실이 있는 것으로 추산된다.[26] 말라리아에 걸렸다가 살아남은 학생들은 수업을 오랫동안 빠지게 되고 학교로 돌아와도 학습 능력이 떨어지는 경우가 많다. 말라리아는 최빈국들의 풍토병이기 때문에, 다른 지역으로 피하거나 치료약을 구할 형편이 안 되는 가난한 사람들에게만 집중적으로 해를 끼치는 계시록의 말 탄 자 역할을 한다.

그러나 말라리아의 희생자가 이토록 많은 것은 피할 수 없는 상황이 아니다. 제때 복용하면 병의 진행을 멈추게 하고 생명을 구할 수 있는 약들이 나와 있다. 모기 서식지와 집안에 살충제를 뿌리면 모기에 물릴 확률을 줄일 수 있다. 가장 효과적인 예방법 중 하나는 어린이들과 임산부 같은 사람들에게 살충제 처리된 모기장을 제공하는 일이다. 10달러 정도면 이런 간단한 모기장으로 보호막을 쳐 말라리아의 위험을 크게 줄일 수 있다. 만약 미국에서 말라리아로 100만 명 이상이 목숨을 잃는다면, 그것을 막기 위해 가능한 모든 방안이 강구될 것이고 주요 제약사 전부가 백신 연구에 몰두할 것이다.

감사하게도, '빌 앤 멀린다 게이츠 재단'은 말라리아를 관리하는 정도가 아니라 퇴치하기 위한 노력에 다시 불을 붙였다. 그들은 말라리아 치료법과 백신 개발에 수백만 달러를 쏟아붓고 있다. 2007년 10월, 멀린다 게이츠는 시애틀의 많은 청중들 앞에서 말라리아 문제에 대해 강연하며 이런 대담한 주장을 펼쳤다.

말라리아 퇴치를 위해 일하는 첫 번째 이유는 윤리적인 것입니다. 인간의 가치 때문입니다. 모든 인간 생명의 가치는 동일합니다. 아프리카에서 발생하는 질병과 죽음은 미국에서의 그것과 똑같이 끔찍한 일입니다. 아프리카와 기타 개발도상국들에서는 말라리아 때문에 어른들이 직장에 나가지 못하고, 학생들은 학교에 다니지 못하며, 아이들은 자라나지 못하고 있습니다. 말라리아에 대해 퇴치에 못 미치는 목표는 말라리아를 받아들이는 것과 같습니다. 그것은 말라리아와 평화 조약을 맺는 꼴입니다. 부자 나라들에서 이렇게 말하는 것과 다를 바 없습니다. "우리나라에서 말라리아를 퇴치했으니 이제 됐어. 전 세계에서 말라리아를 퇴치할 필요는 없지." 그건 절대 받아들일 수 없습니다.[27]

결핵

지난여름 내 아들 피트가 휘튼 대학 입학을 한 달 앞두고 의무적인 신체검사를 받았다. 피트는 꾸준히 운동을 해왔고 더없이 건강했기 때문에 결핵 양성 반응이 나왔다는 의사의 말을 듣고 우리는 깜짝 놀랐다. 의사들도 놀라기는 마찬가지였다. 워싱턴 주 벨뷰에서 결핵 양성 반응은 상당히 드문 일이었기 때문이다. 교외에 사는 십대가 어떻게 결핵에 걸리게 되었는지, 벨뷰에서 결핵이 창궐할 가능성은 없는지 우려한 그들은 피트가 어디서 결핵이 걸렸는지 알아내기 위해 여러 가지 질문을 했다. 미국 바깥으로 여행한 적이 있느냐는 물음에 피트는 그렇다고 대답했다. 넉 달 전에 부모님과 함께 인도의 에이즈 환자들을 방문했고, 그 전에는 청소년 그룹과 함께 멕시코에 가서 집을 지었고, 시애틀과 샌프란시스코의 노숙자 쉼터에서 자원봉사 활동을 했다고 대답했다. 의사는 알겠다고 했다. "그래, 그러면 그럴 수 있겠구나." 피트는 가난한 사람들과 함께 지냈고, 그곳은 결핵을 흔히 볼 수 있는 장소였다. 그러나 우리 아이는 운 좋게도 미국에 살고 있기 때문에 결핵균의 활동을 막기 위해 아홉 달에 걸친 집중 항생제 치료를 받을 수 있었다. 하지만 앞으로 결핵 검사를 받아 보면 평생 양성 반응이 나올 것이다.

피트의 결핵 진단에 놀라서는 안 될 것이다. 세계 인구의 3분의 1이 결핵균에 감염되어 있는 것으로 추산되기 때문이다![28] 세계 인구의 3분의 1, 20억 명이다! 다행히 생전에 결핵이 발병하는 경우는 그중에서 5~10퍼센트밖에 안 되지만, 그것만 헤아려도 1~2억 건에 달한다. 그리고 이미 면역 체계가 약화된 에이즈 양성 환자의 경우에는 사망 원인 1위가 바로 결핵이다.

결핵의 원인이 되는 박테리아는 흔히 폐를 공격하지만 신체의 다른 장기들(신장, 척추, 뇌 등)도 공격 대상이다. 결핵은 치료를 받지 않으면 사망에 이를 수 있는 질병이다. 대단히 전염성이 높고 공기를 통해 퍼져 나간다. 매년 900만 건 정도가 새롭게 보고되고, (그중 83퍼센트가 아프리카, 동남아시아, 서태평양 지역에서 발생한다.[29]) 200만 명 가량이 결핵으로 목숨을 잃는다.[30] 결핵은 한때 미국인의 사망 원인 1위였다.

결핵은 몇 가지 약을 함께 복용하여 치료할 수 있으나, 몇 달간 꾸준히 복용해야 한다. 하지만 환자들이 약을 꾸준히 먹는지 확인하기가 어렵다 보니, 약에 내성이 있는 균이 생겨나 치료가 대단히 어려워지기도 한다. 결핵 또한 가난한 사람들 사이에서 주로 나타나는 질병이다. 영양실조, 오염된 식수, 에이즈의 확산으로 인한 면역 체계 약화에다 인구 과밀 및 치료를 못 받는 상황까지 더해지면 결핵 같은 질병이 가난한 사람들을 공격하라고 초청하는 것과 같은 여건이 만들어진다.

에이즈

앞서 말한 바와 같이, 월드비전과 함께한 나의 여정은 우간다의 에이즈 창궐 진원지에서 세 명의 고아 소년을 만난 일로 시작되었다. 상상도 못할 엄청난 규모의 고통을 일으키는 그 일을 그토록 모를 수 있었다니, 지금 생각해도 부끄럽다. 그 경험을 통해 나는 하나님의 눈으로 세상을 보지 못하도록 막았던 기막힌 냉담함에서 마침내 벗어날 수 있었다. 어쩌면 그 경험 때문에 지금 내가 이 책을 쓰고 있는 건지도 모른다. 그일 때문에 하나님이 내게 보여 주신 일들, 하나님의 마음을 아프게 하는 일들을 다른 사람들도 같이 보기를 바라게 된 게 아닐까.

다들 인류 멸망 바이러스를 다룬 스릴러 영화를 본 적이 있을 것이다. 전 세계에 치명적인 바이러스가 퍼져 인류를 위협하고 역사의 흐름을 바꿔 놓는다. 불굴의 주인공 몇 명이 멸절이 임박한 상태에서 세계를 구하기 위해 초를 다투며 달려간다. 이런 영화에서 늘 당국은 눈앞에서 펼쳐지는 위기를 전혀 알아채지 못하고, 무지몽매한 대중은 다가오는 재난을 모른 채 일상을 살아간다. 우리의 주인공들이 경고를 전달하고 사악한 적을 무찌르지 못하면 모든 것이 사라지고 말 것이다. 우리가 잘 아는 줄거리다.

에이즈는 우리 세계에 심각한 파장을 미침으로써 인류를 그렇게 위협하고 있다. 영화 제작자들이 더 지독한 '인류 멸망 바이러스'를 만들어 내려면, 에이즈보다 무서운 질병을 만들어 내야 할 것이다.

다음의 사실을 생각해 보자. 오늘 에이즈에 감염되는 사람은 바이러스가 몸에 자리를 잡고 면역 체계를 공격하기 전까지 3~4년 또는 그 이상 아무런 징후가 없을 수도 있다. 그 사람이 이후 3~5년 동안 성관계를 가질 때마다 상대방도 에이즈에 감염된다. 에이즈에 새로 감염된 사람도 이후 3~5년 동안 아무런 증상이 없고, 모든 성관계 상대에게 에이즈 바이러스를 전해 주게 된다. 나는 한 남자에게 어떻게 에이즈에 감염되었는지 물어본 적이 있다. 그는 이렇게 말했다. "아주 오래된 이야기입니다. 저는 어떤 여자와 잠을 잤는데, 그 여자는 이전에 다른 남자와 잠을 잤고, 그 남자는 이전에 또 다른 여자와 잠을 잤고, 그 여자는 또 다른 남자와 잠을 잤고……." 에이즈는 주로 성행위를 통해 전파되기 때문에 에이즈 환자에겐 아주 강한 낙인이 찍힌다. 대부분의 사회에서는 에이즈를 거론조차 못하게 하는 금기가 있다. 에이즈에 걸린 사람들도 낙인이 찍힐까 봐 숨기고 지내는 경우가 많다. 그들은 검사받는 일조차 거부하면서 의료 지원을 받고 고통을 줄일 수 있는 기회를 발로 차 버린다. 그 결과 에이즈는 남자에게서 여자로, 남편에게서 아내로, 출산과 모유 수유를 통해 어머니에게서 아이들에게로 은밀하게 퍼지게 된다. 무엇보다 안 좋은 소식은 이 무서운 바이러스가 치명적인 데다 치료법도 없다는 것이다![31]

에이즈 환자의 수는 이제 3300만 명이고[32] 그중 70퍼센트가 아프리카에 살며,[33] 1981년 이후 에이즈로 목숨을 잃은 사람은 2500만 명이 넘는다.[34] 지금 사하라사막 남부 아프리카에는 성인의 20퍼센트 이상이 에이즈 양성 반응으로 나오는 나라가 3개국, 10퍼센트 이상인 나라가 10개국이다. 스와질란드에는 성인 세 명 중 한 명이 에이즈 환자다![35] 그러나 이 질병은 아프리카에만 국한되지 않는다. 인도는 에이즈 감염자가 수가 세계 2위이며,[36] 우크라이나에서는 이 질병이 가장 빠른 속도로 퍼져 나가고 있고,[37] 라틴아메리카와 카리브 해에서도 에이즈가 들불처럼 번져 나가고 있다. 미국만도 감염자가 백만 명이 넘는다.[38] 매일 6,800명 넘는 사람들이 새롭게 에이즈에 걸리고 5,700명 넘는 사람이 이 병으로 죽는다. 매년 250만 명이 새로 걸리고 200만 명이 죽는다는 얘기다.[39] 에이즈는 미국이 이라크 전쟁 초기 5년 동안 잃은 군인의 수보다 열 배나 많은 목숨을 매주 앗아 간다.

그러나 이것이 전부가 아니다. 무엇보다 걱정스러운 사실은 에이즈로 남겨진 고아가 이제 1500만 명이라는 점이다.[40, 41] 이것 또한 가늠이 잘 되지 않는 숫자다. 아이들이 손에 손을 잡고 인간 사슬을 만들어 미국 전역을 오간다고 해보자. 뉴욕에서 출발하는 이 사슬은 시애틀까지 뻗어 나갔다가 필라델피아로 와서, 다시 샌프란시스코로 갔다가 동부의 워싱턴 D.C.로 돌아온다. 거기서 다시 로스앤젤레스로, 그리고 마지막으로 캔자스시티에 이른다. 미국 전역을 다섯 번 반 이상 횡단하는 거리이다! 내가 에이즈를 '인류 멸망 바이러스'라고 부른 이유를 이제 알겠는가? 이것이 에이즈의 암울한 통계이지만, 이 통계는 삶이 망가져 버린 남녀와 아이들의 이야기까지 들려주지는 않는다. 아프리카에는 에이즈에 관해 "모두가 감염되거나 영향을 받거나"라는 말이 있다. 에이즈에서 완전히 자유로운 사람은 없다.

에이즈를 의료적 해결책이 필요한 의료적 위기로만 본다면 오해한 것이다. 에이즈는 아프리카의 상당 부분을 휩쓸어 버린 사회적 쓰나미다. 대개의 경우, 밖에서 감염된 남편이 집에 와서 아내에게 옮긴 후 발병하여 앓다가 자녀들이 보는 앞에서 고통스럽게 죽는다. 안 그래도 가난한 살림에 돈을 벌어올 사람이 없어지는 것이다. 용감한 과부는 혼자서 아이들을 기르고 부양하려 애쓰며 계속 살아간다. 대개는 밭에서 중노동을 한다. 하지만 얼마 안 가 그녀도 병들고 쇠약해져 더 이상 일할 수 없게 되고, 아이들이 엄마를 보살피고, 씻기고, 먹여야 한다. 결국 엄마가 너무 쇠약해져서 몸을 움직일 수도 없게 되면 더럽혀진 이부자리를 갈아 주는 일까지 맡게 된다. 그러다 아이들은 홀로 남겨진다. 운이 좋은 아이들은 고모나 할머니가 맡아 준다. 아프리카의 할머니 할아버지들은 수백만 명이 넘는 손자·손녀들과 증손자·손녀들을 맡아 기르는 책임을 맡음으로써 에이즈 창궐 사태에 맞서는 놀라운 영웅들이 되었다. 자신들도 찢어지게 가난하고 제 몸 하나 챙기기도 쉽지 않은 고령이지만 그들은 가장의 역할을 맡아 때로는 열두 명, 혹은 그 이상의 자손들을 돌본다. 그러나 할머니들이나 고모들이 질병이나 고령으로 쓰러지면, 아이들은 다시 고아가 되어 내가 우간다에서 만난 아이들처럼 결국 소년소녀 가장이 되고 만다. 이 어린이들은 에이즈로 생겨난 '잃어버린 세대'로, 굶주림·질병·학교 중퇴·아동 노동·강간·조혼·매춘·범죄·마약 등 온갖 위험에 고스란히 노출된다. 이 아이들 대부분은 아무런 안전망도 없는 상태에서 어려움에 빠져들고 결국 에이즈에 감염되어 에이즈 창궐 사태를 '되풀이하는 세대'가 된다. 에이즈로 아프리카 사회의 가장 생산적인 계층, 즉 아버지와 어머니, 교사와 농부, 의료 관계자와 정부 관리들이 죽으면서 경제 전체가 휘청거리고 무너질 위기를 맞았다. 가정은 파괴되고 사회 전체가 황폐화되고 있다.

몇 년 전, 나는 말라위의 바킬리 말루지 대통령을 만났다. 우리는 에이즈로 인한 과제와 월드비전이 에이즈와 싸우고 그 병에 영향을 받은 말라위 마을들을 돕기 위해 벌이는 활동들에 대해 대화를 나누었다. 우리의 대화가 끝나기 직전, 그는 내게 질문했다.

"스턴스 씨, 말라위는 이 질병으로 교사와 농부와 간호사들을 잃고 있습니다. 월드비전은 이들을 대체할 인력을 확보할 만한 좋은 방안이 있지 않습니까?"

내가 대답했다.

"대통령 각하. 교사와 농부와 간호사들의 대체 인력을 확보하는 방법은 제가 아는 한 하나뿐입니다. 어린이들을 주의 깊게 양육하고 가르쳐서 하나님이 그들에게 주신 재능을 발휘하도록 해주는 것입니다. 아쉽지만 월드비전은 그 외의 다른 지름길은 모릅니다."

"그 정도는 저도 압니다. 하지만 제가 말라위에서 해결해야 할 과제가 보이십니까? 가장 생산성 높은 계층 사람들이 쓰러지고 있고, 그들을 대체할 사람들이 없습니다."

그가 말한 상황은 오늘날 아프리카 대륙에 있는 상당수 나라의 현실이기도 하다. 에이즈 창궐이라는 사태가 얼마나 끔찍한 상황인지 실감하고 싶은가? 그렇다면 인도, 중국, 러시아의 에이즈 감염률이 아프리카의 경우에 육박하게 되어 해당 지역 경제가 흔들리고 세계적으로 경제 위기의 도미노 현상이 일어나는 상황을 그려 보라. 그리고 그 이후 어떤 일이 벌어질지 경제학자에게 물어보라. 경제 몰락, 나라들의 황폐화, 정치적 혼란의 악순환이라는 대답을 듣게 될 것이다.

이것이 인류 멸망 바이러스인 에이즈의 창궐에 담긴 냉혹한 사실이다. 가끔씩 나는 이것을 모든 시대를 통틀어 가장 심각한 인도적 위기 상황이라고 말한다. 그러나 다시 한 번, 나는 희망을 품을 이유가 있음을 강조하고 싶다. 에이즈와의 싸움은 말라리아나 결핵과의 싸움과 마찬가지로 싸울 의지만 있다면 승산이 있다. 우간다의 1991년 에이즈 감염 발생률은 21퍼센트였다.[42] 우간다의 요웨리 무세베니 대통령은 에이즈를 우간다의 장래와 안보를 위협하는 세력으로 간주하고 에이즈와의 전쟁을 선포했다. 그는 학교, 교회, 언론, 기업, 의료 기관 등 우간다 사회의 모든 부문을 향해 전투에 합류하라고 촉구했고, 외국 정부들과 구호 단체들에게도 도움을 청했다. 그의 캠페인에서 중심이 되는 것은 교육이었고, 대통령 본인이 영부인과 함께 집집을 다니며 에이즈 검사를 권하기도 했다. 사람들에게 절제할 것과 한 상대와의 관계, 안전한 성관계를 촉구하는 광고판이 도처에 세워졌다. 결과는 놀라웠다. 사람들의 성행위 패턴이 달라짐에 따라 1991년과 2000년 사이에 에이즈 감염 비율은 21퍼센트에서 6퍼센트로 떨어졌다.[43] 하버드 연구자 테드 그린 박사에 따르면, 우간다의 성공은 80퍼센트의 예방 효과를 갖춘 '사회적' 백신과 같은 것이었다.[44] 이 모든 일은 항레트로바이러스 약제가 에이즈 치료에 쉽사리 쓰이기 전에 벌어졌다. 다른 나라들도 상당한 진전을 이루었다. 2001년과 2005년 사이에 유병률有病率은 보츠와나에서는 38.8퍼센트에서 24.1퍼센트로, 짐바브웨에서는 33.7퍼센트에서 20.1퍼센트로, 케냐에서는 15퍼센트에서 6.7퍼센트로 줄었다.[45]

말라리아, 결핵, 에이즈, 이 세 가지 질병으로 죽는 사람이 매년 500만 명이 넘고 새로 감염되는 숫자는 5억 명에 이른다. 그리고 감염은 거의 대부분 세계 최빈국들에서 일어난다. 가난한 사람들은 질병, 영양실조, 기생충, 더러운 물 등 건강을 위협하는 조건과 상황에 계속 노출된다. 건강이 나빠지면 힘이 약해지고, 능력이 제한되고, 자녀들도 살아남지 못한다. 그들이 사는 지역에서는 의사와 약을 제대로 구할 수 없고, 치료를 받을 수 있다 해도 치료비로 낼 돈이 없다. 한마디로, 빈곤은 건강 악화로 이어지고, 건강 악화는 다시 더 극심한 빈곤으로 이어진다. 질병은 가난한 사람들을 얽어매는 거미줄의 또 다른 한 가닥이다.

이 외에도 거미들은 많고도 많다.

13. 거미, 거미, 더 많은 거미들

불의는 어디에 있건 모든 곳의 정의를 위협한다. −마틴 루터 킹

그가 가난한 사람과 궁핍한 사람의 주장을 변호했고 그래서 모든 것이 잘됐다. 바로 이것이 나를 아는 것 아니냐? 여호와의 말이다.

−예레미야 22:16 (우리말성경)

나는 헐벗었고, 나그네였고, 감옥에 갇혀 있었다…….

이 글을 쓰는 지금, 나는 잘 알고 있다. 내 설명을 통해 세상에서 '가장 작은 자들'을 가차 없이 공격하는 많은 것들에 대한 정보를 처음 접하는 독자는 기가 질릴 수도 있을 것이다. 나는 독자에게 가난한 사람들의 곤경을 이해할 수 있도록 중요한 정보를 제공하면서도, 절망감을 주어 멀리 달아나게 만드는 상황을 피해야 하는 가파른 줄타기를 하고 있다. 부디 다음 세 가지를 명심하면서 이 책을 계속 읽길 바란다.

• 고통받는 이들 한 사람 한 사람이 하나님의 형상으로 창조되었고 그분의 사랑을 받는다.

- 이 난관들 하나하나마다 해결책이 있다.
- 우리 한 사람 한 사람이 변화를 일으킬 수 있다.

밥 피어스는 이렇게 말한 바 있다. "내가 모든 일을 다 할 수 없다고 해서 할 수 있는 일까지 외면하지 말라." 이것은 세상의 엄청난 고통에 짓눌린 사람들에게 주는 지혜의 말이다. 우리가 할 일은 한 번에 모든 사람을 돕는 게 아니다. 한 번에 한 사람씩만 도우면 된다.

가난한 사람들이 겪고 있는 난관들을 책의 몇 장章 정도 분량에 다 소개할 수는 없지만, 거미줄에 매달린 가장 위험한 거미들은 인식하고 있어야 한다. 그놈들을 제대로 다룰 수는 없지만 수박 겉 핥기라도 해야 독자가 어느 정도 상황 파악을 할 수 있을 것이다.

돈도 없고, 옷도 없고

이것은 자선의 문제가 아니라 정의의 문제이다. -보노

가난한 자를 불쌍히 여기는 것은 여호와께 꾸어 드리는 것이니 그의 선행을 그에게 갚아 주시리라. -잠언 19:17

예수님은 마태복음 25장에서 '지극히 작은 자'들을 거론하시며 '헐벗은 자'(36, 40, 43, 45절)들을 구체적으로 언급하셨다. 나는 이 개념을 확장시켜 경제적 웰빙의 문제 전체를 다루고 싶다. 예수님 당시, '헐벗은' 자들은 너무나 가난해서 말 그대로 입을 옷조차 없었다. 오늘날에는 있을 수 없는 일처럼 보이지만, 나는 여러 나라를 다니며 걸치고 있는 옷 한 벌이 가진 옷의 전부인 사람들을 수백 명이나 만났다. 그들에겐 옷장이 없다. 몇 년 전, 나는 그중 한 사람, 잠비아의 파인디아라는 씩씩한 칠십대 할머니와 잠시 시간을 보냈다. 할머니는 자녀들과 손자손녀들, 즉 두 세대 모두를 에이즈로 잃었고 마지막 남은 일곱 살짜리 증손녀 매기를 돌보고 계셨다. 두 사람은 진흙 바닥에 지붕이 허물어져가는 버려진 오두막에서 살았다. 둘 다 신발이 없었고 옷이라곤 몸에 걸치고 있는 너덜너덜한 천조각이 전부였다.[1]

파인디아 할머니처럼 경제적으로 어려운 사람들은 돈이 전혀 없기 때문에 옷이나 음식, 학용품이나 약, 그 어느 것도 사지 못한다. 일자리가 있어야 일을 할 수 있는데 일자리가 없다. 많은 저개발 국가들은 실업률이 무려 75퍼센트에 이른다. 그래서 사람들은 땅을 일구어 먹을거리를 얻고 몇 마리 가축을 길러 근근이 살아가야 한다. 식량을 조금 넉넉히 확보한 경우에는 닭 몇 마리, 곡식 몇 포대 정도를 동네 시장에 내다 팔 수 있지만, 그나마도 안정적이지는 않다.

이들 중 상당수는 창의성과 주도성이 넘치고 사업과 수입 창출을 위한 멋진 구상을 갖고 있다. 앞서 소개한 영리한 사업가 로드릭이 대표적인 경우다. 그러나 구상을 실현하기 위해서는 돈이 있어야 하는데, 때로는 단돈 50달러가 없어서 무위에 그치고 만다. 자기 힘으로 생계를 꾸리려는, 가난하지만 부지런한 수백만의 사람들이 직물 견본이나 씨닭 두 마리, 한 배의 새끼 돼지 등을 구입할 몇 달러가 없어서 좌절한다. 역사적으로 은행과 금융기관들은 담보가 없다는 이유로 가난한 사람들에게 돈 빌려주기를 꺼렸다. 그들은 가난한 사람들의 신용도가 너무 낮다고 말한다.

'가난한 사람들을 위한 은행가'가 되려 한 혁명적인 노고를 인정받아 2007년 노벨평화상을 수상한 무함마드 유누스는 무담보 소액대출업을 일구는 일에 평생을 바쳤다. 그의 노력의 밑바탕에는 가난한 사람들에게 대출과 금융 서비스를 제공하면 그들이 일을 해서 가난에서 벗어날 수 있을 거라는 믿음이 있었다. 유누스와 그를 따른 수천 명의 사람들은 이 믿음이 옳다는 것을 입증했고, 무담보 소액대출업은 가난과의 싸움에서 활용할 수 있는 매우 효과적인 무기 중 하나로 자리 잡았다.

무담보 소액대출은 여러 형태로 이루어질 수 있는데, 한 동네에서 서로 잘 알고 보증할 수 있는 여섯 명에서 열두 명의 이웃 사람들이 모여 대출자 그룹을 형성하는 것이 일반적이다. 각 사람이 자신의 재능과 인맥, 활용 가능한 자원을 가지고 사업 계획을 세우고, 사업을 시작하거나 거기 투자하는 데 필요한 자금의 액수를 추산한다. 그러면 무담보 소액대출 기관(흔히 오퍼튜니티 인터내셔널, 월드비전, 미 대외구제협회CARE 같은 비영리단체들이 운영한다)이 해당 대출 그룹에 돈을 빌려주고, 그 그룹이 개인에게 융자해 준다. 개인이 대출금을 갚지 못할 경우, 집단 전체가 그 돈을 갚아야 할 연대 책임을 진다. 이것은 집단 내부에서 상당한 압력과 책임감으로 나타나지만, 집단 구성원들의 상호 지원과 협동을 촉진하기도 한다. 이 접근법은 가난한 사람들의 재능과 능력을 인정하고 활용한다는 중요한 의미가 있다. 그러나 무엇보다 좋은 것은 대출받은 사람이 사업을 성공적으로 운영하여 대출금을 갚고 가족을 부양할 수 있게 되면, 말 그대로 가난을 떨치고 일어서는 과정에서 자긍심과 긍지를 느끼게 된다는 점이다. 이렇게 생계 지원 대신 창업 지원을 받으면 자긍심뿐 아니라 지속 가능성도 크게 높아진다. 옛 속담이 딱 맞다. "물고기 한 마리를 주면 그날 하루를 먹지만, 물고기 잡는 법을 가르쳐 주면 평생 먹고살 수 있다." '물고기 잡는 법'을 배운 한 여성에게 어떤 일이 일어났는지 들어 보라.

여자치고는 나쁘지 않지요

몇 년 전, 나는 소련의 지배를 받던 시절의 경제적 침체에서 아직 벗어나지 못한 아르메니아에서 리다 사르그스얀이라는 뛰어난 여성을 만났다. 내가 그 나라를 찾은 것은 월드비전에서 운영하는 무담보 소액 대출 제도를 통해 대출을 받은 고객 몇 사람을 방문하기 위해서였다. 리다는 '스타' 중의 한 명이었다. 솜씨 좋은 재봉사였던 그녀는 몇 년 전 월드비전을 찾아와 몇백 달러를 빌려 재봉틀을 샀다. 그녀는 대출금을 금세 갚고 추가 대출을 받아 더 많은 장비와 재료를 구입했는데, 매번 액수가 조금씩 더 많아졌고 늘 이자까지 남김없이 갚았다. 그녀는 성인 남녀와 어린이들을 위한 맞춤 정장을 전문적으로 제작하는 의류 업체를 세워 성장시키고 있었다.

그녀를 따라 공장으로 들어선 나는 깜짝 놀랐다. 거대한 재봉틀과 절단기들, 원단이 가득한 창고, 곧 발송할 주문 상품이 가득한 발송실, 그리고 40명의 직원! 자신의 재능과 월드비전에서 받은 몇 차례의 전략적 대출로 만들어 낸 성과를 보여 주는 그녀에게선 자부심이 넘쳐 나고 있었다.

공장을 둘러본 후 그녀의 사무실로 들어갔더니 그녀는 가을 상품 카탈로그의 교정쇄를 보여 주었다. 다음 계절에 그녀가 만들 새로운 스타일의 상품들이 모두 실려 있었다. 그 카탈로그는 아르메니아 전역과 몇몇 인접 국가들에도 배포될 거라고 했다. 그녀는 해외에까지 사업을 확장한 것이다. 몇 년 전 월드비전은 가난한 그녀에게 생계 지원을 하고 말 수도 있었지만, 그녀를 믿고 창업 지원을 했고, 그 결과 그녀와 40명의 사람들이 봉급을 받아 가족을 부양하게 되었다.

나는 공장을 떠나면서 나 역시 두 곳의 미국 회사에서 최고경영자 자리까지 올라가 봤지만 그녀만큼 사업적 재능이 뛰어난 사람은 별로 만나 보지 못했다고 말했다. 그녀는 기분좋은 듯 미소를 지으며 이렇게 말했다. "여자치고는 썩 나쁘지 않지요, 안 그래요?"

무슨 말씀을. 그녀가 거둔 성과는 와튼 경영학석사에게도 썩 나쁘지 않을 것이다!

문맹

나는 글을 읽을 줄 몰라요. 눈먼 사람과 같지요. –파키스탄의 한 어머니[2]

앞 장에서 말한 바 있듯, 나는 교육에 힘입어 성공할 수 있었다. 부모님이 다 고등학교를 마치지 못했지만, 나는 최고의 대학을 다닐 수 있었다. 미국에서는 그것이 가능하다. 나는 교육을 받음으로써 대등한 조건을 갖추고 경쟁에 뛰어들 수 있었고 성공적인 경력을 쌓을 수 있었다. 개발도상국들의 가난한 사람들도 마찬가지다. 교육을 받으면 성공하고 마을과 국가의 발전에 보탬이 될 수 있다. 부유한 나라 사람들은 교육과 성공을 잇는 연결고리를 잘 알고 있다. 그래서 우리는 가능한 한 많은 사람들에게 양질의 교육을 제공하고자 수십억 달러를 투자한다. 그러나 교육은 돈이 많이 드는 일이고 가난한 나라들은 모든 어린이들에게 양질의 교육을 제공할 만한 재정이 없다. 비교해 보자면, 미국은 초중등 교육에 일인당 1,780달러 정도를 쓰지만, 우간다의 경우 일인당 5달러에 불과하다.[3]

오늘날 세계의 성인 여섯 명 중 한 명이 글을 읽지 못하고 그중 3분의 2가 여성이다.[4] 미래의 성인들도 상황은 좋지 않다. 초등학교를 다니지 못하는 어린이가 1억 1500만 명이다. 아프리카에서는 학교를 다니는 아이가 59퍼센트에 불과하고 초등학교를 마치는 비율은 셋 중 하나 정도이다. 아이들이 학교를 다니지 않는 이유는 많다. 어떤 아이들은 가정에서 일을 해야 한다. 물 떠 오고, 농사짓고, 빚 갚기 위해 담보 노동[5]을 해야 하는 경우까지 있다. 유니세프의 추산에 따르면, 저개발 국가들에서 5~14세 어린이 중 29퍼센트가 아동 노동에 시달리고 있다.[6] 집에 남아 병든 부모를 돌봐야 하는 아이들도 있다. 에이즈가 만연한 지역에서는 특히 그렇다. 여자아이들은 부모가 교육이 필요 없다고 여기고 집에 붙들어 놓고 가사를 맡기는 경우가 많다. 정부가 가난하여 모든 지역에 학교를 세울 여력이 없거나, 교사가 심각하게 부족한 경우도 있다.(나는 에이즈의 확산으로 수많은 교사가 사망했는데도 대체 인력을 구하지 못하는 지역들에 가 보았다.) 교육은 아이와, 아이가 속한 마을과, 국가 전체의 발전을 위한 토대가 된다. 남녀 모든 어린이를 체계적이고 지속적으로 가르치지 않고서는 가난에서 완전히 벗어날 수 없다.

성별

> 어린 소녀들이 있어 얼마나 감사한지. 그 아이들은 매일매일 자라난다네!
> ...... 그리고 더없이 흐뭇한 모습으로 성장한다네. -모리스 슈발리에

그렇다면 얼마나 좋을까.

모리스 슈발리에의 불후의 노래 가사는 어린 소녀들과 여성들에 대한 한가로운 견해를 보여 준다. 서구의 예술과 문학에는 소녀들과 여자들, 그리고 그들이 문화 속에서 차지하는 역할을 낭만적으로 그려 낸 작품이 많다. 그러나 슬프게도, 오늘날 세계 곳곳에서 여성으로 태어난다는 것은 평생 가난과 학대, 착취와 박탈에 시달리게 된다는 뜻이다.

개발도상국들에서 자라는 여자아이는 남자아이에 비해 다섯 살 이전에 죽을 가능성이 높고 학교에 갈 확률은 낮다. 일을 해야 하는 경우가 많기 때문이다.(세계의 8억 문맹 인구 중 3분의 2가 여성이다.[7] 니제르에서는 여성의 15퍼센트만이 글을 읽을 수 있다.[8]) 여자아이는 적절한 음식, 치료, 경제적 기회를 가질 확률이 더 낮고, 열여섯 살 이전에 강제로 결혼하여 성적 학대와 가정 폭력의 피해자가 될 확률이 더 높다. 대여섯 살밖에 안 되는 200만 명 가량의 여자아이들이 전 세계적으로 커져 가는 성매매 산업의 일부를 이루고 있다.[9]

매년 50만 명의 여자들이 출산 합병증으로 사망한다. 1분당 한 명 꼴이다.[10] 남자를 더 귀중하게 여기는 나라들에서는 여아들이 살해당하기도 한다. 많은 나라에서 여자아이들은 소유권이나 상속권을 인정받지 못한다. 여자들이 소유한 재산은 전 세계 부의 1퍼센트 미만이다.[11] 여

자들이 일하는 시간은 전 세계 노동 시간의 3분의 2를 차지하지만 수입은 전 세계 급료의 10퍼센트에 불과하다.[12]

슈발리에는 어린 소녀들을 허락하신 하늘에 감사했을지 몰라도, 전 세계 많은 지역에서 여자로 사는 것은 천상의 삶과는 전혀 다르다. 내 생각에 극도의 빈곤을 해결하기 위해 할 수 있는 가장 중요한 조치는 **소녀와 여성들을 보호하고, 가르치고, 직업 훈련을 시키고 그들에게 교육·경제·사회적으로 동등한 권리와 기회를 제공하는 일이다.**

코피 아난 전 유엔사무총장의 말을 들어 보자. "경제 발전을 위한 가장 효과적인 방편은 여권을 신장시켜 주는 것이다."[13] 이 한 가지가 음식, 거처, 치료, 경제 발전, 해외 원조 증가보다 극도의 가난을 해결하는 데 더 많은 일을 할 수 있다.

아프리카의 많은 지역에는 이런 속담이 있다. "남자 하나 교육시키면 한 사람 교육시키는 데 그치지만, 여자 하나 교육시키면 한 나라를 교육시키는 것이다." 소녀에게 교육의 기회를 제공하면 높은 수입을 올릴 잠재력을 갖추게 되고, 산모와 유아의 사망률이 떨어지고, 아이들이 예방 접종을 받을 확률이 높아지고, 출산율은 떨어지고, 에이즈 감염률(특히 아프리카의 경우)이 낮아진다. 소녀가 교육을 받으면 기술을 습득하여 가정의 경제적 안정에 보탬이 될 가능성이 높고, 자신의 딸들에게도 교육을 시키는 경향이 많아진다. 소녀를 가르치는 일은 지역 사회 전체에 두고두고 남는 장사다.

피난민과 전쟁

전 세계의 가난이 전쟁, 내전 및 여러 형태의 폭력으로 악화되지 않는다면 지금보다 훨씬 간단하고 단순한 문제가 될 것이다. 제2차 세계대전이 끝난 후 250차례의 주요 전쟁이 벌어져 2300만 명의 사람들이 죽고 수천만 명의 피난민과 실향민이 발생했다. 이들 사상자들 중 90퍼센트가 민간인이고 넷 중 셋이 여자와 아이들이었다. 오늘날 전 세계에서는 42가지의 원인으로 무력 충돌이 벌어지고 있다. 20세기는 인류 역사상 가장 피를 많이 흘린 시기였고, 전쟁 사상자 수는 이전 500년에 걸친 전쟁 사상자를 다 합친 것보다 많았다.[14] 콩고민주공화국에서는 계속된 전쟁으로 500만 명 이상이 목숨을 잃었고 매달 4만 5천명이 죽어 가고 있다.[15]

우리는 '전쟁' 하면 전투만 생각하고 그에 따른 사회적, 경제적, 정서적 결과는 잘 고려하지 못한다. 전쟁이 나면 농부들이 토지에서 쫓겨나기 때문에 우선 식량 생산이 중단된다. 그렇게 되면 굶주림과 기근이 장기화된다. 시장과 경제도 교란되고 일을 해야 먹고살 수 있는 가난한 사람들의 생계가 막막해진다. 학교는 문을 닫고 아이들이 교육받지 못하며, 심한 경우 군인으로 징집된다. 부상자의 치료도 제대로 이루어지지 않아 사상자는 더욱 늘어난다. 침략군은 걸핏하면 여자와 소녀들을 겁탈해서 에이즈 확산이 더욱 심해진다. 전쟁은 모든 것을 바꿔 놓는다.

오늘날 전 세계에는 990만 명의 난민(다른 나라로 쫓겨난 사람들)이 있고 국내 실향민(집에서 쫓겨나 국내의 다른 지역에 사는 사람들)은 2370만 명에 이른다. 전쟁과 무력 충돌 때문에 모든 것을 잃어버린 사람들이

도합 3400만 명인 것이다.[16] 이런 통계 수치는 아무 느낌을 주지 못한다. 바로 어제, 당신과 가족이 휴대할 수 있는 몇 가지 물건만을 갖고 집에서 강제로 쫓겨났다고 상상해 보라. 그리고 하수 설비와 의료 시설, 학교가 없는 거대한 난민 캠프로 들어가 임시 천막이나 거처에서 살아야 한다고 상상해 보라. 그러면 전쟁 때문에 고향에서 쫓겨난 가난한 사람들의 암담한 처지를 어느 정도 이해할 수 있을 것이다. 나는 우간다의 여러 난민 캠프를 방문했는데, 그곳에서 20년 이상 산 사람들도 있었다. 많은 사람들은 그곳에서 자녀를 낳았고 손자손녀들이 태어나는 것을 보았다.

전쟁과 무력 충돌은 엄청난 경제적 비용도 초래한다. 이것을 수치로 나타내면 엄청 크다. 1조 2000억 달러![17] (1억 달러의 12,000배이다. 1,200,000,000,000달러.) 각국 정부들이 군사비로 지출하는 액수다. 미국이 이중 절반 정도를 지출하여 나머지 46개국의 군사비 합계보다 많은 돈을 쓴다. 이 액수의 규모를 헤아리려면, 부자 나라들이 가난한 나라들을 지원하는 데 쓰는 전 세계의 인도적 지원금 1040억 달러와 비교해 보라.[18] 세계는 가장 가난한 사람들을 위한 개발 원조금의 열두 배가 넘는 돈을 매년 군사비와 국방비로 쓰고 있는 것이다. (예수님이 마태복음 5장 9절에서 "화평케 하는 자는 복이 있다"고 말씀하신 것도 당연하다.) 한 전문가의 추산에 따르면, 매년 650억 달러의 추가 지원이 이루어질 경우, 하루 1달러 미만으로 살아가는 10억 명의 사람들을 극도의 빈곤 상태에서 구해 낼 수 있다.[19] 전 세계 군사비 지출의 5퍼센트만 빼서 생존을 위해 몸부림치는 사람들을 돕는 데 쓰면 세상이 달라질 거라는 말이다.

입술 없는 미소

전쟁의 한복판에서는 사악함이 넘치고, 말할 수 없는 잔혹 행위가 자행되고, 야만적인 범죄가 만연한다. 전쟁은 결코 온화하지 않다. 그러나 전쟁은 우리가 마음만 먹으면 떨쳐 버릴 수 있는 비인간적 용어로만 여겨서는 안 된다. 전쟁은 얼굴을 가지고 있다. 사람의 얼굴이다. 나는 마거릿이라는 여성의 얼굴을 통해 결코 잊지 못할 전쟁의 얼굴을 보았다. 그녀는 북부 우간다에서 반군인 '신의 저항군' LRA이 휘두르는 폭력에 휘말렸다. 어느 날, 임신 6개월의 마거릿은 다른 몇몇 여성들과 텃밭에서 일하고 있었다. 그런데 성인 지휘관이 이끄는 반군 소년병 한 무리가 덤불 속에서 나타났다. 식량과 다른 물자를 훔치기 위해 온 것이었다. 그러나 훔치는 것으로 충분하지 않았는지 그들은 여자들을 공격했다. 그리고 마거릿의 친구들을 큰 칼로 난도질해 죽였다. 그들이 마거릿에게 다가갈 때 지휘관은 그녀가 임신했음을 알게 되었다. 임산부를 살해하면 불운이 닥칠 거라고 믿었던 그는 소년병들에게 그녀를 죽이지 말라고 지시했다. 대신 귀, 코, 입술을 잘라 낸 뒤 그대로 죽게 내버려 두라고 했다. 그렇게 하면 그녀가 이후에 죽더라도 자기들에게 뒤탈이 없을 거라고 생각한 것이다. 그래서 그들은 생각도 못할 만행을 저지르고 피 흘리는 마거릿을 내버려 둔 채 떠났다.

그러나 마거릿은 사람들에게 발견되어 병원으로 급히 실려가 치료를 받았다. 놀랍게도 그녀는 살아남았고, 3개월 후 아들 제임스를 낳았다. 그녀와 제임스는 월드비전의 전쟁피해아동 센터로 옮겨졌다. 이곳에서 그녀는 심리 치유 상담, 경제적 지원, 재봉사 직업 교육을 받았다.

상처에 시달리고 얼굴이 영구적으로 손상된 마거릿은 삶을 재건하고 한 아이의 어머니로 우뚝 서기 위해 노력했다. 나는 그곳에서 그녀를 만났다. 그 일이 벌어진 지 1년 정도 지났을 때였다.

미국인들의 감수성으로는 마거릿의 사연을 도저히 이해할 수 없을 듯하다. 우리의 생각의 틀로는 그녀에게 일어난 야만적 행위를 도저히 납득할 수 없다. 따라서 우리는 이후 그녀에게 벌어진 일을 하나님의 사랑의 기적으로 이해할 수밖에 없다. 가장 어두운 악조차도 구제하는 놀라운 복음의 능력이 드러난 것으로 봐야 할 것이다.

아들이 태어난 지 몇 달이 지난 어느 날, 마거릿은 자신의 코와 입과 귀를 잘라 내라는 명령을 내렸던 지휘관이 그녀가 있는 재활 센터에 도착하는 모습을 보았다. 그는 정부군에게 체포되어 상담과 재활을 위해 그곳으로 보내졌던 것이다. 마거릿이 그의 모습을 보고 어떤 감정을 느꼈을지 나로서는 상상도 할 수 없다. 그녀는 괴로운 나머지 상담자 중 한 사람에게 자신이 즉시 그곳을 떠나야 한다고, 그자와 가까운 곳에 있을 수 없다고, 그자를 죽이고 싶다고 미친 듯이 말했다. 그렇게 해서 그 남자는 몇 킬로미터 떨어진 다른 재활 센터로 보내졌다. 그러나 마거릿의 불안은 사라지지 않았다.

월드비전의 상담자들은 그 남자를 상담하기 시작했다. 처음에 그는 범행 일체를 부인했다. 상담자들은 마거릿에 대한 상담도 병행하여 그녀의 불안을 누그러뜨리려 노력하면서 용서의 가능성을 타진했다. 몇 주가 지나갔고, 남자는 마거릿을 공격한 일에 자신이 개입했음을 털어놓았다. 그리고 마거릿은 두려움과 분노와 계속 싸워야 했다. 그러던 어느 날 마침내 모임이 주선되었다. 남자는 마거릿에게 용서를 구했다.

그리고 마거릿은 모든 용서의 근원이신 예수 그리스도께 깊이 의지하여 그를 용서했다. 그 자리에서 다시 한 번, 구원하고 회복시키고, 악을 물리치는 복음의 능력이 나타났다. 전쟁피해아동 센터의 벽에는 마거릿과 그녀의 코와 입과 귀를 잘라 낸 사람을 찍은 그날의 사진들이 걸려 있다.

그는 어린 제임스를 안고 있고 마거릿은 그 옆에 서 있다. 입술 없는 미소를 지으며.

14. 끝으로, 좋은 소식

"하나님은 뭔가 조치를 취하실 수 있으실 텐데 왜 가난과 고통, 불의를 허용하시는지 가끔은 여쭤 보고 싶어요."

"그런데 왜 안 여쭤 보세요?"

"하나님이 제게 똑같은 질문을 하실 것 같아서요." -저자 미상

"세상에서는 너희가 환난을 당하나 담대하라 내가 세상을 이기었노라."
-요한복음 16:33

좋은 소식으로 마무리하기 위해 나쁜 소식을 먼저 말해야 했다. 우리 그리스도인들은 모래 속에 머리를 파묻고 우리가 괜찮으니 세상이 다 괜찮은 것처럼 가장해서는 안 된다. 우리는 제사장과 레위인처럼 고통받는 사람들과 이웃을 외면하고 멀찍이 돌아가 버려서는 안 된다. 우리는 가난과 불의라는 모진 사실들을 직시해야 한다. 그래야 그 문제들에 대처하는 첫발을 비로소 내디딜 수 있다. 그러나 가난한 사람들이 직면한 엄청난 문제들을 보다 보면 지레 기가 질려 멀리 달아나 버리고 싶어질 수도 있다. 그렇기 때문에 내가 앞서 말한 세 가지 원리를 꼭 기억

해야 한다. 즉 고통받는 사람들 한 사람 한 사람이 하나님의 형상으로 창조되었고 그분의 사랑을 받는다는 것과, 이 난관들 하나하나마다 모두 해결책이 있으며, 우리 모두가 변화를 일으킬 수 있다는 것이다.

불가사리를 보는 법

내가 좋아하는 유명한 비유가 있다. 이 비유는 가난에 대한 무시무시한 통계를 접할 때 생각을 정리할 수 있게 도와준다. 한 사람과 100만 마리의 불가사리 이야기다.

어느 날 아침, 사나운 폭풍이 휩쓸고 지나간 해변으로 아침 산책을 나갔다. 나는 수만 마리의 불가사리가 바람과 파도에 쓸려 나와 해변에 널려 있는 광경을 보고 기겁을 했다. 생명의 근원인 물에서 떨어져 나온 그 모두가 해변에서 꼼짝 못하고 죽을 거라 생각하니 슬퍼졌다. 내가 할 수 있는 일이 없다는 사실에 절망하면서 나는 모래 위에 앉아 두 손으로 머리를 감싸 쥐었다.

그때 어떤 소리가 들렸다. 멀리서 한 사람이 몸을 굽혔다 펴기를 반복하고 있었다. 궁금해진 나는 몸을 일으켜 그 사람 쪽으로 걸어갔다. 그는 한 번에 한 마리씩 불가사리를 집어 들고는 바다에 던져 넣고 있었다.

"뭐 하시는 겁니까?"

내가 소리를 질렀다.

"불가사리를 구해 주고 있지요."

그가 대답했다.

나는 믿을 수가 없어서 물었다.

"하지만 보세요. 여기 불가사리는 수만 마리도 넘는다구요. 뭘 하셔도 아무것도 달라지지 않아요."

그는 내 말에 대답하지 않고 허리를 굽히더니 불가사리를 또 한 마리 집어들어서 물속에 던져 넣었다. 그러고는 내 눈을 쳐다보고 미소 지으며 이렇게 말했다.

"저 불가사리는 사정이 크게 달라졌지요!"[1]

사람들이 겪는 고통의 실상을 있는 그대로 보여 준 지난 몇 장의 내용은 읽기 어려웠을 것이다. 이미 경고한 대로 감각이 마비되는 효과가 나타났는지도 모르겠다. 하지만 한 가지 물어보자. 가난한 사람들의 곤경을 보여 주는 이야기들과 통계들에서 무엇을 보았는가? 시체들이 즐비한 해변만을 보았는가, 아니면 하나님의 창조 세계의 일부인 특별한 불가사리 한 마리 한 마리가 거기 누워 더 나은 삶을 기다리는 모습을 보았는가? 이 친숙한 이야기에는 중요한 교훈이 담겨 있다. 우리는 가난이나 불의를 해결책이 필요한 '사안'으로 봐서는 안 된다. 그 일들의 핵심에 놓여 있는 사람들을 우리의 사랑이 필요하고 우리의 존중을 받을 자격이 있는 존재로 봐야 한다. 우리는 실제로 세상을 변화시킬 수 있지만, 한 번에 한 사람에게만 그렇게 할 수 있다. 그리고 충분한 수의 사람들이 그런 선택을 내리면, 지구적 규모의 위기 상황도 달라질 수 있을 것이다.

사실, 우리가 축하할 만한 좋은 소식들도 있다. 30~40년 전에 비하면 오늘날 전 세계 가난한 사람들의 상당수는 사정이 훨씬 좋아졌다.

인도주의 원조 단체, 정부, 교회 단체, 기업체, 유엔이 기울인 노력 덕분에 많은 전선에서 느리지만 꾸준하고 괄목할 만한 진전이 이루어졌다. 이 경주는 승산이 있다. 아니, 우리는 지금 이기고 있다. 하지만 이것은 단거리 경주가 아니라 마라톤이다.

지난 몇십 년에 걸쳐 이루어진 성과 중 몇 가지만 생각해 보라.

- 개발도상국의 예상 수명은 1960년의 46세에서 2005년에는 66.1세로 늘어났다.[2]
- 5세 미만 유아 사망률이 1970년대 이래 절반으로 줄었다.[3]
- 예방 가능한 질병으로 인한 유아 사망이 1960년대의 매년 2천만 명 이상에서 1천만 명 미만으로 50퍼센트 줄어들었다.[4]
- 굶주린 사람으로 분류된 인구의 비율이 지난 40년에 걸쳐 33퍼센트에서 18퍼센트로 줄었다.[5]
- 개발도상국들에서 깨끗한 물을 쓸 수 있게 된 사람들의 비율이 1975년 35퍼센트에서 2007년 80퍼센트로 증가했다.[6]
- 소아마비가 전 세계에서 거의 근절되었다.
- 성인의 문자해독률이 1970년 이래 43퍼센트에서 77퍼센트로 늘어났다.[7]

또 다른 고무적인 현상은 2000년 유엔 총회에서 새천년개발목표를 채택한 사실이다. 세계 각국은 전 세계에서 극도의 빈곤을 획기적으로 줄이기 위해 여덟 가지 야심찬 목표를 채택하여 구체적이고 측정 가능한 척도에 따라 2015년까지 목표를 달성하자는 데 합의했다.

• 새천년개발목표: 2000년 9월 8일 채택

우리는 2015년까지 다음 목표를 이룰 것을 다짐한다.

1) 극심한 빈곤과 기아 퇴치

2) 초등 교육의 완전 보급

3) 남녀평등 촉진과 여권 신장

4) 유아 사망률 감소

5) 임산부의 건강 개선

6) 에이즈와 말라리아 및 기타 질병과의 전쟁

7) 환경의 지속 가능성 보장

8) 개발을 위한 범지구적 동반 관계 구축[8]

목표 시한의 중간 지점에 해당하는 2007년, 많은 전선에서 진전이 이루어졌지만 지지부진한 부분도 있다. 그래도 이런 분명한 목표들을 세운 덕분에, 가난하게 살아가는 수십억 사람들의 상황을 바꿔 놓을 구체적인 조치와 성과에 세계가 역량을 집중할 수 있었다.

세계의 현실을 변화시키는 것은 충분히 가능하고, 하나님은 바로 우리에게 그 일을 명하셨다. 이것이 바로 어둡고 암울한 세계에서 '소금과 빛'이 되라는 말씀의 의미이다(마 5:13-14 참조). 그리고 이것이 예수님이 남기신 지상명령의 핵심이다. 세계 인구의 3분의 1에 해당하는 20억의 그리스도인이 있으니, 가난과 불의와 맞서 세계를 변화시키는 일은 결코 불가능하지 않다. 그러나 "우리의 싸움은 피와 살을 가진 사람들을 상대로 하는 것이 아니라, 통치자와 권세자들과 이 어두운 세계의 지배자들과 하늘에 있는 악한 영들을 상대로 하는 것"(엡 6:12, 표준새번역)이라는 바울의 말도 기억해야 한다. 가끔 나는 친구들에게 이렇게 말한다. "사탄이 진짜로 있다는 걸 믿지 못하겠거든, 나와 함께 아프리카나 아시아로 가보세. 가난한 사람들이 소외되고 착취당하는 곳이라면 어디든 좋네. 그런 곳에 가면 시퍼렇게 살아 움직이는 악의 얼굴을 보게 될 거야." 신체 일부가 잘린 마거릿의 사연은 영적 악이 실재한다는 확실한 증거다.

따라서 우리는 도덕적·정치적 의지를 발휘해 위의 과제들을 추구할 뿐 아니라 기도의 영적 능력으로 무장하고 나서야 한다. 그리고 기도는 유엔이나 각국 정부의 영역이 아니다. 신앙의 공동체만이 기도를 통해 하나님의 능력에 의지할 수 있다. 그동안 여러 쪽에 걸쳐 골치 아프고 고통스러운 사연을 들은 탓에 기도가 세상의 고통에 맞설 무기라는 말이 공허하게 들릴 수 있다. 하나님이 우리의 기도에 응답하신다는 믿음이 들지 않을 수도 있다.

해발 4,270미터 안데스 산맥에서 드린 기도

기도하라. 그러나 일어서서 움직이며 기도하라. –아프리카 속담

몇 년 전 우리 부부는 페루에 다녀왔다. 월드비전 사업 '이전과 이후'의 사연들을 취재하여 월드비전 특별 영상에 담기 위해 촬영 담당자가 동행했다. 우리는 시청자들에게 월드비전이 여러 해 동안 가난한 사람들의 마을에서 일한 후 그들의 삶이 어떻게 달라졌는지 소개하여, 우리가 사람들의 삶에 변화를 줄 수 있고 그들이 사는 곳에 희망을 되살

려 낼 수 있음을 보여 주고 싶었다.

우리는 '이전'의 이야기 중 하나를 찍기 위해 안데스 산맥을 올랐다.
바로 그곳에서 하나님은 내게 통계 수치 배후에 놓인 사람들에 대해 소
중한 가르침을 주셨다. 그 일은 결코 잊지 못할 한 여성을 만나면서 시
작되었다. 그녀의 이름은 옥타비아나였다. 나는 며칠 후 집으로 돌아오
는 길에 다음과 같은 현장 노트를 썼다.

오늘 쿠즈코에서 안데스 산맥을 타고 '칼키 센트럴'이라는 고산 마을까지
가는 데 두 시간 정도 걸렸다. 우리가 탄 차는 간선도로를 벗어나 꼬불꼬
불하고 위험한 먼지투성이 길을 힘겹게 올랐고 4,270미터 높이까지 이르
렀다. 내가 사는 워싱턴 주에서 가장 높은 산, 레이니어 산에 맞먹는 높이
였다. 날씨는 눈부시게 맑고 환하여, 주위의 봉우리와 골짜기의 경치가 장
관이었다. 그야말로 천혜의 낙원이었다. 자연 낙원인 그 산맥의 웅대함을
압도할 만한 곳은 히말라야 산맥뿐일 것이다. 그 아름다움 속에는 어도비
벽돌로 지은 집들과 산비탈에서 풀을 뜯는 양, 야마, 알파카……그리고
눈길을 확 잡아끄는 사람들이 있었다. 밝은 색으로 짠 숄과 치마에 울긋불
긋하고 특이한 모자까지, 화려한 색상으로 꾸민 페루 원주민들이었다. 아
이들은 마을에서 흔치 않은 차량의 모습을 보고 열심히 손을 흔들었다. 대
부분의 여자들은 아기를 등에 업고 다녔다.

미국이라면 그런 곳은 리조트 호텔, 스키장, 콘도 등이 들어선 값비싼 땅
이 될 것이다. 그러나 그곳의 멋진 경관 뒤에는 아름다운 사람들의 고통과
빈곤이 숨어 있었다.

우리는 한 작은 벽돌집 앞에 멈추었고 옥타비아나라는 훌륭한 여성과 그

녀의 세 아이 로사마리아(9세), 후스토(6세), 프란시스코(4세)의 환영을 받았다. 아이들은 우리의 방문으로 잔뜩 신이 나 있었다.

우리는 벽과 바닥에 진흙을 바른 작은 단칸방 집에 들어갔다. 그리고 자리에 앉아서 옥타비아나의 사연을 들었다. 그녀는 불과 아홉 달 전에 남편을 여의었다. 남편이 호흡기 질환 및 결핵 추정 증상으로 쓰러지는 바람에 옥타비아나와 세 자녀는 이 가혹한 고산 지대에서 그들의 힘만으로 살아가야 할 처지가 되었다. 그녀는 자신의 부양자이자 남편이요 친구요 아이들의 아버지였던 남자를 잃어버린 과정을 설명하면서 절망스러운 울음을 쏟았다. 그녀는 아이들만 데리고 양을 키우고 곡식을 재배하는 고된 노동과 생존을 위한 매일의 몸부림이 외롭고 두렵다고 털어놓았다.

그 '낙원'에서 우리는 고통과 괴로움을 발견했다. 그곳엔 난방 시설도 전기도 없었고, 오염된 물과 약간의 음식이 전부였다. 그리고 가족 전체가 기생충과 호흡기 질환을 앓고 있었다. 아이들은 힘든 집안일을 돕기 위해 학교를 그만두어야 했고, 특히 옥타비아나는 남편이 가축을 사느라 빌린 300달러의 빚을 갚느라 애를 먹고 있었다. 설상가상으로, 유일한 수입원이던 약간의 양떼마저 병으로 죽어 가고 있었다. 그녀는 더 이상 양을 시장에 내다팔지 못하고 그대로 묻을 수밖에 없었다.

안타깝게도, 옥타비아나의 사연은 그녀만의 이야기가 아니었다. 그 지역의 모든 가정에 나름의 슬픔과 질병, 죽음의 사연들이 있었다. 숨 막힐 정도로 멋진 자연 속에서 살아가는 아름다운 사람들이 아무도 모르는 깊은 고통을 당하고 있었다. 우리는 얼마나 자주 가난한 사람들을 기억하고 그들의 고통을 헤아려 보는가? 그중 어떤 사람들은 옥타비아

나처럼 우리와 1만 3천 킬로미터나 떨어져 있고, 문화적으로는 그보다 더 먼 거리에 있다. 그런가 하면 불과 몇 킬로미터 바깥에 있는 사람들도 있다. 우리가 알건 모르건 그들의 고통은 실재한다. 그들은 부르짖음을 들어줄 사람도 없이 혼자 고통을 당한다.

나는 그녀에게 어떤 기도를 드리느냐고 물었다. 신앙심 깊은 여인임을 알 수 있었기 때문이다. 그녀는 하나님께 외딴 산에 사는 자신과 아이들을 잊지 말아 달라고, 무거운 짐을 감당할 수 있게 도와주시고 도움을 보내 달라고 기도한다고 말했다. 내가 그녀의 손을 잡고 그녀를 위해 기도할 때, 하나님은 심오한 진리를 하나 알려 주셨다. 내가 바로 옥타비아나가 바친 기도의 응답이라는 사실이었다. 시애틀에 있는 내 집에서 1만 3천 킬로미터 떨어진 곳, 안데스 산맥의 4,270미터 고지에 사는 그녀는 하나님께 도움을 구하며 부르짖었고, 하나님은 나를 그녀에게 보내셨다. 하나님은 그녀를 돕고 위로하라고, 하나님의 사랑을 전해 주라고 나를 보내셨다. 그녀에게 나는 하나님의 기적이 될 터였다.

이어서 더 큰 진리가 나를 엄습해 왔다. 전 세계에 걸쳐 수많은 과부, 고아, 병자, 장애인, 가난한 사람들, 착취당하는 사람들이 필사적으로 하나님께 도움과 위로를 구하며 부르짖고 있다는 깨달음이었다. 그들이 바치는 수백만 가지의 기도가 하나님께 올라가고 있었으며, 그분을 따른다고 자처하는 우리 각 사람이 그분의 기도 응답이 되어야 했다. 그리스도의 '좋은 소식'을 가난한 사람들, 병든 사람들, 짓밟힌 사람들에게 전해야 할 사람이 바로 우리였다. 하나님은 고통받는 가난한 사람들에게 등을 돌리지 않으셨다. 하나님은 우리를 보내셨다. 이것이 복음의 좋은 소식, 가난한 자들을 위한 참으로 좋은 소식이다.

며칠 후면 나는 편안한 집으로 돌아갈 것이다. 편안한 침대에 누운 우리 아이들의 이불을 덮어 주고 이야기를 읽어 줄 것이다. 익숙한 일상이 다시 시작될 것이다. 그러나 오늘 밤, 옥타비아나는 그 산 위, 다 쓰러져 가는 벽돌집에 있다. 그녀는 딱딱한 맨바닥에서 세 아이와 함께 밤새 기침을 하고 몸을 떨 것이다. 배고픔과 두려움에 시달리며 하나님께 다시 기도할 것이다.

나는 그녀에게 잊지 않겠다고 약속했다. 그녀를 돕겠다고 약속했다. 그녀의 기도에 대한 응답이 되겠다고 약속했다. 하나님이여, 제가 그 약속들을 지킬 수 있도록 도우소서.

내가 그녀를 방문한 후, 월드비전은 옥타비아나와 그녀의 세 아이들을 찾아가 그녀의 마을에 깨끗한 물이 나올 수 있게 하고, 화장실들을 설치하고, 그녀가 농사를 더 잘 지어 식량과 영양 공급원을 확보할 수 있도록 돕고, 기본적인 보건과 위생 교육을 시켰다. 하지만 모든 사연이 해피엔딩으로 끝나지는 않는다. 내가 그녀를 방문한 지 몇 년 후, 옥타비아나가 진행성 유방암에 걸린 사실이 밝혀졌다. 월드비전의 간병인 버지니아가 그녀의 투병을 도왔는데, 그녀를 키키하나의 의료 센터로 데려갔다가 쿠즈코의 병원으로 옮겨 극도의 고통을 줄여 주는 치료를 받게 했다. 월드비전의 주선으로 그녀는 수술을 받아 수명을 1년 정도 연장할 수 있었다. 버지니아는 그녀를 꾸준히 방문했고 추가적인 영적 지원을 받을 수 있도록 지역 교회와 연락을 취했다. 옥타비아나가 세상을 떠나자, 월드비전은 그녀의 장례식

비용을 모두 부담했다. 그녀가 죽은 후, 버지니아는 그녀의 세 아이가 지낼 안전한 곳을 찾았다.

옥타비아나에게는 내 현장 노트에 이름이 적힌 세 아이 말고도 자녀가 더 있었다. 장성해서 마을을 떠난 큰 아이들이었다. 이미 가정을 꾸리고 있었던 맏아들 플로렌시오는 어린 세 동생을 맡기로 했다. 월드비전은 플로렌시오가 대가족을 부양할 수 있도록 돕기로 했다. 그는 월드비전의 농업 축산 프로그램에 참석했다. 그리고 페루의 식량원 중 하나인 기니피그를 분양받았고 농지 운영과 축산에 필요한 기술 지원도 받았다. 월드비전은 첫 몇 년 동안 그 가족이 버틸 수 있도록 약과 여분의 음식을 제공했고, 아이들에게는 해당 기간에 쓸 학용품도 지급했다. 후스토와 프란시스코는 지금도 플로렌시오의 마을에서 그와 함께 살고 있다.

잠깐이었지만 나는 용감한 여성 옥타비아나를 만남으로써 삶이 더욱 풍성해졌고, 믿음과 인내와 기도에 대해 많은 것을 배울 수 있었다. 그녀는 어떤 직함이나 지위도 없었고 공식 교육도 받지 못했으며 지리적·문화적으로 나와 수천 킬로미터 떨어진 곳에서 살았다. 그러나 그녀와 함께 보낸 몇 시간은 내게 큰 복이었다. 예수님은 우리가 가난한 사람들에게 먹을 것을 주고, 병든 사람들을 찾아가고, 헐벗은 자들에게 입을 것을 주는 일이 바로 예수님을 위해 한 일이 된다고 말씀하셨다. 옥타비아나를 만난 날, 나는 그녀의 눈에서 예수님을 보았다. 분명히 그랬다고 확신한다.

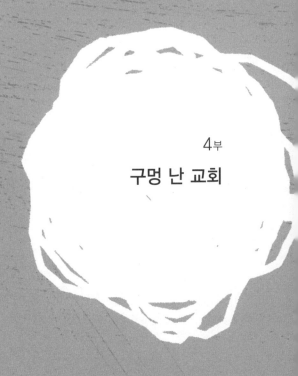

4부

구멍 난 교회

우리는 이제 사람 낚는 어부가 아니라 어항을 지키는 사람이 되었다.

-폴 하비

야구는 교회와 같다.

많은 사람들이 출석하지만 이해하는 사람은 거의 없다.

-리오 듀로셔

15. 두 교회 이야기

저는 돈이 있는 사람들과 멀리 떨어져 있습니다.
부자들은 제 면전에서 문을 닫아 버립니다. -포우아, 이집트 여성[1]

귀를 막고 가난한 자가 부르짖는 소리를 듣지 아니하면 자기가 부르짖을 때
에도 들을 자가 없으리라. -잠언 21:13

'예수 그리스도의 교회는 어디 있었을까?' 우간다의 라카이에서 보
낸 첫날, 부모를 잃고 자기들끼리 살아가는 고아들의 고통을 본 후 내
속에서 터져 나온 질문이다. 이후 이 질문은 줄곧 나를 괴롭혔다. 교회
는 정말 어디 있었을까? 세상은 내가 묘사한 그대로 가난과 불의와 고
통에 시달리고 있다. 하나님은 우리에게 온전한 복음을 받아들이라고
분명히 명하셨으며, 그 복음의 특징은 같은 인간을 향한 사랑과 정의
로의 헌신과 하나님의 구원의 좋은 소식을 모든 사람에게 선포하는 것
이다. 과연 그렇다면, 이제 우리는 하나님의 교회가 온전한 복음을 전
세계에 전하는 책임을 신실하게 감당하고 있는지 물어야 한다. 4부에
서 우리는 교파에 관계없이 예수 그리스도를 따른다고 자처하는 모든

사람을 뜻하는 보편적 교회와 우리가 모여서 예배하고 교제하고 섬기는 지역 교회의 상황을 함께 살펴보려 한다.

처음부터 분명히 말해 두고 싶다. 4부에서 나는 보편 교회 및 일부 개별 교회에 대해 몇 가지 상당히 비판적인 지적을 할 것이다. 쓰기 힘든 부분이었고, 읽기는 아마 더 힘들 수도 있다. 나는 교회를 사랑하고 교회가 세상을 향한 하나님의 계획의 중심에 자리하고 있다고 확신한다. 목회자들은 참으로 힘든 일을 맡고 있다. 그들은 교사, 설교자, 상담가, 행정가, 지도자, 중재자, 비전가가 되어야 한다. 남편이나 아내, 아버지나 어머니로서의 역할이야 더 말할 것도 없다. 형편이 어려운 교인들의 버거운 요구들에 대응하기 위해 그들은 하루 24시간, 주 7일 내내 교인들에게 지속적으로 관심을 기울인다. 나는 이미 가득 찬 그들의 접시 위에 더 많은 음식을 올려 놓으려는 게 아니다. 쌓여 있는 것 중 일부를 더 영양가 있는 음식으로 바꾸려는 것이다. 개교회가 신실하고 효율적으로 움직이기 위해서는 담임목사 혼자 뛰어서는 안 되고 모든 교인이 적극 참여해야 한다는 점도 기억해야 한다. 4부의 내용은 교회 지도자들보다 신도석에 앉아 있는 사람들에게 더 초점을 맞추고 있다. 우리가 나눔과 섬김, 기도와 희생을 외면하면서 목회자들이 우리의 부족한 부분을 메워 주기를 기대할 수는 없다.

그리스도인의 나라 미국은 복을 받았다. 교육 기회, 재정 자원, 기술적 도구, 성경공부 교재, 신학교, 기독교 서적, 음악 등을 오늘날의 미국보다 잘 갖춘 나라는 일찍이 없었다. 하나님은 지금껏 우리에게 많은 것을 주셨고, 이제 많은 것을 기대하신다. 나는 목회자들뿐 아니라 주님의 큰 복을 받은 우리 모두를 상대로 높은 기대치를 설정하고 싶다.

내가 우리 교회들의 몇 가지 결점을 비판하면, "우리 교회는 안 그래요"라고 대꾸하고 싶은 독자가 많을 것이다. 물론 그 말은 옳을 것이다. 나 역시 큰 희생을 감수해 가면서 세계 곳곳에서 믿을 수 없을 만큼 감동적인 일을 하는 교회들이 많음을 안다. 그런 분들에게는 겸허하게 "잘 하셨습니다"라고 말하고 싶다. 그리스도의 몸이 펼치고 있는 엄청난 양의 선행이 순식간에 다 사라진다면 미국과 전 세계에 어떤 일이 벌어질까, 생각만 해도 오싹해진다. 그러나 미국의 교회는 극도로 가난한 세계에서 풍성한 복을 받았으니, 그에 따르는 불편한 과제 또한 직시해야 한다. 우리는 잔이 반쯤 찬 상태로 만족해선 안 된다. 우리 '잔'이 가득 차도록 힘써서 마침내 그것이 흘러넘쳐 우리 지역과 우리나라와 세계에 복을 가져다주게 해야 한다. 나는 바로 이런 정신으로 이 글을 쓰고 있다.

오늘날의 세계에 존재할 법한 두 개의 전혀 다른 가상의 교회를 소개하는 것으로 4부를 시작하려 한다. 한 교회는 상당히 친숙하게 느껴지겠지만 또 다른 교회는 그렇지 않을 것이다. 두 교회에 대한 설명을 다 듣고 나면, 하나님이 빈부를 초월하여 그분의 교회를 어떻게 보시는지 감을 잡게 될 것이다.

첫 번째 교회는 미국 중부의 교외에 자리 잡고 있다.

하나님의축복교회

하나님의축복교회는 이름에 걸맞게 하나님의 복을 받았다. 교리 문제로 기존 교회에서 분리해 나온 소수의 교인들이 일군 교회가 십 년

만에 교인이 3천 명이나 되는 튼튼한 교회로 성장했다. 그들은 많이 수고한 끝에 아름다운 새 건물을 지었는데, 예배당에 1,500명을 수용할 수 있고, 교육관에는 성장 일로에 있는 주일학교 교실들, 청년 프로그램들을 위한 공간, 교회 도서관, 사무실들이 들어 차 있다. 열두 명으로 늘어난 목회자들은 각기 찬양과 경배, 고등부·중등부·유년부 사역, 소그룹, 선교, 남녀 선교회, 행정을 전담한다. 찬양 프로그램은 찬양 인도자와 성가대 지휘자를 한껏 드러내고, 감탄이 절로 나오는 파이프오르간과 최근에 끝난 건축 사업의 최고 성과인 음향 시스템을 자랑한다.

이 교회는 지역 사회에도 영향을 끼치고 있다. 잘사는 지역에 자리 잡고 있다 보니 수백 명의 전문 법률가, 의료인들, 성장 일로에 있는 많은 인근 기업체 임원들이 교인이 되었다. 많은 최고경영자들과 사업가들이 주일 예배에 참석하고, 많은 대학생과 대학 교수들도 끌어들이는 데 성공했다. 매년 성탄절에 열리는 야외극은 불신자를 대상으로 하는 교회의 주요 행사로서 성탄 찬양과 성극을 통해 수백 명의 불신자들에게 복음을 전하고 있다.

이 교회는 재정적으로도 복을 받았다. 매년 예산 목표를 채우는 데 어려움을 겪기는 하지만, 연말에 헌금 요청을 하면 언제나 문제가 해결된다. 교인이 늘어 감에 따라 생겨나는 여러 가지 필요에 따라 교회 안에선 다양한 사역들이 빠른 속도로 자라났다. 교회 게시판에 있는 다양한 개설 과목의 목록은 인상적이다. 성경공부, 변증 과정, 혼전 세미나, 이혼 회복 강좌, 에어로빅 강좌가 있다. 약물중독자, 우울증 환자, 암환자 및 그 가족, 십대 자녀를 둔 부모, 낙태한 여성들을 위한 지원 그룹이 각각 있다. 노인, 싱글, 외부모, 대학생, 젊은 전문직 종사자, 어린 부모들을 위한 그룹 활동들도 있다.

한 해의 하이라이트 중 하나는 선교 주간으로, 해당 기간에는 선교사들의 사역 보고가 이루어진다. 식당은 어린이들을 위한 국제 테마파크로 변신해 다양한 문화권의 음식들을 맛볼 수 있고, 전 세계의 수공품들이 전시된다. 교회는 스무 명의 선교사를 지원하고 있는데, 교회 재정의 5퍼센트 이상이 선교에 쓰인다.

이번 주일, 세 번의 오전 예배 중 1부 예배 참석자들로 주차장이 채워지기 시작한다. 이 교회는 찬양 스타일을 놓고 교인들의 의견이 나뉘어 결국 매주 세 가지 다른 형태로 예배를 드리게 되었다. 1부 예배는 전통적인 찬송가와 오르간 찬양이 등장한다. 2부 예배는 현대적 찬양으로 이루어진다. 3부 예배는 두 가지가 섞여 있다. 오늘 아침, 60명이 소리 높여 하나님을 찬양하는 성가대의 모습은 인상적이다.

오늘 봉독한 성경구절은 누가복음 말씀이다.

> 또 비유로 그들에게 말하여 이르시되 "한 부자가 그 밭에 소출이 풍성하매 심중에 생각하여 이르되 '내가 곡식 쌓아 둘 곳이 없으니 어찌할까?' 하고 또 이르되 "내가 이렇게 하리라. 내 곳간을 헐고 더 크게 짓고 내 모든 곡식과 물건을 거기 쌓아 두리라. 또 내가 내 영혼에게 이르되 영혼아 여러 해 쓸 물건을 많이 쌓아 두었으니 평안히 쉬고 먹고 마시고 즐거워하자 하리라" 하되 하나님은 이르시되 "어리석은 자여 오늘 밤에 네 영혼을 도로 찾으리니 그러면 네 준비한 것이 누구의 것이 되겠느냐?" 하셨으니 자기를 위하여 재물을 쌓아 두고 하나님께 대하여 부요하지 못한 자가 이와 같으니라(눅 12:16-21).

담임목사는 '하나님 나라에 투자하라'는 제목의 설교를 전한다. 교회 운영 자금의 부족을 염두에 둔 설교이지만 긍정적인 어조로 설교를 마무리하도록 주의한다. (그가 너무 '설교조'로 나가면, 특히 돈 문제와 관련해서 그렇게 하면 예배가 끝난 뒤 이런저런 말을 듣게 된다.) 교인들은 각기 관심 있는 강좌에 참여한 후 주차장을 빠져나간다. 주차장에 하나둘씩 여유가 생기면서 11시 예배 참석자들을 위한 자리가 난다.

고난받는종의교회

두 번째 교회는 아프리카에 있다. 고난받는종의교회는 교인이 50명 정도 되는 작은 교회로, 건물이 없어서 커다란 나무 그늘 아래 모인다. 교인들은 땅을 일구어 먹을 것을 생산하면서 근근이 살아간다. 그들은 예배 가운데 주님께 부르짖고 어려움에 처한 그들에게 허락하시는 그분의 위로를 느끼며 큰 기쁨을 맛본다. 입에 넣는 음식부터 새로 태어나는 아이, 농사에 꼭 필요한 비에 이르기까지 그들은 하나님을 의지한다. 이 교회에는 질병과 어려움이 주는 고통이 있다. 교인들은 슬픔을 잘 안다. 정치 불안으로 인한 내전에 20년 이상 시달려 왔다. 모든 가정은 주기적으로 그 땅을 파괴해 온 무장 반군들의 만행으로 아픔을 경험했다. 사람들이 살해당했고, 집이 불탔고, 여자들은 강간당했고, 아이들은 납치당했고 토지와 소유물을 도둑맞았다. 먹을 것은 부족하고 아이들은 굶주린 배를 움켜쥐고 잠자리에 드는 경우가 잦다. 깨끗한 물은 아예 구할 수 없고 두 시간에 걸쳐 웅덩이에서 물을 떠 오면 갈증은 풀 수 있지만 대신 질병의 씨앗이 뿌려진다. 병에 걸리는 일이 많은데, 참으로 두려운 일이다. 증세가 심각해져도 찾아갈 의사가 없기 때문이다. 아이들이 (다섯 살 생일을 맞기 전에) 단순한 설사로 죽거나, 어머니들이 출산 도중에 죽는 일도 드물지 않다. 에이즈로 인한 사망도 늘고 있다. 에이즈 때문에 수많은 아이들이 고아가 되었다.

학교가 있지만 대부분의 아이들은 학교를 다닐 여유가 없다. 물을 떠오거나 밭에서 일하거나 가축을 돌보아야 하기 때문이다. 돈은 부족하고, 대부분은 하루 1달러 미만으로 살아간다. 따라서 약품, 옷, 부식 같은 기본 생필품조차 구할 수 없다. 새로운 농기구, 비료나 개량 종자 역시 구할 수 없다. 마을에서 30킬로미터 넘게 떨어진 곳에 서는 시장까지 농작물을 실어 나를 운송 수단이 없기에 휴대할 수 있는 만큼만 지고 가야 한다.

그러나 이날은 주일이고, 이 작은 무리는 함께 모여 예배하고 복음을 기뻐한다. 하나님이 그들을 사랑하시고 그분의 아들을 보내셔서 그들의 죄를 대신해 죽게 하시고, 그들을 망가진 상태에서 구원하시고 영원한 생명을 주신다니, 얼마나 좋은 소식이며 놀라운 소식인가!

오늘 그들은 이사야서 말씀을 읽는다.

> 주 여호와의 영이 내게 내리셨으니
> 이는 여호와께서 내게 기름을 부으사
> 가난한 자에게 아름다운 소식을 전하게 하려 하심이라
> 나를 보내사 마음이 상한 자를 고치며
> 포로 된 자에게 자유를,
> 갇힌 자에게 놓임을 선포하며

여호와의 은혜의 해와

우리 하나님의 보복의 날을 선포하여

모든 슬픈 자를 위로하되

무릇 시온에서 슬퍼하는 자에게 화관을 주어

그 재를 대신하며

기쁨의 기름으로 그 슬픔을 대신하며

찬송의 옷으로 그 근심을 대신하시고(사 61:1-3)

하나님의 이 약속들을 묵상하던 적은 수의 교인들은 자연스럽게 기쁨의 노래와 찬양을 터뜨린다. 너무나 많은 위로, 너무나 큰 사랑. 담임목사는 이렇게 부르짖어 기도한다.

"주여, 우리에게 견딜 수 있는 힘을 주소서. 고통 가운데 있는 우리의 소리를 들으소서. 우리를 지금의 상황에서 건지소서. 주여, 우리를 도우소서, 어려운 처지의 우리를 도우소서."

그리고 그는 소망의 설교를 통해 교인들에게 어려움을 함께 감당하고, 그리스도 안에서 형제자매로 서로를 사랑해야 한다고 상기시킨다. 예배는 끝나지만 가족별로 흩어져서 집으로 돌아가는 동안에도 찬양은 계속된다. 주일이지만 해야 할 일이 있다.

정반대의 상황에 있는 이 두 교회 이야기는 세계 여러 지역에 있는 전형적인 교회들의 모습을 상당히 정확하게 보여 준다. 두 교회 모두 다른 쪽을 인식하지 못하고 있다. 그러나 주일 오전에 단 몇 분이라도 두 교회를 연결할 수 있다면 어떻게 될까? 잠시 상상력을 발휘해 보라. 당신이 그 아프리카 교회의 담임목사인데 어느 주일 오전, 놀라운 상황이 펼쳐지면서 순식간에 미국에 이르러 하나님의축복교회를 방문하게 된다.

상상해 보라. 주차장에 들어선 당신은 번쩍이는 온갖 차들과 수천 명의 하나님의 사람들이 밀려 들어가는 훌륭한 교회 건물을 보고 얼마나 놀라게 될까. 꿈도 꾸지 못했던 번영이, 상상도 못했던 으리으리한 교회 건물이 눈앞에 있다. 신자들의 무리를 발견한 당신은 가슴이 부풀어 오른다. 이들이라면 어쩌면 고통 가운데 살아가는 가난한 교인들을 도와줄 수 있지 않을까.

신도석에 앉은 당신은 거대한 예배당을 가득 채우는 음악과 한목소리로 드리는 찬양에 압도된다. 사방의 유리창은 멋들어진 스테인드글라스로 되어 있고 천장에는 화려한 현수막들이 드리워져 있다. 대규모 성가대가 찬양을 부를 때는 마치 천국에 온 것 같은 느낌을 받는다. 그리고 담임목사가 나와 당신이 매주 마을에서 가르치는 것과 똑같은 성경으로 친숙한 말씀을 전한다. 당신은 자리에 앉아 기도하기 시작한다. 이 형제자매들에게 당신의 마음에 가득한 생각을 어떻게 말할지 궁리하면서 드리는 소망의 기도다. 어린이들의 고통, 더러운 물, 흉작, 식량 부족에 대해 말해야지. 에이즈 대유행이 남긴 힘겨운 상황을 이겨 내려 몸부림치는 과부들과 고아들의 슬픔에 대해 말하리라. 구원과 도움을 달라고 뜨겁게 기도해 왔고 하나님께 기적을 베풀어 달라고 부르짖어 왔는데 여기 그 기도의 응답이 있음을 알게 되었습니다, 여러분이 저의 기적입니다, 라고 말해야지. 마침내 당신은 이야기를 들어줄 사람들이 있는 곳, 확실하게 도움을 받을 수 있는 곳에 이른 것이다.

예배를 마치는 찬양이 끝난 후, 당신은 무슨 말을 해야 할지 생각을 정리하며 자리에서 일어나 예배당 앞쪽으로 나아간다. 하지만 당신이 설교단에 이르러 말을 꺼내려는 순간, 사람들이 자리를 뜨기 시작한다. 뭔가 잘못되었다. "잠깐만 기다리세요! 제 말 좀 들어 보세요!" 그러나 그들은 듣지 않는다. 그들의 귀에는 당신의 목소리가 들리지 않는 듯하다. 그들의 눈에는 당신의 모습이 보이지 않는 듯하다. 당신은 그들을 따라 예배당 밖으로 나가 주차장에 들어서고 점점 더 절박하게 애원한다. 한 명이라도 돌아서기를 바라며 멈추라고 간청한다. 그러나 그들은 하나둘씩 차에 올라 떠나고 결국 당신 혼자 남는다. 당신의 눈에는 눈물이 가득 찬다. 그들은 왜 귀를 기울이지 않는 걸까? 왜 나를 보지 못하는 걸까? '주여, 왜 그들의 눈과 귀를 열어 보고 듣게 하지 않으셨나이까?'

문제점이 보이는가? 내 비유에 등장하는 미국 교회는 '나쁜' 교회가 아니다. 아프리카에 있는 작은 교회의 고통을 알지 못하는 것뿐이다. 아프리카 교인들을 돕지 않으리라 작정한 것도 아니다. 자신들의 프로그램과 교인들에게 몰두한 나머지 더 큰 그림, 지구 반대편에 있는 아프리카 교회의 실상을 못 보는 것뿐이다. 미국에는 34만 개의 개교회가 있고, 전체적으로 보면 전례 없는 자원과 역량을 보유하고 있다. 개발도상국들에도 수십만 개의 가난한 교회들이 있고, 그 교인들은 하루하루 생존을 위해 몸부림치고 있다. 하나님이 이런 상황을 어떻게 보실까. 하나님은 그분의 모든 교회를 굽어 보시며 부유한 교회들이 왜 가난하고 무거운 짐 진 형제자매 교회들을 돕지 않는지 의아해하시지 않을까.

1세기에 바로 이 문제를 다룬 고린도후서를 다시 보자. 바울은 고린도 교회에게 극도로 가난하게 살고 있는 예루살렘 교회들을 위해 구제 헌금을 촉구했다. 마게도냐 교회 역시 가난했지만 그들을 돕기 위해 후한 헌금을 모은 바 있었는데, 바울은 고린도 교회가 마게도냐 교회의 본을 따르기를 원했다. 바울은 마게도냐 교인들의 희생적인 헌금을 이렇게 설명했다.

> 그들은 큰 환난의 시련을 겪으면서도 기쁨이 넘치고, 극심한 가난에 쪼들리면서도 넉넉한 마음으로 남에게 베풀었습니다. 내가 증언합니다. 그들은 힘이 닿는 대로 구제하였을 뿐만 아니라, 오히려 힘에 지나도록 자원해서 하였습니다. 그들은, 성도들을 구제하는 특전에 동참하게 해달라고, 우리에게 간절히 청하였습니다(고후 8:2-4, 표준새번역).

시련과 '극심한 가난'을 겪고 있으면서도 그들은 예루살렘의 형제자매들을 돕는 일에 나섰다. 하지만 고린도 교회는 진작부터 그들을 돕겠다고 자원했으나 모금을 끝내지 못했고, 바울은 그들에게 이 상황에 대처하길 촉구했다.

> 나는 이 말을 명령으로 하는 것이 아닙니다. 다른 사람들의 열성을 말함으로써, 여러분의 사랑도 진실하다는 것을 확인하려고 하는 것뿐입니다. 여러분은 우리 주 예수 그리스도의 은혜를 알고 있습니다. 그리스도께서는 부요하나, 여러분을 위해서 가난하게 되셨습니다. 그것은 그분의 가난하

심으로 여러분을 부요하게 하시려는 것입니다(고후 8:8-9, 표준새번역).

바울은 이 일을 그들의 믿음과 사랑의 진실성을 확인하는 시험대로 삼았다. 그리고 계속해서 이렇게 말했다.

> 나는, 다른 사람들을 편안하게 하고, 그 대신에 여러분을 괴롭게 하려는 것이 아니라, 평형을 이루려 합니다. 지금 여러분의 넉넉한 살림이 그들의 궁핍을 채워 주면, 그들의 살림이 넉넉해질 때에는, 그들이 여러분의 궁핍을 채워 줄 수도 있을 것입니다. 그리하여 평형을 이루는 것입니다. 이것은 성경에 기록하기를 "많이 거둔 사람도 남지 않고, 적게 거둔 사람도 모자라지 않았다" 한 것과 같습니다(고후 8:13-15, 표준새번역).

그는 평형equality을 이루려 한 것이다. 평등equality 개념이 이 구절에서 두 번이나 등장하는 것을 보면, 이것이 하나님께 중요한 개념인 게 분명하다.

그러니 21세기의 우리는 왜 우리가 '극심한 가난'에 처한 그리스도인들(및 다른 신앙을 가진 사람들)을 돕는 일에 적극적으로 나서지 않는지 물어야 한다. 인식 부족이 한 가지 이유인 것은 분명하다. 지난날 나는 먼 나라에 있는 그리스도인들의 상황은 별로 생각하지 않고 살았다. 무엇보다 그들의 곤경을 알지 못했기 때문이다. 또 다른 이유는 우리가 자기 일에만 빠져 있기 때문이다. 우리는 자신의 삶과 교회의 일상적인 문제들에만 몰두한 나머지 다른 땅에 있는 교회들의 어려움을 놓친다. 우리의 죄는 행위commission가 아닌 불이행omission의 죄다. 불이행의 죄들은 참으로 다루기 어렵다. 불이행의 죄를 벗어나기 위해서는 의식적이고 끊임없는 자기성찰과 가장 어려운 사람들을 섬기려는 의지, 하나님이 허락하신 주위의 더 넓은 세계에 대한 예리한 인식이 필요하다. 이것들을 갖춘 후에야 비로소 전 세계 교회의 유익을 위해 우리가 가진 많은 것들을 일관성 있고 효과적으로 사용할 수 있게 된다.

교회는 세상의 희망

> 주께서 말씀하셨다. "이 백성이 그 입으로는 나를 존경한다고 말하지만, 그 마음은 내게서 멀리 떨어져 있다. 그들이 나를 경배한다고 하지만, 그것은 사람들이 해오던 대로 형식적으로 하는 것일 뿐이다.
>
> −이사야 29:13(쉬운성경)

예수님이 누가복음 4장에서 소개하신 사명, 하나님 나라의 좋은 소식을 온 세계에 전하는 사명을 수행하는 일에 교회가 왜 그렇게 전략적으로 중요한지 알아야 한다. 모든 그리스도인이 각자의 삶을 통해 복음을 드러내는 중요한 역할을 감당해야 한다. 우리는 기도하고, 구제하고, 자원봉사하고, 복음의 효과적인 대사가 될 수 있다. 하지만 세상을 변화시킬 우리의 가장 큰 힘은 함께 모여 그리스도의 몸 전체의 자원을 조직화하고 집중시킬 때 나타난다. 교인이 천 명인 교회는 개별 교인들이 제각각 행동하기보다는 전체로 모일 때 더 강력한 영향력을 발휘할 수 있다. 하나님은 그분의 나라를 하늘에서 이룬 것같이 땅에서도(마 6:10) 건설하고 복음이 요구하는 사회 변혁을 이끌기 위한 핵심 전략으로 교회를 세우셨다. 달리 표현하면, 교회들의 집단적이고 조직적인 힘 없이는 세상에 영향을 끼치는 그리스도인들의 능력을 제대로 발휘할 수 없다.

일리노이 주 윌로우크릭교회의 빌 하이벨스 목사는 이렇게 말한 바 있다. "지역 교회는 세상의 희망이고 그 미래는 무엇보다 지도자들의 손에 달려 있습니다." 옳은 말이다. 교회 지도자들이 세상의 빛과 소금이 되고, 사회 변화와 영적 변화를 촉진하고, 정의를 추구하고, 온전한 복음을 선포하겠다는 비전을 갖지 못하면, 변화의 주체인 교회는 잠재력을 실현하지 못할 것이다. 교회는 교인들의 필요를 충족하는 일에만 집중한 나머지 바깥사람들을 배제하게 될 것이다. 교회는 세상을 변화시키는 '변화의 기지'가 되지 못하고 영적 고치로 남을 것이며, 그리스도인들은 적대적인 세상을 피해 그 안에 머무를 것이다. 교회의 게시판을 보면 그 교회의 우선순위가 무엇인지 알 수 있다. 우리의 광고 중에는 외부 사람들의 필요가 아니라 우리의 필요를 위한 프로그램들을 알리는 내용이 얼마나 많은가? 내가 가본 몇몇 교회들의 게시판은 마치 심리학 전문지의 목차 같았다. 그 안에는 우울증, 불안, 이혼 상처의 회복, 양극성 장애, 성기능 장애, 섭식 장애, 체중 조절을 위한 프로그램과 지원 그룹이 나열되어 있었다. 에어로빅, 필라테스, 요리 교실, 태권도 강좌도 물론 빠지지 않았다. 교회가 자기 교인들을 챙겨서는 안 된다는 말이 아니다. 내부 사역과 외부 사역이 균형을 이루어야 한다는 말이다. 나중에 살펴보겠지만, 교회가 예산을 어떻게 쓰는지 살펴보면 이 균형의 문제가 정신이 번쩍 들 만큼 적나라하게 드러난다. 교회가 그리스도인들이 세상에서 물러나 쉬는 영적 온천장이 되어 버리면, 소금은 그 짠맛을 잃고 우리는 더 이상 사회에 영향을 끼치지 못하게 된다.

에이즈가 창궐하는 지역의 한 작고 초라한 아프리카 교회를 맡고 있는 모건 칠룰루 목사는 내게 이렇게 말했다. "건물 밖으로 나오지 않는 교회는 교회가 아닙니다."

상황을 일거에 요약해 주는 말이다.

16. 중대한 불이행

세상을 더 이상 외교관들, 정치가들, 기업가들에게 맡겨 둘 수 없다. 그들이
최선을 다했음은 의심의 여지가 없지만, 지금은 영적 영웅들이 필요한 시대
다. 그들이 영웅적인 믿음과 영적 성품과 능력을 발휘해야 할 때다. 오늘날 교
회를 위협하는 가장 큰 위험은 메시지의 수준을 너무 낮게 잡는 것이다.

-달라스 윌라드, 《영성 훈련*The Spirit of Discipleship*》

수십 년 전, 내가 월드비전에 오기 오래 전의 일이다. 아내가 교회의
연례 선교대회 책임을 맡았다. 선교대회의 목적은 해외 선교에 대한 인
식을 높이며 해외 선교비를 모금하는 것이었다. 많은 교회에서 비슷한
'선교 주간' 행사가 열리는데, 우리 교회의 경우는 상당히 큰 행사였
다. 유년부에서는 놀라운 창의성을 발휘해 어린이들이 다양한 문화와
세계 선교의 중요성을 배우도록 도왔다. 탁월한 강사들이 전 세계 곳곳
에서 벌어지는 상황과 우리가 후원하는 사업들이 사람들의 삶을 어떻
게 바꾸는지 생생하게 전해 주었다.

대부분의 선교대회가 그렇듯, 우리도 선교 사역 후원을 위해 모금 목
표를 세웠다. 내 기억이 맞다면, 그해 목표는 70만 달러였다. 상당한

액수였다. 선교대회를 마무리하면서 작정헌금을 요청했고 그 주말에 작정카드를 모두 거두어들였다.

다음 주일에 나는 목표 대비 작정액이 얼마나 나왔는지 듣게 될 것으로 기대했다. 그러나 광고는 없었다. 르네와 나는 교인들이 얼마나 작정을 했는지 궁금했기에 목사님 중 한 분에게 전화를 걸어 결과를 물어보았다.

"그거요? 60만 달러가량 작정이 나왔습니다. 목표보다 10만 달러가 부족한 거지요."

나는 부족한 부분을 어떻게 메울 계획이냐고 물었다.

"글쎄요, 사업 내용을 좀 줄여야겠지요. 선택의 여지가 없지 않습니까?"

내가 말했다.

"사업을 줄여요? 주님이 우리 교회에 맡기신 일을 감당하려면 돈이 더 필요하다고 교인들에게 말하는 게 어떻겠습니까?"

그러자 젊은 부목사님이 상황을 설명했다. 담임목사님은 본인이 교인들에게 돈을 더 요구하면 반응이 안 좋을 거라고 생각한다는 것이었다. 그 말을 듣자 마음이 편치 않았다. 그래서 평신도인 내가 다음 주세 차례의 예배 시간에 교인들 앞에 나가 헌금을 더 요청하면 어떻겠느냐고 물었다.

그는 다소 미심쩍게 물었다.

"그렇게 하시겠다는 말씀입니까?"

"그럼요. 하나님이 우리에게 맡기신 일이라면, 우리가 감당해야지요."

그래서 다음 주일, 나는 교인들 앞에서 이렇게 목소리를 높였다.

"교우 여러분, 두 주 전에 우리는 연례 선교대회를 마쳤습니다. 아시다시피, 하나님이 맡기신 일을 감당하고자 우리 교회가 세운 모금 목표는 70만 달러였습니다. 아쉽게도, 작정액을 모두 세어 보니 10만 달러 정도가 부족했습니다. 오늘 아침 처리해야 할 사소한 집안일 하나가 생긴 거지요. 저는 교인들 모두가 또 한 번 작정을 해서 목표 달성을 도왔으면 합니다. 지금 바로 주변에서 아무 종이나 한 장 꺼내시기 바랍니다. 없으시다면 찬송가에서 한 장 뜯어내세요. 이건 농담입니다!

자, 아직 선교헌금 작정을 안 하신 분들에게 먼저 말씀드리고 싶습니다. 지금 당장 작정하십시오. 1달러라도 상관없습니다. 주님의 일을 지원하는 데 모두가 형편껏 참여할 필요가 있습니다. 종이에다 성함과 주소, 작정액을 적어 헌금함에 넣어 주십시오.

자, 이미 작정하신 분들은 한 번 더 하시면 좋겠습니다. 그렇습니다. 작정을 한 번 더 하시라는 겁니다. 올해 우리 모두는 이보다 덜 중요한 일에 돈을 쓰게 될 것입니다. 안 그렇습니까? 다들 새로운 가구나 어쩌면 새 차를 살 것이고, 영화를 보러 가거나 외식을 할 것이고 가족 휴가도 떠날 겁니다. 따라서 저는 우리가 이 사업을 후원할 돈이 있다고 생각합니다. 그 돈을 다른 데다 쓰기로 하는 것뿐이지요. 우리는 지난 주 내내 세상의 필요와 우리가 전 세계에서 후원하는 효과적인 선교 사업에 대해 들었습니다. 그러니 이제 한걸음 더 나아가 일을 마무리합시다."

이렇게 노골적으로 얘기하자 사람들이 깜짝 놀라는 것을 알 수 있었다. 그들은 강단에 선 사람이 이런 식으로 말하는 것을 들어 본 적이 없었다. 그렇지만 종이가 부스럭대는 소리가 들렸고 사람들은 내 요청에 반응하는 듯했다. 나는 감사하다고 말하고 기도한 후 자리에 앉았다.

1부 예배가 끝나자 나는 목사님 중 한 분에게 어땠느냐고 물었다. 그는 담임목사님이 내가 주어진 시간을 2분 넘겨 초조해했으며 찬송가에서 한 장 찢으라는 말도 탐탁지 않게 여겼다고 말했다. 그 질책에 다소 풀이 죽은 나는 이후 두 번의 예배 시간에는 좀더 간단하게 말을 했다. 그리고 집으로 돌아갔다.

이틀이 지났지만 아무 연락이 없었다. 그래서 나는 다시 전화를 걸어 물어보았다. 추가 작정액이 10만 달러가 조금 넘게 나왔다는 대답을 들었다. 추가 요청이 효과가 있었다. 교인들의 호응에 힘입어 목표를 달성한 것이다. 그러나 추가 요청의 결과가 잘 나왔는데도 내가 귀찮은 존재로 인식되고 있다는 느낌을 지울 수 없었다. 담임목사님은 평지풍파를 일으키고 싶지 않았던 것이다. 우리 교회는 여러 면에서 좋은 교회, 충실한 교회였지만 목회자나 평신도를 막론한 교회 지도자들은 하나님 나라를 전 세계에 시급히 확장해야 한다는 절박함을 잊어버리지 않았나 싶다. '선교'가 협상의 여지 없는 헌신의 대상이 아니라 또 하나의 프로그램이 되어 버린 것이다. 언제나 이것이 하나님의 백성의 문제였다. 하나님의 대담한 비전에서 떠내려가 그보다 안전하고 길들여진 우리 자신의 비전에 안주해 버리는 것이다.

그러나 이사야서 1장에는 하나님이 그분을 섬기는 열정을 잃어버린 백성을 어떻게 생각하시는지 정확하게 나와 있다. 유다 백성을 대상으로 쓰여진 것이지만, 이 매서운 말씀은 21세기 교회에도 쉽게 적용할 수 있다.

나의 메시지에 귀를 기울여라.

너희 소돔에서 배운 지도자들아.

하나님의 계시를 받아라.

너희 고모라에서 배운 백성들아.

하나님이 물으신다.

"제물들을 가져다 왜 이리 소란을 떠느냐?

너희는 번제물과 숫양과 곡물을 먹인 살진 송아지를

내가 질리도록 먹었다고 생각하지 않느냐?

너희는 내가 황소와 양과 염소의 피를

질리도록 마셨다고 생각하지 않느냐?

너희가 내 앞에 나올 때,

이렇게 처신하라고 누가 가르치더냐?

여기저기 뛰어다니고 이렇게저렇게 행하고

예배하라고 마련된 자리에서 누가 이 모든 소동을 일으키라고 하더냐?

너희의 허울뿐인 예배를 그만두어라.

너희의 되지도 않는 종교놀음을 참을 수 없구나.

월례 집회, 주례 안식일, 특별 모임

모임, 모임, 모임. 더 이상 못 견디겠다.

너희 때문에 내가 지쳤다!

나는 너희가 곧장 죄를 저지르면서 내세우는

종교, 종교, 종교에 진저리가 난다.

다음번에 너희가 기도 공연을 해도

나는 그쪽을 쳐다보지도 않겠다.

너희가 아무리 오래, 큰 소리로, 자주 기도해도

나는 듣지 않겠다.

그 이유를 아느냐?

너희가 사람들을 산산조각으로 찢어

너희 손에 피가 가득하기 때문이다.

집에 가서 몸을 씻고

행실을 깨끗이 하여라.

네 삶에서 악행들을 완전히 씻어 내고

내 눈에 더 이상 보이지 않게 하여라.

악을 거부하고

선을 행하기를 배워라.

정의를 위해 일하여라.

짓밟힌 자들을 도와라.

집 없는 자들의 편을 들어라

힘없는 사람들을 변호해 주어라"(사 1:10-17, 메시지).

하나님이 이 호된 구절을 통해 하시는 말씀이 들리는가? 하나님은
'신앙생활의 시늉만 내는' 교회와 교인들에 질리셨다. 깊은 헌신은 없
고 겉모습만 번지르르한 모습에 지치셨다. 이것이 우리의 구멍 난 복음
이고, 이 구멍을 메우기 전까지 우리의 신앙은 하나님이 경멸하시는 공
허한 종교에 불과하다. 이 구절에서 하나님은 너무나 화가 나셔서 앞으
로 우리의 기도에 귀 기울이지 않으시고 우리의 예배도 외면하시겠다
고 말씀하신다. 이렇게 물을 사람도 있을 것이다. "하지만 하나님은 우

리의 예배를 원하시지 않나요? 하나님이 기도하라고 명하시지 않았나요?" 물론 그렇다. 그러나 하나님을 향한 우리의 사랑을 가장 고귀하고 아름답게 표현하는 방법은 그분의 사랑을 주위 사람들에게 구체적으로 보여 주는 것이다. 하나님의 자녀들 중 가장 약한 자들에게 자비를 베풀고 정의를 위해 싸우는 것이 그 구체적인 방법이다.

몇 년 전 월드비전은 목회자들을 대상으로 설문 조사를 했다. 목회자들에게 자신의 교회가 정말 중요하게 여기는 일의 순위를 매겨 보라고 했다. 목회자들은 우리가 제시한 목록에 근거하여 어떤 일들이 다른 일들보다 우선한다고 생각하는지 대답해야 했다. 목회자들의 79퍼센트가 최우선순위 범주에서 예배를 꼽았고, 57퍼센트가 전도, 55퍼센트가 어린이 사역, 47퍼센트가 제자훈련을 꼽았다. "해외의 가난하고 소외된 사람들을 돕는 일"이 최우선순위에 속한다고 표시한 사람은 18퍼센트에 불과했다.[1] 야고보 사도의 말씀을 잣대로 보면 놀라운 반응이다. "하나님 아버지 앞에서 정결하고 더러움이 없는 경건은 곧 고아와 과부를 그 환난 중에 돌보고 또 자기를 지켜 세속에 물들지 아니하는 그것이니라"(약 1:27). 《메시지》 신약은 이 부분을 이렇게 번역한다. "그럴듯한 말로 경건한 척하는 사람은 자기를 속이는 자입니다. 그러한 경건은 자기 자랑이자 허풍일 뿐입니다. 하나님 아버지 앞에서 인정받는 참된 경건은, 어려움을 겪는 집 없는 사람과 사랑받지 못하는 사람들을 보살피고, 하나님을 모르는 세상에 오염되지 않도록 조심하는 것입니다"(약 1:26-27).

하나님은 행함이 없는 공허한 믿음이 아니라 행동으로 나타나는 진실한 믿음을 원하신다. 하나님이 그분을 따르는 자들의 행동 중에서 지적하시는 죄들의 목록을 보면, 우리의 관심은 행위의 죄들에 쏠려 있는 반면 하나님을 더욱 근심하게 하는 것은 불이행의 죄들인 듯 보인다. 행위의 죄란 하나님의 명령을 어기는 일을 말한다. 살인, 폭력, 절도, 간음, 신성모독, 험담, 난교, 가난한 자들에 대한 착취 등이 여기에 해당한다. 대부분의 그리스도인과 교회들은 이런 죄들에 대해 아주 직설적으로 이야기한다. 그런데 이런 행위의 죄들을 너무 열심히 규탄하다 보니 그리스도인들은 남을 판단하고 편협하게 군다는 인식이 생겨나게 되었다. 우리가 추구하는 가치가 아니라 반대하는 내용이 우리를 규정하게 된 것이다. 그러나 하나님은 그분의 명령에 따라 행하지 않은 일들에 대해 더욱 노하시는 듯하다는 점에 주목하라. 야고보서의 날선 말씀을 다시 들어 보자. "그러므로 사람이 선을 행할 줄 알고도 행하지 아니하면 죄니라"(약 4:17).

이사야는 얄팍하고 시늉뿐인 예배에 대해 어떤 해독제를 처방했는가? 여기서도 내가 온전한 복음의 일부로 소개한 요소들이 등장한다.

> 내가 받고 싶은 금식은 이런 것들이 아니냐?
> 부당하게 묶인 사슬을 끌러 주고
> 멍에의 줄을 풀어 주는 것,
> 압제받는 사람을 자유롭게 놓아주고
> 모든 멍에를 부숴 버리는 것이 아니냐?
> 너희가 굶주린 사람에게 먹을 것을 나눠 주고
> 가난한 노숙자를 집에 맞아들이는 것이 아니냐?
> 헐벗은 사람을 보면 옷을 입혀 주고

네 혈육을 못 본 체하지 않는 것이 아니냐?(사 58:6-7, 우리말성경)

이런 것들이 우리가 신앙에 따라 해야 할 일들이며, 이런 모습이 나타날 때 세상 사람들은 그리스도께 매력을 느낀다. 사실 기독교 신앙의 가장 큰 두 계명, 하나님을 사랑하고 우리 이웃을 우리 자신처럼 사랑하라는 명령도 피해야 할 일이 아니라 해야 할 일이다. 우리가 온전한 복음에 따라 행할 때, 세상은 그 모습에 주목하고 매력을 느낀다. 마더 테레사, 빌리 그레이엄, 데즈먼드 투투 주교와 교황 요한 바오로 2세가 그토록 매력적이고 사랑받는 인물들이었던 비결이 바로 여기에 있다.

우리 대문 앞의 거지

성경에서 가장 도발적인 비유 중 하나가 거지 나사로와 부자의 이야기다. 비유는 이렇게 시작된다. "어떤 부자가 있었는데, 그는 자색 옷과 고운 베옷을 입고, 날마다 즐겁고 호화롭게 살았다. 그런데 그 집 대문 앞에는 나사로라 하는 거지 하나가 헌데투성이 몸으로 누워서, 그 부자의 상에서 떨어지는 부스러기로 배를 채우려고 하였다. 개들까지도 와서, 그의 헌데를 핥았다"(눅 16:19-21, 표준새번역).

이 구절의 그림은 매우 생생하여 눈길을 사로잡는다. 부자는 방탕하게 살지만 그의 집 대문 밖에는 가난한 나사로가 있다. 나사로의 온몸에는 보기 흉한 고름이 나오는 종기가 덮여 있고 그는 음식 부스러기라도 얻어먹으려 한다. 나사로의 이름까지 아는 것으로 보아 부자는 그를 잘 알았던 게 분명하다. 부유한 집을 드나들면서 매일 그의 곁을 지나쳐 갔을 것이다. "그 집 대문 앞에는 나사로라 하는 거지 하나가……누워서"라는 말이 있는 것은 하나님이 부자의 반응을 보시고자 나사로를 일부러 그곳에 두셨음을 암시하는 건지도 모르겠다.

우리는 두 사람의 영원한 운명을 알고 있다. "그러다가, 그 거지가 죽어서 천사들에게 이끌려 가서 아브라함의 품에 안겼고, 그 부자도 죽어서 땅에 묻히게 되었다. 부자가 지옥에서 고통을 당하다가 눈을 들어서 보니, 멀리 아브라함이 보이고, 그의 품에 나사로가 있었다"(눅 16:22-23, 표준새번역). 나사로는 위로를 받았고 부자는 지옥에 갔다.

여기서 무엇이 중요한지 알겠는가? 부자는 나사로를 때리거나 학대하지 않았다. 그냥 그를 무시했고 하루 또 하루 무심하게 그의 곁을 지나쳤다. 그의 죄는 불이행의 죄였다. 사도 야고보가 기록한 바와 같이, 그도 자신이 행해야 할 '선'을 알면서도 실천하지 않았다(약 4:17). 간단히 결론을 내려 보면, 부자는 자신의 부와 나사로의 가난의 불균형이 엄청 큰 것임에도 놀랄 만큼 무감각했고 아무런 조치도 취하지 않았기 때문에 지옥에 갔다. 그는 거지의 곤경을 인식하고 있었고 그의 고통을 덜어 줄 힘도 있었지만 아무 일도 하지 않았다. 나는 이 비유에서 세 번째 천 년을 맞는 예수 그리스도의 교회를 위한 탁월한 은유를 발견했다. 하나님이 우리 집 대문 밖에도 거지를 두지 않으셨는가? 우리의 편안한 집과 커다란 교회 건물 바깥에 세상에서 가장 가난한 사람들, 고통받고 굶주리고 병들어 '부자'의 식탁에서 떨어진 빵조각 몇 개를 간절히 바라는 사람들이 있다. 그 부자의 경우처럼, 우리 역시 고통받는 가난한 사람들을 모른다고 말할 수 없다. 도울 방법이 없다고 할 수도 없다. 우리도 언젠가는 하나님 앞에 서서 결산을 해야 할 것이다.

앞서 소개한 '두 교회 이야기'로 돌아가 보자. 나사로와 부자의 대조적인 모습은 부유한 교회들과 가난한 사람들의 교회 같지 않은가? 하나님은 그분의 모든 교회가 넉넉히 지낼 수 있도록 충분한 자원을 주셨다. 그것들이 균등하게 분배되지 않았을 뿐이다. 그리고 분배는 우리의 책임이다.

앞에서 묘사한 작은 교회, 고난받는종의교회는 가상의 설정이지만 현실과 그리 멀지 않다. 몇 년 전 나는 아프리카 남부에 있는 말라위를 방문했고, 에이즈가 창궐하는 현실을 이겨 내기 위해 몸부림치고 있는 시골의 목회자 그룹을 만날 기회가 있었다. 스무 명 남짓한 목사님들이 나를 만나기 위해 각자의 마을에서 걸어왔다. 그중 일부는 수 킬로미터를 맨발로(!) 왔는데, 그 모습을 본 나는 무척 마음이 아팠다! 그들은 신발조차 없었던 것이다.

말라위 월드비전 스탭진은 에이즈가 제기한 많은 과제들에 대한 효과적인 대응을 유도하고자 목회자들이 하나의 그룹으로 조직화되도록 도왔다.(그 목사님들 중 일부는 한 주에 세 번에서 다섯 번의 장례식을 집전했고 때로는 하루에도 두세 번씩 장례를 치렀다.) 자기 소개를 마친 후, 그들의 대표가 일어서서 그룹의 활동과 필요 사항을 깔끔하게 적은 요약문을 펼쳤다. 그날 그는 우리에게 이런 내용을 읽어 주었다.

우리 위원회를 구성하는 스물여섯 명의 목회자는 다음의 목표를 공유한다.
- 우리 주 예수 그리스도의 복음을 선포한다.
- 모든 교회의 하나 됨을 강화한다.
- 초교파적 기도 모임을 조직한다.

- 에이즈에 맞선 싸움에 협력한다.

우리는 다음과 같은 역할을 감당한다.
- 에이즈 환자 가족들을 방문하고 그들을 위해 기도한다.
- 고아들을 방문하고 그들을 위해 기도한다.
- 노인들을 위해 집과 화장실을 짓는다.
- 고아들에게 옷과 옥수수 가루를 제공한다.
- 그리스도인들에게 에이즈 예방법을 가르친다.
- 교회에 청년부 모임을 만든다.

그리고 그는 자신들이 직면한 난관들을 나열했다.
- 고아들을 지원하기 위한 기금 부족.
- 고아들을 위한 약품 부족.
- 고아들을 위한 음식 부족.
- 고아들과 노인들을 방문하기 위한 수송 수단이 없음.(마을에 탈것이 없어서 아이들이 부모의 시신을 매장하기 위해 1.5킬로미터가 넘는 거리를 운반해야 하는 경우도 있다고 했다.)

이 일은 우리의 교회와 그들의 교회가 얼마나 다른지 생생하게 보여 준다. 그곳, 말라위에 있는 예수 그리스도의 교회는 그들 세대로선 최악의 난관에 직면해 있다. 그러나 그곳 교회들은 상황을 이겨 내는 데 필요한 핵심 물자가 부족하다. 그리고 여기, 미국에 있는 교회에는 그들이 절실히 필요로 하는 기술과 영향력, 자원들이 넘친다.

보편 교회에 속한 우리가 지상명령the Great Commission에 참으로 헌신한다면, 먼저 '중대한 불이행the Great Omission'을 개선하기 위해 뭔가를 해야 할 것이다. 우리가 먼저 그리스도의 사랑을 교회에, 생존을 위해 몸부림치는 교회들을 포함한 온 교회에 보여 주지 못한다면, 세상 사람들에게 그 사랑을 결코 제대로 보여 줄 수 없을 것이다.

17. 인도적 위기 상황을 외면한 교회

이 세대는 나쁜 사람들의 악독한 언행뿐 아니라 선량한 사람들의 끔찍한 침묵에 대해서도 회개해야 할 것이다. −마틴 루터 킹, 〈버밍엄 감옥에서 쓴 편지〉

에이즈라는 작은 바이러스······기독교계 대부분은 그것을 무시했다. 그렇지 않은 기독교인들은 그것을 사람들의 악행에 대한 하나님의 보응으로만 보았다. 아이들에 대해서조차도 그렇게 생각했다.
−보노, 《지금은 행동할 때 On the Move》

    교회사에는 교회가 당대의 중대한 사회 문제를 놓고 잘못된 쪽을 편든 어처구니없는 모습이 여러 번 등장하여 충격을 준다. 교회가 정의를 촉진하고, 인간 생명의 신성함을 드높이고, 약자들을 위해 싸우고, 세상의 지배적 가치 체계에 도전함으로써 사회 변혁을 일으키도록 부름받은 진정 혁명적인 기관이라면, 사회 정의 문제들의 전면에 나서야지 막차를 타서는 안 될 것 같다. 그러나 교회사를 들여다보면 당대의 주류 문화를 하나님의 눈으로 보지 못한 답답한 '문화적 맹목' 현상을 목격하게 된다.

내 어린 시절에는 '카우보이와 인디언'이 텔레비전 드라마와 영화를 주름잡았다. 카우보이는 좋은 사람, 인디언은 나쁜 놈이라는 생각이 여과 없이 받아들여져 천박한 인종적 편견을 고착화시켰다. 그러다 나는 대학생이 되어 더 정확한 이야기가 담긴 디 알렉산더 브라운의 《나를 운디드니에 묻어주오》(나무심는사람 역간)[1]를 읽었다. 이 기록에 따르면 아메리카 원주민들은 그들의 땅에서 수세기 동안 번성했으나 유럽인 이주민들이 옮겨 오면서 상황이 달라졌다. 이주민들은 그곳에 살던 사람들의 권리를 거의 또는 전혀 개의치 않고 마음대로 땅을 차지해 버렸다. 많은 원주민 부족들은 이주민들과의 평화로운 공존을 꾀했으나 이주민들은 그들과 함께 서명한 조약들을 파기하고 새로운 땅을 요구했으며 계속 영토를 넓혀 갔다. 일부 원주민 부족들이 폭력적인 행위를 저지른 것은 사실이지만, 그것조차도 이주민들의 행패로 촉발된 경우가 많았다. 우리 모두 이 이야기가 결국 어떻게 끝났는지 잘 안다. 아메리카 원주민 세력은 크게 약화되고 말았다. 그들은 살해당했고, 보호구역으로 밀려났고, 토지를 빼앗겼고, 집이 부서지고 가축들이 죽어 가는 모습을 하릴없이 지켜봐야 했다. 오늘날에 벌어진다면 인종 학살이라 부를 법한 일들이다.

그런데 이것이 교회와 무슨 상관이 있을까? 식민지 아메리카로 이주한 거의 모든 사람은 종교의 자유를 얻기 위해 찾아온 그리스도인들이었다. 하지만 대부분의 경우, 그리스도인 이주자들과 교회들은 아메리카 원주민들을 주변부로 몰아내는 데 가담하거나, 최소한 이웃 사람들과 정부가 저지르는 잔혹 행위들에 눈을 감아 버렸다.

교회사에 남은 또 하나의 오점, 문화적 맹목의 또 다른 사례로 노예제를 빠뜨릴 수 없다. 노예 무역과 노예들에 대한 비인간적 대우는 교회의 코앞에서 이루어졌을 뿐 아니라, 교회 안에서도 버젓이 수백 년 동안 행해졌다. 남부의 대농장 소유주들이 마차를 타고 교회에 가는 시간에도 그들의 노예들은 주인의 지갑을 배불리기 위해 목화를 땄다. 노예들을 향한 매질, 사적 제재, 강간이 일상적으로 이루어졌음은 말할 나위도 없다. 남부의 목사들 중에는 노예 폐지 운동에 강하게 반대하고 나선 이들이 많았는데, 제임스 H. 손웰 목사도 그중 한 사람이었다. 그는 1850년 〈뉴욕헤럴드〉 사설에 실린 노예제 폐지(와 여성 참정권)를 지지하는 사람들은 "무신론자, 사회주의자, 공산주의자, 붉은 공화주의자"라고 썼다. 그는 "모든 인종과 성, 피부색을 평등의 토대 위에" 두게 되면 마귀와 그 부하들이 "기뻐 날뛸" 거라고 성토했다.[2]

너무 오래 전의 일이라 이 어두운 시기에 교회가 저지른 죄악들이 실감 나지 않을 수도 있겠다. 그렇다면 시간을 빨리 돌려서 민권 운동이 일어났던 1950년대와 60년대로 가보자. 이 시기는 미국의 그리스도인들에게 또 하나의 서글픈 기억이다. 인종별로 분리된 당시 사회는 북부와 남부에 살던 상당수의 그리스도인들과 교회들의 공모로 만들어졌고 유지되었다. 아프리카계 미국인들은 별도의 식당에서 식사를 하고, 물도 다른 곳에서 마시고, 버스는 뒷자리에만 앉고, 다른 학교를 다녀야 했다. 한편, 마틴 루터 킹은 당대의 사회적 불의에 감히 맞섰다는 이유로 극단주의자에다 하나님을 경외하는 점잖은 사람들의 적이라는 비방을 받았다. 바울처럼 킹 박사도 감옥에서 종잇조각 위에 놀라운 예언자적인 글들을 적었다. 〈버밍엄 감옥에서 쓴 편지〉에서 그는 '극단주의자'라는 딱지에 대해 이렇게 적었다.

그러나……이 문제에 대해 계속 생각하다 보니 서서히 이 호칭이 만족스럽게 느껴졌습니다. 예수님의 말씀을 보십시오. "너희 원수를 사랑하며 너희를 미워하는 자를 선대하며 너희를 저주하는 자를 위하여 축복하며 너희를 모욕하는 자를 위하여 기도하라"(눅 6:27-28). 그분은 사랑의 극단주의자가 아니셨습니까? 아모스 선지자를 보십시오. "오직 정의를 물같이, 공의를 마르지 않는 강같이 흐르게 할지어다"(암 5:24). 그는 정의를 위한 극단주의자가 아니었습니까? "내가 내 몸에 예수의 흔적을 지니고 있노라"(갈 6:17)고 말한 바울은 기독교 복음을 위한 극단주의자가 아니었습니까? "이것이 제 입장입니다. 저는 다른 어떤 일도 할 수 없습니다. 하나님이여 저를 도우소서"라고 했던 마르틴 루터는 극단주의자가 아니었습니까? "내 양심을 학살하기보다는 죽을 때까지 감옥에 머물겠다"고 말했던 존 버니언을 보십시오. "절반이 노예이고 절반이 자유인인 상태로는 이 나라가 살아남을 수 없습니다"고 했던 에이브러햄 링컨은 어떻습니까. "우리는 다음의 진리를 자명한 것으로 주장한다. 모든 인간은 평등하게 창조되었고……"라고 선언했던 토마스 제퍼슨도 있습니다. 그러니 극단주의자가 될 것이냐 아니냐는 관건이 아닙니다. 어떤 종류의 극단주의자가 될 것이냐, 이것이 관건입니다. 증오의 극단주의자가 될 것인가, 사랑의 극단주의자가 될 것인가? 불의를 유지하는 데 목숨을 거는 극단주의자가 될 것인가, 정의를 확산하는 데 몸을 던지는 극단주의자가 될 것인가? 갈보리 언덕의 그 극적인 현장에서 세 사람이 십자가에 못 박혔습니다. 세 사람 모두 극단주의라는 죄목으로 십자가에 못 박혔음을 잊어서는 안 될 것입니다. 두 사람은 부도덕의 극단주의자였고 따라서 그들의 상황 속으로 가라앉아 버렸습니다. 또 다른 사람, 예수 그리스도는 사랑과 진리와 선함의 극단주의자였고 그로 인해 자신이 처한 상황을 뛰어넘었습니다. 남부, 미국, 전 세계는 창의적인 극단주의자가 절실히 필요한 듯합니다.[3]

이 사건에서도 교회는 유죄로 판명된다. 행위로 죄를 저지른 구성원들도 있었고, 불이행의 죄를 지은 구성원들도 있었다. 편지 뒷부분에서 킹은 이 어려웠던 시기에 교회가 저지른 태만을 직설적으로 지적했다. 비전이 넘치는 그의 말은 오늘날 우리의 양심을 돌아보게 한다.

제가 크게 실망했던 또 다른 부분을 말씀드리고자 합니다. 저는 백인 교회와 그 지도자들에게 너무나 크게 실망했습니다. ……어떻게든 교회의 꼬투리를 잡으려는 부정적인 비판자의 말이 아닙니다. 복음의 사역자로서, 교회를 사랑하고, 교회의 품에서 자라났고, 교회의 영적 축복에 힘입어 이제껏 살아왔고, 생명이 다하는 날까지 교회 안에 충실하게 남아 있을 사람으로서 하는 말입니다.

몇 년 전, 저는 앨라배마 주 몽고메리에서 일어난 버스승차거부 운동의 리더로 갑작스럽게 떠올랐습니다. 당시 저는 백인 교회가 우리 운동을 지지해 줄 거라고 생각했습니다. 남부의 백인 목사, 성직자, 랍비들이 확고한 동맹 세력이 되어 줄 거라고 믿었습니다. 그러나 그들 중 몇몇은 자유 운동을 이해하려는 노력을 전혀 하지 않으면서 리더인 저를 노골적으로 반대했고, 대부분의 경우는 용기를 내기보다 몸을 사렸습니다. 스테인드글라스 창이 주는 마취적 안정감 뒤에 숨어 침묵했습니다.[4]

"용기를 내기보다 몸을 사렸습니다." "스테인드글라스 창이 주는 마취적 안정감 뒤에 숨어 침묵했습니다." 이것은 오늘날 우리에게도 해당하는 모습이 아닐까? 킹은 더 나아가 정의를 외치는 목소리를 잃은 교회는 세상에 존재할 가치를 잃어버린 것이라는 결론을 내렸다.

현대 교회는 입장을 분명히 하지 않고 나약하고 무력한 목소리만 냅니다. 아니, 오히려 현 상태를 누구보다 큰 소리로 옹호할 때가 많습니다. 사회의 권력 구조는 교회의 존재를 거북하게 여기지 않습니다. 오히려 현 상황에 대한 교회의 암묵적인 동의, 때로는 적극적인 찬성에 위안을 받습니다. 그러나 교회에 하나님의 심판이 임할 날이 그 어느 때보다 가까워졌습니다. 오늘날의 교회가 초대 교회의 희생 정신을 되찾지 못한다면 아무도 그 진정성을 믿지 않을 것이고, 수백만 명의 마음을 잃게 될 것이며, 20세기에 아무 의미 없는 시대착오적 사교 클럽으로 치부될 것입니다. 저는 교회에 실망하다 못해 노골적인 혐오감을 갖게 된 젊은이들을 매일 만납니다.[5]

어쩌면 당신도 나처럼 우리 부모님, 조부모님 세대가 어떻게 아프리카계 미국인들에 대한 가증한 차별을 손 놓고 지켜보기만 할 수 있었는지 의아해할지도 모르겠다. 지금 돌이켜 보면 너무나 분명한 그림인데, 그분들은 어떻게 그것을 놓칠 수 있었을까? 그들은 인종차별주의와 분리주의의 끓는 물에 익숙해져 버린 '냄비 속 개구리들'이었을까? 그들이 주류 가치관에 도전하지 않은 것이 정말 그들 탓이었을까? 예수님이 '핵심을 놓친' 바리새파 사람들을 나무라시며 마가복음에서 하신 말씀을 들어 보라.

너희 위선자들에 대해 이사야가 예언한 말이 옳았다. 성경에 이렇게 기록
됐다. "이 백성들은 입술로만 나를 공경하고 마음은 내게서 멀리 떠났다.
사람의 훈계를 교리인 양 가르치고 나를 헛되이 예배한다." 너희가 하나
님의 계명은 버리고 사람의 전통만 붙들고 있구나(막 7:6-8, 우리말성경).

"사람의 전통만 붙들고 있다." 세상 문화에 흡수되지 말고 오히려 도
전하도록 부름받은 우리의 문제가 바로 이것이다. 다른 것은 모두 제쳐
두고, 역사의 이 교훈만 생각해 봐도 우리는 오늘날 정의에 대한 우리
의 '맹점'이 무엇인지 물어야 할 것이다. 25년이나 50년 후, 우리의 손
자·손녀들은 오늘날의 어떤 문제에 대해 우리가 정의를 외면하고 그냥
손 놓고 지켜보았는지, 어떻게 그럴 수 있었는지 묻게 될까?

성인 등급 세상에서 펼쳐지는 전체관람가 등급 사역

> 우리는, 주님 앞에서 뿐만 아니라, 사람들 앞에서도, 좋은 일을 바르게 하
> 려고 합니다. -고린도후서 8:21(표준새번역)

미국 월드비전의 신참 회장으로 우간다 라카이에서 에이즈 창궐 현
장을 처음 접하고 돌아온 나는, 전 세계가 에이즈 피해자들을 충분히
돕고 있지 않다는 사실에 마음 아프고 화가 났다. 나는 월드비전의 각
부서에 우리가 에이즈로 발생한 고아와 과부들을 어떻게 돌보고 있으
며 이 끔찍한 질병과 어떻게 싸울 계획인지 물었다. 월드비전 관계자들
은 지역 개발 사업을 통해 아프리카 전역에서 에이즈의 영향을 목격해

왔지만 자신들이 직면한 사태가 얼마나 광범위한 문제인지 온전히 깨닫지 못하고 있었다. 먼저 그들을 흔들어 깨워야 했다. 우리는 에이즈로 생겨난 부산물을 처리하는 데 급급할 뿐, 에이즈가 가난한 사람들에게 끼치는 영향을 다루거나 더 포괄적인 대처에 필요한 재정 지원 확충 계획은 없었다. 나는 후원개발부 담당자 일부를 불러 모아 후원자들의 인식을 높이고 기금을 모으기 위한 계획을 세워 보려 했다. 그러자 분위기가 어색해지는 게 역력했다. 내가 이 사안을 후원자들에게 어떻게 제시할 수 있겠느냐고 묻자 어색한 눈길들이 오갔다. 마침내 누군가가 큰 소리로 이렇게 말했다. "우리 사역은 어린이와 가족들에게 초점을 맞춘 전체관람가 등급 사역입니다. 에이즈는 성인 등급의 사안입니다. 우리 후원자들은 에이즈에 대해 후원할 것 같지 않습니다. 그리고 너무 강하게 밀어붙이면, 우리의 평판이 나빠질 수도 있습니다."

그렇다. 문제의 핵심이 드러났다. 월드비전 스탭진은 복음주의권과 일반 대중이 에이즈 문제에 무관심한 정도가 아니라, 노골적으로 적대적이라는 것을 알고 있었다. 에이즈는 동성애와 난교를 통해 전염되는 동성애자 질병 취급을 받았다. 1980년대의 대부분의 기간 동안 에이즈는 복음주의 기독교권과 세속 사회가 벌인 '문화 전쟁'의 주요한 장이었다. 그때는 우리에게 그리 자랑스러운 시기는 아니었다. 대부분의 미국인들은 전 세계적으로 볼 때 에이즈가 주로 이성간의 성관계를 통해 전염된다는 사실도 몰랐다.(내 친구 하나는 교육을 잘 받은 부류인데도 에이즈가 아프리카 여러 나라에 많이 퍼졌다는 말을 듣고 나서 아프리카 사람들이 모두 동성애자냐고 물었다!) 사람들은 누군가 에이즈에 걸렸다면 그럴 만한 짓을 했을 거라고 생각했다.

나는 설득 작업에 들어갔다. "하지만 에이즈의 영향을 받는 사람들은 상당 부분 남편에게 감염된 여자들과 아무 잘못 없이 고아 신세가 된 어린이들입니다. 사람들은 분명 이해할 겁니다. 그리스도인들이 에이즈 때문에 고아가 된 어린이들에게 동정심을 느끼지 않을 리가 없습니다. 예수님은 사람들을 무조건적으로 사랑하라고 하지 않으셨습니까? 설령 누군가가 혼외정사나 동성애를 하다 에이즈에 감염되었다 합시다. 그렇다 해도 그들을 판단하고 동정을 거두어야 하겠습니까?" 나는 다시 화를 내고 있었다.

우리는 에이즈 사역 지원액을 늘리기 위한 사업을 전국적으로 개시하기에 앞서 이 문제에 대해 사람들의 생각을 물을 필요가 있다고 판단했다. 우리는 어떤 상황을 만나게 될지 알아야 했다. 그래서 바나 그룹에 연락해 그리스도인들이 에이즈에 걸린 사람들을 기꺼이 돕고 싶어 하는지 조사를 실시했다. 결과가 어떻게 나왔을까?

복음주의 그리스도인들은 명망 있는 기독교 단체가 에이즈로 고아가 된 어린이들을 돕는 사역을 진행하면서 후원 요청을 한다면 돈을 기부할 의향이 있느냐는 질문에 3퍼센트만이 분명히 도울 거라고 대답했다. 52퍼센트는 아마도 혹은 절대로 돕지 않을 거라고 말했다![6]

이들은 복음주의 그리스도인들이었다! 슬프게도, 불신자들을 포함해 우리가 조사한 다른 어떤 인구 통계 집단도 기꺼이 돕겠다는 비율이 이보다는 높았다.

기독교계는 주류 문화의 수준에 머물 게 아니라 에이즈로 발생한 고아들과 과부들의 곤경을 정의의 문제로 보고 자신의 안전지대에서 벗어나 도움의 손길을 내밀어야 마땅할 것인데, 실상은 전혀 그렇지 못했다. 그리스도인이라면 에이즈 피해자들을 불쌍히 여겨야 마땅한데, 문화적 맹목에 사로잡혀 냉담함과 남을 심판하는 죄에 빠져 있으면서도 그 사실을 깨닫지 못했다. 이전 세대 그리스도인들이 노예제와 인종차별주의의 잘못을 깨닫지 못했던 것과 같다. 우리는 이 패턴을 이사야 및 기타 선지자들의 비난을 받은 구약성경의 신자들에게서 볼 수 있고, 예수님의 가장 엄중한 꾸짖음을 들어야 했던 바리새파 사람들의 위선을 통해서도 볼 수 있다. 여기서 우리는 분명한 교훈을 배워야 한다. 역사는 제도권 교회가 대중문화와 가치관을 뛰어넘어 거기 맞서지 못할 때가 많다는 사실을 보여 준다.

하지만 교회 안에 늘 신실한 '극단주의자들'이 있었다는 것 또한 사실이다. 일부 그리스도인들은 아메리카 원주민들에 대한 착취와 종족 학살에 반대했다. 노예제는 결국 성경의 진리 위에 굳게 서 있던 노예제 폐지론자들에 의해 중지되었다. 잉글랜드의 윌리엄 윌버포스와 클래펌파派는 열정적인 기독교 가치관을 품고 불의한 노예제에 지칠 줄 모르고 도전했다. 에이브러햄 링컨은 노예제가 하나님이 보시기에 도덕적으로 잘못된 일이라는 깊은 확신 때문에 미국의 노예제에 맞섰다. 남아프리카공화국의 아파르트헤이트를 무너뜨리기 위해 싸웠던 데즈먼드 투투 주교는 정의를 위해 싸우는 그리스도인으로서 그 일을 감당했다. 마틴 루터 킹 목사 및 인종을 뛰어넘어 그와 함께 행진했던 많은 사람들은 성경적 정의에 대한 확신 때문에 그 일을 감당했다. 이렇듯 교회 안에는 역사적으로 중요한 사회 정의 이슈에 대해 진리와 정의를 외치는 목소리들이 있었다. 그러나 많은 경우 그 목소리들은 현 상태를 편안하게 여기거나 그로부터 이익을 얻었던 다수의 목소리에 묻혀 버렸다.

이런 교회의 기록 앞에서 우리는 정신을 바짝 차려야 한다. 지금의 세계에서 우리가 보지 못하는 불의는 무엇일까? 우리는 어느 부분에서 주류 문화에 편승하고 있을까? 위의 기록은 목회자들과 교회 지도자들에게 어떤 의미가 있을까? 역사를 돌아보면 너무나 분명히 보이는 선배들의 실수를 되풀이하지 않기 위해 우리는 어떻게 해야 할까?

알코올중독자갱생회 모임에서는 모든 사람이 이렇게 말을 시작한다. "제 이름은 ○○○입니다. 저는 알코올중독자입니다." 이렇게 하면 자신의 실패를 인정하게 되기 때문에 자신의 상태를 부인하여 아무 문제가 없다고 속일 수 없게 된다. 우리의 문화적 맹목에 대해서도 같은 시도를 해보면 어떨까? 우리는 자신의 맹목에 놀라거나 지도자들의 맹목을 함부로 판단해서는 안 될 것이다. 누구나 주류 문화의 강한 영향력에 휘둘리기 쉽다. 그러므로 알코올중독자처럼 우리 사회의 눈먼 상태에 겸손하게 접근해야 한다. 우리 눈의 '들보'를 먼저 인정한 후 우리 문화 속에 있는 '티'를 지적해야 하는 것이다(마 7:3-5, 눅 6:41-42 참조). 우리 모두 눈멀었다는 것이 분명한 사실이고, 해결책은 하나뿐이다. 하나님이 우리의 눈먼 상태를 보여 주시도록 기도해야 한다.

예수님은 당대 종교지도자들의 상태를 지적하시면서 이사야 선지자의 말을 인용하셨다.

그들이 보아도 보지 못하며 들어도 듣지 못하며 깨닫지 못함이니라. 이사야의 예언이 그들에게 이루어졌으니 일렀으되 "너희가 듣기는 들어도 깨닫지 못할 것이요 보기는 보아도 알지 못하리라. 이 백성들의 마음이 완악하여져서 그 귀는 듣기에 둔하고 눈은 감았으니 이는 눈으로 보고 귀로 듣고 마음으로 깨달아 돌이켜 내게 고침을 받을까 두려워함이라"(마 13:13-15).

이들은 어찌할 바를 모르는 지도자들이었다. 하나님이 이들의 눈을 뜨게 해주셔야 했다. 사도 바울도 에베소로 보낸 편지에서 하나님이 눈을 밝혀 주셔야 함을 인정했다. 그래서 바울은 하나님이 그가 사랑하는 자들의 눈을 띄워 주셔서 그들이 보고 이해하게 되기를 기도했다. "우리 주 예수 그리스도의 하나님, 영광의 아버지께서 지혜와 계시의 영을 너희에게 주사 하나님을 알게 하시고 너희 마음의 눈을 밝히[시기를 구하노라]"(엡 1:17-18).

모든 목회자, 교회 지도자, 선교 단체 지도자는 알코올중독자갱생회의 고백과 비슷한 기도로 매일의 경건의 시간을 시작해야 할 것이다. 나의 맹점에 눈을 뜨게 해주셔서 교인들이 세속 문화의 거센 물결을 헤쳐 가도록 인도할 수 있게 해달라고 기도해야 한다. "제 이름은 ○○○입니다. 저는 우리 교회가 저지르는 불의와 불이행의 죄들을 보지 못합니다. 주님, 제 마음의 눈을 열어 주셔서 당신의 눈으로 세상을 볼 수 있게 하소서. 당신의 마음을 아프게 하는 일들로 인해 제 마음도 아프게 하소서. 제게 우리 문화를 꿰뚫어 보고 제게 맡겨진 사람들을 세상의 비전이 아니라 주의 비전으로 인도할 힘을 주소서."

우리는 교회 안팎에서 울리는 예언적 목소리에도 귀 기울여야 한다. 보노, 투투, 킹, 마더 테레사, 그 외 수많은 사람들이 교회를 향해 예언적 메시지를 전했다.

믿음이 어떻게 선행을 죽였나

> 이렇게 말하는 사람도 있을 것입니다. "당신은 믿음이 있고, 나에게는 행
> 동이 있습니다." 행동이 따르지 않는 당신의 믿음을 보여 주십시오. 나는
> 행동으로 나의 믿음을 보여 주겠습니다. ─야고보서 2:18(쉬운성경)

나는 그리스도인이 되고 나서 행위가 아니라 믿음으로만 구원받는다
는 교리를 귀에 인이 박히도록 들었다. 이 간단한 진리에 대한 이해와
적용이 기나긴 기독교 역사 내내 펼쳐진 맹렬하고 거센 논쟁들의 뿌리
였다. 충분한 선행을 함으로써 구원받을 수 있다, 심지어 '면죄부'를
구입함으로써 의로움을 구입할 수 있다는 생각이 근본 원인이 되어 16
세기의 마르틴 루터가 로마가톨릭에 맞서 일어섰고 결국 종교개혁이
발생하게 되었다. 이 동일한 근본 논쟁이 이후 교회 내에서 일진일퇴를
거듭하면서 어떤 그룹에서는 믿음 쪽으로, 다른 시대 다른 그룹에서는
행위로 좀더 기울었다. 그러나 믿음과 행위는 결코 나눌 수 있는 것이
아니었다. 믿음과 행위의 통일성을 성경 안에서 확인하고 싶은가? 그
렇다면 믿음으로만 구원받는 교리의 주요 증거 본문만 살펴봐도 충분
하다. "너희는 그 은혜에 의하여 믿음으로 말미암아 구원을 받았으니
이것은 너희에게서 난 것이 아니요 하나님의 선물이라. 행위에서 난 것
이 아니니 이는 누구든지 자랑하지 못하게 함이라"(엡 2:8-9).

'오직 믿음' 편 사람들은 이 한 구절이 모든 논쟁을 일거에 마무리
짓는다고 본다. 그러나 바로 다음 절을 살펴보면 믿음과 행위 사이의
균형을 이해할 수 있다. "우리는 그가 만드신 바라. 그리스도 예수 안

에서 **선한 일**을 위하여 지으심을 받은 자니 이 일은 하나님이 전에 예비하사 우리로 그 가운데서 행하게 하려 하심이니라"(10절, 강조 추가).

이 강력한 구절은 우리가 사랑 많으신 하나님의 놀라운 선물인 믿음으로만 구원을 받았지만, 우리가 구원을 받은 것에는 목적이 있다고 알려 준다. 하나님이 오래 전에 우리를 통해 이루려고 준비하신 선한 일들을 행하는 것이다. 간단히 말하면, 우리는

- 믿음으로 구원받았다
- 선행을 위해 구원받았다

존 스토트는 이렇게 말했다.[7]

그리스도인들은 다소 독선적인 불쾌함을 드러내며 세상의 기준이 타락해 간다고 탄식하는 습관이 있다. 세상의 폭력, 부정직, 부도덕, 인명 경시 풍조, 물질만능주의적 탐욕을 비판한다. 우리는 어깨를 으쓱 하고는 "세상은 몹쓸 곳이 되고 있다"고 말한다. 하지만 그것이 누구 책임일까? 누구를 탓해야 할까? 이렇게 생각해 보자. 밤이 되어 집안이 어두워진다고 해서 집을 탓하는 건 어리석은 일이다. 해가 지면 어두워지는 법이니까. 오히려 이렇게 물어야 한다. "빛은 어디 있지?" 고기가 상해서 먹을 수 없게 된 경우에 고기를 탓하는 것도 어리석은 짓이다. 박테리아가 번식하도록 그냥 내버려 두면 자연히 벌어지는 일일 뿐이다. 그럴 때 우리는 이렇게 물어야 한다. "소금은 어디 있어?" 마찬가지로, 사회가 타락하고 그 기준이 낮아져 결국 어두운 밤이나 썩은 내 나는 고기처럼 된다고 해서 사회를 탓

하는 건 무의미한 일이다. 타락한 인간들을 그냥 내버려 두고 인간의 이기심을 제어하지 않으면 자연스럽게 벌어지는 일일 따름이다. 우리는 이렇게 물어야 한다. "교회는 어디 있지? 예수 그리스도의 소금과 빛이 왜 우리 사회에 스며들어 이곳을 변화시키지 않은 거야?" 우리가 눈살을 찌푸리며 어깨를 으쓱 하고 손을 놓는 것은 더없는 위선이다. 주 예수께서는 우리에게 세상의 소금과 빛이 되라고 하셨다. 그러므로 어둠과 부패가 넘친다면, 그것은 주로 우리의 잘못이며 우리가 책임을 인정해야 할 일이다.

마태복음 7장에서 본 것처럼, 그리스도의 참된 제자는 좋은 나무와 같이 좋은 열매를 맺게 마련이다. "그들의 열매로 그들을 알지니"(마 7:16). 좋은 열매를 맺지 않는 사람은 참된 제자가 아니라는 결론이 나온다. 다시 말하지만, 이것은 구원이 행위로 주어진다는 주장이 아니라, 자신의 삶을 예수님께 바친 사람은 그리스도께서 주가 되시는 증거로 그의 삶에서 좋은 열매를 맺기 마련이라는 말이다. "못된 열매 맺는 좋은 나무가 없고 또 좋은 열매 맺는 못된 나무가 없느니라. 나무는 각각 그 열매로 아나니"(눅 6:43-44). 그러므로 믿음과 행위는 두 가지 상반된 개념이 아니라 동일한 개념의 두 가지 표현 방식으로 봐야 한다. 나무와 열매는 상반되는 다른 개념이 아니다. 열매는 나무의 자연적인 산물이다. 나무는 그 열매를 보고 알고, 열매는 나무에서 필연적으로 생겨난다.

그러나 구원의 본질을 둘러싼 이 논쟁이 지속되면서 안타깝게도 있어선 안 될 싸움이 벌어졌고 다양한 그룹의 그리스도인들이 각기 어느 한 편을 들게 되었다. 20세기 이전까지만 해도, 사람들은 믿음과 행위의 통합성이 기독교의 특성과 사명의 본질적인 요소라는 데 대체로 동의했다. 잉글랜드와 미국에서 일어난 대부흥들은 모두 대대적인 사회 개혁을 낳았다는 특징이 있다. 존 웨슬리의 추종자들은 영국의 노예 무역 폐지에 주요한 역할을 했을 뿐 아니라 교도소 개혁, 노동법과 공장 노동 조건 개선, 가난한 자들을 위한 교육 기회 제공 등에도 영향을 미쳤다. 더 나아가, 그들은 영국의 인도 식민지 지배에 의문을 제기했고, 도박과 음주, 기타 사회적 악덕에 맞서 맹렬히 싸웠다.

웨슬리 브레디는 《웨슬리 이전과 이후의 잉글랜드》에서 웨슬리가 불을 지핀 복음주의 부흥이 "영국 역사에 기록된 다른 어떤 운동보다 일반 대중의 도덕성을 크게 바꿔 놓았다"[8]고 썼다. 미국에서는 1830년의 대부흥과 역사적 연관성이 있는 복음전도자 찰스 피니가 사회 개혁을 열렬히 주장했다. 그와 그를 따르는 사람들은 미국의 노예제가 폐지되는 데 중요한 역할을 했고, 여성의 민권, 음주, 교육 개혁을 위해 열심히 싸웠다. 보다시피, 믿음과 행위, 또는 믿음과 사회 개혁의 통합 개념은 18, 19세기에 영국과 미국에서 벌어진 운동들에 분명하게 드러나 있다.

그러나 20세기 초, 기독교 신학이 갈라지면서 믿음과 행위 각각의 역할을 두고 깊은 분리가 생겨났다. 일반 사회뿐 아니라 교회 내의 진보주의자들까지도 역사적이고 성경적인 기독교를 공격하기 시작했다. 이 진보파 기독교인들은 더 이상 교회의 사명을 '영혼 구원'으로 보지 않고 인도주의 활동을 통한 사회 변혁으로 보았다. 다시 말해 그들은 행위에 근거한 '사회복음'을 주장했다.

다른 쪽에는 오직 믿음으로 얻는 구원을 충실하게 옹호하고 그것이 순전히 하나님의 은혜로만 주어지는 것임을 강조하는 사람들이 있었다. 전前천년설 종말론이 발흥하면서, 이 그룹의 그리스도인들은 예수님이 다시 오실 테니 (그리고 천년왕국 기간에 친히 모든 악을 고쳐 주실 것이니) 지금 세상을 바로잡으려 귀찮게 애쓸 필요가 없다고 생각했다. 세상은 악투성이라서 구제 불능이니 내세를 위한 영혼 구원에만 초점을 맞춰야 한다고 보았다.(제 1차 세계대전이 끝난 후라 세상 사람들 중 상당수가 어쨌거나 사회 개혁에 비관적이기도 했다. 전쟁 기간에 목격한 무지막지한 인간의 악을 생각할 때, 어떤 노력도 소용이 없을 거라고 믿었던 것이다.) 그 결과, '보수주의자들'은 신학적 '진보주의자들'과 그들이 내세운 사회복음에 맹렬하게 반대했다.

그렇게 해서 믿음과 행위 간의 일종의 전쟁이 시작되었다. 이 전쟁은 오늘날에도 계속되고 있다. '행위' 지지자들은 영혼 구원의 중요성을 경시하고, 가난한 자들을 보살피고 불의가 있는 곳이면 어디든 달려가 맞서 싸우는 행위를 강조했다. 반면 '오직 믿음' 지지자들은 이런 견해가 세속적이라고 여겼다. 그들은 세상이 하나님의 속량하시는 은혜, 오직 믿음으로 얻는 구원을 받아들이게 하려는 노력에만 집중했다.

쉽게 짐작할 수 있듯, 복음이 이렇게 분열되면서 양측 모두 반쪽짜리 복음, 구멍 난 복음만을 갖게 되었고 각기 자신의 반쪽에 만족했다. 그러나 온전한 복음이 축소되면서 양 진영 모두 예수께서 선포하신 좋은 소식과 그 엄청난 능력이 그림자만 남게 되었다. 예수님의 복음은 죄 용서와 영혼 구원뿐 아니라 그분을 따르는 자들의 사회 변혁을 통해 도래할 온전한 하나님 나라도 아우르는 것이었다. 그러나 이 '구멍 난' 복음은 그리스도의 온전한 복음을 일련의 일처리로 축소시켜 한쪽에는 영혼 구원의 기술만, 다른 쪽에는 사회와 법의 변화를 통해 세상을 개혁하려는 노력만 존재하게 만들었다.

감사하게도, 20세기 후반에는 믿음과 행위의 개념이 다시 하나로 통합되었다. 몇 가지 주요 사건들, 예를 들면 1966년의 휘튼 선언, 1974년의 로잔 언약, 1988년 영국에서 교회 지도자 모임인 '빛과 소금'이 개최되면서 복음전도와 사회적 행동을 온전한 복음의 나눌 수 없는 요소로 재결합시키기 시작했다. 2004년 미국복음주의협의회가 작성한 〈사회적 책임에 대한 복음주의자들의 촉구〉라는 멋진 문서는 개인적·집단적 행동을 통해 가난한 사람들, 정의, 인권, 환경, 생명의 신성함을 지키기 위해 싸워야 하는 그리스도인의 책임을 다시금 강조했다.

그렇지만 일부 보수적 미국 교회들은 사회적 행동과 개혁이 복음전도를 선행으로 대치하는 진보주의 신학의 일부라는 의심을 거두지 않고 있다. 그들은 현실을 바로잡고 개혁하는 일이 중요하지 않다고 말한다. 우리 모두 얼마 후면 천국으로 '가게 될' 것이기 때문이다. 게다가, 짧은 기도문을 따라하여 구원이라는 '보험증서'를 확보하는 것이 삶을 그리스도께 바치는 일의 전부라는 생각이 여전히 남아 있다. 가난한 사람들을 돕고, 정의를 위해 일하고, 하나님의 뜻에 반항하는 지구를 구원하는 빛과 소금이 되는 일은 선택 사항으로 남는다.

그러나 예수님은 그렇게 가르치지 않으셨다. "너희는 세상의 소금이니 소금이 만일 그 맛을 잃으면……아무 쓸 데 없어"(마 5:13). 그리고 다음 절에서 그분은 "너희는 세상의 빛이라"고 덧붙이셨다. 그리스도인들이 참으로 세상의 소금과 빛이 되려면, 온전한 복음을 받아들이는 길밖에는 없다. 믿음과 행위는 다시 합쳐져야 한다. 우리의 믿음을 순전히 개인적이고 사적인 것으로만 여기는 빈약한 견해를 뛰어넘어, 세상을 변화시킬 수 있는 능력의 원천으로 보아야 한다. 믿음은 어둠을 비추는 빛의 동력이 되는 원료이다. 그 빛을 그릇으로 덮어 둬선 안 된다. 우리는 그것을 켜서 등경 위에 두어 집 안 모든 사람에게 비치게 해야 한다(마 5:15). 예수님은 말씀하셨다. "이같이 너희 빛이 사람 앞에 비치게 하여 그들로 너희 착한 행실을 보고 하늘에 계신 너희 아버지께 영광을 돌리게 하라"(마 5:16).

18. 아메리칸드림 죽이기

인류는 영광을 바란다. 우리는 건강을 바란다. 부를 바란다. 행복을 바란다. 모든 욕구가 채워지고, 시시콜콜한 갈망까지 다 충족되기를 바란다. 고통 없는 삶을 바란다. 십자가 없는 면류관을 바란다. 수고 없는 이득을 바란다. 그리스도의 구원의 말씀이 쉽기를 바란다. ─존 맥아더

그런즉 너희는 먼저 그의 나라와 그의 의를 구하라 그리하면 이 모든 것을 너희에게 더하시리라. ─마태복음 6:33

미국 사회의 문화적 주류 패러다임은 '아메리칸 드림'일 것이다. 인터넷에서 찾아본 두 가지 정의를 소개한다.

- 기회의 평등을 보장하여 모든 미국인이 더 높은 지위와 물질적 성공을 추구하게 하자는 미국의 이상.[1]
- 미국의 개인들이 전통적으로 추구해 온, 개인의 행복과 물질적 편안함을 누리는 삶.[2]

이런 사회적 열망은 우리의 사고방식에 너무나 깊이 박혀 있어서 대부분은 이것이 우리 신앙의 가치관과 일치하는지, 어떤 식으로건 해롭지는 않은지 생각해 보지도 않고 그대로 받아들인다. 그러나 그 열망에 내재한 가치관을 엄밀히 따져 보면 거기에 함축된 의미들이 다소 불편하게 느껴질 것이다. 인종, 경제 상황, 성별, 종교의 제약을 받지 않고 누구나 자신의 꿈을 추구하게 해준다는 기회 균등의 개념은 전혀 문제될 게 없다. 전 세계의 많은 나라들과 비교해 볼 때, 이 약속은 수백만 명의 미국 이민자들에게 희망의 손길을 내밀었다. 그러나 아메리칸드림이 모든 부분에서 기독교 가치관과 일치하는 건 아니다. 물질적 편안함과 성공에 대한 갈망이 기독교의 핵심 가치와 꼭 들어맞지는 않는다. 자신의 이기적인 환상을 다 채울 요량으로 부유함을 꿈꾸는 사람은 하나님의 뜻에 맞추어 산다고 볼 수 없다. 유명해지기를 원하거나, 앞서 나가려고 다른 이들을 짓밟는 사람은 예수님의 발자취를 따라가는 사람이 아니다. 개인의 행복과 물질적 안락함은 전 세계 수십억 사람들에게 그림의 떡에 불과한데, 그것을 정당한 권리로 여기고 기뻐하는 일이 과연 옳을까?

우리는 돈을 어떻게 봐야 할까? 아메리칸 드림은 돈에 대한 이런 견해를 조장한다. '나는 열심히 일했어. 내 힘으로 벌었어. 그러니 이건 내가 쓰고 싶은 대로 쓸 수 있는 내 돈이라구.' 이것은 우리가 열심히 일했으니 그로 인해 발생하는 모든 수입에 대해 '권리가 있다'는 의미이다. 그러나 성경은 우리의 돈과 소유에 대해 그렇게 가르치지 않는다. 오히려 정반대다. 성경은 우리가 가진 것 또는 받은 것은 모두 하나님이 주신 것이라고 가르친다. 하나님은 그것을 우리에게 맡기셨을 따름이다. 권리가 '있다'와 '맡았다'는 의미가 전혀 다르다.

모세가 약속의 땅 진입을 앞둔 이스라엘 민족에게 한 말에 귀를 기울여 보라. 하나님이 무엇을 번영의 근원으로 보시는지 주목해 보라.

> 네가 먹어서 배부르고 네 하나님 여호와께서 옥토를 네게 주셨음으로 말미암아 그를 찬송하리라. ······네 하나님 여호와를 잊어버리지 않도록 삼갈지어다. ······그러나 네가 마음에 이르기를 '내 능력과 내 손의 힘으로 내가 이 재물을 얻었다' 말할 것이라. 네 하나님 여호와를 기억하라. 그가 네게 재물 얻을 능력을 주셨음이라. 이같이 하심은 네 조상들에게 맹세하신 언약을 오늘과 같이 이루려 하심이니라(신 8:10-18).

하나님은 이스라엘이 누리는 번영이 하나님의 손에서 나온 것임을 알기 원하셨다. 하나님은 스스로의 노고와 재능으로 번영을 이루었다고 믿고 자신의 공을 내세우는 사람들의 오만함을 지적하셨다. 재능과 매력이 있고, 말을 잘하고 영리하고, 창의적이고 총명한가? 잘사는 나라에서 태어나고 안정된 가정에서 자라난 덕분에 좋은 기회를 얻었는가? 이런 특성이나 좋은 환경을 하나라도 갖고 있다면, 하나님이 허락하신 줄 알고 그분께 감사해야 한다. 열심히 일할 수 있는 것도 하나님이 허락하신 성격과 그분이 마련해 주신 성장 배경 덕분이라고 할 수 있다. 하나님의 손에서 나온 것에 내가 당연한 권리를 갖고 있다고 생각하는 것은 잘못이다.

나는 어려운 유년기를 이겨 내고 교육을 받고 기업체 최고의 자리에 오르면서 나만의 '아메리칸 드림'을 실현했다. 한때는 모든 것이 내 덕분이라는 듯 행동하기도 했다. 그러나 하나님은 그렇지 않다는 것을 보여 주셨다. 직장에서 해고되고, 긴 실직 기간을 경험하고, 재정적인 어려움에 시달리는 등 힘든 시간을 보냈다. 그런 과정을 거치며 생각이 깊어졌고, 내가 학벌, 최고경영자직, 재산 등 하나님이 주신 것들의 청지기가 되어야 한다는 사실을 깨닫게 되었다. 그것들은 내 마음대로 해도 되는 내 것이 아니었다.

최고경영자보다 훨씬 지위가 높았던 다윗 왕은 이 사실을 이해했기에 하나님의 백성이 성전 건축을 위해 기꺼이 넉넉하게 바친 돈과 재능들을 보며 하나님께 감사했다.

> 여호와여 위대하심과 권능과 영광과 승리와 위엄이 다 주께 속하였사오니 천지에 있는 것이 다 주의 것이로소이다. 여호와여 주권도 주께 속하였사오니 주는 높으사 만물의 머리이심이니이다. ……나와 내 백성이 무엇이기에 이처럼 즐거운 마음으로 드릴 힘이 있었나이까? 모든 것이 주께로 말미암았사오니 우리가 주의 손에서 받은 것으로 주께 드렸을 뿐이니이다. 우리는 우리 조상들과 같이 주님 앞에서 이방 나그네와 거류민들이라 세상에 있는 날이 그림자 같아서 희망이 없나이다. 우리 하나님 여호와여 우리가 주의 거룩한 이름을 위하여 성전을 건축하려고 미리 저축한 이 모든 물건이 다 주의 손에서 왔사오니 다 주의 것이니이다(대상 29:11-16).

하나님의 말씀에 따르면, "뭇 산의 가축이 다"(시 50:10) 그분의 소유물이다. 우리가 우리 돈을 주식 중개인에게 맡기듯 하나님은 물질과 재능을 우리에게 맡기신다. 이것은 상당히 급진적인 생각이다. 우리의 자본이 우리의 정당한 소유가 아니라 하나님의 것이라는 뜻이기 때문이다. 그러므로 우리에겐 가진 것을 내키는 대로 사용할 자유가 없다. 정당한 소유주이신 하나님은 우리가 그것을 그분의 목적을 위해 쓰기 원하신다. 주식 중개인에게 2만 5천 달러를 맡겼다가 나중에 그 돈을 찾으러 갔는데 중개인이 그 돈으로 새 차를 뽑았다는 걸 알게 된다면 어떻게 하겠는가? 당신 마음대로 내 돈을 쓸 권리가 없다고 주식 중개인에게 따질 것이다. 당연한 일이다. 주식 중개인이 청지기로서 그 돈의 일부를 적정 수수료로 떼어 생활비로 쓰는 건 정당하지만, 기본적으로 당신은 그가 당신의 돈을 당신을 위해 투자하기를 기대했을 것이다.

하나님은 우리에게 바로 이것을 요구하신다. 하나님은 우리가 그분의 나라 일에 착수하여 그분 대신 그분의 돈을 투자하기 원하신다. 이것은 예수님이 달란트 비유에서 밝히신 견해와도 일치한다.

> 또 하늘나라는 이와 같다. 어떤 사람이 여행을 떠나면서, 자기 종들을 불러서, 자기의 재산을 그들에게 맡겼다. 그는 각 사람의 능력에 따라, 한 사람에게는 다섯 달란트를 주고, 또 한 사람에게는 두 달란트를 주고, 또 다른 한 사람에게는 한 달란트를 주고 떠났다(마 25:14-15, 표준새번역).

예수님은 길 떠난 사람의 비유를 통해 "각 사람의 능력(그 역시 하나님께 받은 능력)에 따라" 돈을 나눠 주신 분이 하나님이시라고 말씀하신다. 주인은 종들에게 다양한 액수를 맡기고 떠났다. 그가 돌아왔을 때는 기대하는 바가 있었다. 다시 말해, 주인은 투자액에 대한 수익을 원했다.

그래서 그는 각 사람에게 맡긴 돈으로 무엇을 했는지 물었다. 지혜롭게 투자하여 주인에게 수익을 안겨 준 두 사람은 칭찬과 보상을 받았다.

> 다섯 달란트를 받은 사람은 다섯 달란트를 더 가지고 와서 말하기를 "주인님, 주인님께서 다섯 달란트를 내게 맡기셨는데, 보십시오, 다섯 달란트를 더 벌었습니다" 하였다.
> 그의 주인이 그에게 말하였다. "착하고 신실한 종아, 잘했다! 네가 적은 일에 신실하였으니, 이제 내가 많은 일을 네게 맡기겠다. 와서, 주인과 함께 기쁨을 누려라"(마 25:20-21, 표준새번역).

그러나 맡겨진 돈으로 주인을 위해 아무 일도 하지 않아 수익을 전혀 거두지 못한 사람은 꾸지람을 들었다. "악하고 게으른 종아!"(26절) 성난 주인은 이렇게 말했다. "그에게서 그 한 달란트를 빼앗아서, 열 달란트 가진 사람에게 주어라. ……이 쓸모없는 종을 바깥 어두운 데로 내쫓아라. 거기서 슬피 울며 이를 가는 일이 있을 것이다"(28, 30절, 표준새번역).

우리는 여기서 하나님이 관대하게 주시는 분이라는 사실에 주목해야 한다. 하나님은 우리에게 주시는 것들을 아까워하지 않으신다. 우리가 하나님이 주신 것들을 누릴 때 그분은 기뻐하신다. 다만, 하나님은 우리가 돈, 재산, 능력을 하나님 나라의 관점에서 바라보고 우리가 가진 모든 것이 하나님으로부터 나왔음을 인식하기 원하신다. 하나님은 우리가 그것들에 목매지 말고 하나님을 대신해서 기꺼이 사용하기 원하신다.

아래에 제시한 세 가지 명확한 원리는 돈에 대한 성경과 '아메리칸

드림'의 견해가 어떻게 다른지 보여 준다.

1. 이것은 우리 돈이 아니다. 모든 것은 하나님이 주셨다.

2. 우리는 이것을 맡았을 뿐 마음대로 처리할 권리는 없다.

3. 하나님은 우리가 이것을 그분의 나라를 위해 사용하기 원하신다.

당신은 어떤가? 자신의 재산(차, 은행 잔고, 집)을 어떻게 바라보는가? 당신의 재능은 어떤가? 그것들은 당신이 마음대로 할 권리가 있는 것들인가, 아니면 하나님이 그분의 뜻을 위해 당신에게 맡기신 것들인가? 우리가 하나님의 눈으로 그것들을 본다면, 쓰는 방식에 대해서도 다르게 생각해야 한다. '새 차를 사야 할까? 휴가 여행을 떠나야 할까? 새 보험을 들어야 할까? 예금액을 늘려야 할까? 다 필요한 일일 수 있지만, 먼저 하나님이 그분의 돈을 어떻게 쓰기 원하시는지 기도하며 생각해 봐야 해.' 청지기가 되는 건 쉬운 일이 아니다.

사도행전 2장에서 우리는 초대 교회의 재물관을 읽을 수 있는데, 그들의 관점은 당대 문화에 문제를 제기했을 뿐 아니라 그것을 실제로 바꾸기 시작했다. "믿는 사람이 다 함께 있어 모든 물건을 서로 통용하고 또 재산과 소유를 팔아 각 사람의 필요를 따라 나눠 주며"(행 2:44-45). 여기 자신의 소유를 고집하지 않고 공동체의 더 큰 유익을 위해 기꺼이 내놓은 신자들의 공동체가 나온다. 돈과 공동체에 대한 이런 견해는 너무나 과격한 것이어서 주류 사회가 자세를 바로잡고 주목했다. 초대 교회는 "온 백성에게 칭송"을 받았고, 더 나아가 "주께서 구원받는 사람을 날마다 더하게"(47절) 하셨다. 이 사람들은 사회의 영향을 받고 달라진 게 아니라 거꾸로 사회를 변화시키고 있었다. 한번 상상해 보라. 미국의 그리스도인들이 자신의 부를 하나님 나라의 확장을 위해 주어진 하나님의 소유물인 것처럼 사용한다면 우리 사회에 어떤 영향을 끼치게 될까? 장담컨대, 세상 사람들이 주목하게 될 것이다.

경기에 뛰어들다

내가 월드비전에 가고 가족이 시애틀로 이사하고 몇 달 뒤, 아들 앤디와 나는 시내를 다니며 몇 가지 볼일을 보았다. 우리 가족에겐 큰 변화가 있는 시기였고, 아이들도 새로운 환경에 적응하고 새 친구를 사귀느라 힘들어했다. 그날 앤디와 나는 6년 된 미니밴에 앉아 신호가 바뀌기를 기다리고 있었다. 어느 모로 보나 열일곱 살짜리 사내아이에게 근사한 차는 아니었다. 바로 그때 번쩍거리는 재규어 XK-8이 우리 옆에 와서 섰다. 몇 달 전까지만 해도 내가 몰던 회사 차와 똑같은 모델이었다. 앤디는 동경의 눈길로 바라보고는 한숨을 쉬었다.

"아빠, 그 시절은 지나간 것 같아요."

"그래, 앤디야. 그런 것 같구나."

"하지만 아빠, 아빠가 다시 경기에 뛰어드실 일은 없을까요? 마지막으로 한 번만 더요."

나는 아이의 말에 웃을 수밖에 없었다. 앤디는 내가 월드비전을 떠나 다시 기업체 최고경영자가 되어 온갖 혜택을 누릴 생각이 없느냐고 묻고 있었기 때문이다. 나는 이렇게 말했다.

"앤디야, 아빠는 난생처음으로 진짜 경기를 뛰는 느낌이야. 아빠는 하나님의 경기를 뛰고 있어."

　우리 모두에게 정말 중요한 것은 바로 이것이다. 우리는 누구의 '경기'를 뛰고 있는가? 우리의 경기인가, 하나님의 경기인가? 전임사역자가 되어야만 하나님의 경기를 뛸 수 있는 건 아니지만, 우리는 하나님이 주신 모든 것의 청지기가 됨으로써 항상 그분을 섬겨야 한다. 하나님의 경기를 뛰려면 아메리칸 드림을 죽여야 한다. 하나님의 경기는 그것과 완전히 다르기 때문이다.

19. 2퍼센트의 2퍼센트

우리의 기준은 그리스도의 기준과 너무나 다르다. 우리는 얼마나 주는지 묻지만 그분은 얼마나 남기는지 물으신다. -앤드루 머리

자선에 비용이 들지 않는다면 세상은 박애주의자들로 가득할 것이다.
-유대 속담

이제 돈 이야기를 해야 한다. 교회에서는 돈이 인기 주제가 아닌 줄 알지만, 그렇기 때문에 더욱 돈 이야기를 해야 한다. 예수님은 돈 이야기를 주저하지 않으셨다. 돈은 그분이 가장 자주 논하신 주제 중 하나였다. 성경에는 믿음과 기도를 더한 구절보다 돈에 대한 구절이 두 배나 많다. 예수님의 기록된 말씀 중 15퍼센트가 돈을 다루고 있는데, 천국과 지옥에 대한 말씀을 더한 것보다 더 많다.[1] 예수님은 우리가 돈과 재산을 대하는 방식이 우리의 영적 상태를 보여 준다는 걸 아셨다. "너희 보물 있는 곳에는 너희 마음도 있으리라"(눅 12:34). 그분의 말씀은 옳다. 우리 사회와 세계를 관통하는 '전선'에 흐르는 전류가 돈이라 할 수 있다. 따라서 우리 교회가, 우리 자신의 영적 우선순위가 무엇인지

더 잘 알고 싶다면 형사처럼 "돈의 흐름을 추적하라."

우리와 재산의 관계를 다스리는 성경의 위대한 원리 중 하나는 십일조이다. 레위기에 따르면, 수입의 첫 번째 10퍼센트를 하나님께 바쳐야 한다. "그 땅의 곡식이나 나무의 열매는 그 십분의 일은 여호와의 것이니 여호와의 성물이라"(레 27:30). 십일조는 하나님께 바치는 선물이 아니라 하나님의 것이었다. 자발적인 헌금에 대해 말하는 다른 규정들이 있지만 그런 헌금들은 모두 십일조가 요구하는 10퍼센트 외에 추가로 바치는 것이다. 그 첫 10퍼센트는 주님을 위해 바치는 최소한으로 여겨졌다.

하나님은 왜 십일조를 요구하셨을까? 그분이 돈이 아쉬워서 십일조를 명령하신 건 아님을 이해해야 한다. 십일조는 두 가지 역할을 했다. 첫째, 레위 지파가 주도하는 성전 예배 제도를 지원함으로써 하나님 나라의 일을 재정적으로 뒷받침했다. 그 돈은 레위인들(제사장들)이 관리했고, 그중 일부를 가지고 성전(희생제사와 예배와 관련된 물품들)과 제사장들의 필요를 위해서도 사용했다. 십일조의 일부로 "떠돌이나 고아나 과부들"(신 14:29, 표준새번역)도 보살폈는데, 이 부분은 희년과 더불어 하나님의 경제정의 체제의 중요한 일부였다. 신약성경 용어로 말하자면, 십일조는 전 세계 교회의 사역이 굴러가게 해주는 연료이다. 십일조는 교회의 운영비와 사업비를 제공하고, 목회자와 사역자들의 급료를 제공하고, 국내외 선교를 지원하며, 가난하고 약한 사람들의 필요를 공급한다. 십일조는 영적·사회적으로 우선순위가 높은 중요한 일들을 간과하거나 우연에 맡기는 일이 없도록 공동체의 부를 재분배하는 방식이다.

하나님이 십일조를 명하신 두 번째 이유는 하나님의 백성이 그분께 온전히 의존하는 존재임을 깨닫는 데 도움이 되기 때문이다. 수천 년 전, 그들은 밭에서 충분한 곡식이 나는지, 가축이 살아남는지 여부에 따라 생사가 달라지는 철저한 자급 경제 사회에서 살았다. 상상이 되는가? 농산물의 '마지막 열매'가 아니라 첫 열매를 하나님께 바치는 데 얼마나 큰 믿음이 필요했을지 생각해 보라. 그것은 이런 무모한 고백과 같았다. "하나님, 우리는 당신을 믿고 당신께 온전히 의지합니다. 굶어 죽게 되면, 굶어 죽겠습니다." 하나님은 이스라엘이 광야에서 방황했던 40년 동안 당신의 백성이 당신을 철저하게 의지하기 원하신다는 점을 더없이 분명하게 밝히셨다. 하나님은 매일 아침 하늘의 떡 만나를 기적적으로 허락하셔서 먹게 하셨고, 그날 필요한 분량 이상을 쌓아 두지 못하게 하셨다. 하나님은 이스라엘이 당신만을 의지하기 원하셨다. 그들이 만나를 쌓아 두려 하자 만나는 썩어서 구더기가 끓었다. 하나님은 이 40년간의 교훈을 통해 그들이 하나님만 의지하도록, 젖과 꿀이 흐르는 땅에 도착한 후에도 당신만 의지하도록 가르치기 원하셨다. 하나님에 대한 의존의 상징이 얼마나 중요했던지, 만나가 든 항아리는 다른 두 가지 물건과 함께 거룩한 언약궤에 담겼다.

레위기에서 십일조는 우리가 하나님께 전적으로 의존하는 존재임을 다시 한 번 강조하기 위해 제정되었다. 하나님은 우리가 당신을 의지하는 것을 방해하는 주된 경쟁 세력이 돈임을 아셨다. 충분한 현금, 음식, 재산이 있는 경우, 우리는 자기를 의지하기 쉽다. 그러므로 하나님은 돈을 무해하고 중립적인 것으로 보지 않으신다. 돈은 권력이고 권력은 우리 삶의 최고 자리를 놓고 하나님과 경쟁한다. 예수님은 산상설교에서 바로 이 점을 지적하셨다. "한 사람이 두 주인을 섬기지 못할 것이니 혹 이를 미워하고 저를 사랑하거나 혹 이를 중히 여기고 저를 경히 여김이라 너희가 하나님과 재물을 겸하여 섬기지 못하느니라"(마 6:24).

하나님과 돈 모두가 사람의 주인으로 그려지고 있다는 데 주목하라. 예수님은 우리가 하나님이나 돈, 둘 중 하나의 종이 된다는 것과 둘 모두를 섬기지 못함을 아셨다. 예수님은 돈이 황산이라도 되는 듯, 극도로 주의해서 다뤄야 할 대상으로 자주 말씀하셨다!

스캇 라딘은《하나님 나라의 청지기》에서 돈과 우리 믿음의 관계를 생생하게 묘사했다.

> 돈을 다룰 때는 그것이 다이너마이트와 같다는 분명한 사실을 잠시라도 놓쳐서는 안 된다. 우리가 뜻대로 좌지우지하던 대상인데 나중에는 돈이 우리를 좌우하게 된다. 그런 다이너마이트는 신관을 제거해야 한다. 그리스도인인 우리가 돈의 신관을 제거하는 가장 확실한 방법은 우리를 지배하려 드는 돈을 그냥 남에게 줘 버리는 것이다. 한번 생각해 보라. 주님의 일을 위해 기쁘고 편안한 마음으로 돈을 내놓는 일은 돈이 우리를 지배하지 못하며 우리에게 우선순위가 낮다는 가장 확실한 표현이다. 맘몬 신을 섬기는 자는 가진 것을 즐겁고 흔쾌하게 줄 수가 없다. 마찬가지로, 살아 계신 하나님을 섬기는 자는 자신의 것을 쌓아 둘 수가 없다. 우리가 가진 것을 얼마나 나누고 어떻게 나누는가, 여기서 우리 하나님이 정말 누구신지 다른 사람들에게 가장 분명히 드러난다. 지출 내역은 우리의 우선순위가 무엇인지 교회 출석보다 더욱 정직하게 말해 준다.[2]

가끔 나는 십일조가 이와 약간 다른, 즉 돈이 우리에게 행사할 수 있는 권력에 맞서는 '예방 접종'이라는 생각이 들곤 한다. 치명적인 바이러스에 대비해 백신을 맞는 것은 해를 입힐 수 없을 만큼 약화된 소량의 그 바이러스를 몸에 주입하는 것이다. 그렇게 되면 우리는 그 바이러스에 면역력을 갖게 되고 더 이상 그 때문에 해를 입지 않게 된다. 비유적으로 말하면, 수입의 십일조를 낼 때 이와 동일한 효과가 나타난다. 우리 돈의 작은 일부를 흔쾌히 내놓음으로써 돈이 우리를 부패시킬 힘에 맞서는 면역력을 갖게 된다. 의무감이 아니라 하나님을 사랑하고 순종하는 마음으로 십일조를 내는 것은 돈이 우리를 다스리고 있지 않다고 담대하게 선언하는 일이다. 우리가 가진 것을 기꺼이 내어 놓을 때도, 우리는 그것을 다시 채워 주시고 우리를 지켜 주실 하나님을 의지할 수 있다.

1929년 이후 일일 최대 증시 폭락이 1987년에 있었다. 하루 만에 르네와 내가 평생 모은 돈과 아이들 대학 교육비로 적립한 돈의 3분의 1이 사라졌다. 나는 기겁을 했고 신들린 사람마냥 매일 밤 자정이 넘도록 계산 용지에다 얼마나 잃었는지 분석하고 다음 날 추가 손실을 방지할 요량으로 남은 주식과 뮤추얼 펀드에 대해 매도 주문을 냈다.(물론 나중에 보니 그것은 최악의 대처 방안이었다.) 나는 잃어버린 돈 때문에 괴로워 어쩔 줄 몰랐고, 그런 내 상태는 밖으로 고스란히 드러났다.

어느 날 밤늦도록 불을 밝히고 있을 때였다. 르네가 와서 내 곁에 앉더니 말을 꺼냈다.

"여보, 당신 요즘 이것에 너무 사로잡혀 있어요. 돈만 잃었을 뿐이에요. 우리 가정, 건강, 친구들, 아이들, 넉넉한 수입, 다 그대로 있어요.

참으로 감사할 일이지요. 이 문제는 그만 놓아 보내고 하나님을 신뢰하기로 해요."

자기 연민에 빠져 허덕이고 있을 때 누군가 판을 깨면 싫지 않던가? 나는 그 문제를 놓아 보내고 싶지 않았다. 나는 내게 우리 가족에 대한 책임이 있고 당신은 내 심정을 모른다고 대꾸했다. 그녀는 하던 일을 멈추고 이 문제를 놓고 기도하자고 말했다. 그때까지 내가 전혀 하지 못하던 생각이었다. 우리는 기도했다.

기도가 끝난 후, 놀랍게도 르네가 이렇게 말했다.

"이제 수표책을 꺼내서 우리 교회와 우리가 후원하는 선교 단체들에 크게 수표를 끊어 보내야 할 것 같아요. 이것은 하나님의 돈이지 우리 돈이 아니라는 고백이 필요할 것 같아요."

나는 아내의 대담한 제안에 당황했지만 마음속으로는 그녀가 옳다는 걸 알았다. 그래서 그날 밤 우리는 상당한 액수의 수표를 몇 장 끊어서 여러 선교 단체 주소가 적혀 있는 봉투에 넣고 봉인했다. 그러자 안도감이 밀려왔다. 돈에 걸려 있던 주문이 깨어진 것이다. 나를 사로잡았던 염려에서도 벗어났다. 하지만 내가 얼마나 무모한 일을 했는지 생각하자 현기증이 일었다.

"하나님, 우리를 받아 주소서. 우리가 방금 무모한 믿음의 도약을 했나이다."

그리고 하나님은 우리를 받아 주셨다.

윌리엄 슬로운 카핀은 이렇게 말했다. "나는 믿음의 무모함을 사랑한다. 먼저 도약을 하면 그 다음에 날개가 자라난다."

물론 성경에는 우리가 돈을 신실하게 사용하면 하나님이 참으로 복

주실 거라는 말씀이 있다. 여기, 또 하나의 믿음의 위대한 역설이 있다. '우리가 하나님께 돈을 드리면 그분의 복이 우리에게 되돌아온다.' 늘 돈으로 되돌아오는 것은 아니지만 수많은 다른 형태로 돌아온다. 말라기서는 이 원리를 입증해 준다. 말라기서는 여기서 더 나아가 십일조를 내지 않는 것은 하나님의 것을 훔치는 일과 같다고 경고한다. 하나님이 하시는 말씀에 귀를 기울여 보라.

> "사람이 어찌 하나님의 것을 도둑질하겠느냐? 그러나 너희는 나의 것을 도둑질하고도 말하기를 '우리가 어떻게 주의 것을 도둑질하였나이까?' 하는도다. 이는 곧 십일조와 봉헌물이라. 너희 곧 온 나라가 나의 것을 도둑질하였으므로 너희가 저주를 받았느니라. 만군의 여호와가 이르노라. 너희의 온전한 십일조를 창고에 들여 나의 집에 양식이 있게 하고 그것으로 나를 시험하여 내가 하늘 문을 열고 너희에게 복을 쌓을 곳이 없도록 붓지 아니하나 보라. 만군의 여호와가 이르노라 내가 너희를 위하여 메뚜기를 금하여 너희 토지 소산을 먹어 없애지 못하게 하며 너희 밭의 포도나무 열매가 기한 전에 떨어지지 않게 하리니 너희 땅이 아름다워지므로 모든 이방인들이 너희를 복되다 하리라." 만군의 여호와의 말이니라(말 3:8-12).

주어진 물질을 하나님께 충실하게 바치지 않으면 심각한 결과가 따른다. 하나님의 백성이 "저주를 받는다." 이는 하나님의 선교 단체들이 자원 부족으로 어려움을 겪는다는 뜻일 뿐 아니라 한 민족 전체가 하나님의 축복과 보호를 받지 못하게 된다는 뜻이기도 하다.

이제 위의 엄격한 처벌 조항들과 관대하고 신실한 청지기로 재물을 사용할 때 따라오는 보상을 비교해 보라.

- 하나님은 '하늘 문을 여시고' 복을 부으신다.
- 하나님이 우리의 '수확'을 보호하신다.
- 모든 나라들이 우리를 복되다 할 것이다.

요약해 보자. 말씀대로 십일조를 바치면 하나님이 풍성하게 갚아 주실 것이다. 그러나 십일조를 하나님께 돌려드리지 않으면, 우리가 속한 공동체가 하나님의 복을 받지 못할 위험이 따르게 되고, 우리를 지켜보는 세상 사람들에게 하나님의 복을 보여 줄 기회도 놓치게 된다.

역사상 가장 부유한 교회

지상명령에 대한 순종을 다른 무엇보다 꾸준히 방해한 것은 풍요였다.

-랠프 윈터

그대는 이 세상의 부유한 사람들에게 명령해서 교만하지 말고 덧없는 재물에 소망을 두지 말며 오직 우리에게 모든 것을 풍성히 주어 누리게 하시는 하나님께 소망을 두게 하여라. 또한 선을 행하고 좋은 일을 많이 하고 아낌없이 베풀고 기꺼이 나누어 주게 하여라. 그렇게 함으로 그들이 자신들을 위해 기초를 든든히 쌓아 앞날에 참된 생명을 얻게 하여라.

-딤전 6:17-19(우리말성경)

좋은 소식으로 시작해 보자. 당신은 부유하고 우리도 부유하고 미국 교회도 부유하다. 틀림없이 당신은 내 말이 틀렸고, 당신도, 당신의 교회도 부유하지 않다고 생각할 것이다. 그러나 그런 생각이 드는 이유는 늘 부를 상대적인 의미에서 측정하기 때문이다. 아주 좋은 소식이 있으니 마음의 준비를 하시라! 당신의 연수입이 2만 5천 달러라면, 당신은 세계 인구의 거의 90퍼센트보다 부유하다! 당신이 연 5만 달러 이상을 번다면, 세계 인구의 99퍼센트보다 더 잘사는 것이다![3] 이 말이 충격적인가? 67억 명의 세계 인구 중에 거의 절반이 하루 2달러 미만의 수입으로 살아간다는 사실을 기억하라. 이래도 자신이 부자라는 생각이 안 드는가? 그렇다면 그건 자신보다 더 가진 사람들, 전 세계 1퍼센트에 속한 부자들과 자신을 비교하기 때문이다. 자신이 부자인지의 여부를 아직 가지지 못한 것들에 근거하여 측정하기 때문이기도 하다. 더 큰 집이나 아파트, 더 좋은 차, 더 많은 옷, 더 많은 외식의 기회가 없으면 '부유하다'는 느낌이 들지 않는다. 이것 또한 자신의 기대치와 비교해서 생긴 느낌이다. 세계 인구의 93퍼센트가 차 없이 지낸다는 사실을 알게 되면,[4] 낡은 고물차도 멋지게 보이기 시작할 것이다. 우리는 미국인들의 생활 방식을 표준으로 보지만, 나머지 세계를 보면 그것이야말로 대단히 왜곡된 생활 방식임이 분명해진다. 우리는 자신이 부유하다고 믿지 않고, 그래서 가난한 사람들을 돕는 일을 우리 책임으로 여기지 않는다. 우리는 속고 있다.

미국 교회의 상황을 제대로 볼 수 있어야 한다. 간단히 말해서, 미국 교회는 기독교 역사상 가장 부유한 그리스도인들의 집단이다. 얼마나 부유한가? 미국 교회 출석자들의 총수입은 5조 2천억 달러이다.[5](1억 달러의 5만 2천 배이다.) 미국 그리스도인들이 거두는 수입의 1퍼센트 정도만 들이면 10억에 달하는 전 세계 최빈곤층 사람들을 극심한 가난에서 구해 낼 수 있을 것이다.[6] 달리 말하자면, 전 세계 교회의 5퍼센트 정도를 차지하는 미국 그리스도인들이 전 세계 그리스도인들이 가진 부의 절반 정도를 좌우한다.[7] 우리는 돈이 부족한 게 아니다.

그럼 세계에서 가장 부유한 그리스도인들이 사는 나라로서 우리는 수입의 십일조를 어떻게 드리고 있을까? 여기에 좋지 않은 소식이 등장한다. 세전 수입의 10퍼센트 이상을 교회나 비영리 선교 단체에 헌금하는 것을 십일조라고 정의한다면, 미국 가구의 5퍼센트만이 십일조를 한다.[8] 미국의 '거듭난' 그리스도인들(그리스도께 자신의 삶을 바쳤다고 주장하는 사람들)로 범위를 좁히면 십일조 수치는 9퍼센트로 올라간다.[9] 믿음이 자신의 삶과 행동에 가장 큰 영향을 끼친다고 주장하는 '복음주의 그리스도인들'의 경우에도 24퍼센트만이 십일조를 드린다.[10] 우리의 상대적 부유함을 생각할 때, 나머지 76퍼센트는 말라기에서 정의하고 정죄한 '도둑질'을 멈추어야 하지 않겠는가? 자기 몫으로 쓰려고 돈을 쌓았던 1세기의 부유한 그리스도인들에게 야고보가 어떻게 말했는지 들어 보자.

> 들으라 부한 자들아 너희에게 임할 고생으로 말미암아 울고 통곡하라 너희 재물은 썩었고 너희 옷은 좀먹었으며 너희 금과 은은 녹이 슬었으니 이 녹이 너희에게 증거가 되며 불같이 너희 살을 먹으리라 너희가 말세에 재물을 쌓았도다 ……너희가 땅에서 사치하고 방종하여 살육의 날에 너희 마음을 살찌게 하였도다(약 5:1-5).

십일조를 제대로 드리지 않는다면 우리는 과연 얼마나 헌금하고 있을까? 2005년 미국 교인들의 평균 헌금 비율은 수입의 2.58퍼센트에 불과하여 10퍼센트라는 성경의 기준에 75퍼센트나 미치지 못했다. 슬프게도, 우리의 수입은 늘었지만 헌금은 크게 줄어들었다. 대공황의 절정이었던 1933년에 헌금은 평균 3.3퍼센트 정도였고 2005년의 경우보다 27퍼센트나 많았다.[11] 그러나 교회가 헌금을 어디에 쓰는지 보면, 복음전도용이건 구제용이건, 해외 선교비로 나가는 돈이 전체의 2퍼센트에 불과하다.[12] 나머지 98퍼센트는 바로 이곳, 우리 교회와 지역 사회에 머물고 있다. 정리하자면, 역사상 가장 부유한 미국의 그리스도인들이 수입의 2퍼센트의 2퍼센트, 즉 수입의 1,000분의 5 정도만 세계와 나누고 있다는 말이다. 더 간단히 표현하자면, 각 사람이 교회를 통해 다른 세계에 주는 돈은 매일 6센트 정도에 불과하다![13]

이 숫자들을 보다 보면 '만약에?'라는 질문을 하게 된다. 만약 미국의 그리스도인들이 "온전한 십일조를 창고에" 들인다면 어떻게 될까? 지상에 드러나는 하나님 나라의 모습이 달라지지 않을까? 앞에서 나는 우리 교회 교인들 앞에 서서 하나님이 우리에게 할 일을 주셨으나 우리가 그 일을 감당할 만큼 충분하게 헌금하지 않았다고 말했던 일을 소개했다. 나는 교인들에게 우리 교회의 선교 사업에 필요한 자금을 모두 마련하기 위해 추가 작정을 해달라고 요청했다. 만약 미국의 모든 교회와 그리스도인들에게 동일한 논리를 적용한다면 어떻게 될까?[14] 우리 모두가 십일조를 다 낸다면, 즉 지금처럼 수입의 2.5퍼센트가 아닌 10퍼센트를 낸다면, 전 세계 교회의 사역에 필요한 자금을 댈 수 있는 1680억 달러를 추가로 확보하게 될 것이다!

큰 숫자들은 잘 실감이 나지 않으니 도움이 될 만한 숫자들을 적어보겠다.

1680억 달러: 미국의 모든 교인들이 십일조를 낼 경우 확보될 추가 금액

7050억 달러: 미국인들이 오락과 휴식에 쓰는 금액[15]

1790억 달러: 미국 12~17세 십대들이 쓴 금액(2006)[16]

650억 달러: 미국인들이 보석 구입에 쓴 금액(2008)[17]

580억 달러: 미국인들이 주에서 발행하는 복권 구매에 쓴 금액(2007)[18]

395억 달러: 미국 정부의 해외 원조 예산 총액[19]

310억 달러: 미국인들이 애완동물에게 들인 금액(2003)[20]

130억 달러: 미국인들이 성형 수술에 쓴 금액(2007)[21]

50억 달러: 교단별, 초교파적, 독립 단체를 포함한 700개 개신교 선교 단체의 해외 선교 수입 총액(2005)[22]

미국의 교인들이 모두 십일조를 드린다면, 우리는 말 그대로 세상을 변화시킬 수 있다. 13장에서 말했던 것처럼, 추가 확보 가능한 1680억 달러의 40퍼센트도 안 되는 650억 달러면 10억 명 이상의 최빈곤층을 가난에서 구해 낼 수 있다.[23] 모든 어린이들에게 초등 교육의 기회를 주는 데 60억 달러밖에 들지 않을 것이고, 세계의 가난한 사람들에게 깨끗한 물을 공급하는 데 드는 비용은 90억 달러면 된다. 그리고 전 세계 모든 사람에게 기본적인 보건 서비스와 영양을 공급하는 데는 130억 달러가 들 것이다.[24]

이것이 전 세계의 가난한 사람들에게 어떤 의미가 있으며 전 세계 그

리스도인들의 이미지에 어떤 영향을 끼칠지 그림이 그려지는가? 상상해 보라. 미국의 그리스도인들이 관대하게 자신의 것을 내놓아 다음과 같은 일이 벌어진다면, 그것을 지켜보는 세상 사람들이 얼마나 놀랄까?

- 세계의 빈곤이 사라진다.
- 깨끗한 물 부족 위기가 해소된다.
- 에이즈, 말라리아, 결핵으로 고통받는 수백만 명의 환자들이 모두 약과 치료를 받을 수 있게 된다.
- 매일 2만 6천 명 이상 발생하던 유아 사망률이 실질적으로 사라진다.[25]
- 전 세계 모든 어린이들이 교육을 받을 수 있게 된다.
- 전 세계 수천만 명의 고아들에게 안전망이 제공된다.

미국의 크리스천 시민들이 이웃을 자기 몸처럼 사랑하라는 예수님의 말씀을 진지하게 받아들이고 떨쳐 일어나 전 세계 모든 정부의 구호 금액을 모두 합친 것보다 더 많은 기부금을 내놓는다면 그것이 세상에 어떤 메시지를 전하게 될지 생각해 보라. 테러리스트들은 그토록 자비로운 나라를 공격할 젊은이들을 새로 영입하는 데 어려움을 겪게 될 것이다. 다른 부유한 나라들은 부끄러움을 느끼거나 자극을 받아 미국의 본을 따르게 될 것이다. 다른 종교의 지지자들은 그리스도인들이 어떤 동기로 그런 사랑과 관대함을 보이는지 묻게 될 것이다. 그리스도의 몸이 일으킨 전 지구적인 사회 변혁이 전 세계 모든 시민들의 입에서 떠나지 않을 것이고, 모든 신문의 곳곳에 호의적으로 실릴 것이다. 온전한 복음, 곧 하나님 나라의 좋은 소식이 사랑으로 정의되고 행동으로 뒷받침

되는 믿음을 가진 사람들에 의해 말뿐 아니라 눈에 보이게 드러나는 모습을 세상 사람들이 보게 될 것이다. 하나님의 나라가 임하고, 그분의 뜻이 하늘에서 이루어진 것처럼 땅에서도 이루어질 것이다. 이것이 예수님이 누가복음 4장에서 선포하셨던 온전한 복음이고, 우리가 이 복음을 받아들인다면 말 그대로 모든 것이 달라질 것이다.

> 주의 성령이 내게 임하셨으니
> 이는 가난한 자에게 복음을 전하게 하시려고
> 내게 기름을 부으시고
> 나를 보내사 포로 된 자에게 자유를,
> 눈 먼 자에게 다시 보게 함을 전파하며
> 눌린 자를 자유롭게 하고
> 주의 은혜의 해를 전파하게 하려 하심이라(눅 4:18-19).

이것은 그리스도를 따르는 모든 사람과 모든 교회의 상상력을 사로잡아야 할 비전이다. 이 비전을 그대로 받아들일 때 우리는 이사야 1장에서 말하는 '허울뿐인 예배'와 '되지도 않는 종교놀이'(13절, 메시지)를 뛰어넘어 참으로 세상의 빛과 소금이 될 수 있을 것이다.

> 너희 빛이 사람 앞에 비치게 하여 그들로 너희 착한 행실을 보고 하늘에 계신 너희 아버지께 영광을 돌리게 하라(마 5:16).

20. 미국 교회에 보내는 편지

행동은 생각이 아니라 기꺼이 책임지려는 자세에서 나온다. ―디트리히 본회퍼

몇 년 전, 나는 요한계시록을 읽다가 아시아의 일곱 교회에 보내는 편지들의 생생함에 깊은 인상을 받았다. 내 마음을 가장 강하게 사로잡은 편지는 라오디게아 교회에 보낸 마지막 편지였다. 미국의 많은 교회들과 상당히 비슷하게, 라오디게아 교회가 부유한 교회였기 때문이다.

라오디게아는 에베소에서 해변을 따라 아시아로 뻗어 가는 로마 주요 도로의 전략적 요충지이자 교역과 통신의 중심지였다. 이 도시는 금융업과 큰 의과 대학으로 유명했다. 라오디게아인들은 널리 알려진 안약을 생산했다. 그곳에서만 나는 질 좋은 흑양모는 그들의 자랑거리였고 그 덕분에 큰 부를 쌓았다. 기원후 60년에 큰 지진이 났을 때도 로마의 지원을 거부할 정도로 부유했다. 자력으로 번영을 이루었기 때문에 라오디게아인들은 자립심과 자부심이 높았다.

그러나 하나님과 관련해서는 내세울 게 하나도 없었기에 이런 말씀을 들었다. "내가 네 행위를 아노니 네가 차지도 아니하고 뜨겁지도 아

니하도다. 네가 차든지 뜨겁든지 하기를 원하노라. 네가 이같이 미지근하여 뜨겁지도 아니하고 차지도 아니하니 내 입에서 너를 토하여 버리리라"(계 3:15-16).

라오디게아는 외적으로 화려한 모습을 자랑했지만 물 사정이 안 좋기로도 유명했다. 인근의 히에라폴리스는 치료 효과가 있는 온천으로 유명했는데, 사람들은 매일 거기까지 걸어가 치료 효과가 있는 물에 몸을 담갔다. 또 다른 이웃 도시 골로새는 차갑고 맑은 물로 잘 알려져 있었다. 한낮의 열기를 받으며 여행하던 사람들이 골로새의 샘에서 물을 한 잔 떠 마시면 금세 활력을 되찾았다. 그러나 라오디게아의 물은 수도관으로 끌어왔기 때문에 뜨겁지도 차갑지도 않고 미지근했다. 흥미롭게도, 그리스도께서는 그곳의 교회를 보시고 그들이 하는 일이 그곳 물처럼 미지근해서 영적 치료에도, 영적 활력을 주는 데도 쓸모가 없다고 말씀하셨다. 주님이 보실 때 그들의 모습은 가증스러울 정도로 역겨웠다. "너를 보니 토하고 싶어지는구나"(16절, 메시지).

곤고하고 가련하고 가난하고 눈멀고 벌거벗은

우리 교회를 묘사하는 문장에서 보고 싶지 않은 형용사 다섯 개가 바로 여기에 나와 있다. 하지만 이 다섯 단어는 주님이 라오디게아 교회를 묘사할 때 친히 사용하신 것이다. 그분은 "네가 말하기를 나는 부자라 부요하여 부족한 것이 없다 하나"라고 조롱하셨다. "네 곤고한 것과 가련한 것과 가난한 것과 눈먼 것과 벌거벗은 것을 알지 못하는도다"(계 3:17). 부유한 라오디게아 교회는 부족한 것이 없다는 망상에 빠져 있었지만 실제로는 더없이 가난했다. 참으로 아이러니하지 않은가? 그들은 멋진 흑양모를 생산했지만 벌거벗고 있었다. 유명한 안약이 있었지만 눈먼 상태였다. 자기기만에 빠져 하나님이 그들을 기뻐하신다고 여겼고, 그들의 번영이 하나님의 총애의 확실한 증표라고 생각했다.

주님은 그분만 주실 수 있는 옷과 안약이 그들에게 절실히 필요하며, 그들이 회개하면 기꺼이 주시겠다고 말씀하셨다. 그리고 그들의 문 앞에 서서 두드리시며 그들이 그분을 영접하길 기다리셨다.

> "내가 너를 권하노니 내게서 불로 연단한 금을 사서 부요하게 하고 흰 옷을 사서 입어 벌거벗은 수치를 보이지 않게 하고 안약을 사서 눈에 발라 보게 하라 무릇 내가 사랑하는 자를 책망하여 징계하노니 그러므로 네가 열심을 내라 회개하라 볼지어다 내가 문 밖에 서서 두드리노니 누구든지 내 음성을 듣고 문을 열면 내가 그에게로 들어가 그와 더불어 먹고 그는 나와 더불어 먹으리라"(계 3:18-20).

이 구절들을 살피다 보니 현대 교회에 적용하지 않을 수 없었다. 우리 역시 편안하고 부유하고 아쉬운 게 없다. 하나님의 '총아'이기 때문에 번영하고 있다고 맹목적으로 믿고 있다. 우리의 행위들은 모든 면에서 라오디게아 교인들처럼 미지근하다. 그리스도께서 미국 교회에 편지를 쓰신다면 뭐라고 하실까?

나는 기부자들과 후원 교회 목사님들이 모이는 대규모 월드비전 컨퍼런스에서 할 강연을 준비하며 몇 주 동안 골똘히 생각했다. 그리고 〈미국 교회에 보내는 편지〉를 주제로 정했다. 그리스도께서 우리에게 쓰실 법한 편지를 상상해서 한 통 쓰고 싶었다. 그러나 몇 번이나 시도했지만 성공하지 못했다.(하나님의 음성으로 말하는 건 쉽지 않다.)

그러다 문득 깨달음이 찾아왔다. 그분은 이미 그 편지를 우리에게 보내셨다. 그 편지는 성경에 들어 있다. 우리는 그 내용을 읽고 적용하기만 하면 된다. 그래서 나는 며칠 동안 여러 성경구절을 모아 편지 형태로 편집했다. 이것이 건전한 성경 주해의 규칙을 위반하는 일임을 잘 알지만, 그래도 쓸모가 있다는 데는 독자도 동의할 것이다. 진실하고 단도직입적으로 우리에게 말씀하고 있기 때문이다. 여기에 그 편지를 소개한다.

미국 교회에 보내는 편지

> 귀 있는 자는 성령이 교회들에게 하시는 말씀을 들을지어다.
>
> –요한계시록 2:7

미국 교회의 사자에게 이렇게 써 보내라.

오른손에 일곱 별을 쥐고, 일곱 금 촛대 사이를 거니시는 분의 말씀이니라. 내가 네 행위를 아노라. 네가 사치하고 방탕하게 살며 처음 사랑을 버렸느니라. 네게 책망할 것이 있나니 가옥에 가옥을 이으며 전토에 전토를 더하여 빈틈이 없도록 하는 자들은 화 있을진저. 많은 집들이 황폐하게 될 것이며, 크고 아름다울지라도 사는 사람이 없을 것이라.

너희는 너희의 행위를 살필지니라. 너희가 많이 뿌릴지라도 수확이 적으며, 먹을지라도 배부르지 못하며, 마실지라도 흡족하지 못하며, 입어도 따뜻하지 못하며, 일꾼이 삯을 받아도 그것을 구멍 뚫어진 전대에 넣는 꼴이 되느니라. 너희 재물은 썩었고 너희 옷은 좀먹었으며 너희 금과 은은 녹이 슬었으니 이 녹이 너희에게 증거가 되며 불같이 너희 살을 먹으리라. 너희가 말세에 재물을 쌓았도다. 너는 "나는 부자라 부요하여 부족한 것이 없다"고 말한다. 그러나 나는 세상에서 가난한 자를 택하여 믿음에 부요하게 하고 또 나를 사랑하는 자들에게 약속한 나라를 상속으로 받게 하였노라. 그러므로 너를 위하여 보물을 땅에 쌓아 두지 말라. 거기는 좀이 먹고 녹이 슬며 도둑이 구멍을 뚫고 도둑질하느니라. 오직 너희를 위하여 보물을 하늘에 쌓아 두라. 거기는 좀이 먹거나 녹이 슬지 않으며 도둑이 구멍을 뚫지도 못하고 도둑질도 못하느니라. 네 보물 있는 그곳에는 네 마음도 있느니라. 너는 먼저 나의 나라와 나의 의를 구하라. 그리하면 이 모든 것을 너희에게 더하리라. 기억하라. 부요한 자였던 나 곧 주 예수 그리스도가 너희를 위하여 가난하게 된 것은 나의 가난함으로 말미암아 너를 부요하게 하려 함이었느니라.

너는 나를 불러 "주여, 주여" 하면서도 어찌하여 내가 말하는 것을 행하지 아니하느냐? 너는 말씀을 행하는 자가 되고 듣기만 하여 자신을 속이는 자가 되지 말라. 말씀대로 행하라. 나의 계명을 지키는 자라야 나를 사랑하는 자인 연고니라.

여호와께서 네게 구하시는 것이 무엇이냐고 묻느냐? 정의를 행하며, 인자仁慈를 사랑하며, 겸손하게 네 하나님과 함께 행하는 것이니라. 모든 율법은 "네 이웃을 네 자신과 같이 사랑하라" 하신 한마디 말씀에 다 들어 있느니라.

땅에는 언제든지 가난한 자가 그치지 아니하겠으므로 내가 네게 명령하여 이르노니 너는 반드시 네 땅 안에 네 형제 중 곤란한 자와 궁핍한 자에게 네 손을 펼칠지니라. 가난한 자와 고아를 변호하며 곤란한 자와 빈궁한 자에게 공의를 베풀지니라.

이제 금식 이야기를 해보자. 너희의 목소리를 저 높은 곳에 들리게 할 생각이 있다면, 오늘과 같은 이런 금식을 해서는 안 된다. 그저 갈대처럼 고개를 숙이기만 하고 굵은 베옷과 재를 펼쳐 놓는 것뿐이 아니냐? 이것이 너희가 금식이라고 부르는 것이냐? 이것이 너희가 여호와께서 기꺼이 받으실 만한 날이라고 부르는 것이냐? 내가 기뻐하는 금식은 부당한 결박을 풀어 주며 멍에의 줄을 끌러 주며 압제 당하는 자를 자유하게 하며 모든 멍에를 꺾는 것이 아니겠느냐? 또 주린 자에게 양식을 나누어 주며 유리하는 빈민을 집에 들이며 헐벗은 자를 보면 입히며 또 네 골육을 피하여 숨지 아니하는 것이 아니겠느냐? 이 세상의 재물을 가지고 형제의 궁핍함을 보고도 도와줄 마음을 닫으면 하나님의 사랑이 어찌 그 속에 거하겠느냐?

너는 이제라도 금식하고 울며 애통하고 마음을 다하여 내게 돌아오라. 옷을 찢지 말고 마음을 찢고 너희 하나님 여호와께 돌아올지어다. 그는 은혜로우시며 자비로우시며 쉽게 노하지 않으시며 인애가 크시사 뜻을 돌이켜 재앙을 내리지 아니하시느니라.

내가 너를 권하노니 너는 부르심을 받았으니 그 부르심에 합당하게 살아 언제나 겸손과 온유로 행하고 오래 참고 사랑 가운데서 서로 용납하라. 너는 이 세대를 본받지 말고 오직 마음을 새롭게 함으로 변화를 받으라. 네가 어찌하여 양식이 아닌 것을 위하여 은을 달아 주며 배부르게 하지 못할 것을 위하여 수고하느냐? 내 말을 듣고 들을지어다. 그리하면 너희가 좋은 것을 먹을 것이며 너희 마음이 기름진 것으로 즐거움을 얻으리라. 네가 부를 때에는 나 여호와가 응답하겠고 네가 부르짖을 때에는 "내가 여기 있다" 하리라. 만일 네가 멍에와 손가락질과 허망한 말을 끊어 버리고 주린 자에게 정성을 쏟으며 괴로워하는 자의 심정을 만족하게 하면, 네 빛이 흑암 중에서 떠올라 네 어둠이 낮과 같이 될 것이며 내가 너를 항상 인도하여 메마른 곳에서도 네 영혼을 만족하게 하며 네 뼈를 견고하게 하리라. 너는 물 댄 동산 같겠고 물이 끊어지지 아니하는 샘 같을 것이라.

그러므로 내 사랑하는 형제자매들아, 굳게 서서 흔들리지 말고 항상 주의 일에 더욱 힘쓰는 자들이 되라. 이는 너희 수고가 주 안에서 헛되지 않은 줄 앎이라.

－예수

추신: 내가 속히 가리라! 내가 줄 상급이 내게 있으니 각 사람에게 그 행한 대로 갚아 주리라.[1]

21. 그리스도인들이 인기가 떨어진 이유

주빌리 운동Jubilee movement(최빈국들에 대한 국제 사회의 부채 탕감을 요구하는 운동—옮긴이)은 자신의 복을 구하는 모임이 아니었다. 그들은 종교적인 목적의 군중이 아니었다. 그 종교인들은 기꺼이 거리로 나섰고 신발을 더럽혔고 플래카드를 흔들고 확신에 따라 행동했다. 그 모습을 보니 나 같은 사람도 그들과 거리를 두기가 정말 어려웠다. 놀라웠다. 교회에 다니는 그들이 좋아지기 시작했다. -보노, 《지금은 행동할 때》

당신들이 믿는 그리스도는 좋다. 그러나 기독교인들은 싫다. 당신들 기독교인들은 당신들이 믿는 그리스도와 너무나 다르다. -모한다스 간디

그리스도인들에 대한 사회의 인식

내가 젊었을 때만 해도, 미국 사회에서 '그리스도인'이 되는 것은 좋은 일로 인식되었다. 그 단어를 들을 때 떠오르는 부정적인 이미지는 그리 많지 않았다. 미국에 사는 사람들은 대부분 그리스도인이라는 생각은 오랫동안 자연스럽게 받아들여졌다. 스물세 살에 그리스도를 따르기로 결단한 직후, 나는 어머니에게 새로 발견한 기독교 신앙 이야기

를 신나게 하고 어머니도 스스로를 그리스도인이라 여기시는지 여쭈어 보았다. 어머니는 "다들 그렇지 않니?"라고 되물으셨다.[1] 어머니가 보실 때는 모든 미국인이 그리스도인이었다. 미국은 기독교 국가였다. 그리스도인이란 말은 '좋은 사람들'과 동의어였고, 미국인들은 좋은 사람들이었다. 왕년에는 모두가 '그리스도인'이 되고 싶어 했다.

그러나 상황은 달라졌다. 지난 30년 사이에 '그리스도인'이라는 단어, 그리고 '복음주의'라는 단어는 미국에서 벌어지는 이데올로기 싸움('문화전쟁'이라 불리기도 한다)을 연상시키게 되었다. 보수적 그리스도인들은 로우 대 웨이드 판결로 인한 낙태의 합법화에 자극을 받았고, 성 혁명, 이혼의 확산, 동성애 정치 운동의 증가에 따른 결과를 점점 더 우려하게 되었으며 마침내 대중문화와의 '전쟁에 돌입'했다. 그들은 정치에 점점 더 깊이 참여했고 언론의 관심을 일정 이상 확보하려고 노력했다. 30년간 지속된 이 전투와 그로 인해 생겨난 독설에 찬 논쟁은 그 이전까지 긍정적이던 미국 내 그리스도인들의 이미지, 특히 복음주의자들의 이미지를 손상시켰다.

이 문제에 대해 많은 사람들이 글을 썼는데, 여기서 그 모든 내용을 되풀이할 생각은 없다. 하지만 그리스도인이 아닌 외부인들이 인식하는 그리스도인의 '브랜드'가 큰 손해를 봤다는 말은 해야겠다. 바나리서치 그룹의 조사에 따르면, 1996년까지만 해도 강한 종교적 확신이 없는 '외부인들'의 85퍼센트가 사회에서 기독교가 맡은 역할에 대해 호의적이었다. 그러나 10년 후에는 기독교에 대해 좋은 인상을 갖고 있는 사람이 16퍼센트로 줄었다. 설상가상으로 '복음주의자들'을 호의적으로 생각하는 사람은 3퍼센트뿐이었고, 49퍼센트는 나쁜 인상을 갖고 있다고 말했다![2] 인터뷰에 응한 한 사람은 이런 사실을 이렇게 표현했다. "제가 아는 대부분의 사람들은 그리스도인들이 대단히 보수적이고, 자기 생각에 갇혀 있고, 동성애와 낙태를 반대하고, 성 내고, 폭력적이고, 비논리적이고, 자신들만의 제국을 건설한다고 봐요. 그리스도인들은 모든 사람을 회심시키고 싶어 하고, 믿는 바가 다른 사람들과는 도대체 평화롭게 살지를 못해요."[3]

이크! 이거 심각한 문제다. 우리가 복음, 즉 좋은 소식이라는 긍정적 메시지를 가지고 아직 기독교 신앙을 받아들이지 않은 사람들에게 다가가려 애쓰고 있다면, 우리의 메시지나 방법론 중 하나, 혹은 둘 모두에 심각한 문제가 있다는 뜻이다! 외부인들(과 내부자들)이 기독교 신앙을 어떻게 인식하는지에 대한 이해를 돕기 위해 최근에 나온 자료 하나를 인용해 보겠다. 이것은 《나쁜 그리스도인*UnChristian*》(살림 역간)이라는 책의 토대가 된 바나 그룹의 조사 결과에 실린 핵심 도표이다.

• 교회 다니는 젊은이들의 고민[4]

질문: 종교적 신앙을 묘사할 때 쓸 수 있는 몇 가지 단어와 구절들이 아래에 있습니다. 오늘날의 기독교를 나타내는 표현이라고 생각되는 구절들에 표시해 주세요.

* 16~29세 미국인을 대상으로

	외부자들	교회 다니는 사람들
동성애자들에 반대함	91%	80%
남을 판단함	87%	52%
위선적	85%	47%

구식인	78%	36%
정치에 깊이 개입	75%	50%
현실과 동떨어진	72%	32%
다른 사람들에게 무심한	70%	29%
지루한	68%	27%
다른 종교를 받아들이지 않는	64%	39%
혼란스러운	61%	44%

이 도표를 읽는 독자들 중에는 이렇게 말하고 싶은 사람도 있을 것이다. "이건 사실이 아니에요. 그리스도인들은 그렇지 않아요. 외부인들이 잘못 생각한 거예요." 자연스러운 반응이다. 나는 사원들의 업무를 평가해야 하는 관리자로 여러 해를 보내면서 직원들이 그들의 행동과 업무 실적에 대한 내 평가에 동의하지 않는 경우가 많다는 걸 알게 되었다. 나의 주장을 부인하는 사람들도 있었고, 그들의 동료들의 판단을 반영한 내 견해가 옳은지를 놓고 논쟁이 벌어지는 바람에 많은 시간을 허비하기도 했다. 그러면 나는 그들에게 단순하지만 외면할 수 없는 진실을 설명한다. 다른 사람들의 인식이 현실이라는 사실이다. 다시 말해, 우리 자신은 이런저런 모습이 아니라고 생각할 수도 있지만, 다른 사람들이 우리를 그렇게 인식한다면 우리는 현실이나 인식 중 하나, 아니면 둘 다를 바꾸어야 한다. 외부인들이 그리스도인들에게 부여하는 특성들의 목록을 살펴보면, 그리스도인들에 대한 인상이 그리 유쾌하지 않고, 우리가 무슨 일을 하건, 그 일이 옳건 그르건, 정당화될 수 있건 없건 간에 우리에 대한 인식이 나쁘다는 것을 알게 된다. 우리가 그

리스도와 그분의 복음에 담긴 매력을 대변하려면 그 인식을 바꿀 필요가 있다.

위의 자료를 보면 우리가 지지하는 가치가 아니라 우리가 반대하는 대상이 우리를 규정하고 있다는 걸 알 수 있다. 우리는 동성애와 동성 결혼에 반대하고, 포르노와 난교에 반대하고, 술과 마약, 낙태, 이혼, 이슬람, 진화론에 반대하고…… 심지어 지구 온난화를 경고하는 사람들에게도 반대하는 존재로 비치고 있다. 사람들이 우리가 그들을 판단하고 도덕적 우월감을 갖고 무시한다는 느낌을 받는다는 것을 이해할 만하지 않은가?

남을 판단하는 자로 비치는 일보다 더 나쁜 것이 하나 있다면 위선적인 태도로 남을 판단하는 것일 터이다. 도덕적 우월성을 보여 주면서 남을 판단한다면야 또 모르겠지만, 우리가 정죄한 일들을 똑같이 저지른다면 그야말로 심각한 문제다. 누구나 위선자를 싫어한다. 그런데 우리가 바로 그런 위선자들이었다.

> 2007년 발표된 한 조사 결과에 따르면, 거듭난 그리스도인들의 생활상이 그렇지 않은 사람들의 생활상과 통계적으로 다를 바 없음이 드러났다. ……거듭난 신자들도 다른 사람들 못지않게 도박과 내기를 하고, 포르노 사이트에 접속하고, 남의 물건을 가져가고, 무당이나 영매를 찾고, 치고받고 싸우거나 남을 학대하고, 법적으로 만취 상태라 할 만큼 많은 술을 마시고, 불법 비처방 의약품을 복용하고, 사실이 아닌 말을 하고, 남에게 복수를 하고, 본인이 없는 자리에서 누군가의 험담을 했다. 아무런 차이가 없었다.

우리는 한 연구를 진행하면서 온라인 포르노 들여다보기, 성적으로 노골적인 잡지나 영화 관람, 혼외 성관계 등 미국인들이 어느 정도나 성적으로 부적절한 행동을 하고 있는지 살폈다. 거듭난 그리스도인의 30퍼센트가 지난 30일 사이에 이중 한 가지 일을 했다고 시인했는데, 다른 미국인들의 경우 그 비율이 35퍼센트였다. 통계적으로도 실제로도, 두 집단이 본질적인 차이가 없다는 뜻이다.[5]

그래서 예수님이 다른 사람들을 판단하지 말라고 하신 게 아닐까? "비판하지 말라 그리하면 너희가 비판을 받지 않을 것이요 정죄하지 말라 그리하면 너희가 정죄를 받지 않을 것이요 용서하라 그리하면 너희가 용서를 받을 것이요"(눅 6:37). 그러나 나는 그리스도인들에 대해 외부인들이 어떻게 인식하는지를 항목별로 정리한 것들을 읽어 가면서 그 특성들이 예수님이 가르치신 내용과 정반대라는 점을 놓칠 수 없었다. 그분의 삶에서 드러난 모습과 비교한다면 더 말할 나위도 없었다. 한번 비교해 보자.

그리스도인들에 대한 인식	그리스도의 속성들
동성애자들에 반대함	모든 사람을 사랑
남을 판단함	남을 용서
위선적	진실한
구식인	변혁적인
정치에 깊이 개입	사람들에게 깊은 관심을 갖는
현실과 동떨어진	진실하고 현실을 인식하는

다른 사람들에게 무심한	사랑을 베푸는
지루한	급진적인
다른 종교를 받아들이지 않는	종교를 초월해 모든 사람을 초청하는
혼란스러운	간단하게 진리를 제시하는

예수님은 우리에게 또 다른 길을 보여 주셨다. 죄인을 미워하지 말고 사랑을 보여 주라. 남을 판단하지 말고 용서를 베풀라. 기독교 신앙의 '명령'은 '금지 사항'보다 훨씬 강력하다. 세상 앞에서 빛을 비추는 일은 세상이 너무나 매력적으로 느끼는 '해야 할 일들'을 통해 이루어져야 한다. 1세기 사람들은 그리스도께서 하신 일 때문에 놀라워했다. 예수님은 병자를 치료하셨고, 가난한 사람들을 사랑하셨고, 문둥병자들을 만지셨고, 짓밟힌 자들의 편을 드셨고, 죄인을 용서하셨고, 종교 위선자들을 정죄하셨고, 매춘부와 부패한 세리들과 함께 식사를 하셨고, 부유한 자들과 권력자들에게 도전하셨고, 억압받는 자들의 정의를 위해 싸우셨고, 당대 문화에 문제를 제기하셨고, 물질주의를 성토하셨고, 섬김 가운데 위대함이 있음을 보여 주셨고, 다른 사람들을 살리기 위해 죽으셨다. 한 사람의 이런 행동들이 세상을 바꾸었다.

그분을 따르는 자들이 그와 동일한 행동들을 할 때 오늘날의 세상도 달라질 것이다.

22. 두 진짜 교회 이야기

> 두아디라 교회의 사자에게 편지하라 그 눈이 불꽃 같고 그 발이 빛난 주석과 같은 하나님의 아들이 이르시되 내가 네 사업과 사랑과 믿음과 섬김과 인내를 아노니 네 나중 행위가 처음 것보다 많도다. ―요한계시록 2:18-19

> 이것은 우리가 선택한 일이 아니라, 하나님이 우리 길에 두신 일입니다. 그분이 어디로 이끄시든 우리는 따라갈 겁니다.
> ―존 토마스, 피쉬후크침례교회 담임목사

세계 최남단 침례교회

1999년 존 토마스 목사는 지역 내 목회자 모임에서 충격적인 통계를 들었다. 남아공의 작은 해변 마을 피쉬후크 근처에 위치한 흑인 이주자들의 초라한 슬럼가 마시푸멜렐레 주민의 44퍼센트가 에이즈 양성 반응이라는 것이었다.[1] 그 소식을 듣고 난 토마스 목사는 어안이벙벙해졌다. 교인 315명 대부분이 백인인 그의 교회는 근처에서 에이즈가 미치고 있는 영향을 거의 인식하지 못하고 있었다. 남아공에서 아파르트헤이트가 종식된 지 5년. 그러나 흑백간의 관계는 여전히 틀어져 있었고 전 세계 어느 나라보다 에이즈 감염자가 많았다. 토마스는 그냥 있어선 안 되겠다는 생각이 들었다. '바로 근처에서 벌어지는 어마어마한 문제에 대해 아무 조치도 취하지 않았다니. 심판 날에 하나님을 어떻게 뵐 수 있겠는가?'

고민에 빠진 토마스 목사는 교인들에게 마음을 털어놓기로 했고 그 이후 모든 것이 달라졌다. 피쉬후크침례교회는 이제 그 지역에서 '이웃을 보살피는 교회'로 알려져 있다. 그로부터 10년 가까이 지난 오늘날, '리빙호프'라고 불리는 피쉬후크침례교회의 에이즈 사역은 1년 예산 120만 달러에 전임 직원 147명의 규모로 성장했다. 그에 비해 교회의 1년 예산은 30만 달러, 직원은 10명에 불과하다. 에이즈 사역이 규모와 범위에서 교회의 크기를 압도하고 있다.

나는 시카고 인근에서 열린 2007년 윌로우크릭 리더십 회의에서 토마스 목사님을 만났다. 그 자리에서 피쉬후크침례교회는 용감한 리더십 상을 첫 번째로 수상했다. 윌로우크릭교회와 월드비전이 에이즈 사역을 통해 탁월성, 연민, 창의성, 그리스도의 사랑을 가장 잘 구현한 그 교회에 수여한 상이었다. 그 상의 취지는 에이즈의 예방과 치료 사업을 통해 놀라운 일을 이루고 있는 교인들을 인정하고, 다른 교회들도 이를 본받도록 격려하자는 것이었다. 토마스 목사님은 그의 에이즈 사역이 지역 사회에 어떤 영향을 끼치고 있는지 직접 보라고 리빙호프로 나를 초청했다.

2008년 2월, 나는 그의 초청을 받아들여 그곳을 찾았고, 그들의 가장 놀라운 부분은 통 큰 비전임을 알게 되었다. 리빙호프는 에이즈가 가난한 사람들의 삶에 끼치는 영향에 사실상 모든 측면에서 대처하고 있다. 우선 마시푸멜렐레에 항구적이고 접근하기 쉬운 신앙의 거점을 세우기 위해 그곳의 중심부에 자매 교회를 지었다. 가장 심각한 에이즈 환자들의 치료를 위해 20개의 병상을 갖춘 리빙호프 보건 센터를 지었고, 의료진과 상담가도 확보하고 있다. 센터 옆에는 리빙웨이선교회가 있어 HIV 지원 그룹들이 모임 장소로 쓰고, 보건 센터에서 퇴원한 사람들이 경제적으로 자립할 수 있도록 이곳에서 직업 기술 교육도 제공한다. 환자들은 항레트로바이러스제 치료법을 받기 때문에 대부분 회복되어 마을로 돌아간다.(직원 중 한 명이 말했다. "자선도 나름대로 중요하지만 지속 가능하지는 않지요.") 도로 맞은편에는 리빙호프 보건 센터에서 퇴원한 여성들이 만든 공예품과 장신구들을 판매한다.

우리는 도로를 따라 내려가 마시푸멜렐레의 가장 빈곤한 지역 한복판에 이르러 많은 리빙호프 자원봉사자들과 아마추어 상담가들이 일하고 있는 지역 보건소를 방문했다.

그들은 에이즈 검사를 앞두고 있거나 검사 결과를 받는 지역 주민들과 만난다. 보건 센터 상담가들은 HIV 양성 반응이 나왔다는 소식을 처음으로 듣는 사람들에게 그리스도의 손과 발이 되어 준다. 그들은 환자들에게 끔찍한 소식을 전한 뒤, 그들과 상담하고 기도하고 가능한 치료법을 소개해 주고 긍정적인 마음으로 그 질병과 공존할 수 있도록 돕는다. HIV 양성 반응이 나온 여성들을 위한 산전 클리닉도 있어서 임신 기간 내내 그들을 도와 아기가 HIV에 걸리지 않고 태어나게 해준다. 아마추어 상담가 중 한 명인 품라는 내게 이렇게 말했다.

"리빙호프에서 저는 그리스도인이라면 말하는 내용을 실천하며 살아야 한다는 것을 배웠어요. 하나님의 말씀이 제 인생을 바꿔 놓았어요."

품라는 리빙호프를 통해 그리스도인이 된 사람이다. 또 다른 직원 봉가니는 임신 기간 중 HIV 양성 반응이 나와 작년에 품라를 찾아왔다. 그녀는 몸이 아주 안 좋았기 때문에 임신 기간 내내 집에 머물며 리빙호프에서 파견된 간병인의 보살핌을 받았다. 품라는 임신 기간 동안 그녀를 상담해 주었고 아기는 건강하게 태어났다. 지금 봉가니는 그녀가 경험했던 것과 같은 상황에 처한 다른 여성들을 상담해 주는 지원 그룹 간사로 일하고 있다.

에이즈에 맞서는 최선의 방법은 예방이므로, 리빙호프는 수많은 생활 기술 교육가들을 훈련시켜 지역 사회로 보내며 특히 젊은이들과 더불어 일하게 했다. 그 지역은 마약 사용, 갱단, 매춘, 강간, 알코올 중독이 넘치는 곳이다. 슬럼가의 젊은이들이 처한 곤경에 대해 토마스 목사는 이렇게 말했다.

"이곳엔 꿈이 없습니다. 이들은 정신의 가난에 시달리고 있습니다."

따라서 생활 기술 교육은 유치원에서부터 시작되고 아이들이 현명한 선택을 내리도록 돕는다. 리빙호프는 처음에 고등학교에서 상담을 시작했지만 상담 연령대를 훨씬 앞당겨야 한다는 것을 곧바로 깨달았다. 가난의 어둠 속에서는 예닐곱 살밖에 안 된 아이들이 마약이나 알코올 문제에 빠질 수 있다. 초등학교 6학년과 중학교 1학년의 70퍼센트가 성생활을 하고 있는 실정이었다. 토마스 목사는 어린 나이에 성관계를 갖게 된 열네 살짜리 소녀의 이야기를 들려주었다. 그 아이는 미래의 직장이나 기회를 바랄 수가 없었다. 그 아이의 미래에는 기대할 만한 것이 전혀 없었다. 그리고 친구들은 섹스가 좋은 것이며 재미도 있다고 말해 주었다. 그 소녀와 친구들 모두 똑같은 처지였다.

"가능한 한 성관계를 많이 갖기로 했어요. 그렇게 하면 열다섯 살 무렵 에이즈에 걸리고 스무 살쯤 되면 죽게 되겠지요. 목사님, 생각대로 되고 있어요."

피쉬후크교회를 방문한 기간 동안 우리는 몇 주 전 화재로 폐허가 된 지역에서 그 교회가 펼치고 있는 노숙자 사역과 구호 사업장도 볼 수 있었다. 어디를 보나 교회의 흔적이 찍혀 있었다. 그들은 인종적·경제적 장벽을 넘어 내가 이제껏 본 곳 중 가장 어두운 곳에 소망을 전했고 사회를 실질적으로 변화시키고 있었다. 토마스 목사는 그동안 겪었던 어려움들을 솔직히 털어놓았다. 교인들 중에는 그의 비전에 시큰둥한 반응을 보인 사람들도 있었고 의견이 나뉘는 경우도 있어서 그가 담임 목사직을 유지할 수 있을지 의심스러웠던 순간도 많았다고 했다. 그의 표현을 빌면 '에이즈 피로증'도 있었다. 에이즈와 빈곤의 암울함을 매일 직시하는 일은 감당하기 쉽지 않다. 그 지친 목회자는 그것이 끊임없는 싸움이며 다른 교회들의 참여를 끌어내기가 어려웠다고 인정했다. 왜 그랬을까? 그는 "번영의 복음이 아니었기 때문입니다"라고 대답했다.

감사하게도, 지금 리빙호프에는 미국과 캐나다에서 온 7명의 자원 선교사들이 있고, 8개의 미국 교회들이 꾸준히 그들과 협력하며 추가로 자원봉사자들을 보내 주고 있다. 테네시 주의 브렌트우드침례교회는 그들에게 특별히 중요한 협력 기관이다.

지구 밑바닥 근처에 있는 작은 피쉬후크침례교회는 전 세계의 관심을 끌었다. 존 토마스는 백악관으로 초청을 받았고 부시 대통령의 찬사를 받았다. 미국국제개발처는 그의 사역에 재정 지원을 했고, 지역의 주 정부는 그 교회가 정부의 보건 인프라 일부를 운영해 주길 요청하기도 했다. 왜 그랬을까? 이 한 교회는 '대문 앞에 누운 거지'를 그냥 지나치지 않고 발걸음을 멈추고 그리스도의 사랑을 베풀었다. 그들의 복음에는 구멍이 없다. 그들은 그들이 속한 지역과 사람들을 변화시키고 사람들에게 그리스도의 사랑을 보여 주고, 가난한 사람들에게 좋은 소식을 전하고 있다. 그들이 전하는 복음은 온전하며 큰 능력이 있다. 그들의 담대한 비전을 보면서 우리 교회들 중 10분의 1만 그들처럼 자신을 내어 준다면 어떤 일이 가능할까, 나도 모르게 상상하게 되었다.

교인 120명의 초대형 교회

> 건물 밖으로 나오지 않는 교회는 교회가 아닙니다. -모건 칠룰루 목사

혹시 부유한 교회들만 세상의 빛과 소금이 될 수 있다거나, 대형 교회들만 세상에 변화를 일으킬 수 있다고 생각하는가? 절대 그렇지 않다. 미국인들은 규모가 큰 것에 감동을 받는 경향이 있지만 하나님은 다르시다. "개싸움에서 중요한 것은 개의 크기가 아니라, 개 안에 있는 투지의 크기이다." 내가 늘 좋아하던 속담이다. 크리스천패밀리교회는 투지로 가득한 작은 개다.

교인이 120명쯤 되는 이 교회는 아프리카 남부 잠비아 캄핀사의 복잡한 도로변에 있다. 모임 장소는 재활용 목재, 시멘트, 양철 골판으로 지은 현대식 건물이다. 밀턴이라는 고아 소년이 손으로 잘라 만든 스무

개의 장의자와 투박한 소나무 십자가 한 개가 예배당 기물의 전부다. 천장에서 늘어뜨린 긴 전선 끝에 전구가 하나 달려 있다.

1970년대에 문을 연 크리스천패밀리교회는 1980~90년대에 폭발적으로 증가한 에이즈 창궐 사태에 처했다. 그 시절 이야기를 들려주는 모건 칠룰루 목사의 목소리에 부끄러움이 배어나왔다.

"우리는 HIV 양성 반응을 부정적으로 보았습니다. HIV를 죄와 연결 지어 생각했지요. 그 사람들은 하나님과 올바른 관계를 맺지 않는다고 말하곤 했습니다. 우리 교회는 사람들을 밀어냈습니다."

그러나 2003년, 월드비전은 아프리카 교회가 지역 내 에이즈의 영향에 대처하도록 돕기 위해 워크숍을 기획하고 칠룰루와 30명의 다른 목회자들을 초청했다. 그의 말을 들어 보자.

"그 모임은 큰 영향을 끼쳤습니다. 성경은 '남을 판단하지 말라'고 말합니다. 당시 우리는 사람들을 하나님으로부터 멀리 쫓아내고 있었습니다. 그러나 이제 우리는 사람들을 다시 얻고 있습니다."

그 워크숍은 칠룰루 목사에게 경종을 울렸고, 이후 크리스천패밀리교회에 대한 그의 비전은 달라졌다.

"우리의 비전은 신자들에게 힘을 실어 주는 것입니다. 우리 교회는 교인이 120명뿐이지만 초대형 교회입니다."

그는 편견에 빠진 교인들을 어떻게 변화시켰을까? 우선, HIV와 에이즈를 둘러싼 불명예를 손봐야 했다. 그는 하나님의 눈으로 사람들을 보라고 교인들을 가르쳤다. 교회는 여섯 명으로 구성된 '희망단'을 조직하여 에이즈의 영향을 받는 사람들을 돕기 시작했다. 희망단 멤버 한 사람은 이렇게 말했다.

"전에는 에이즈에 감염된 사람들을 보면 '그냥 그렇게 살게 내버려 둬'라고 생각했습니다. 지금은 저들도 우리와 똑같다는 것을 압니다. 저는 감염되지 않았지만 영향을 받고 있습니다. 이제는 그들의 상황을 공감할 수 있습니다. 저는 다른 사람이 되었습니다."

그리고 그 교회도 이제 다른 교회가 되었다. 희망단은 지역 사회로 들어가 고아와 과부들을 방문하고 보살핀다. 매주 나가는 희망단 방문 코스는 소외되는 사람이 없도록 일정을 짠다. 교회는 병자들과 고아들을 위해 식사를 준비하고 상담도 한다. 희망단 멤버들은 집을 청소하고 아이들을 돌보며, 기초 의료 훈련을 받은 사람들은 미국 교회들이 보내 온 간병물품 세트를 가지고 병자들의 집을 찾아가 그들을 보살핀다. 교회는 에이즈 환자들이 정부를 통해 항레트로바이러스제를 구하도록 돕기도 한다. 환자가 너무 몸이 아파 움직일 수 없으면 희망단이 약을 갖다 준다. 죽어 가던 사람들이 이제 살아나고 있다. 어머니들이 살아 남아 아이들을 기르고 있다. 희망이 살아나고 있다.

그러나 수많은 사람들이 힘을 되찾으면서 생계 수단이 필요하게 되었다. 그래서 크리스천패밀리교회는 가난에 찌든 그 지역 사람들이 살아갈 수 있도록 일을 벌였다. 교회 기물을 제작한 청년 밀턴은 다른 사람들에게 목수 일을 가르치고, 그들은 제품을 만들어 고속도로변에서 판다. 밀턴 역시 고아였고 절망이 무엇인지 아는 사람이다. 그러나 이제 그는 자신의 일에 열정을 지니고 있다. 그는 이렇게 말했다.

"우리는 유산을 남기고 싶습니다. 우리가 죽을 때 우리가 한 일들이 기억되면 좋겠습니다."

크리스천패밀리교회는 용접업도 시작했다. 젊은이들을 해당 분야에서 훈련시키고 교회의 다른 사역들을 후원할 돈도 마련하기 위해서였다. 필요한 물품을 사기 위해 교인들은 자본금 모금 캠페인을 벌였다. 이 작은 교회는 희생적인 노력 끝에 백만 콰차, 300달러 정도를 모아 용접업을 시작할 수 있었다. 그 다음에는 닭을 기르기 시작했는데, 과부와 고아들이 할 수 있는 일이었다. 아이들 소리가 가득한 유치원이 교회 바로 앞에 세워져서 동네의 고아들 상당수가 교육을 받게 되었고, 동네 엄마들은 잠시나마 양육의 짐을 내려놓을 수 있게 되었다. 칠룰루 목사의 다음 꿈은 제대로 된 먹을거리를 마을 전체에 제공할 농장을 여는 일이다.

칠룰루 목사는 신명을 내며 교회의 비전을 이야기했다. 그는 지역 내의 여러 교회들이 힘을 모으게 되었다는 소식도 기분 좋게 늘어놓았다. 그러면서 에이즈에 대처하기 위해 지역 내 30개 교회들이 함께 작성한 35쪽 분량의 정교한 5개년 전략을 내게 보여 주었다. "모든 교회가 하나가 되었습니다. 여기엔 오순절파도, 복음주의도, 제칠일안식일예수재림교도 없습니다. 삼십 개 교회가 한데 뭉쳤습니다. 이제 삼십 개 교회가 같은 말을 합니다. 어떤 언쟁도 없이 함께 일합니다." 여기, 세계에서도 아주 가난한 지역의 한 교회가 온전한 복음을 받아들여 에이즈 창궐 사태에 맞서고, 고통받고 희망을 잃은 지역민들에게 다가가고 있다. 그 교회는 그들의 건물 밖으로 나와 그리스도의 손과 발이 되어 어려운 사람들을 돕고 있다. 그들은 참으로 어둠 속에서 촛불을 밝히고 있다.

크리스천패밀리교회는 불리한 위치에 있다. 120명의 교인 대부분은 직장을 구할 때까지 잠시 머무는 사람들이다. 그들은 교회에 나왔다가 몇 달 뒤 다른 곳으로 떠난다. 그러나 칠룰루 목사는 이 상황을 부정적으로 보지 않고 더 큰 시각에서 바라본다.

"사람들이 오고가는 건 좋은 일입니다. 이 교회를 거치면 완전히 달라질 테니까요. 그들은 우리의 생각을 다른 사람들에게 전할 수 있을 겁니다. 여기서 배운 내용을 다른 교회들에도 전하는 겁니다. 우리는 지금 씨앗을 뿌리고 있는 건지도 모릅니다. 그 씨앗들은 도처에서 꽃필 수 있습니다."

우리의 결정적 순간

> 그러므로 우리는 그리스도의 사절입니다. 하나님께서는 우리를 시켜서 여러분에게 권면하십니다. ─고린도후서 5:20(표준새번역)

미국에는 34만 개의 교회가 있고 꾸준히 교회를 다니는 사람들이 1억 5500만 명 정도 된다.[2] 이 숫자를 잠시 곰곰이 새겨 보라. 가능성과 자원들을 생각해 보라. 교회에 다니는 이 모든 사람들이 '각성'하여 이웃을 더 높고 새로운 차원에서 사랑하리라 다짐한다면 세상이 어떻게 달라질지 음미해 보라. 나는 4부를 시작하면서 많은 미국 교회들이 바로 여기, 미국과 전 세계에서 이미 놀라운 일들을 하고 있다고 말했다. 많은 그리스도인들이 시간을 내어 자원봉사를 하고, 돈을 내놓고, 재능을 활용해 하나님과 이웃을 섬기고 있다. 내 말은 우리가 아무것도 안 하고 있다는 게 아니라 훨씬 더 많은 일을 할 수 있다는 뜻이다. 위에 나온 속담처럼 싸움에서 개의 크기는 문제가 되지 않는다. 그리고 미국 교회는 대단히 큰 '개'가 분명하다. 그러나 그 안에 있는 투지는 어떤가? 우리는 하나님이 맡기신 부를 충실히 관리하는 청지기가 되기 위해 씨름하고 있는가? 혹 하나님은 우리에게 더 많은 씨름을 기대하지 않으실까? 우리는 가난한 이들을 위해 힘껏 싸우고 있는가? 우리가 가진 것을 다 내놓고 있는가? 교회뿐 아니라 우리 자신에게도 물어야 할 질문들이다. 대답하기 쉽지 않은 질문들이다.

그러나 여기에 많은 것이 걸려 있다. 우리가 사는 세계는 포위되어 있다. 30억이 절박한 가난 속에 살고, 10억이 굶주리고, 수백만 명이 노예로 팔리고, 매년 천만 명의 어린이들이 안타깝게 죽어 가고, 전쟁과 무장 투쟁이 세상을 엉망으로 만들고, 전염병들이 퍼져 나가고, 인종 증오가 활활 타오르고, 테러 행위는 늘어 간다. 개발도상국에 있는 그리스도 안의 형제자매들 대부분은 힘겨운 가난 속에서 살아간다. 그리고 이런 상황 한가운데에 예수 그리스도의 교회가 자원과 지식, 역사상 전례 없는 도구들을 갖추고 서 있다. 우리는 결정적인 순간을 앞두고 있다. 우리는 선택을 내려야 한다.

100년 후의 역사가들이 지금 시대를 돌아볼 때, 34만 개의 교회가 있는 이 나라에 대해 어떻게 쓰게 될까? 이 시대의 가장 큰 과제인 에이즈, 빈곤, 기아, 테러리즘, 전쟁에 대한 교회의 반응을 어떻게 평가할까? 그들은 진실한 그리스도인들이 용감하게 떨치고 일어나 인간 고통의 밀물에 대응했다고, 최전선으로 달려가 고통받는 자들을 위로하고 증오의 불길들을 꺼뜨렸다고 쓸까? 교회의 지도자들이 전 세계 가난한 사람들의 절실한 필요를 채우기 위해 전례 없는 관대함을 보여 주었다고 기록할까? 교회의 지도자들이 도덕적 지도력과 마음을 사로잡는 비전을 보여 주었다고 적게 될까? 21세기를 시작하는 이 시간이 교회 역사상 가장 멋진 시기였다고 기록할까?

아니면 우리 시대를 돌아보면서 너무나 편안한 교회, 세상의 고통과 단절된 채 동정심도 없고 행동할 줄도 모르는 교회를 보게 될까? 1억 명이 에이즈로 죽고 50만 명의 어린이가 고아가 되는데도 그냥 손 놓고 지켜본 사람들, 수백만 명이 먹을 것과 물이 없어 죽어 가는 상황에서 사치스럽고 방탕하게 살았던 그리스도인들이 있었다고 적게 될까? 교회가 거대한 예배당을 지을 돈은 있었지만 학교와 병원, 진료소를 지을 의지는 없었다는 기록을 어린 학생들이 읽고 넌더리를 내게 되진 않을까? 오늘날의 미국 교회가 커다란 구멍이 뚫린 복음을 믿었던 교회로 기억되진 않을까?

이것은 지금의 세계화된 경제나 세계 선교보다 더 심각한 사안이다. 가난한 사람들과 고아들의 생명보다 더 큰 사안이다. 예수 그리스도의 교회의 심장과 영혼, 우리 믿음의 진정성, 그리고 세상에서 우리의 유효성이 위기에 처해 있다.

마가복음은 예수님과 한 문둥병자의 주목할 만한 만남을 기록하고 있다. 그 짧은 이야기에서 우리는 하나님이 전 세계의 병든 자들, 상한 자들, 짓밟힌 자들에게 우리가 어떻게 다가가기 원하시는지 엿볼 수 있다. 그 안에는 '좋은 소식'이 명백하게 드러나 있다.

나병환자는 병들었고 가난했다. 온전한 사람들과 격리된 채 줄곧 살아왔다. 사회에서 소외되고 쫓겨나고 무시당했다. 건강한 사람들은 나병에 걸린 사람들이 죄인이라고, 그들의 고통이 하나님의 심판이라고 믿었다. 이 사람이 감히 예수님께 다가갔다는 사실은 매우 불미스러운 일이었다. 나병환자들은 '부정'하고 만져선 안 될 존재였다. 그러나 그는 너무나 고통스럽고 절실했다. 그래서 예수님께 나아가 "그 앞에 무릎을 꿇고 '선생님께서 하고자 하시면, 나를 깨끗하게 해주실 수 있습니다' 하고 간청하였다"(막 1:40, 표준새번역).

무릎을 꿇고 간청했다. 도움을 구하고 부르짖는 이 사람의 고뇌를 보라. 제자들은 이 부정한 사람이 스승에게 다가오는 모습을 보고 기겁을 했을 것이다. 다른 랍비들 같았으면 나병환자와 접촉하여 부정해지는 일을 원치 않았을 것이다. 그러나 예수님은 만져선 안 될 사람에게 생각도 못할 일을 하셨다. "예수께서 그를 불쌍히 여기시고, 손을 내밀어 그에게 대시고"(41절).

이 부분을 잘 들어야 한다. 예수님은 그를 보시고 넌더리를 내거나, 겁을 내거나, 혐오하거나, 판단하거나, 무관심하거나, 분노하거나, 우월감에 사로잡히지 않으셨다.

예수님은 그를 불쌍히 여기셨다. 그리고 이렇게 대답하셨다. "그렇게 해주마. 깨끗하게 되어라!"(41절, 표준새번역). 성경은 나병에 걸렸던 사람이 즉시 나았다고 적고 있다.

선생님께서 하고자 하시면……. 동일한 간청이 오늘날 그리스도를 따르는 모든 이들 앞에 놓여 있다.

우리는 하고자 하는 마음이 있는가?

예수 그리스도의 교회는 우리 가운데 있는 '나병환자들', 우리나라와 전 세계에 있는 가난한 사람들, 병든 사람들, 압제받는 사람들에게 어떻게 대응할 것인가? 우리는 그리스도처럼 고통받는 사람들을 불쌍히 여기고 절박한 마음으로 다가가고자 하는가? 우리는 하고자 하는 마음이 있는가? 편안한 자리에서 떨치고 일어나 세상 사람들에게 좋은 소식을 보여 줄 믿음과 도덕적 용기와 깊은 사랑과 굳센 의지가 있는 가?

우리가 어느 쪽을 선택하건, 지금은 우리의 앞날을 좌우할 중요한 시점이다.

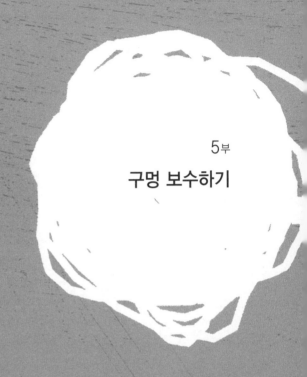

5부

구멍 보수하기

사려 깊고 헌신된 시민들의 작은 무리가 세상을 바꿀 수 있다는 사실을 결코 의심하지 말라.
참으로, 이제껏 세상을 바꾼 것은 모두 그들이었다.
–마거릿 미드

피조물은 하나님의 자녀들이 나타나기를 간절히 기다리고 있습니다.
–로마서 8:19(표준새번역)

23. 이 문제를 어떻게 할 건가요?

행동이 따르지 않는 비전은 꿈일 뿐이다. 비전이 없는 행동은 시간 낭비일 뿐이다. 행동이 따르는 비전만이 세상을 바꿀 수 있다. -조엘 바커

우리의 수고가 실패할 가능성이 높다고 해도 옳다고 믿는 일에 대한 지원을 포기해서는 안 된다. -에이브러햄 링컨

이제까지 나는 스물두 장에 걸쳐 우리의 복음에 구멍이 있고, 그 결과 우리가 기독교 신앙을 너무나 무기력한 것으로 보게 되었다고 말했다. 우리는 복음에 담긴 세상을 변화시키는 능력을 보지 못하고, 복음을 올바른 내용만 믿으면 성사되는 거래 정도로 축소시켜 버렸다. 나는 폭력과 빈곤, 불의와 질병, 부패, 인간의 고통으로 불타오르는 세계, 혁명이 필요한 세계의 모습을 그렸다. 그러나 성경을 통해 온전한 복음, 즉 예수님이 그분의 나라가 '하늘에서 이룬 것같이 땅에서도' 펼쳐지기를 바라시면서 촉구하셨던 사회 변혁이 그리스도를 따른다고 주장하는 우리에게 맡겨져 있다는 사실 또한 분명히 보여 주고 싶었다. 예수님은 자비와 정의와 좋은 소식의 선포를 축으로 하는 온전한 복음이

현실로 구현된 새로운 세계 질서를 추구하신다. 온전한 복음은 먼저 우리의 마음과 정신에서 현실이 되고, 우리를 통해 더 넓은 세계에도 현실로 나타난다. 이것은 내세에만 경험할 수 있는 아득하고 멀리 떨어진 나라 이야기가 아니다. 그리스도의 비전은 구원받은 사람들로 인해 지금 나타나는 세계 변화에 대한 비전이었다. 이 비전을 성취하기 위해서는 우리가 이 어둡고 타락한 세상에서 빛과 소금이 되어야 하고, 빵 반죽 전체(사회 전체)를 부풀리는 '누룩'이 되어야 한다. 우리는 하나님의 교회로 부르심을 받은 자들이다. 이제 우리에게 달렸다. 우리가 변화를 일으켜야 한다.

그러나 세계가 변하기 위해서는 먼저 변화의 주도자들이 있어야 한다. 그들은 먼저 변화된 사람들이다.

겟세마네에서 잠들다

예수님의 제자 열한 명, 변변치 못한 그들이 정말 세상을 변화시켰다니, 참 믿기 어려운 일이다. 예수님이 십자가에 못 박히시기 전날 밤 그들의 모습을 기억하는가? 예수님은 그들을 겟세마네 동산으로 데려가셨다. 그리고 기도하고 올 테니 깨어 있으라고 말씀하셨다. 성경에는 예수님이 하나님께 기도하실 때 "매우 근심하며 괴로워하셨"고 그분의 영혼이 "심히 괴로워 죽을 지경"이었다고 나와 있다(막 14:33-34, 쉬운성경). 예수님에게 친구가 필요한 때가 있었다면, 바로 이날 밤이었을 것이다. 그러나 예수님이 기도하시다 제자들에게 돌아오셨을 때, 그들은 잠들어 있었다. 한 번도 아니고 두 번씩이나 그랬다. 예수님이 잡히신 후 제자들은 한술 더 떠 "다 예수를 버리고 도망하"(50절)였고, 겁에 질려 뿔뿔이 흩어졌다! 그리고 그날 밤 베드로는 그리스도를 세 번이나 부인했다. 다른 제자들은 삼일 후 혹 화라도 닥칠까 봐 두려워하며 문을 잠가 놓고 들어앉아 버렸다.

전혀 그럴 법하지 않지만, 바로 이들이 훗날 그리스도를 위해 목숨을 바치고 세상을 변화시키게 된다.

도대체 무슨 일이 벌어졌기에 겁쟁이들이 용사로 바뀐 걸까? 뭔가 매우 놀라운 일이 벌어졌다. 그들은 몸으로 부활하신 그리스도를 만났다! 부활 이후, 예수님의 제자들은 믿기 어려운 변화의 주도자가 되어 말 그대로 역사의 진로를 바꾸었다. 그들이 시작한 공동체와 실천한 가치들이 너무나 멋졌기 때문에 사회 변혁에 불이 붙어 처음에는 수천 명, 나중에는 수십억 명의 사람들이 그리스도를 믿기에 이르렀다. 부활 전과 후 제자들의 모습은 정말 놀랄 만큼 달랐다. 두려움이 용기가 되었다. 소심함이 담대함이 되었다. 의심이 확신이 되었다.

복음, 좋은 소식이 그려 낸 혁명에 그들의 삶을 바쳤기 때문이다. 그들이 변화됨으로 모든 것이 달라졌다. 그리고 그들이 변한 이유는 그리스도의 부활 때문이다. 그분은 참으로 살아나셨다.

당신과 나는 부활 이전의 제자들처럼 행동하면서 두려움과 의심과 소심함으로 고통받을 사람들이 아니다. 우리는 부활 이후의 제자들이고, 부활 이후의 제자들처럼 살아가려면 우리 삶의 모든 것이 변해야 한다. 우리에게 남은 질문은 하나다. 그런 결단을 내릴 마음이 있는가? 다르게 살고 다르게 행동하고, 우리 복음에 뚫린 구멍을 보수할 의향이 있는가? 과연 그렇다면, 하나님은 세상을 변화시킬 놀라운 계획의 일부로 우리를 쓰실 것이다. 그러나 이런 종류의 제자, 복음의 견본으로 세상에 다가갈 제자가 되기 위해서는 의도적인 결단이 있어야 한다. 그런 일은 그냥 생겨나지 않는다. 다이어트나 운동을 시작해 본 사람이라면 누구나 신체 단련과 체중 감량이 그냥 이루어지지 않는다는 걸 알 것이다. 선택을 내려야 하고 의도적으로 행동을 바꾸어야 한다. '늘 하던 대로' 해서는 좋은 결과가 나오지 않는다. 쉽지도 않다. 제자도의 경우도 마찬가지다. 매주일 교회에 나가는 일만으로는 그리스도를 위한 변화의 주도자가 될 수 없다. 우리는 몇 가지 '의도적인' 선택을 내리고 우선순위와 행동을 바꿔야 한다. 그때 가서야 비로소 하나님은 우리를 변화시키시고 우리를 통해 세상을 변화시키실 수 있다.

방사성 그리스도인들과 잠복 분자

> 그런즉 누구든지 그리스도 안에 있으면 새로운 피조물이라 이전 것은 지나갔으니 보라 새 것이 되었도다! ―고린도후서 5:17

방사능 물질 주변에서 일하는 사람들은 의무적으로 방사능 측정 배지를 착용해야 하는데, 방사선량계라 불리는 이 배지는 방사능 노출량이 위험 수위에 이르는 순간 색깔이 변한다. 노출 효과는 누적되기 때문에 배지는 노동자의 누적된 노출량을 측정하도록 되어 있다.

르네와 나는 결혼 후 여러 멋진 교회들을 다녔다. 우리는 아이들을 데리고 주일마다 충실하게 교회에 나갔다. 매주 주일학교 성경공부에 참석했고, 주중에 열리는 소그룹 성경공부 모임에도 참석했으며, 대략

1,200회의 강단 설교를 들었다. 매일 성경공부 시간을 가졌고 하나님이 우리 삶을 인도해 주시길 기도했다. 우리는 계속해서 성경 지식과 성경적 가치관을, 그 '방사능'을 점점 더 많이 흡수했다. 방사선량계를 착용하고 있었다면 점점 더 진한 빨간색으로 변해 가는 걸 볼 수 있었을 것이다.

소비에트 연방이 해체되고 얼마 후, 우리의 좋은 친구였던 밥과 팸 스나이더 부부는 라트비아로 단기 선교여행을 떠났다. 다시 미국에 돌아온 그들은 주일 성경공부 모임에서 자신들이 경험한 내용과 그곳에서 목격한 필요들에 대해 말했다. 의사인 밥은 구 소비에트 공화국들의 허물어져 가는 보건 체계와 크리스천 의료진들에게 특별한 관심이 있었다. 그러던 어느 주일, 그들은 교회에 와서 헝가리로 이주하겠노라고 선언했다. 아이들까지 데리고 완전히 옮길 거라고 했다. 헝가리에서 비영리 단체를 시작하여 보건 전문인들을 세우고 그들을 대상으로 사역해서 그들이 그리스도인답게 환자들을 돌볼 수 있도록 도울 계획이라고 말했다.[1] 밥과 팸은 집, 친구와 가족, 병원, 재정적 안정까지, 한마디로 모든 것을 버리는 것처럼 보였다. 르네와 나는 어안이벙벙해졌다. 나는 르네에게 말했다. "나는 저렇게까진 못할 것 같아. 모든 것을 두고 떠나다니." 스나이더 부부는 우리와 다를 바 없어 보였는데. 그들에게 무슨 일이 벌어진 걸까?

밥과 팸도 많은 양의 '방사능'을 흡수했다. 수백 편의 설교를 들었고 성경공부 모임과 주일학교 수업에 참석했고, 매일 성경을 연구했고 기도했다. 그리고 마침내, 그 모든 노출량이 누적되어 임계치에 이르자 그들은 '방사성'을 갖게 되었다. 그들의 믿음은 하나님이 제공하신 기회를 통해 다른 사람들의 필요와 만났고 그들은 거기에 반응했다. 우리가 받아들인 이 복음, 우리가 따르는 예수님은 위험하다. 우리를 변화시킬 수 있다.

밥과 팸 부부, 그리고 그들의 세 딸은 몇 주 뒤 미국을 떠나 부다페스트에서 새로운 생활을 시작했다. 무슨 일이 있더라도 하나님을 따르겠다는 그들의 의지는 많은 친구들에게 자극제가 되었다. 우리 부부도 그 모습을 보고 분발을 다짐했다.

그로부터 2~3년 후, 월드비전에서 걸려온 전화와 함께 내게도 결단의 순간이 찾아왔다. 우리는 밥과 팸이 직면했던 것과 똑같은 선택의 갈림길에 섰다. 그리고 결국 르네와 나도 방사성을 갖게 되었다. 우리도 어느 날 주일 성경공부 모임에 참석해 곧 떠날 거라고 선언했다. 친구들은 어리벙벙해졌다. 특히 사업계 동료들과 이웃들은 우리가 왜 그런 극단적인 선택을 내리는지 몰라 매우 당혹스러워했다.

9·11테러가 벌어지고 몇 년 뒤, 미국에서 테러리스트 잠복 분자 sleeper cell가 한 명 발각되었고 테러 용의자들이 체포되었다. 잠복 분자들은 특정 임무를 수행하기 위해 정체를 감추고 '활성화'되기를 기다리는 극단주의자들의 소그룹이다. 나는 그 테러리스트들의 이웃들을 인터뷰한 장면을 뉴스에서 본 적이 있다. 한 사람은 "너무나 멀쩡한 사람들이었어요"라고 말했다. 또 다른 사람은 "누구도 귀찮게 하는 일이 없는 좋은 젊은이들이었어요"라고 말했다. 곁에서 살던 이웃이 그동안 죽 테러 공격을 계획하고 있었음을 알고 나서 얼마나 큰 충격을 받았을지 상상해 보라.

친구들과 이웃들도 미국 반대편으로 이사 가겠다는 우리의 전면적인 결정에 비슷한 충격을 경험했던 것 같다. "스턴스 부부는 정말 멀쩡해 보였는데 말이야. 아니, 괜찮은 사람들이었지. 그 사람들이 저렇게 짐을 싸서 떠나다니 참 이상하군. 이상한 종교 집단에 속했던가 봐……."

그렇다. 우리는 예수님을 위한 '잠복 분자'였고, 마침내 활성화되었다. 우리는 선택의 기로에 섰고 하나님께 조건 없이 온전히 쓰임받기 위해서는 우선순위와 생활을 재조정해야 했다. 그렇게 해서 우리는 방사성을 띤, 부활 이후의 그리스도인이 되었다. 그리고 예수님이 다가올 그분의 나라를 위해 구상하신 사회 변혁에 어느 때보다 깊숙이 합류했다.

60년 전, 월드비전의 설립자 밥 피어스도 이와 동일한, 삶을 변화시키는 선택의 기로에 섰다. 그의 사연과 그가 답해야 했던 질문은 누구도 외면할 수 없는 질문으로 여전히 남아 있다.

1948년 중국

어째서 너희는 나를 '주여, 주여' 하고 부르면서 내가 말하는 것은 행하지 않느냐? 내게 와서 내 말을 듣고 그대로 실천에 옮기는 사람이 어떤 사람과 같은지 너희에게 보여 주겠다. 그는 땅을 깊이 파고 바위 위에 단단히 기초를 세운 건축자와 같다. 홍수가 나서 폭우가 덮쳐도 그 집은 흔들리지 않았다. 그 집이 잘 지어졌기 때문이다. -누가복음 6:46-48(우리말성경)

그러면 왕이 말할 것이다. "내가 중대한 진리를 말한다. 너희가 무시당하거나 남이 알아주지 않는 사람한테 그런 일 하나라도 하면 너희는 바로 나한테 한 것이다." -마태복음 25:40(메시지)

1948년, 밥 피어스의 오랜 아시아 여행이 끝나 가고 있었다. 그는 십대선교회Youth for Christ의 대규모 전도 집회에서 여러 차례 설교를 맡았다. 그리고 미국으로 돌아가기 불과 이틀 전, 중국 본토에서 멀리 떨어지지 않은 아모이 섬의 선교사 학교에서 몇몇 어린이들에게 말씀을 전했다. 그는 늘 하던 대로 아이들에게 자신의 삶을 그리스도께 바치라고 촉구했다. 그런데 백옥이라는 이름의 어린 소녀가 그날 저녁 집으로 돌아가 자신이 그리스도인이 되었다고 부모에게 말했다. 아이는 부모의 반응이 어떨지 미처 헤아리지 못했던 것이다. 아이의 부모는 화를 냈다. 백옥은 아버지에게 얻어맞고 의절당한 채 집에서 쫓겨났다.

다음날 아침, 학교의 책임 선교사 티나 홀케보어는 정문 앞에 웅크리고 앉아 울고 있는 백옥을 발견했다. 그녀는 아이를 데리고 학교 안으로 들어가 한참을 달래고는 아이의 이야기를 들었다. 그날 밤은 학교에 도착하여 티나가 데려온, 피멍이 든 채 그녀의 품에서 울고 있는 여자아이를 만났다. 밥은 무슨 일이냐고 물었다.

"이 어린아이가 목사님이 말씀하신 대로 했어요. 그리고 모든 걸 잃었어요!"

티나는 아이를 그의 품에 안겨 주며 성난 목소리로 말했다.

충격을 받고 당황한 밥은 더듬거리며 말했다.

"이 아이는 앞으로 어떻게 살지요? 선교사님이 이 아이를 좀 보살펴 주시겠어요?"

학교 책임자의 노기 어린 대답이 돌아왔다.

"저는 이미 집 없는 여섯 아이와 밥을 나눠 먹고 있어요. 아이를 더 맡을 형편이 안 돼요. 제가 뭘 할 것인가가 문제가 아니에요. 문제는 목사님이지요. 목사님은 어떻게 하실 건가요? 피어스 목사님. 이건 목사님 때문에 생긴 문제예요. 자, 이 문제를 어떻게 하실 건가요?"

그 순간, 밥 피어스는 일생일대의 딜레마에 직면했다. 다음 날이면 그는 집으로 돌아간다. 그런데 도대체 어떻게 그 아이를 도울 것인가? 뭔가 하기는 해야 했다. 그는 당황한 채로 호주머니에 손을 집어넣고 가진 돈을 모두 꺼내 여선교사에게 내밀었다. 5달러 정도 되었다. 그리고 말했다.

"정말 죄송합니다. 지금은 이거라도 받아 주십시오. 제가 가진 전부입니다. 약속합니다. 집에 도착하는 대로 더 보내 드리겠습니다. 그리고 그와 티나는 백옥을 제대로 보살피기 위해 무엇이 필요할지 의견을 나누었고, 피어스는 다음날 미국으로 떠났다.

"이 문제를 어떻게 하실 건가요?" 1948년의 그날, 밥 피어스가 한 어린이의 절박한 처지와 함께 맞닥뜨렸던 질문이다. 그리고 한순간에 그는 자신이 그토록 거리낌 없이 전했던 복음에 대한 획기적인 교훈을 배웠다. 온전한 복음은 그것을 전하는 데에서 끝나지 않고 사람 전체에 계속 관심을 가지며 그의 필요를 채울 방법을 찾는 데까지 이른다는 사실이었다. 우리 주위에서 얻어맞고 울면서 다 부서진 집에 움츠리고 있는 아이들의 모습을 본다면, 우리도 밥 피어스를 사로잡았던 그 질문 앞에 서 있는 것이 아닐까? 밥에게 그것은 인생을 바꿔 놓는 경험이었다. 그는 부자가 아니었다. 처음에는 아시아에 갈 돈도 간신히 마련했던 가난한 복음전도자였다. 미국에 돌아갈 때쯤 호주머니에 고작 5달러밖에 없었다는 사실만 봐도 그가 얼마나 가진 게 없는 사람이었는지 알 수 있다. 그러나 피어스는 이 사건을 계기로 하나님을 만났고 그때부터 모든 것이 달라지고 말았다.

그는 미국으로 돌아갔고, 백옥을 돕기 위해 더 많은 돈을 모았다. 그리고 친구들과 교회들에게 아시아 어린이들의 어려운 형편을 알리기 시작했다. 한국전쟁이 시작되자 그는 아시아로 돌아가 수천 명이 넘는 전쟁 과부와 고아들의 참담한 처지를 직접 보았다. 다시 미국으로 돌아온 그의 손에는 그가 목격한 절박한 상황들이 담긴 16밀리 영상이 들려 있었다. 그리고……그는 사람들에게 그 문제에 대해 어떻게 할 거냐고 묻기 시작했다.

60년 전 어느 평범한 날, 월드비전은 평범한 한 사람의 마음에서 태어났다. 그는 방사성을 띠게 되었다. 오늘날 월드비전은 100개국에서 3만 명이 넘는 전임 스탭들과 함께 일하고 있다. 그리고 수억 명의 남자, 여자, 아이들의 삶이 변화되었다. 한 사람이 그 문제에 대해 뭔가 하기로 마음먹었기 때문이다.

24. 너희에게 떡이 몇 개나 있느냐?

자신이 너무 작아서 세상에 변화를 일으킬 수 없다는 생각이 든다면, 밀폐된 방에서 모기 한 마리와 하룻밤을 보내 보라. -아프리카 속담

평범한 사람은 없습니다. 우리가 대화를 나누는 이들은 그저 죽어서 사라질 존재가 아닙니다. -C. S. 루이스, 《영광의 무게 The Weight of Glory》

밥 피어스의 사연은 하나님이 참으로 평범한 사람들을 사용하셔서 비범한 일들을 이루신다는 놀라운 진리의 증거다. 소년 다윗은 거인을 죽이고 이스라엘의 왕이 되었다. 십대 소녀 마리아는 메시아를 낳았다. 어부 베드로는 초대 교회를 세워 세상을 변화시켰다. 오늘날도 다르지 않다. 복음을 선포하고, 가난을 물리치고, 인종차별주의를 극복하고, 에이즈의 물길을 바꾸고, 불의에 맞서는 주체는 당신과 나처럼 평범한 사람들이 될 것이다.

우리 세계를 향한 하나님의 비전은 거대한 퍼즐과 같다고 생각할 수 있다. 당신과 나는 그분의 손에 들린 조각이고 그분은 구체적인 모양, 크기, 패턴을 가진 우리를 다른 조각들과 가장 잘 들어맞는 곳에 두신

다. 모든 조각이 제 장소에 자리를 잡을 때 비로소 전체 그림이 모습을 드러낸다. 이렇게 생각하면 사소한 조각이란 없다. 퍼즐을 완성해 놓고 보니 한두 조각이 없다는 것을 발견한 적이 있는가? 나는 그런 적이 있다. 빠진 조각들을 찾느라 소파에서 쿠션을 들어내고 테이블과 의자를 들추고 방을 샅샅이 뒤져야 했다. 잘못 놓인 몇 조각 때문에 결과물이 전혀 달라진다. 그 조각들은 결코 사소하지 않다.

하나님은 우리 각 사람이 우리 세계와 시대에 고유하게 기여할 수 있도록 창조하셨다. 우리와 동일한 능력, 의욕, 친구들 및 인맥, 통찰력, 생각, 경험을 갖고 있는 사람은 없다. 우리가 제자리를 잡지 않으면 잘못 놓인 퍼즐 조각들처럼 전체 그림에 차질이 생긴다.

우리가 흔히 저지르는 실수가 있는데, 나에겐 달리 내놓을 만한 것이 없다고 믿는 일이다. 나는 충분히 부유하지 않고, 영리하지 않고, 기술이 부족하고, 신앙이 부족해서 큰 변화를 일으킬 수 없다, 거대한 전 지구적 문제 앞에서는 더더욱 그렇다고 믿는 것이다. 하나님이 모세에게 바로를 찾아가 당신의 백성을 애굽에서 이끌어 내라고 말씀하셨을 때 모세가 했던 말을 기억하는가? "오, 주여. 보낼 만한 자를 보내소서." 그에게도 나름의 핑곗거리가 있었다. 말을 잘 못한다는 것이었다. 우리도 그와 똑같다. 우리는 벤치에 앉아 다른 사람들의 경기를 멀찍이서 지켜보는 것에 만족한다. 그러나 그것은 속임수다. 그리스도를 따르고 세계를 향한 하나님의 계획의 일부가 되기 원하는 사람들에게 너무나 좋은 소식이 있다. 하나님은 아무리 사소한 것이라도 우리가 내어 놓는 것을 사용하신다는 사실이다.

신약성경에서 5천 명을 먹이는 이야기는 사복음서에 모두 등장한다.

예수님은 그 사건을 통해 어마어마한 과제 앞에서 우리가 가진 시원찮은 것들을 하찮게 여기는 생각을 바꿔 놓으신다. 예수님과 제자들은 조용한 장소로 물러나 쉬려고 했지만 큰 무리의 사람들이 예수님의 가르침을 듣고 치유를 받기 위해 그분을 따랐다.

여기서 우리는 예수님과 제자들이 상황을 보는 눈이 얼마나 다른지 주목하게 된다. 제자들은 큰 문제만을 보고 이렇게 말했다. "이곳은 빈 들이요 날도 저물어 가니 무리를 보내어 두루 촌과 마을로 가서 무엇을 사 먹게 하옵소서"(막 6:35-36). 그러나 예수님은 똑같은 상황 속에서 기회를 발견하셨다. "예수께서……큰 무리를 보시고 그 목자 없는 양 같음으로 인하여 불쌍히 여기사 이에 여러 가지로 가르치시더라"(막 6:34). 그리고 누가복음에 따르면, "예수께서 그들을 영접하사 하나님 나라의 일을 이야기하시며 병 고칠 자들은 고치"(눅 9:11)셨다.

가난과 질병, 기아와 기근, 잔혹함과 학대를 볼 때, 우리는 그것들을 문제로 여기는가, 아니면 예수님처럼 불행에 시달리는 자들을 불쌍히 여기고 병약한 양떼를 보살피는 목자처럼 즉시 반응하는가? 제자들은 예수님이 뭔가 하셔야 한다고 말했다. 그들은 군중을 보내어 음식을 사 먹게 하자고 말했다. "예수님, 이 문제는 주님이 처리하셔야 합니다"라고 말한 셈이다.

물론 예수님은 그들이 원했던 대답을 하지 않으셨다. 그 대신, 문제를 곧장 그들에게로 돌려 놓으셨다. "갈 것 없다. **너희가** 먹을 것을 주라"(마 14:16, 강조 추가).

자, 제자들의 입장에서 보자면 실로 엄청난 문제가 아닐 수 없다. 그 자리에는 "여자와 어린이 외에"(마 14:21) 오천 명이 있었다. 그러니 많게는 만 명이나 2만 명도 있을 수 있었던 것이다. 제자들은 다소 화도 나고 겁도 났다. "예수님이 우리에게 불가능한 일을 기대하실 수는 없어." 그들은 예수님의 말씀이 얼마나 터무니없는지 보여 드리고자 계산을 했다. "우리가 가서 이백 데나리온(당시 1데나리온은 노동자의 하루 품삯)의 떡을 사다 먹이리이까?"(막 6:37).

그들은 이렇게 생각했을 것이다. '그래. 이제 예수님도 이해하실 거야. 이 사람들을 다 먹일 방법은 없어. 사람들이 너무 많잖아. 돈이 어마어마하게 필요하다고. 불가능한 일이야.' 그러나 예수님은 집요하셨다.

예수님이 물으셨다. "너희에게 떡 몇 개나 있는지 가서 보라"(38절). 예수님은 제자들과 똑같은 덫에 빠지지 않으셨다. 문제의 크기에 압도당하지 않으셨던 것이다. 그분은 크기나 전략이나 실행 가능성을 묻지 않으셨다. 문제를 해결하려면 돈이 얼마나 들지도 묻지 않으셨고, 그저 그들이 내놓을 것이 얼마나 되는지만 물으셨다. 제자들은 예수님께 한 소년이 떡 다섯 개와 물고기 두 마리를 내놓았다고 말했다. 예수님이 말씀하셨다. "그것을 내게 가져오라"(마 14:18).

제자들이 보니 가진 것을 내놓을 의향이 있는 사람은 소년 한 명뿐이었다. 아마 다른 사람들 중에도 먹을 것을 가진 이들이 있었을 것이다. 어쩌면 그런 사람이 수천 명이 되었는지도 모른다. 그들도 가진 것을 내놓을 수 있었겠지만 그렇게 하지 않았다. 아마 '다른 누가' 내놓을 것으로 생각했을 것이다. 그런데 한 사람, 딱 한 사람이 내놓았다. 그래서 예수님은 아이가 넉넉한 마음으로 바친 약소한 음식을 받아들고, 하나님이 믿음으로 바친 가장 작은 헌물로 어떤 일을 하실 수 있는지 보여 주셨다. "떡 다섯 개와 물고기 두 마리를 가지사 하늘을 우러러 축사하시고 떡을 떼어 제자들에게 주시매 제자들이 무리에게 주니 다 배불리 먹고 남은 조각을 열두 바구니에 차게 거두었으며"(19-20절).

자, 여기서 벌어지는 진짜 기적이 보이는가? 엄청난 문제와 맞닥뜨린 예수님은 제자들에게 불가능한 일을 요구하지 않으셨다. 그저 그들이 가진 것을 가져오라고 말씀하셨을 뿐이다. 그리고 자그마한 헌물을 사용하셔서 불가능한 일을 행하셨다. 여기 담긴 원리는 세상에 존재하는 엄청난 크기의 고통과 필요에 질려 버린 우리에게 너무나 중요하다. '하나님은 우리에게 없는 것을 요구하지 않으신다. ……그러나 우리가 드리지 않는 것은 사용하지 못하신다.'

나는 이야기의 끝부분에, 남은 음식을 모았더니 열두 광주리였다고 구체적으로 밝혀 놓은 이유가 궁금했던 적이 있다. 왜 열둘이었을까? 부족한 믿음을 상기시켜 줄 구체적인 물품이 필요했던 제자가 열둘이었기 때문은 아닐까? 이제 각 제자는 하나님이 넘치도록 공급하신 일의 증거를 하나씩 갖게 되었다. 점심 도시락을 내놓은 어린 소년은 자신이 바친 것을 하나님이 증식시키셔서 수천 명의 배고픈 사람들을 먹이시는 것을 보고 얼마나 기뻤을까? 그 자리에는 그가 알던 사람들도 많았을 것이다. 하나님의 기적을 완성시킨 것은 소년의 '퍼즐 조각' 하나였다. 우리 그리스도인들 각자가 자신의 조각을 테이블 위에 기꺼이 내려놓을 때, 우리도 하나님의 '증식'에 참여할 수 있다. 그러나 그렇게 하지 않으면, 하나님께 강력하고 놀랍게 쓰임 받을 모든 기회를 놓치게 될 것이 틀림없다.

가능한 일의 힘

세상의 변화를 보고 싶다면 자신부터 변하라. -모한다스 간디

다시 한 번 성경을 보자. 기꺼이 하나님의 퍼즐 한 조각이 되려는 평범한 사람들의 힘을 보여 주는, 또 다른 주목할 만한 사례가 있다. 그 이야기는 느헤미야서에 등장한다.

하나님의 거룩한 도시 예루살렘이 폐허가 되었다. 기원전 586년에 바벨론 사람들의 공격을 받았다. 성전은 부서졌고, 도성을 둘러싼 높은 성벽은 허물어졌다. 하나님의 백성이 살육당했고 남은 자들은 바벨론의 노예로 끌려갔다. 얼마나 심각한 상황인지 한번 생각해 보라. 하나님이 택한 민족으로 따로 구별하신 백성, 솔로몬이 하나님께 영광을 돌리고 그분을 예배하기 위해 건설한 장엄한 성전, 그리고 위압적인 성벽을 갖춘 큰 도시 예루살렘이 이방 군대에게 파괴와 약탈을 당했다. 세상에 하나님이 계심과 그분의 모습을 보여 주던 존재가 박살 나고 손상되었다. 왜? 여러 세대에 걸쳐 유다 왕들과 유대 민족이 죄를 짓고 하나님의 율법에 불순종하고 다른 신들을 섬기고 주변 이방 문화들에 동화되었기 때문이다. 마침내, 하나님의 진노가 더 이상 미뤄질 수 없는 지경에 이르렀다.

그리고 47년이 지났다. 바벨론 사람들도 페르시아(바사) 왕 고레스에게 정복당했다. 고레스 왕은 유대인들이 예루살렘으로 돌아갈 길을 열어 주었다. 새로운 페르시아의 지배하에서 예루살렘과 그 성전이 재건됨으로써 하나님이 그분의 백성 가운데 임재하심을 보여 주는 물리적

상징물들이 회복될 가능성이 열렸다. 이후 수십 년에 걸쳐 많은 유대인들이 예루살렘으로 돌아갔다. 에스라의 인도와 학개, 스가랴 선지자의 촉구를 받아 그들은 성전 파괴 70년 만에 성전을 재건하는 데 성공했다. 그 과정에서 정치적 반대가 잇따랐고 하나님의 백성의 죄와 냉담함도 끊이지 않았지만, 결국 유대인들은 어느 정도 성공을 거두었다.

그러나 그 일은 부분적인 완성에 그쳤다. 예루살렘을 방어하는 데 필요한 거대한 성벽들은 파괴된 지 한 세기 반이 지났음에도 여전히 폐허로 남아 있었다.

또 여러 해가 지났다. 어느 날 수산 궁에 잡혀와 살던 유대인 중 한 명인 느헤미야가 얼마 전에 예루살렘에서 돌아온 사람들에게 열심히 고향 소식을 물었다. 그는 예루살렘으로 돌아간 유대인들이 잘 지내고 있는지, 도성은 재건되었는지 알고 싶어 했다. 그러나 소식은 좋지 않았다.

느헤미야가 들은 내용은 이러했다. "사로잡힘을 면하고 남아 있는 자들이 그 지방 거기에서 큰 환난을 당하고 능욕을 받으며 예루살렘 성은 허물어지고 성문들은 불탔다"(느 1:3).

이 소식을 들은 느헤미야의 반응은 그의 마음을 잘 보여 준다. "내가 이 말을 듣고 앉아서 울고 수일 동안 슬퍼하며 하늘의 하나님 앞에 금식하며 기도하여"(4절). 느헤미야는 동포들에 대한 소식에 망연자실했다. 하지만 왜 그랬을까? 성벽이 아직 재건되지 않았다는 이유로 왜 그렇게 슬퍼한 걸까?

느헤미야는 하나님의 눈으로 예루살렘을 본 사람이다. 그에게 예루살렘은 하나님의 택한 백성, 언약 백성의 도시였다. 그 성벽 안에 한 분

하나님의 성전이 있었고 하나님이 사람의 죄를 용서하시던 곳, 지성소 至聖所가 있었다. 예루살렘을 둘러싼 성벽은 하나님의 백성과 주위의 다신교 문화를 구별 짓는 구조물이었다. 거룩한 성, 그 안의 예배 장소, 그리고 그것들을 둘러싼 성벽은 세상에 거하시는 하나님의 임재와 존재를 상징했다. 그렇기 때문에 느헤미야는 울고 애통하며 금식했던 것이다. 그가 볼 때 부서진 예루살렘은 하나님에 대한 모욕이었고, 이교 세계에서 하나님의 이미지가 훼손되었음을 압축해서 보여 주는 장면이었다.

이제 상징적인 비교를 하나 해보자. 오늘날 우리 세계에서도 하나님의 이미지와 존재는 여전히 훼손되고 있다. 그것은 빈곤과 불의, 부패와 질병, 인간의 착취와 고통 때문에 비방당하고 있다. 하나님의 백성이 이런 상태를 무심하게 받아들이고, 허물어져 가는 세상에서 하나님의 거룩함, 선하심, 정의를 드높여야겠다는 비전을 갖지 않을 때, 하나님의 이름은 더럽혀진다. 하나님은 느헤미야 시대의 예루살렘을 보시며 마음 아파하셨고, 오늘날 이 세계의 상태와 그것에 문제를 제기하지 않는 우리의 모습에도 마음 아파하신다.

느헤미야는 현 상태를 순순히 받아들이려 하지 않았다. 그에게는 다른 비전이 있었다. 느헤미야는 울고 금식한 후 기도했다. 그는 자신과 하나님의 백성의 냉담함과 죄에 대해 용서를 구했다. 그러고 나서 예루살렘의 유대인들에게 행동을 촉구했다. "우리가 당면한 고난은 여러분이 보는 바와 같소. 예루살렘은 폐허가 됐고 그 성문들은 불에 타버렸소. 자, 이제 우리가 예루살렘 성벽을 재건합시다. 그러면 우리가 다시는 수치를 당하지 않을 것이오"(느 2:17, 우리말성경).

느헤미야의 접근 방식은 간단했지만 심금을 울리는 것이었다. 그는 먼저 기도하는 사람이었다. 이야기 내내 그는 기도하는 모습을 보여 준다. 성공 여부가 자신이 아니라 하나님께 달려 있음을 알았기 때문이다. 그리고 무엇보다 느헤미야는 행동하는 사람이었다. 그는 실행가였다. 결코 과제의 막중함에 질리지 않았다. 자신이 가진 것을 사용해 목표를 달성하는 일에 집중했다. 큰 목표를 작은 조각들로 나누어 세부 계획을 세우고, 돈을 모으고, 사람들을 조직해서 임무를 완성했다. 반대와 방해가 있었지만 각 사람을 격려하고 힘을 북돋아 주어 그들이 능력껏 자기 몫을 감당하게 했다. 그리고 사람들이 성경의 위대한 진리를 기억하도록 도왔다. 느헤미야는 백성들에게 율법책을 "새벽부터 정오까지" 읽어 주게 했고, 그들은 귀 기울여 들으면서 자기 죄를 회개하고 울었다.

결과는 놀라웠다. 150년 이상 폐허로 남아 있던 큰 성벽이 52일 만에 재건되었다. 그 일이 어떻게 가능했을까? 그들은 한 번에 돌 하나씩 쌓아 올렸다. 느헤미야 3장을 보면 자신의 집과 가장 가까운 성벽 구획을 재건했던 40명의 사람들과 무리의 이름이 나온다. 그들은 각자 할 수 있는 일, 자기 손이 미치는 범위 안에서 자기가 감당할 수 있는 일을 했다. 그리고 그들의 집단적인 힘이 하나님의 뜻에 따라 활용되고 집중되자 모든 것이 달라졌다. 그들은 함께 불가능한 일을 이루어 냈다. 그것도 두 달이 채 못 되는 기간 동안.

우리의 세계도 느헤미야 시대처럼 폐허가 되었고, 우리에게도 새로운 비전이 필요하다. 느헤미야의 비전은 부서진 곳들을 재건하고, 조롱하는 세상 앞에서 하나님의 의로우심을 드높이는 일이었다. 우리의 비전도 이와 같아야 한다. 이런 비전을 붙잡으면, 우리도 불가능한 일을 해낼 수 있다. 모두가 자기 일을 감당하여 한 번에 돌 하나씩 쌓으면 된다. 하나님의 자녀 각 사람이 자기가 할 수 있는 몫을 하면, 그렇게 한데 뭉친 우리는 혼란에 빠진 세계를 바로잡을 수 있다. "그러면 우리가 다시는 수치를 당하지 않을 것이오." 그러나 각 사람은 그리스도의 일을 위해 가진 것을 내놓아야 한다. 그리스도는 그분을 따르는 사람을 이렇게 부르신다…….

너희에게 떡이 몇 개나 있느냐? 그것을 내게 가져오라.

25. 시간, 재능, 재물

자신이 가진 재능을 사용하라. 노래를 가장 잘 부르는 새만 노래한다면 숲속은 무척 조용해질 것이다. ─헨리 반 다이크

우리가 이 보배를 질그릇에 가졌으니 이는 심히 큰 능력은 하나님께 있고 우리에게 있지 아니함을 알게 하려 함이라. ─고린도후서 4:7

결단의 시간이 왔다. 이 문제에 대해 어떻게 할 것인가? 결국 하나님은 이 세상에서 한 번에 한 사람씩에게 역사하신다. 배고픈 사람들이 먹을 것을 얻고, 목마른 사람들이 갈증을 풀고, 헐벗은 사람들이 옷을 입고, 병든 사람들이 치료를 받고, 글을 못 읽는 사람들이 교육을 받고, 슬퍼하는 사람들이 위로를 받는 일도 모두 한 번에 한 사람씩 이루어진다. 당신에겐 당신의 도움이 필요한 누군가에게 그 한 사람이 되어 줄 기회가 있다. 당신이 내놓는 것은 결코 작거나 사소하지 않다. 다시 말하지만, 하나님이 세상에서 하시는 일의 큰 그림은 당신의 독특한 퍼즐 조각, 당신만이 소유한 그 한 조각 없이는 완성되지 않는다. 그러나 당신이 당신의 조각을 퍼즐 안에 놓겠다고 선택해야 한다.

당신이 벌써 그 선택을 내렸기를, 당신의 '떡'을 주님께 바치기로 결정했기를 바란다. 그러나 내 경험에 따르면, 대부분의 사람들은 자신이 내놓을 게 무엇인지 잘 모른다. 기꺼이 서명하고 참가할 의향은 있지만, 하나님 나라에 가치 있게 쓰일 만한 것을 과연 내가 갖고 있는지 몰라 혼란스러워한다. 이 문제를 해결하기 위한 전통적인 방법이 있다. 우리에게 있는 시간time, 재능talent, 재물treasure이라는 (t로 시작하는) 세 가지를 살펴보는 것이다. 대부분의 사람들은 이 세 가지 범주 모두에서 자신이 생각하는 것보다 훨씬 많은 것을 가지고 있다.

경영대학원을 졸업하고 2년이 지나 스물여섯이 되었을 때, 르네와 나는 일주일 동안 열린 교회 선교대회에 저녁마다 참석했다. 어느 날 저녁, 우리는 강사 중 한 분이었던 앤디 선교사님을 집으로 모셔 저녁을 대접했다. 앤디 선교사님은 교회와 협력하여 전 세계 가난한 사람들을 돕는 구호 단체, 월드릴리프World Relief에서 일하고 계셨다. 우리 세 사람은 저녁 식사 후 상당히 오랫동안 이야기를 나누었다.

앤디 선교사님은 내가 선교에 관심이 있음을 느끼고 선교 단체에서 전임으로 섬길 생각을 해본 적이 있는지 물었다. 그리고 월드릴리프에 나 같은 사람이 필요할 것 같다고 말했다. 나는 다소 어색한 기분으로 그런 생각은 해본 적이 없고 경영학 학위는 선교에 그리 좋은 배경이 아닌 것 같다고 설명했다. 하지만 이후 며칠 동안 나는 양심의 가책을 느꼈다. 정말 '신앙과 경력이 만날 수 있는 전임 사역을 추구해야 하는 게 아닐까.' 나는 이 문제를 상의하기 위해 당시 담임목사님이었던 폴 탐스 박사님과 약속을 잡았다. 나는 고민을 털어놓았다. 게임 회사 파커브라더스의 마케팅 부서에서 일하는 것이 정말 좋지만 하나님을 전임 사역으로 섬기고 있지 않은 데 대해 죄책감이 든다는 내용이었다. 탐스 목사님은 내 말을 주의 깊게 듣더니 몇 가지 질문을 한 뒤 자신의 생각을 이야기했다.

"리치, 우린 모두 전임 기독교 사역을 하고 있습니다. 일반 직업을 통해 주님을 섬기는 사람이 있고 목회 사역으로 섬기는 사람이 있을 뿐이지요. 어느 쪽에서 일하건, 우리는 자신의 재능을 사용해 그리스도를 드러내야 합니다. 형제는 사업 분야의 일을 정말 좋아하는 것 같고, 하나님께 특별한 재능도 받은 것 같아요. 제 생각에 리치는 지금 있는 자리에 머물러야 할 것 같습니다."

그리고 목사님은 크게 웃으며 이렇게 덧붙였다.

"누가 알아요? 언젠가 리치가 많은 돈을 벌어서 그 돈을 하나님 나라를 위해 쓰게 될지 말이에요. 하나님이 형제를 전임 선교 사역으로 부르기 원하신다면 분명하게 알려 주실 겁니다."(세상에, 이 말은 예언이 되고 말았다!)

이후 20년 동안 나는 업계에서 승진을 거듭했고 사업과 경영 기술을 갈고닦았다. 회사 내에서 그리스도의 대사로 살려고 최선을 다했고, 수입이 늘어남에 따라 점점 더 많은 선교 사역들을 재정적으로 지원할 수 있었다. 그러나 르네와 나는 여전히 조기 은퇴를 해서 선교 현장에 뛰어드는 이야기를 가끔씩 했다. 그럴 때면 나는 웃음이 나왔다. 세계 최악의 선교사가 될 것 같아서였다. 내가 스스로를 볼 때 선교사로 일하는 데 도움이 될 만한 유용한 기술이 전혀 없었다. 선교사는 여러 언어를 구사하고, 수확량을 늘리는 법을 알고, 큰 칼로 수술도 하고, 바로 그 칼로 대나무를 잘라 관개 시설도 만들 수 있어야 하지 않을까? 나는 손재주가 너무 없어서 벽에 그림 하나 걸 때도 사람을 불러 시키고 싶은 마음이 들 정도였다. 선교와 가난한 사람들을 돕는 일에 정말 열정이 있었지만 매달 후원금을 보내는 것 외에는 딱히 내놓을 만한 게 없어 보였다. 하나님이 내게 주신 '떡과 물고기'가 바로 앞에 있는데도 보지 못했던 것이다.

- 선교의 열정
- 가난한 사람들을 향한 깊은 관심
- 고위 경영자 경험
- 마케팅으로 사람들과 제품을 연결시킨 경력
- 글을 쓰고 대중 강연을 하는 능력
- 선교 후원을 위해 재정을 나누는 마음
- 가난한 사람들을 섬기기 원하는 아내

이상은 월드비전이 1998년에 새로운 리더를 찾을 때 내게서 보았던 장점들이다. 당시 나는 이것을 보지 못했을 뿐이다. 월드비전은 나의 퍼즐 조각들이 완벽하게 들어맞는 지점이었다. 나는 하나님이 내게 주신 특별한 재능을 인식하고 그분을 섬기는 데 그것들을 내놓기만 하면 되었다.

하나님은 당신에게 무엇을 주셨는가? 모세에겐 지팡이가 있었다. 다윗은 무릿매가 있었고, 바울은 펜이 있었다. 마더 테레사는 가난한 사람들을 향한 사랑이 있었고, 빌리 그레이엄은 설교의 재능이, 조니 에릭슨 타다는 장애가 있었다. 그들의 공통점은 무엇일까? 자신이 가진 것이 그리 유용해 보이지 않아도 그것을 하나님이 쓰시도록 내어 놓는 자세다. 시간, 재물, 재능의 관점에서 자신이 가진 것을 평가해 보면, 하나님을 섬길 수 있는 자신만의 방식을 더 잘 알 수 있을 것이다.

시간

우리가 가진 세 가지 범주의 자산 중에서 잘 생각하지 못하는 것이 시간이다. 관대한 사람이건 인색한 사람이건, 우리 대부분은 시간보다는 재물의 사용을 놓고 더 주의 깊고 신중하게 생각한다. 재능의 경우도 마찬가지다. 당신이 유능한 교사나 총명한 과학자, 탁월한 조직가라면, 하나님을 섬기는 일에 자신의 재능을 어떻게 써야 할지 잘 모른다 해도 시간보다는 재능을 나누는 방법에 대해 더 많이 생각하고 기도할 것이다. 시간은 제한된 자원인데, 우리 대부분은 많은 시간을 낭비하며 살아간다. TV 시청과 쇼핑몰 구경, 그리고 교통 체증에 갇혀 있느라 얼마나 많은 시간을 보내는지 생각해 보라. 그 모두가 하나님 나라의 건설을 위해 쓰일 수 있는 시간이 아닌가?

시간은 가치가 있다. 많은 사람들이 시간의 가치를 아는 고용주들에게 고용되어 시간 단위나 주 단위로 봉급을 받는다. 하나님 나라의 자원으로서 시간이 갖는 가치가 의심스럽다면 한번 생각해 보자. 누구나 선택만 한다면 평균적으로 하루 두 시간 정도 주님을 섬기는 일에 쓸 수 있다. 우리 시간의 가치를 시간 당 10달러로 잡는다면, 1년이면 주님을 섬기는 일에 7천 달러 이상을 쓰는 것과 같다. 1억 2천만에 달하는 미국 그리스도인들이 그렇게 봉사하는 시간을 돈으로 환산한다면

8천억 달러가 넘는다! 우리가 자선 활동에 주당 한 시간씩만 할애해도, 연 620억 달러 상당의 가치가 있을 것이다. 교회와 비영리 단체들이 그 시간에 대해 비용을 지불한다면, 그 정도 액수가 들 것이다. 속담도 있다시피 "시간은 돈이다." 그러나 하나님 나라 일을 위해 우리의 시간을 내는 것은 영원한 영향을 끼칠 수 있다는 면에서 더욱 중요하다. 하나님은 우리가 바치는 시간과 재물, 재능의 영향을 늘리실 수 있다.

작년, 뉴욕에 살면서 일하는 어느 한국인을 만났다. 그는 내가 월드비전 회장이란 걸 알고 우리 같은 단체들의 활동이 한국전쟁 직후의 그에게 얼마나 중요한 의미가 있었는지 말해 주었다. 전쟁으로 집을 잃고 어려운 처지에 놓였던 그와 그의 가족은 구호 단체에서 나눠 준 옷가지, 음식, 학용품 등을 받고 큰 도움이 되었다고 말했다. 미국과 다른 나라들에 사는 선의의 사람들이 사랑으로 기부하고 추리고 모아 보낸 것들이리라. 그 기부자들은 외국에서 고통받는 사람들을 돕기 위해 자신들의 시간, 재물, 재능을 사용했다. 한국인 소년은 그들의 친절함에서 헤아릴 수 없는 유익을 얻었다. 그는 그런 도움에 힘입어 학교를 마칠 수 있었으며 자신과 가족이 경험한 관대함에 크게 감사하고 있었다.

오늘날 그 '소년'은 유엔 사무총장이 되었다. 그의 이름은 반기문. 1950년대 초에 어려운 이들을 위해 시간, 재물, 재능을 기부했던 사람들은 자신들이 어떤 영향을 끼치게 될지 전혀 몰랐을 것이다.

우리의 수고가 사소해 보인다 해도, 하나님이 그것을 어떻게 사용하셔서 세계의 중요한 문제들과 필요를 해결하실지 우리로선 전혀 알 수 없다. 세상에 변화를 일으킨 한 노부인의 사연에 귀를 기울여 보라.

인디애나 주 인디애나폴리스에 사는 코니 위크는 브레드포더월드Bread for the World 회원이다. 그녀는 지역구 상원의원에게 밀레니엄챌린지 계정Milllenium Challenge Account (이하 MCA[1])과 HIV/에이즈 기금을 지지하는 편지를 썼는데, 자신의 편지가 백악관에서 언급될 줄은 꿈에도 몰랐다. 그러나 2004년 7월 13일, 바로 그 일이 벌어졌다. 브레드포더월드의 데이비드 베크먼 회장[2]은 백악관에서 열린 한 조인식調印式에 참석했다가 MCA 자금 조달의 중요성을 얘기할 기회를 얻었다. 부시 대통령은 두 명의 핵심 상원의원인 빌 프로스트 상원 다수당 원내총무(공화당, 테네시)와 리처드 루거 상원의원(공화당, 인디애나)을 불러 베크먼 회장이 요청한 MCA 자금 확보를 도와 달라고 요청했다.

그 대화가 끝난 직후, 루거 상원의원은 베크먼에게 이렇게 말했다.

"저는 지금 지역구 주민인 코니 위크 씨가 보낸 편지에 답장을 쓰고 있습니다. 그분이 방금 회장님이 하신 말씀과 똑같은 얘기를 하시더군요. 가난한 사람들을 지원하는 현재 프로그램의 자금을 삭감하지 말고 MCA와 에이즈 퇴치 사업에 지원해야 한다는 내용이었습니다."

인디애나폴리스의 로빈런 퇴직자 주택지구 브레드포더월드 모임에서 오랫동안 회장을 맡았던 코니 위크는 대통령과 나눈 대화에 대한 소식을 듣고 "심장이 멎는 줄 알았다"고 말했다. 그녀는 굶주리고 가난한 사람들을 위해 오랜 세월 동안 일했다. 브레드포더월드 지역 담당 간사 머라이어 프리긴의 말을 들어 보자.

"로빈런에는 헌신적인 활동가가 아주 많습니다. 코니는 그중에서도 모든 사람, 모든 일을 조직화시켜 주는 분입니다. 그녀의 열정과 비전 덕분에 그 모임이 흔들림 없이 계속 활동할 수 있어요."

베크먼은 나중에 이렇게 말했다.

"저는 브레드포더월드 회원들의 힘에 다시 한 번 크게 감탄했습니다. 방금 상원 외교위원회 위원장이 MCA 자금 조달을 도와 달라는 미국 대통령의 요청을 받았습니다. 그 상원의원은 지역구 주민이 최근 보낸 한 통의 편지를 생각해 냈고요. 인디애나폴리스 로빈런 퇴직자 주택지구의 코니 위크 씨의 편지였습니다."

코니 위크의 경험은 빈곤과 기근 문제들에 대해 편지를 쓰는 것이 과연 변화를 일으킬지 의구심을 품던 모든 사람에게 격려가 되고 있다.[3]

나는 한 이야기를 통해 하나님이 보잘것없어 보이는 퍼즐 조각들을 사용해 중요한 일들을 이루신다는 사실을 깨닫게 되었다. 에드워드 킴볼이라는 보스턴 출신 젊은이의 이야기다. 에드워드는 자신이 어린 소년들과 청년들을 돕는 일에 부름을 받았다고 생각하여 교회 주일학교에서 그들을 가르쳤다. 그는 학생들을 더 잘 알고자 주중에 그들이 살거나 일하는 곳을 자주 방문했다.

어느 주일, 그의 학급에 골치 아픈 십대가 나타났다. 제대로 교육을 받지 못해 다소 무례하고 툭하면 분통을 터뜨리거나 욕설을 쏟아 내는 열일곱 살 소년이었다. 에드워드는 그 소년에게 다가갈 방법을 생각하다가, 소년이 외삼촌 밑에서 일하는 구둣가게로 심방을 가기로 결심했다. 킴볼은 소년에게 말을 걸어 보려고 가게 앞까지 왔지만 차마 용기가 안 나 그냥 지나치고 말았다. 뭐라고 말해야 하나, 저 애가 어떻게 나올까?

그러다 그는 용기를 내어 가게로 들어갔다. 소년은 가게 뒤쪽에서 구두를 싸서 선반 위에 올려놓고 있었다. 에드워드는 소년에게 다가가 어깨에 손을 얹고는 그리스도께서 그를 사랑하신다는 말을 몇 마디 웅얼거렸다. 타이밍이 적절했던 게 분명하다. 소년이 바로 그 자리에서 감동을 받고 그리스도께 삶을 바쳤기 때문이다.[4] 그의 이름은 드와이트 L. 무디. 그는 19세기의 가장 성공적인 복음전도자가 되었고, 생전에 160만 킬로미터를 다니며 1억 명 가량의 사람들에게 복음을 전한 것으로 추정된다. 라디오, 텔레비전, 자동차, 비행기가 생기기 전의 일이다!

그런데 이야기는 여기서 끝나지 않는다. 무디는 1879년에 또 다른 젊은이 마이어F. B. Meyer의 회심에 중요한 역할을 했는데, 그도 장성하여 목사가 되었다. 마이어는 이후 채프먼J. C. Chapman의 영적 스승이 되어 그를 그리스도께 인도했다. 채프먼은 목사와 복음전도자가 되어 프로야구 선수들을 대상으로 사역을 시작했다. 그는 빌리 선데이라는 선수를 만났는데, 빌리는 채프먼이 인도한 많은 전도 집회에서 보조자 겸 선발 대원으로 봉사했다.

시간이 지나 채프먼의 설교 기술을 배운 선데이는 자체적인 전도집회를 열기 시작했다. 그는 20세기의 첫 20년을 주름잡은 미국 최고의 복음전도자가 되었다. 1920년대에 노스캐롤라이나 샬롯에서 열린 그의 부흥회는 큰 성공을 거두었다. 선데이의 전도집회에 참석했다가 그리스도께 인생을 바치고 그의 동료가 되어 활동했던 모르디카이 햄은 수년 후 샬롯으로 돌아와 두 번째 전도집회를 열어 달라는 초청을 받았다. 햄은 여러 차례의 집회에서 말씀을 전하고 결단을 촉구했는데, 그중 한 집회에 참석했던 호리호리한 십대 한 명이 "그리스도께 삶을 드리라"는 그의 부름에 응답하여 앞으로 나왔다. 그의 이름은 빌리 그레이엄이다.

자신에게 내놓을 만한 값진 것이 없다는 생각이 드는가? 자신이 너무나 평범해서 하나님을 위해 큰일을 할 수 없을 것 같은가? 에드워드 킴볼도 같은 생각을 했을 것이다. 그는 화려한 일, 뉴스거리가 될 만한 일은 하지 않았다. 다만 하나님께 신실하게 매주 한두 시간을 내어 주일학교에서 소년들을 가르쳤다. 하지만 에드워드 킴볼이 최선을 다해 주일학교에서 가르치고 소년들에게 관심을 기울인 덕분에 세상이 달라졌다.

재능

> 나는 언제 어디서나 세상을 변화시키기 위해 내가 가진 모든 것을 사용해 최선을 다해야 한다. 이것은 선택 사항이 아니다. 믿음이 내게 요구하는 일이다. -지미 카터

불행히도 우리는 '재능'이라는 단어를 잘못 이해하고 있는 경우가 많다. 재능이라고 하면 자동적으로 바순 연주, 오페라 부르기, 시 쓰기, 발레 공연, 축구나 테니스에서 발휘하는 뛰어난 실력 같은 특별한 능력들을 떠올린다. 그러나 우리가 가진 것 중 남을 섬기는 데 도움이 될 만한 것들이라는 면에서 보면, 재능이라는 단어는 훨씬 더 넓은 의미를 지닌다. 재능은 우리가 흔히 생각하는 예술과 운동 분야의 능력뿐 아니라, 훨씬 많은 내용을 아우른다. 하나님이 나에게 주신 재능을 더 넓게 바라보자. 자신만의 고유한 성격과 개성에서 출발해 보자. 당신은 외향

적인가, 사색적인가, 단호한가, 완고한가, 예지력이 있는가, 사려 깊은가, 재미있는 사람인가? 이런 성향들 하나하나는 하나님이 만드신 당신의 특별한 모습을 보여 준다.

하나님은 당신이 그분을 섬길 때 이런 특성들을 사용하기 원하신다. 당신의 재능에는 인생 경험도 포함된다. 각 사람은 자기만의 인생 역정이 있다. 가정 환경, 교육, 직업과 직장 경력, 그 가운데서 얻은 경험과 지혜, 인간관계와 인맥으로 구성된 독특한 인생사가 있다. 이제껏 존재한 어떤 누구도 당신과 똑같은 인생을 살지 않았다. 이것 외에도 당신의 '퍼즐 조각'을 비범한 것으로 만드는 요소들은 많다. 우리 마음속에는 하나님이 주신 관심사와 열정이 있다. 보노에겐 아프리카를 향한 열정이, 윌리엄 윌버포스에겐 노예제를 없애려는 불타는 열망이, 코니 위크에겐 가난한 사람들을 위해 의원들에게 압력을 가해야 한다는 책임감이 있었다. 동물을 사랑하거나 환경에 관심이 쏠릴 수도 있다. 정치에 매력을 느끼거나 마라톤 경주에 마음이 끌릴 수도 있다. 당신이 관심을 갖는 대상이 무엇이건, 그것 또한 당신만의 섬기는 방식을 알려 주는 단서가 될 수 있다.

따라서 우리의 재능을 고려할 때는 위에서 말한 모든 것, 즉 우리의 능력, 성격, 열정, 추구하는 바, 지식, 경험, 인간관계와 인맥을 다 고려해야 한다. 이런 것들은 모두 이런저런 식으로 쓰일 수 있는 우리의 자원이다.

끝으로, 성경은 우리에게 우리 각 사람이 '영적 은사'를 받았고, 그리스도의 몸인 교회를 위해 그 은사를 사용해야 한다고 말한다.(이런 은사들은 로마서 12:6-10, 고린도전서 12:1-12, 28, 에베소서 4:11에 나와 있다.)

은사에는 영 분별, 구제, 다스림, 긍휼, 지도함, 가르침, 복음전도, 지혜와 권면 같은 것들이 있다. 성경은 하나님이 교회를 통해 이런 은사들을 나눠 주셔서 그분의 백성이 하나님 나라의 일을 하도록 준비시키신다고 말한다. 그리스도를 따르는 자는 자신의 영적 은사가 무엇인지 분별해야 한다. 그래야 어떤 부분에서 어떻게 섬기는 것이 교회의 사역에 가장 큰 보탬이 되는지 파악할 수 있다. 이 작업을 위해 여러 단체들이 다양한 평가 도구를 인터넷에 올려놓았다.[5] 그 도구들로 자신의 은사를 확인해 볼 것을 적극 추천한다.

당신이 어떤 재능을 내놓을 수 있는지 생각할 때는 구체적인 능력만 볼 게 아니라 이렇듯 넓은 관점에서 생각해야 한다. 우리 대부분은 스스로 생각하는 것보다 훨씬 가진 게 많다. 사도 베드로는 충동적이고 열정적인 어부였다. 하나님은 그의 열정과 충동을 사용하셔서 그를 '사람 낚는 어부'로 만드셨다. 베드로는 하나님께 쓰임 받는 창업자가 되어 1세기 초대 교회를 시작했다. 바로 그 시대의 교회를 박해했던 바울은 뛰어난 지성, 유대교 신학에 대한 깊은 지식, 학식과 저술의 재능을 두루 갖춘 열성분자였다. 그가 가진 로마 시민권은 그가 여러 번의 체포와 투옥을 거치면서도 결국 로마에서 재판을 받게 되는 데 큰 역할을 했다. 바울이 다메섹으로 가는 길에서 회심한 후, 하나님은 그의 여러 능력과 상황을 모든 면에서 사용하셨다. 하나님은 그가 감옥에 갇히는 일조차 사용하셨다. 바울은 대부분의 편지를 감옥에서 썼기 때문이다.

때로는 우리의 지위도 하나님께 쓰임 받을 수 있다. 에스더서를 보면 하나님이 한 왕비를 사용하셔서 유대 민족 전체를 구원하신다. 그렇다. 왕족이라면 분명히 세상에 영향을 끼칠 수 있다.

그러나 아홉 살배기 소년이라 해도 그 못지않은 영향을 끼칠 수 있다.

희망의 링

오스틴 거트웨인은 에이즈 때문에 고아가 된 아프리카 어린이들 사연을 아홉 살 때 처음 접했다. 아홉 살배기가 전 지구적인 에이즈 창궐 사태에 맞서겠다고 나서면 대부분의 어른들은 비웃고 말겠지만, 오스틴은 자신이 뭔가 할 수 있다고, 하나님이 쓰실 수 있는 '재능'이 있다고 믿었다. 오스틴은 희망의 링 웹사이트에 실려 있는 다음의 편지에서 자신의 여정을 소개했다.

> 2004년 봄, 비디오를 봤는데 에이즈라는 질병 때문에 부모님을 잃은 어린이들이 나왔어요. 그 비디오를 보고 나니 그 애들이 고통받고 있다는 점만 빼면 나와 다를 게 없다는 생각이 들었어요. 하나님이 그 어린이들을 돕기 위해 뭔가 하라고 나를 부르시는 것 같았어요. 그래서 나는 자유투를 던지기로 했죠. 2004년 세계 에이즈의 날에 2,057개의 자유투를 던졌어요. 내가 학교에 있는 하루 동안 고아가 될 2,057명의 아이들을 나타내는 거였어요. 사람들이 나를 후원해 주었고 우리는 거의 3천 달러를 모을 수 있었어요. 그해, 월드비전은 그 돈으로 여덟 명의 고아 어린이들에게 희망을 주었어요.
> 그해부터 매년 수천 명의 사람들이 '희망의 링'이라는 농구 숫-어-톤에 참가했어요. 자유투를 던지는 참 간단한 일을 하는 것인데, 희망의 링 참가자들은 50만 달러가 넘는 돈을 모금했어요. 에이즈로 고아가 된 아이들

이 이제 음식과 옷, 살 집, 새 학교, 그리고 진료 시설을 갖게 되었어요.

작년 우리 목표는 잠비아 시나종웨에 검진소를 세우기 위해 15만 달러를 모금하는 거였어요. 이 검진소가 생기면 의료진이 그 지역 어른들을 대상으로 HIV/에이즈 검사를 해서 약을 줄 수 있게 될 거예요. 그 약을 복용하면 HIV/에이즈에 걸린 부모님들의 수명이 연장될 거예요. 그러면 그 자녀들이 에이즈로 고아가 된 1500만 명과 같은 처지가 되지 않겠지요.

희망의 링 참가자들은 검진소 건립에 필요한 돈을 다 모았고, 검진소에 천 개의 간병물품 세트까지 보냈어요. 이제 HIV/에이즈에 감염된 어른들을 돌보는 분들이 꼭 필요한 기본 물품을 갖추게 되었어요. 2006년에는 조나산 심[6] 기념 학교에 집기를 보낼 수 있었어요.

2008년에는 잠비아의 트와치얀다(2006년 조나산 심 기념학교가 세워진 곳이기도 해요)에 두 번째 검진소를 세우고 간병물품 세트 및 간병인들이 타고 다닐 자전거를 보내고 싶어요. 검진소와 간병물품 세트와 자전거가 만나면 부모님들이 더 건강해지고 오래 살아남아 자녀들을 돌볼 수 있겠지요.

여러분도 우리와 함께 희망의 링에 직접 참가하시거나 참가자를 후원하시면 좋겠어요. 우리가 돕는 아이들뿐 아니라 여러분에게도 잊지 못할 멋진 이벤트가 될 거예요.

주님 안에서

오스틴[7]

지금은 미국 50개 주 대부분과 전 세계 여러 나라 200개 지역에서 수천 명의 어린이들이 오스틴이 벌이는 '희망의 링' 행사에 참가하고 있다. 오스틴이 그동안 모금한 돈을 다 모으면 백만 달러에 가깝다. 한

번 생각해 보라. 자유투를 던져서 백만 달러라니. 자신의 재능을 사용해 세상을 변화시키는 게 바로 이런 것이다!

재물

> 당신이 챙겨 둔 빵은 굶주린 자들의 것이다. 당신이 옷장에 보관하는 겉옷은 헐벗은 자들의 것이다. 당신의 신발장에서 썩어 가는 신발들은 맨발로 사는 자들의 것이다. 당신이 땅에 숨겨 놓은 금덩이는 어려운 사람들의 것이다. 그러므로 다른 사람들을 도울 힘이 있는데도 돕지 않고 있다면 그만큼 당신은 그들에게 잘못을 저지르고 있는 것이다. ―아우구스티누스

이 책의 앞부분에서 나는 1년에 5만 달러 이상 버는 사람은 전 세계인의 99퍼센트보다 수입이 높다고 말했다. 간단히 말하면 평범한 미국인은 비교적 부유하다고 할 수 있다. 그렇다면 이렇게 물어야 할 것이다. 하나님은 우리가 우리의 부를 어떻게 쓰기 원하실까? 우리가 가진 시간, 재물, 재능을 어떻게 쓸지 계획할 때 하나님이 우리에게 맡기신 재정 자원을 빠뜨려서는 안 된다. 우리는 재정을 나눌 책임을 회피하면서 이런 구실을 대는 경우가 너무 많다. "나는 어려운 사람들을 돕는 데 시간을 냅니다." "나는 자선 활동을 위한 기금 모금에 재능을 사용합니다. ……그러니 돈까지 낼 필요는 없다고 봐요. 그건 나보다 잘사는 사람들이 할 일이지요." 그러나 그리스도를 따르는 일은 취사선택할 수 없다. 우리는 시간, 재물, 재능, 세 가지 모두의 청지기가 되어야 한다.

빌 게이츠가 세상을 더 나은 곳으로 만들 최선의 방안을 궁리한다고

가정해 보자. 그가 단 1달러도 내지 않고 1년에 한 주, 멕시코에서 삽을 들고 화장실이 없는 사람들을 위해 땅을 파서 변소를 만드는 일을 하겠다는 결론을 내린다면 당신은 어떤 반응을 보일까? 재산이 500억 달러가 넘어 세상에서 가장 부유한 사람이자 놀라운 사업 수완과 비길 데 없는 영향력을 지닌 사람이 고작 1년에 7일 동안 삽질하는 게 이웃을 돕는 최선의 방법이라니! 누구나 "말도 안 돼!"라고 말할 것이다. 그러나 감사하게도, 빌 게이츠는 그렇게 하지 않았다. 그는 자신이 가진 모든 시간, 재능, 재물을 최고로 잘 쓸 수 있는 방법이 무엇일지 생각하고, 수십억 달러의 사재를 들여 세상의 가장 큰 과제인 전 지구적 보건, 교육, 개발 이슈들에 대처하는 창의적 재단을 설립했다.

그러나 세상을 변화시키는 일에 수십억 달러가 들지는 않는다.

깨끗한 물이 없어서 매년 수백만 명의 어린이가 죽는다. 하지만 한 사람에게 깨끗한 물을 주는 비용은 연 1달러에 불과하다![8] 1달러의 작은 선물이 한 생명을 구할 수 있음을 안다면, 자신이 세상에 변화를 일으킬 만큼 부유하지 않다고 주장하기는 어려울 것이다. 그보다는 우리가 가진 것이면 얼마나 많은 생명을 구할 수 있겠느냐고 묻는 게 합당할 것이다. 실제로, 배고픈 사람들에게 먹을 것을 주고, 어린이들을 교육시키고, 가난한 농부들에게 무담보 소액 대출을 해주고, 어린이들에게 예방 접종을 하고, 극빈층에 시급한 수술비를 지원하는 일은 그리 큰돈이 들지 않는다. 우리 대부분이 능히 감당할 수 있는 정도다.

자, 아마도 당신은 이런 생각을 할 것이다. '빌 게이츠야 세상을 변화시킬 시간과, (많은) 재산과 (많은) 재능이 있지만, 난 빌 게이츠가 아니야.' 빌 게이츠가 아니기는 리언 매클래플린도 마찬가지였다. 그의

재능은 구두닦이였다! 그러나 그는 자신이 세상을 변화시킬 수 있다고 믿었다.[9]

리언은 시애틀의 대형 사무실 건물 안에 있는 구두닦이 가판에서 일한다. 몇 년 전, 리언은 멕시코를 여행하다 만난 여성에게서 인생을 바꿔 놓을 만한 이야기를 들었다. 한 미국인 여행자가 민박을 운영하던 그녀의 집에 묵었는데, 욕실을 쓰다가 욕조에 물이 채워져 있는 것을 보고는 나름 좋은 일을 한다는 생각으로 욕조 마개를 뽑아 물을 빼 버렸다. 그런데 그 얘기를 하자 집주인이 울기 시작했다. 방금 여행자는 그녀가 한 달 동안 써야 할 유일한 깨끗한 물을 흘려보낸 것이었다.

리언은 깨끗한 물 부족 때문에 개발도상국들에서 생기는 위기 상황에 대해 최대한 알아보리라 마음먹고 시애틀로 돌아왔다. 그는 그 관심을 더 발전시켜 급수장 유지 보수에 관한 온라인 강좌를 들었고, 시간당 2,800리터의 깨끗한 물을 공급할 수 있는 정수기를 제작하는 조지아 소재 회사 퍼스트워터의 판매원이 되었다.

그러다 볼리비아에서 홍수가 났다. 리언은 홍수로 집을 잃은 수천 명의 사람들을 돕는 데 자신이 소개하는 정수기를 쓸 수 있는지 월드비전에 연락을 해왔다. 월드비전은 가능하긴 하지만 그렇게 하려면 리언 씨가 정수기를 기부하고 수송비와 유지비를 내고 지속적인 기술 지원을 해야 한다고 말했다. 리언은 물러서지 않았다. 그는 자신이 최고의 변호사, 기업 경영자, 은행가들의 신발을 닦고 있음을 기억해 냈다. 그래서 홍수가 휩쓸고 간 볼리비아 동네의 사진들을 구두닦이 가판 벽에 붙여 놓고 손님이 무슨 사진이냐고 물으면 깨끗한 물이 없는 동네에 깨끗한 물을 공급하고 싶은 꿈이 있다고 말하기 시작했다.

그 일은 효과가 있었다. 리언은 구두를 닦으며 접촉한 사람들을 통해 볼리비아에 첫 번째 정수기를 공급할 자금을 확보했다. 볼리비아 월드비전은 정수기 성능에 감탄한 나머지 얼마 후 다섯 대를 더 주문했다. 이후 리언은 열 대의 정수기를 추가 주문받아 볼리비아의 학교와 병원에 공급했고, 이제는 물 부족으로 어려움을 겪고 있는 다른 나라들에 관심을 갖고 있다.

리언은 다른 사람들을 돕는 '습관'을 뒷받침하고자 세 가지 직업을 갖고 있다. 월드비전의 물품 공급망 관리 책임자 딘 솔즈베리는, 다른 기업체에 접촉해서 정수기 기부를 요청해 보았지만, 정수기 기부뿐 아니라 운송, 기술 훈련, 유지에 필요한 추가 자금까지 제공한 사람은 리언뿐이었다고 말했다. 솔즈베리의 말을 들어 보자.

"그의 인생 목표는 돈을 버는 게 아니라 사람들을 돕는 것입니다. 기업계에선 정말 신선한 일입니다."

참으로 그렇다. 리언은 문제의 방대함에 위축되지 않았다. 그는 자신에게 있는 '떡덩이'를 꺼내 다른 사람들을 돕고자 내놓았다.

양심을 찌르는 뾰족한 팔꿈치

나는 똑같은 교훈을 거듭거듭 배워야 하는 사람인가 보다. 앞에서 나는 절박한 처지에서 고통받는 사람들에 대한 한결같은 연민과 헌신을 유지하기 위해 계속 씨름한다고 이미 털어놓았다. 나는 '하나님의 마음을 아프게 하는 일들로 인해' 계속 아파할 줄 아는 부드러운 마음을 유지하고자 열심히 노력해야 한다. 몇 년 전 하나님은 이 부분에서 다시 나를 가르치셨다. 이번에는 내 아내의 뾰족한 팔꿈치(내 인생에서 나를 가르치는 강력한 도구로 자주 사용된다)를 통해서였다.

에이즈 창궐 사태로 생겨난 과부와 고아들을 돌보는 일에 기독교계의 참여를 촉구하는 3일 컨퍼런스의 마지막 날 저녁이었다. 나는 3백 명 정도가 참여한 마지막 만찬 자리를 마무리하는 연사였다. 내 역할은 참석자들에게 행동을 독려하고 참여를 촉구하는 것이었다. 우리는 후원이 필요한 아이들의 사진을 각 테이블마다 절묘하게 배치했고, 나는 그 자리에 있는 모든 사람에게 각자의 초콜릿 무스 바로 옆에 세워진 액자 속의 아이를 후원해 달라고 요청할 수 있었다. 30분 정도 설명한 후 나는 스스로 생각해도 상당히 감동적으로 결단을 촉구했다. 이어서 음악이 연주되고 사람들이 생각을 정리하는 동안 나는 자리에 앉아 고개를 숙이고 기도했다. 후원 요청에 열렬한 반응이 있게 해달라는 기도였다.

바로 그때 르네의 팔꿈치가 느껴졌다. 고개를 들어 보니 아내가 우리 앞에 놓인 아이의 사진을 가리키고 있었다. 나는 이번 행사는 우리가 아니라 다른 사람들을 위한 거라고 속삭였다. 우리는 월드비전을 통해 이미 열두 명이나 후원하고 있잖아, 행사가 있을 때마다 추가할 수는 없어, 여보, 나는 그렇게 말하고 다시 고개를 숙여 기도했다. 그러나 아내의 팔꿈치는 더욱 집요하게 나를 찔러 댔다. 고개를 들어 보니 그녀가 아예 신청카드와 펜을 건네며 '그 표정'으로 나를 바라봤다. 결혼한 이후 여러 번 봤던 표정이었기에 나는 선택의 여지가 없다는 걸 알았다. 그렇게 마지못해 카드에 기입했고 우리는 잠비아의 모건이라는 어린 소년의 새로운 후원자가 되었다. 대학을 다니는 아들 앤디는 학교에서 내려와 행사에 참석했고, 자기 앞에 있는 아이를 후원하기로 했다

(아무래도 그 자리에 동석했던 여자 친구에게 좋은 인상을 심어 주려 한 것 같다). 그 아이는 모건의 형 잭슨이었다.

컨퍼런스가 끝나고 우리는 모두 집으로 돌아갔다. 솔직히 나는 이후 2년 동안 이 두 소년을 거의 잊고 지냈다. 아이들에게 편지를 쓰고 카드를 보내 주는 사람은 르네다. 나는 그냥 돈만 낸다. 그런데 그 행사가 끝난 지 2년 후, 내가 잠비아 출장을 계획하고 있을 때 스탭진이 그곳에 내가 후원하는 소년 둘이 있음을 상기시켜 주었다. '아 그렇지.' 나는 그 아이들을 기억해 냈다. 스탭진은 내가 두 소년을 만나는 장면을 찍어서 월드비전 영상 특집에 그들의 사연을 싣자고 제안했다. 그래서 몇 주 후, 나는 잠비아의 어느 들판을 가로질러 모건과 잭슨을 만나러 가게 되었다. 두 아이는 할머니 메리 브왈라와 함께 살고 있었다.

메리 할머니는 나를 보자 달려와 인사하고 내 손을 잡더니 머리가 땅에 닿도록 허리를 굽히며 고맙다는 말을 되풀이했다. "2년 전, 미국의 한 가족이 모건과 잭슨을 후원하기로 했다는 말을 듣자 '하나님이 아이들의 잃어버린 부모 대신 새 부모를 보내 주셨구나!' 하는 생각이 퍼뜩 났어요. 나에게 날개가 있었다면 공항까지 날아가서 인사를 했을 거예요." 나는 깜짝 놀라며 당황했다. 메리 할머니가 나에게 깊이 고마워하는 이유는 내가 월드비전 회장이기 때문이 아니었다. 할머니는 손자들을 구해 준 미국인 후원자에게 감사하는 것이었다. 그녀는 나를 에이즈로 아버지를 잃은 두 소년의 새 아버지로 여겼다. 나는 자리에 앉아 할머니와 소년들과 대화를 나누며 그들의 처지가 얼마나 절박했는지 알게 되었다. 아이들의 부모는 같은 해에 죽었다. 형제가 넷 있었는데 잭슨이 첫째였다. 아이들은 죽어 가는 부모를 보살폈고, 몸을 뒤덮은 종기 때문에 망가지고 야위어 가면서 고통스럽고 끔찍하게 죽어 가는 부모의 모습을 지켜보았다. 당시 열세 살이던 잭슨은 자신이 세 동생을 돌봐야 한다는 걸 알고 학교를 그만두고 일자리와 음식을 찾아 나섰다.(메리 할머니는 수백 킬로미터 떨어진 곳에 살았고, 아들과 며느리가 죽었다는 소식을 듣지 못했다.)

그러나 잭슨은 동생들을 부양할 수 없었고, 결국 넷 모두 학교를 그만두고 먹을 것을 뒤지며 구걸을 시작했다. 잭슨이 말했다.

"너무 배가 고파서 하루 종일 오두막 바닥에 누워 있던 날들도 있었어요. 먹을 것 없이 한 주를 보내기도 했어요. 모건이 죽을까 봐 겁이 났어요."

마침내 할머니가 아들 부부가 죽었다는 소식을 듣고 어찌어찌 버스를 타고 와서 손자들을 데려갔다. 그러나 가난한 과부였던 메리 할머니는 네 명의 어린아이들을 먹이고 부양할 수 없었다. 얼마 후 그들 모두는 더 심한 굶주림과 절망에 빠져들었다. 그들의 처지가 바닥에 이르렀을 무렵, 폭풍이 불어와 그들이 살던 작은 진흙 오두막이 박살이 났다. 안 그래도 절박한 상황에 있던 그들이 집도 없는 신세가 되고 만 것이다.

이 부분에서 메리 할머니가 이야기를 받았다.

"그때 기쁜 소식이 들려왔어요. 한 미국인 가족이 모건과 잭슨을 후원하기로 했다지 뭐예요. 하나님이 누군가를 들어 우리를 도와주셨구나, 얼마나 감사했는지 몰라요."

너무나 부끄러웠다. 2년 전의 만찬장에서 신청카드에 기입하고 신용카드 번호를 적은 것은 순전히 아내가 시켜서 마지못해 한 일이었다. 나는 내 결정이 누군가의 생사가 달린 문제일 수도 있음을 생각하지 못했다. 내게 그것은 하루 2달러짜리 일이었을 뿐이다. 그러나 메리 할머니와 그 소년들에게는 생명을 구해 준 기도의 응답이었다. 나와 모건, 잭슨이 만나는 장면을 담은 특별 영상에는 그들의 사연을 이야기하면서 내가 눈물을 흘리는 모습이 나온다. 하나님은 그분의 마음을 아프게 하는 일로 다시 내 마음을 아프게 하셨다. 자그마한 연민의 손짓으로는 아무것도 달라지지 않는다고 생각한다면, 부디 다시 생각해 보기 바란다.

과부의 푼돈

> 그러나 왕은 아라우나에게 말하였다. "그렇게 해서는 안 되오. 내가 꼭 값을 지불하고서 사겠소. 내가 거저 얻은 것으로 주 나의 하나님께 번제를 드리지는 않겠소." 그래서 다윗은 은 쉰 세겔을 주고, 그 타작 마당과 소를 샀다. -사무엘하 24:24 (표준새번역)

플로리다 주 월드비전의 대표자 중 한 사람인 라울 허난데즈는 몇 년 전, 마이애미의 한 노부인에게서 온 전화를 받았다. 월드비전에 전해 줄 것이 있으니 자신의 아파트로 와 달라는 내용이었다. 그는 노부인의 집에 다녀온 후 월드비전에 있는 우리 모두에게 그 만남을 소개하는 이메일을 보내왔다.

아파트 단지는 라틴계가 많이 사는 마이애미의 가난한 동네에 있었습니다. 문앞에 서서 노크를 하는데 초라한 주위 환경이 눈길을 끌었습니다.

문을 연 애나[10] 할머니는 91세지만 정정하고 멋진 콜롬비아 출신의 노부인이었습니다.

"들어오세요. 월드비전에서 제 선물을 받아 오라고 보낸 분인가요?" 할머니는 나를 초라한 단칸방 아파트로 이끌었습니다. 에어컨은 없었지만 그 방에는 활력이 가득했고 성령의 신선한 임재를 느낄 수 있었습니다. 할머니의 미소를 보고 있자니 내가 구원받는 데 중요한 역할을 하신 친할머니의 상냥한 모습이 떠올랐습니다. 우리는 오랫동안 생생한 대화를 나누었고, 어느새 나는 얘기가 계속 이어지기를 바라고 있었습니다.

할머니는 1954년(나는 태어나기도 전이다)에 미국으로 건너온 이야기, 세 자녀를 힘들게 기르고 가족을 부양하기 위해 장시간 노동했던 일, 콜롬비아 본토에서 배운 가치관을 유지하고 가족의 화합을 위해 힘쓰던 일들을 이야기했습니다. 그리고 병마에 시달리던 끔찍한 시간들도 털어놓았습니다. 한때는 전신이 거의 마비되어 꼼짝도 못하고 고통을 겪어야 했으며 다른 사람들의 도움 없이는 다닐 수도 없었습니다. 그러다 캐서린 쿨만이라는 여성을 만나 그녀를 통해 주님을 영접했습니다. 그때 만난 그분의 치유의 능력이 오늘날까지 그녀를 붙들어 주고 있었습니다. 솔직히 말하자면 나는 그분보다 더 많은 약을 먹고 있다는 게 부끄러웠죠.

많은 놀라운 이야기들을 마친 뒤 할머니는 자리에서 일어나더니 이렇게 말했습니다. "월드비전이 섬기는 어린이들에게 줄 선물을 갖고 올게요." 그러고는 침실용 탁자로 가서 봉투 하나를 들고 나와 우리가 마주보고 앉아 있던 테이블 위에 올려놓았습니다. 할머니는 봉투를 조심스럽게 열었습니다. 마치 그 자체가 자비와 사랑의 의식 같았어요. 할머니는 내게 20달러짜리 지폐 다섯 뭉치를 내밀었습니다. "한번 세어 보세요. 내가 제대로 세었는지 모르겠네요."

세어 보니 천 달러였습니다. 할머니는 이렇게 말씀하셨습니다.

"세계의 가난한 어린이들을 위해 월드비전에 줘야지 하고 오랫동안 모은 돈이에요. 누가 생일이나 성탄절이나 새해라고 용돈을 주면 가난한 어린이들을 위해 모았어요. 보세요. 나는 이 아파트가 있어요. 내가 가진 것은 이것뿐이지만, 주님께 너무 큰 복을 받았으니 나보다 형편이 못한 사람들을 돕고 싶어요. 과테말라의 한 소녀가 어린 아기일 때부터 후원했는데, 아이가 졸업을 하자 월드비전에서 콜롬비아의 다른 소녀를 소개해 줬고 지금은 그 아이를 후원하고 있어요. 그런데 문득 이런 생각이 드는 거예요. 나는 곧 내 천상의 집으로, 아버지께로 돌아갈 텐데 고통받는 아이들을 위해 빨리 뭔가 해야겠구나. 그래서 월드비전에 전화해서 이 선물을 받아 갈 사람을 보내 달라고 한 거예요. 이건 아무도 모르게 익명으로 하고 싶어요. 물고기 두 마리와 떡 다섯 덩이를 받아 늘리셔서 수천 명을 먹이신 예수님이 저의 선물도 그렇게 해주시길 기도할게요. 큰돈은 아니지만 제가 가진 전부예요."

나는 속으로 울음을 삼켰습니다. 그렇게 마음 쓰는 것은 성령의 역사로만 가능한 것이었습니다. 그 시간은 상상도 못할 만큼 복된 시간이었죠. 에어컨도 없는 작은 아파트에서 나는 마이애미의 후덥지근한 더위를 잊은 채 하늘에서 내려오는 시원한 바람을 맛보며 한 월드비전 기부자와의 즐거운 만남을 만끽했습니다. 집으로 차를 몰면서 이런 생각을 했습니다. '월드비전은 얼마나 많은 애나 할머니들을 복으로 받고 있는가'. 애나 할머니는 주요 후원자라고 말할 수 없습니다. 그분은 하늘이 보낸 후원자입니다.

월드비전에는 때로 수백만 달러의 기부금이 오기도 한다. 하지만 나는 애나 할머니의 기부금 때문에 하늘에서 그 못지않게 즐거워했을 거라고 확신한다. 애나 할머니는 있는 힘껏 나누었기 때문이다.

지난 몇 장을 읽는 동안 자신이 내놓을 수 있는 자신만의 것을 잘 파악하게 되었길 바란다. 우리 대부분은 하나님이 세상에서 만들어 가시는 아름다운 모자이크에 우리의 시간, 재물, 재능이 얼마나 가치 있게 기여할 수 있는지를 과소평가한다. 자신이 가진 것의 가치를 몰라서 그냥 주저앉아 있는 사람이 많다. 자신이 가진 것을 알긴 하지만 그것을 어떻게 사용해야 하는지 모르는 사람들도 있다. 나는 이런 이들에게 우리 교회 얼 파머 목사님의 말을 들려주고 싶다. "하나님은 주차된 차를 몰고 가실 수 없다." 엔진을 꺼 놓고 주차장에 앉아 하늘의 음성이 들려오기만을 기다린다면, 세상의 문제들을 해결하기 위한 모색의 과정에서 결코 진전이 없을 것이다. 우리는 적어도 엔진은 가동시켜야 한다.

하나님이 우리를 어떻게 쓰기 원하시는지 명확하게 알지 못할 수도 있다. 그러나 그것이 아무것도 하지 않는 상태의 변명이 될 수는 없다. 그냥 뛰어들어 일하라. 오스틴 거트웨인은 자유투를 던져서 고아들을 위한 학교를 세웠다. 과부 애나 할머니는 여러 해 동안 용돈을 모아 어린이들을 돕도록 하나님께 바쳤다. 빌 게이츠는 전 세계의 보건과 교육 상황을 개선하기 위해 재단을 설립했다.

당신은 무엇을 할 것인가?

26. 산더미 같은 겨자씨들

불가능한 일이라고 말하는 사람은 그 일을 하고 있는 사람을 방해하지 말아야 한다. -중국속담

인생을 휴식의 장이 아니라 사명의 장으로 삼아라. -아널드 글래스고

나는 이 책을 빈곤, 불의, 고통이 없는 세상에 대한 유토피아적 비전을 제시하는 것으로 마무리할 수도 있다. 세계가 마주한 문제들이 얼마나 높고 깊은지 무시한 채 "오래오래 행복하게 살았다"는 식으로 결말을 짓는 것이다. 나는 그건 아니라는 걸 알 만큼의 현실주의자는 된다. 다만, 마지막 장을 빌어 우리에게 가능한 일들을 보여 줌으로써 당신의 마음을 설레게 만들고 싶다.

이 책에서 얘기한 온갖 장애물들을 넘어 현 상태를 변화시킬 방안, 참여 방안을 생각하다 보면 둘 중 한 가지 오류에 빠지기 쉽다. 하나는 세상의 거대한 난관들에 완전히 기가 질려 무엇을 어떻게 해도 달라질 게 없다고 믿으며 절망하고 돌아서는 것이다. 또 하나는 안일한 열정만

으로 문제들을 과소평가하면서 다짜고짜 뛰어들었다가 몇 번 좌절을 경험하고 낙심하여 탈진해 버리는 것이다. 그러나 진정으로 그리스도를 따르고 구체적인 방식으로 세상에 좋은 소식을 전하고 싶다면, 이 두 가지 접근법 모두 피해야 한다. 비관론자는 장애물만 본다. 낙관론자는 기회만 본다. 그러나 현실주의자는 그 둘 사이에 놓인 가능성을 본다. 우리는 현실주의자가 되어야 한다. 우리는 가능한 일들에 집중하는 사람이 되어야 한다.

로버트 케네디는 이렇게 말한 바 있다. "현상만 보고 왜 이러냐고 묻는 사람들이 있다. ……나는 전혀 새로운 상황을 꿈꾸면서 안 될 이유가 뭐냐고 묻는다." 이 모두가 관점의 문제가 아닐까? 세상의 고통과 괴로움 앞에서 당신은 무엇을 보는가? 영양실조에 걸린 아이인가, 미래의 농부인가? 학교에 다닐 수 없는 아이인가, 미래의 교사인가? 난민 캠프에 쪼그려 앉은 겁먹은 아이인가, 장래의 리더인가? 당신은 가난한 사람들, 소외된 사람들, 짓밟힌 사람들의 얼굴에서 절망을 보는가, 아니면 하나님의 형상으로 만들어진 사람들의 희망 가득한 미래를 보는가? 우리 그리스도인들은 부서진 세계를 보면서 어깨를 한번 으쓱하고 "세상은 원래 이런 거야"라고 말할 수도 있고, 우리가 힘을 모을 때 가능한 일에 대해 비전을 품을 수도 있다. 어둠을 탓하기보다는 촛불을 켜는 쪽이 낫지 않을까? 게다가 하나가 아니라 수없이 많이 켠다면? 촛불 하나는 어둠에 맞서지만 촛불 수백만 개는 어둠을 몰아낼 수 있다.

산을 움직이라

> 진실로 너희에게 이르노니 만일 너희에게 믿음이 겨자씨 한 알만큼만 있
> 어도 이 산을 명하여 여기서 저기로 옮겨지라 하면 옮겨질 것이요 또 너희
> 가 못할 것이 없으리라. ─마태복음 17:20

한때 나는 이 구절을 읽으면서 예수님이 믿음의 능력을 강조하기 위해 약간 과장하신 거라고 생각했다. 문자 그대로 산을 옮길 순 없지 않은가……. 아닌가? 그러다 어느 순간 이 구절을 다르게 보게 되었다. 예수님의 말씀이 그분을 따르는 자들 수백만 명이 각기 삽을 들고 한 번에 한 삽씩 흙을 떠내는 방식으로 믿음을 행동에 옮기라는 뜻이라면 어떻게 될까? 어떤 산이라도, 심지어 빈곤, 기아, 불의의 산이라도 능히 옮길 수 있을 것이다. 충분한 사람들이 모여 '삽질'을 하기만 한다면.

예수님은 지상에 다가오는 하나님의 나라를 작은 겨자씨에 비유하셨다.

"하늘나라는 겨자씨와 같다. 어떤 사람이 그것을 가져다가, 자기 밭에 심었다. 겨자씨는 어떤 씨보다 더 작은 것이지만, 자라면 어떤 풀보다 더 커져서 나무가 되며, 공중의 새들이 와서, 그 가지에 깃들인다"(마 13:31-32, 표준새번역).

겨자씨 한 알은 작고 아무 힘이 없어 보이지만, 일단 땅에 심겨서 뿌리를 내리면 그 힘과 크기와 영향력이 기하급수적으로 늘어난다. 겨자씨 한 알이 이렇게 극적으로 늘어날 수 있다면, 산더미 같은 겨자씨들

의 힘을 상상해 보라. 하나님의 부름을 받고 복음을 퍼뜨리기 위해 한데 모여 믿음으로 일하는 하나님의 백성들의 영향력을 상상해 보라.

하나님의 나라는 너희 안에 있느니라(눅 17:21).

우리가 받은 이 복음, 온전한 복음은 새로운 삶의 방식을 보여 주는 하나님의 비전이다. 이 복음으로 하나님이 예루살렘 성전이 아니라 그분을 따르는 우리 안에 거하시는 현실이 시작되었다. 이 복음은 하나님이 너무나 사랑하시는 세상을 구원하는 일에 동참하라고 우리를 부른다. 예수님은 나사렛의 회당에서 이 복음의 능력을 선언하셨다. 당시 그분은 좋은 소식이 가난한 사람들에게 전해지고 정의가 회복될 거라는 대담한 주장을, 엄청난 약속을 하셨다. 가난한 자들이 부자들의 도움을 받을 것이고, 힘 있는 자들이 힘없는 자들을 보호할 것이고, 미움받던 자들이 사랑받는 자가 될 것이고, 마음 상한 자들이 위로받을 것이고, 압제받는 자들이 해방될 것이고, 짓밟힌 자들이 높임 받을 것이다. 하나님의 나라는 그분을 따르는 사람들의 변화된 삶을 통해 지상에서 시작될 것이고, 그 특징은 용서, 사랑, 연민, 정의와 자비가 될 것이다. 유대인과 헬라인, 노예와 자유인, 남자와 여자의 차별은 사라질 것이다. 하나님 앞에서는 모두가 평등할 것이다. 이것이 복음, 온전한 복음에 담긴 좋은 소식의 정수이다.

예수님은 이 새 나라의 맏아들이 되셔야 했다. 그분은 첫 번째 제자들에게 새 나라의 가치관을 가르치시고 다른 세상에 대한 비전을 주실 분이었다. 그리고 과연 그렇게 하셨다. '예수를 따르는 자들'은 다른 사람들에게 이 새 나라의 좋은 소식을 전하고 그것을 삶으로 보여 주었으며, 그들의 새 공동체는 점점 커지고 번창했다. 예수님은 이 공동체를 교회라 부르셨고, 지옥의 문이 그것을 이기지 못하리라고 말씀하셨다. 그리고 예수님은 십자가에 달려 죽음과 악을 물리치시고 지옥의 문을 활짝 열어 놓으셨다. 인간과 하나님이 이제 화해할 수 있게 되었다.

그리고……예수님은 다시 살아나셔서 그분을 사랑하는 자들에게 자신을 보이셨고, 그분이 떠나 있는 동안 복음을 가동시키라는 명령을 내리셨다. 그리고 그들이 보는 앞에서 하늘로 올라가셨다. 그분을 주님이라 부르는 사람들의 삶과 활동을 통해 구원받을 모든 이들을 위해 처소를 예비하러 가신 것이다. 예수님은 모든 것을 바꿔 놓으셨다.

이것이 세상을 변화시킬 하나님의 계획이다. 하나님은 그분을 따르는 자들을 변화의 주체로 선택하셨다. 그분이 당신을 선택하셨고 나를 선택하셨다. 우리가 바로 가난한 사람들에게 좋은 소식을 전하고, 마음 상한 자들을 위로하고, 타락한 세상에서 정의를 위해 일어서야 할 자다. 우리가 혁신이다. 우리가 하나님의 계획 원안이다……. 그리고 하나님께 차선책이란 없다.

큰 사랑으로 작은 일들을 행하라

> 우리는 큰일들을 할 수 없습니다. 큰 사랑으로 작은 일들을 할 따름입니다.
> ―마더 테레사

출발점은 당신이다. 하나님은 그분이 당신에게 맡기신 일들을 충실하게 감당하길 원하신다. 하나님은 당신에게 슈퍼스타가 되라고 요구하지 않으신다. 기도하고 사랑하고 섬기고 나누고 용서하고 치유하고 보살핌으로써 충성을 다하고, 순종하며 큰 사랑으로 작은 일들을 하라고 명하실 따름이다.

이 글을 쓰는 지금 나는 내 집 창문 밖을 내다보고 있다. 하나님이 만드신 아름다운 자연이 보인다. 푸르게 우거진 나무들, 활짝 핀 꽃들, 화창한 파란 하늘, 저 멀리 보이는 눈 덮인 산들. 개 짖는 소리, 머리 위로 날아가는 비행기 소리, 멀지 않은 고속도로에서 차 지나가는 소리도 들린다. 하지만 나는 안다. 어딘가, 어쩌면 그리 멀지 않은 곳에 고통과 괴로움이 있다는 것을. 누군가 하나님께 도움을 구하며 부르짖고 있다는 것을. 암 진단을 받은 이웃, 직장을 잃은 아버지, 집을 잃어버린 가족이 있다는 것을. 다른 어딘가에는 어머니가 없는 아이, 아이를 잃고 슬피 우는 부모가 있다. 먹을 것과 마실 물이 없는 어린이들이 있다. 하나님을 저주하며 악한 생각을 실행에 옮기는 악당들에게 착취당하는 소년·소녀들이 있다. 또 다른 곳에서는 재난이나 전쟁으로 보금자리에서 쫓겨나 절박한 처지에 놓인 수천 명의 사람들이 있다. 위로받을 곳도, 희망도, 도움을 청할 데도 없는 외로운 사람들이 있다. 질병과 죽음이 의사도 약도 없는 수백만의 사람들을 따라다닌다. 그렇다. 그리 멀리 떨어지지 않은 곳에도, 먼 곳에도, 부서진 세상과 부서진 사람들이 있다. 부서지고 상처 입은 사람들이. 나는 그 사실을 안다.

그러나 나는 복음의 능력도 안다. 우리가 전해야 할 구멍 안 난 복음의 능력 말이다. 내 눈으로 그것을 직접 보았다.

10년 전 나는 작은 믿음의 발걸음을 내디뎠고, 하나님은 내게 복음의 혁신적인 능력을 엿볼 수 있는 특권을 주셨다. 나는 수백만 킬로미터를 다니며 전 세계 수십 개국을 방문했다. 그리고 기도와 나눔으로 지원하는 수백만의 사람들과, 복음에 대해 말할 뿐 아니라 직접 보여 주기로 다짐한 신실한 교회들의 든든한 '뒷받침'을 느꼈다. 나는 수백 명에 달하는 익명의 '마더 테레사들'을 목격했다. 그들은 그리스도의 손과 발이 되어 쓰레기 더미와 슬럼가, 사창가와 난민 캠프에서 섬기고 있다. 그렇다. 나는 큰 사랑으로 이루어지는 '작은 일들'의 힘을 보았다. 하나님의 나라, 산더미 같은 겨자씨들의 영향력이 사람들의 삶을 변화시키는 광경들도 보았다.

나는 배고픈 사람들이 먹을 것을 얻고, 물고기 잡는 법과 가축 기르는 법을 배우는 것을 보았다. 우물이 뚫리고 물탱크가 설치되어 목마른 자들이 물을 얻는 모습도 지켜보았다. 병자들이 치료되고, 저는 자들이 걷고, 눈먼 자들이 시력을 되찾는 것도 보았다. 다시 정착한 난민들, 회복된 재난 피해자들, 풀려난 포로들을 만났다. 과부들이 위로받고, 고아들이 보살핌을 받고, 어린이들이 노예 상태와 학대에서 벗어나고, 학교가 지어지고, 병원이 문을 열고, 아기들이 예방주사를 맞고, 무담보 대출로 가난한 사람들이 빈곤에서 벗어나는 것을 보았다. 이 모든 일을 내 눈으로 똑똑히 보았다.

그러나 이보다 더 큰 일도 보았다. 나는 가난한 사람들의 눈을 통해 나를 바라보시는 그리스도의 눈길을 보았고, 그분의 신실한 종들의 생활과 행위를 통해 가난한 사람들에게 쏟아지는 그리스도의 사랑을 보았다. 무엇보다 좋았던 것은 가난한 자들이 그들을 창조하신 분 안에서 새 생명을 찾아가는 모습이었다. 나는 이 모든 일들의 목격자다. 이 놀랍고 온전한 복음은 부서질 대로 부서진 사람을 변화시키고 가장 어두운 곳들을 눈부신 희망의 빛으로 가득 채웠다. 나는 이런 일들이 가능함을 안다.

비전을 붙잡으라!

한번 상상해 보라. 20억의 그리스도인들이 이 복음, 온전한 복음을 받아들이고 각기 제 역할을 담당하여 하나님의 퍼즐 안에 자신의 조각을 채워 넣어 하나님의 놀라운 비전을 완성할 때 찾아올 회복되고 구원받은 세상을. 그분의 나라가 우리 가운데 이루어진 세상을. 연민의 군대가 세상 구석구석에 주둔하여 큰 사랑으로 작은 일들을 해내는 모습을 그려 보라. 그 변화를 상상해 보라. 세상 사람들이 주목하지 않을까? 그들이 새로운 질문을 던지지 않을까? 사랑이 흘러넘치는 이들은 누구인가? 이들은 어디서 왔는가? 이들은 왜 세상이 망각한 사람들을 돕기 위해 희생을 감수하는가? 이들은 어디서 힘을 얻는가? 이들이 섬기는 하나님은 누구신가? 그리고 가장 중요한 질문이 나오지 않을까? 우리도 그분을 섬길 수 있을까? 세상을 향한 이 특별한 비전을 상상해 보라. 하나님이 보기 원하시는 세상을 엿보라.

당신은 무엇을 보는가?

지금 당신은 어디에 있으며 무엇을 보는가? 지하철을 타고 출근하는 중인가, 침대에서 책을 읽고 있는가, 아니면 거실에 앉아 있는가? 주위 세상이 어떻게 보이는가? 하나님의 사랑이 필요한 사람들, 하나님의 마음을 아프게 하는 고통, 거침없이 자행되는 악이 보이는가? 해결의 기미가 보이지 않는 문제들, 꿈쩍도 안 할 것 같은 산들이 보이는가, 아니면 빛이 어둠을 몰아내고 하나님 나라가 힘 있게 전진하는 모습이 보이는가? 기회와 가능성들이 보이는가, 장애물들만 보이는가? 당신은 어떤 복음을 받아들였는가? 부서진 세상에 진정 좋은 소식이 될 혁명적 복음인가? 아니면……, 하나님과의 개인적인 일거리로 축소되어 당신의 마음 바깥에 있는 그 어떤 것도 바꿀 힘이 없는 쪼그라든 복음, 구멍 난 복음인가?

이 책을 덮고 나면 당신은 어떻게 할 것인가? 하나님은 당신에게 무엇을 기대하시는가? 하나님의 뜻에 마음을 열어 놓고 있는가? 겨자씨만 한 믿음이 있는가? "하나님 나라는 너희 안에 있다"는 예수님의 말씀을 참으로 믿는가? 하나님이 지상에서 그분의 나라를 확장하시는 위대한 과업에 당신을 부르고 계심을 믿는가?

당신은 당신만이 해야 할 일이 있다. 하나님은 바로 그 일을 위해 당신을 창조하셨다. 하나님은 당신이 그 일을 행하기 원하신다. 그분의 음성이 들리는가? 나는 들린다.

너와 내가 함께 가자. 우리가 할 일이 있다. 긴급한 일이다. 함께 가자…….

부록

더 알기 원하신다면

《구멍 난 복음》을 읽고 세상을 변화시키는 일에 참여하고 싶은 의욕이 생겼다면, 이 책의 웹사이트www.theholeinourgospel.com를 방문하는 것이 좋은 출발점이 될 것이다. 이 사이트에서는 다음과 같은 내용을 제공한다.

- 가난한 사람들을 위해 의미 있는 일을 할 수 있는 구체적인 방법들.
- 《구멍 난 복음》 포럼. 이 코너에서 다른 사람들과 함께 세계의 빈곤과 정의 문제에 대한 토론에 참여할 수 있다.
- 같은 뜻을 가진 다른 사람들과 사연과 경험을 나눌 수 있는 공간.
- 미국과 전 세계에서 다른 사람들을 돕는 일에 참여하고 삶이 변화된 사람들의 많은 사연.
- 다른 자료, 글, 웹사이트, 통계와 링크.
- 더욱 깊이 참여하기 원하는 교회들을 위한 자료.
- 어려움에 처한 사람들을 돕기 위해 전 세계에서 이루어지고 있는 활동을 담은 영상물들.

월드비전

우리는 누구인가

월드비전은 전 세계의 어린이, 가정, 지역 사회와 협력하여 빈곤과 불의의 원인들을 해결함으로써 그들의 잠재력을 온전히 실현할 수 있도록 돕는 기독교 인도주의 단체입니다.

섬기는 대상

월드비전은 예수 그리스도에 대한 믿음을 가지고 가난하고 억압받는 사람들 곁에서 그들을 섬김으로 모든 사람을 향한 하나님의 무조건적인 사랑을 드러냅니다.

섬기는 이유

우리는 세상에서 가장 가난한 어린이들과 하나님의 마음을 아프게 하는 그들의 고통을 두고 볼 수 없습니다. 각 어린이가 더 나은 미래를 맞도록 돕기 위해 우리는 지역 사회를 기반으로 한 지속적인 변화에 초점을 맞춥니다. 우리는 개인, 지역 사회와 협력하여 그들이 깨끗한 물, 식량, 치료, 교육, 경제적 기회를 지속적으로 확보할 수 있도록 돕습니다.

섬기는 방법

1950년 이후, 월드비전은 자연재해와 내전으로 고통받는 사람들에게 긴급 지원을 제공하고, 빈곤 완화를 위해 지역 사회의 장기적인 해결책을 모색하며, 가난한 사람들을 위해 정의가 지켜지고 행해지게 하는 등으로 수백만 어린이들과 가정들을 도왔습니다.

도울 방법

월드비전과 협력하면 하나님께 영광을 돌리고 믿음을 행동으로 실천할 구체적인 방법들을 찾을 수 있습니다. 우리가 힘을 모으면 빈곤을 이겨 내기 위해 몸부림치는 어린이들의 삶과 가정에 근본적인 변화를 일으킬 수 있습니다. 도울 방법을 더 알기 원하시면 다음 웹사이트를 방문해 주십시오.

www.worldvision.org 또는 www.theholeinourgospel.com.

월드비전 한국

월드비전은 60년 전, 한국 전쟁의 폐허 속에서 태어났습니다. 1991년 월드비전 한국은 도움을 받던 나라에서 주는 나라로 역사적인 전환을 이뤘습니다. 2006년 월드비전 한국은 구호 사업의 전문성을 인정받아 국내 NGO중 유일하게 WFP 공식협력 기관이 되었습니다.

월드비전 한국은 전 세계 100여개 국에서 4만여 명의 직원들이 일하는 세계 최대의 민간 국제 기구인 월드비전 인터내셔널(영국 런던 소재)의 회원국입니다.

www.worldvision.or.kr

감사의 말

내가 사람들이 들어야 할 메시지를 갖고 있다고 말해 준 여러 사람의 격려가 없었다면 이 책은 나오지 못했을 것이다. 가장 먼저 자극을 준 사람은 당시 월드비전 이사였던 작가 데일 핸슨부크였다. 내가 월드비전에서 일한 지 채 일 년도 지나지 않아, 데일은 언제 책을 쓸 거냐고 묻기 시작했다. 나는 세상에 또 하나의 책을 내보내는 건 정말 불필요한 일이다, 정말 해야 할 말이 생기면 그때 쓰겠다고 대답했다. 월드비전 홍보커뮤니케이션 담당 수석부사장인 조운 무사도 나를 격려해 주었다. 그녀는 하나님의 가장 '큰 관심사'라 할 만한 가난한 사람들을 불쌍히 여기고 그들의 사정에 대처하는 일을 부각하는 책이 매우 중요하고 시의적절하다고 보았다. 게다가, 그녀는 내 안에 이미 그 책이 들어 있다고 믿었다. 조운은 또 다른 월드비전 동료 로리 델가토를 끌어들여 10년에 걸쳐 내가 행한 모든 연설을 읽고 책 내용이 될 수 있게 모았다. 가엾은 로리는 손으로 흘려 쓰거나 타이핑한 수십 편의 강연 내용을 살피며 의미 있는 내용을 뽑아 보려 애썼다. 로리와 조운은 다른 사람들도 끌어들여 일종의 '집필 지원 그룹'을 만들었다. 딘 오언, 로

저 플레싱, 제인 서턴렌더, 밀라나 매클리드는 핵심 멤버를 이루어 나를 격려하고, 구상을 도와주고, 내 생각을 정리해 주고, 빨간 펜을 들고 초고들을 읽어 주었다. 그러자 책이 형태를 갖추기 시작했다.

나는 경건하고 비전이 넘치는 훌륭한 이사회와 함께 일하는 복을 누리고 있는데, 이 메시지의 중요성을 인식한 이사회는 내가 안정적으로 이 프로젝트를 완성할 수 있도록 6개월의 안식년을 주었다. 수석 부회장 중 한 사람인 래리 프로버스는 내가 자리를 비운 동안 대행 회장으로 나섰고, 내게 글 쓸 시간을 주기 위해 이중의 부담을 졌다. 사실 아툴 탠던, 마이크 베이티넌스, 줄리 레그니어, 케이시 에번스, 조지 워드 등 대단히 유능한 수석 지도부 전체가 나의 빈자리를 훌륭하게 채워 주었다.

적재적소에서 수많은 중요 세부 사항을 도와주어 내 결점을 메워 준 사람들이 이 외에도 많다. 그중에서도 월드비전 이사이자 기독학생회 대표였던 스티브 헤이너, 월드비전의 교회 관계 부회장 스티브 하스가 있다. 이 두 친구 모두 원고를 읽고 나서 신학적 오류가 있는지 특별히 살펴 주었고 내가 길을 제대로 잡아서 갈 수 있도록 귀중한 제안들을 아끼지 않았다. 광범위한 조사를 상당 부분 맡아 준 베스 닷튼브라운과 웬디 친도 빠뜨릴 수 없다. 프로젝트 관리를 맡아 준 샐리 저매딕스, 계약을 담당한 브라이언 배이시, 표지 디자인을 맡아 준 힐러리 휘트먼, 알린 미츠이, 셀레나 쿠즈먼에게도 고마움을 전한다. 셸리 리스터와 셰럴 플랜턴버그는 내가 참석한 모임들의 일정을 잡아 주었고 원고의 초기 사본들을 모았다. 월드비전의 저널리스트 카리 코스탄자는 나와 함께 많은 곳을 다니며 우리가 만난 사람들에 대해 방대한 메모를 남겼다. 초보 작가가 출판계를 헤쳐 나가도록 도와준 내 에이전트 베스 주시노와 얼라이브커뮤니케이션즈에도 감사를 전한다. 르네 차베스는 토마스넬슨 출판사에서 보내 준 훌륭한 편집자다. 그녀는 원고를 꼼꼼히 살피고, 모든 오류를 잡아 내고, 문법을 다듬고, 중요한 대목들에서 내용이 흐트러지지 않게 도와주었다. 이 책의 집필 작업에 공을 들이고 끝까지 쓰도록 격려해 준 토마스넬슨 출판사 직원들, 메리 그레이엄, 맷 보어, 조이 폴, 줄리 페어리즈, 에밀리 스위니, 제니퍼 맥닐, 스테퍼니 뉴턴에게도 감사를 전하고 싶다.

마지막으로, 내 인생을 변화시켜 이야깃거리가 있게 만들어 준 몇 사람에게 감사의 마음을 전하고 싶다.

누나 캐런은 내게 배움을 사랑하는 마음을 불어넣어 주었고, 학업을 통해 불우한 가정 환경을 뛰어넘도록 격려했다. 누나는 언제나 나를 믿어 주었다.

1974년 내가 처음 출석한 교회를 담임했던 메롤드 스턴 목사님과 멋진 마거릿 사모님은 내 신앙생활의 토대를 쌓을 수 있게 도와주셨다. 덕분에 나는 이후에 찾아온 모든 일을 감당할 수 있었다. 메럴드 목사님의 지혜로운 성경 이해, 놀라운 설교, 그리고 경건한 성품이 내게 얼마나 깊이 영향을 끼쳤는지 목사님 자신은 결코 알지 못할 것이다.

랍 스티븐슨은 1998년 당시 나를 월드비전으로 영입한 실무 구인 담당자였지만 실제로는 그 이상의 존재다. 그는 내게 결단을 촉구했고, 내가 원하지 않았던 길을 택하도록 이끌어 준 영적 안내자였다. 랍의 친절한 안내가 없었다면 나는 분명 하나님의 부름을 거절했을 것이다.

내 친구 빌 브라이스는 언제나 나의 가능성을 꿰뚫어 보았다. 내 안에서 가난한 사람들을 향한 마음을 먼저 본 것도, 기업계를 떠나는 내 모습을 처음 그려 본 이도 그였다. 빌의 분별력과 가난한 사람들을 위해 헌신하는 모습은 25년 이상 꾸준히 내게 영향을 주고 있다.

사랑하는 아내 르네와 멋진 다섯 아이들 새라, 앤디, 해나, 피트, 그레이스는 월드비전의 일부가 되기 위해 친구들과 생활을 떠나 시애틀로 와야 했고, 아빠가 자주 집을 비우는 상황을 받아들여야 했다. 마음이 상한 사람들을 돕기 위해 가족 모두가 희생을 감수한 것이다.

끝으로 월드비전의 영적 '생모'인 로레인 피어스 여사를 빠뜨릴 수 없다. 그녀는 남편 및 가족과 더불어 복음에 순종하여 거의 모든 것을 희생하고 가장 가난한 사람들을 섬겼다.

스터디 가이드

이 책을 읽어 가면서 아마도 독자들은 '세상을 변화시키기 위해 나는 무엇을 할 수 있을까?' 하는 생각을 했을 것이다. 이 스터디 가이드는 독자가 《구멍 난 복음》 배후에 있는 개념들을 깊이 살펴보고, 자신의 마음을 더욱 잘 파악하고, 세상의 빈곤과 불의를 줄이기 위해 무엇을 할 수 있는지 깊게 생각하도록 돕고자 만들어졌다. 공책에다 책 내용을 메모하고 책을 읽다가 떠오른 생각들을 적고, 기도 내용을 기록해 가면서 스터디 가이드를 활용한다면 좀더 도움이 될 것이다. 이 가이드는 개인 묵상에 활용할 수도 있고 그룹 스터디 용으로 써도 좋다. '하나님이 내게 무엇을 기대하실까?' 라고 자문하면서 스터디 가이드의 도움을 받아 이 책의 내용을 공부하고 묵상해 보자.

www.theholeinourgospel.com을 방문하면 스터디 가이드 확장판을 볼 수 있고, 독자 대화방에서 자신의 생각과 의견, 행동 계획과 성공 사례를 다른 독자들과 나눌 수 있다.

프롤로그와 1부_ 구멍 난 내 복음—어쩌면 당신의 복음도

1. 리처드 스턴스는 우간다의 라카이로 가기 전까지 너무 충격적이거나 심

란한 상황에 접하지 않게 차단해 주는 거품 속에서 살았다고 말한다(프롤로그 19~21쪽). 이 말이 자신의 이야기 같은가? 만약 그렇다면, 당신의 거품은 어떤 요소들이 모여서 만들어졌다고 생각하는가?

2. 전 세계의 빈곤과 고통은 "미국 전역의 수십만 교회가 목청껏 부르는 찬양 소리"(프롤로그 25쪽)에 묻혀 버렸고 그 상태는 지금도 변하지 않았다는 말에 동의하는가? 동의한다면 그 이유는 무엇인가? 동의하지 않는다면 그 이유는? 당신의 교회는 가난한 사람들을 돕기 위해 어떤 일을 하고 있는가? 어떻게 하면 당신의 교회가 가난한 사람들을 위해 더 많은 일을 하도록 도울 수 있을까? 교인들과 자유롭게 의견을 나눠 보자. 그리고 실천 목록을 만들어 보자.

3. '결신카드' 복음이란 무엇이며(1장 31~36쪽) 왜 잘못되었는가? 복음은 올바른 교리를 믿는 것 이상을 요구한다는 말에 동의하는가? 당신의 복음 해석에는 '구멍'이 없는가? 당신의 삶이나 교회의 모습 어디에 구멍이 뚫려 있는지 친구들과 자유롭게 의견을 나눠 보라.

4. 짐 월리스의 성경 실험(1장 41~42쪽)을 염두에 두고, 자신이 성경에서 무시하거나 못 본 체하고 싶은 구절들이 있는지 생각해 보자. 어떤 구절들인가? 그 구절들을 무시하고 싶은 이유는 무엇인가?

5. 리치는 실직한 뒤 힘든 시간을 보내며 배운 교훈을 얘기했다(2장 47~49쪽). 우리 모두 힘든 시기를 겪었다. 그런 시간들이 당신을 어떻게 연단시켰는가? 그 시간들을 겪으며 당신은 어떻게 달라졌는가?

6. 젊은 부자 관원 이야기는 돈뿐 아니라 훨씬 깊은 문제를 다루고 있다(3장 60~63쪽). 하나님께 받은 것 중에서 그분께 내어 놓기 싫은 것이 있는가? 시간인가, 재능인가? 아니면 다른 것들인가? 하나님께 모든 것을 바치기 싫어하는 마음이 있다면, 어떻게 그런 마음에서 벗어날 수 있을지 토의해 보자.

7. 하나님의 축복은 고통을 통해 주어지기도 한다(3장 69쪽)고 저자는 말한다. 우리 그리스도인들은 좋은 일 앞에선 금세 하나님을 찬양한다. 하지만 안 좋은 일이 생길 때는 어떤가? 이 문제를 다룬 성경구절이 있는가?

실천할 일 우리 대부분은 하나님께 모든 것을 넘겨드리지 못하고 온갖 조건을 제시한다(3장 64쪽). 종이 한 장을 꺼내 하나님을 전폭적으로 섬기지 못하게 방해하는 요소들의 목록을 작성해 보라.

기도할 일 하나님의 뜻에 온전히 마음을 열어 놓고자 씨름하고 있는가? 하나님께 온전히 마음을 열고 그분의 음성에 점점 더 민감해지며 그분의 부르심을 이해하게 해달라고 기도하라.

2부_ 구멍이 깊어지다

1. 기원전 7세기, 하나님은 이스라엘 백성이 기도와 종교 의식을 통해 그분의 호의를 되찾으려 한다고 꾸짖으셨다(4장 88~91쪽). 당신의 교회의 우선순위를 생각해 보고 이스라엘 백성의 모습과 비교해 보라. 당신의 교회는 이사야의 비판과 무관하다고 말할 수 있는가?

2. 지역 사회에서 가난하고 소외된 사람, 또는 어려운 일을 당한 사람들을 도운 경험이 있는지 생각해 보라. 마더 테레사처럼 '가장 비참한 모습으로 변장하신 그리스도'(4장 98쪽)를 본 순간이 있었는가? 있다면 그 상황이 어땠는지, 그로부터 무슨 교훈을 배웠는지 설명해 보라. 하나님이 당신에게 요구하시는 바를 보여 주시고, 이 책을 통해 그분의 뜻을 보여 주신다면 열린 마음으로 반응하게 해달라고 기도하자.

3. 하나님은 사랑하고 이웃은 사랑하지 않을 수 있을까(5장 106~108쪽)? 두 계명은 어째서 그렇듯 긴밀하게 연결되어 있을까?

4. 당신과 당신의 교회는 어떤 방식으로 이웃에게 사랑을 베풀어 "하나님의 사명"을 감당했는가(5장 111~112쪽)? 사람들에게 그리스도에 대해 말하는 것이 중요할까, 아니면 친절과 자비를 베풀고 정의롭게 행동함으로 그리스도의 사랑을 보여 주는 것이 중요할까? 왜 그렇게 생각하는가? 한 가지만 하고 나머지는 금해야 할 때가 있을까?

5. 리치의 힘든 유년기와 이후 그리스도 믿기를 거부하는 모습 사이에는 어떤 연관성이 있을까(6장 118~121쪽)? 그것의 정체는 무엇일까? 유년기의 경험과 부모와의 관계가 하나님께 마음을 열거나 닫는 일에 어떤 영향을 끼칠까?

6. 리치 같은 사람들은 불가지론에서 벗어나 신앙을 갖게 되기까지 지적으로 잘 정리된 책들이 필요하다(6장 128~132쪽). 그런 사람들은 누군가가 그들을 위해 기도하고 있다는 말을 들으면 불쾌해하기도 하는데, 그 이유가 무엇일까? 그런 사람들에게 신앙을 전할 수 있는 더 나은 방법을 생각해 보자.

7. 당신은 그리스도를 따르는 모든 사람이 분명한 목적을 위해 창조되었다고 진심으로 믿는가(7장 147~148쪽)? 당신도 예외는 아닌가? 왜 그렇게 생각하는가? 당신의 삶에 두신 하나님의 목적이 무엇이라고 생각하는가? 당신은 그 목적에 따라 살기 위해 어떤 일을 하고 있는가? 그 방향으로 움직이기 위해 이번 주에 어떤 일을 시작할 수 있는가?

실천할 일 자신만의 특별한 소명을 분별하기란 쉽지 않다. 리치는 하나님의 고요하고 세미한 음성을 듣기 위해 해야 할 일곱 가지 일을 언급한다(7장 148쪽). 그것들은 무엇인가? 당신이라면 그 목록에 무엇을 덧붙이겠는가? 그중 당신이 지금 하고 있는 일은 무엇인가? 이번 주부터 당장 시작할 수 있는 일은 무엇인가?

기도할 일 동네 곳곳을 다니며 각 가정을 위해 기도하고 이웃 사람들에게 사
랑을 보여 줄 효과적인 방법을 생각해 보라. 세계 지도나 지구본을
보면서 어려움에 처한 지구촌 이웃들을 위해 기도하고 그들을 도울
방법을 생각해 보자.

3부_ 구멍 난 세상

1. 당신은 언론 매체를 통해 빈곤과 역경의 이미지들을 반복적으로 보고 나
   서 '연민 피로감'(8장 162쪽)을 느낀 적이 있는가? 가장 최근에 뉴스에서
   목격한 세계의 재난들을 생각해 보라. 당신 또는 당신의 교회는 그 사태
   에 긴급하게 대처했는가? 그렇지 않았다면 그 이유는 무엇인가? 고통의
   이미지들에 초연하거나 무심해지지 않으려면 어떻게 해야 할까?

2. 월드비전 회장조차도 다른 대륙에서 죽어 가는 아이들의 고통을 자기 아
   이들의 문제처럼 애통해하기 위해선 씨름이 필요하다고 고백한다(9장
   171~173쪽). 이런 경향을 우리가 극복할 수 있을까? 머나먼 나라 어린이
   들의 곤경을 대할 때 자기 일처럼 아파하는 마음을 잃지 않으려면 어떻
   게 해야 할까?

3. 리치가 인도의 한 어린이와 만난 사연(9장 176~178쪽)을 읽고 혹 떠오르는
   일이 있는가? 당신은 어려움에 처한 사람을 보고 어떻게 반응했는가? 자
   신의 반응에 만족하는가?

4. 어떻게 하면 재정적 기부에 머물지 않고 상대의 사정을 내 일처럼 여길
   수 있을까(9장 178쪽)? 당신과 당신의 가족은 어려움에 처한 사람들과 정
   기적으로 접촉할 방법이 있는가? 그렇게 하기 위해 우선 취해야 할 세 가
   지 조치를 말해 보라.

5. '가난한', '빈곤' 같은 단어를 들으면 무엇이 연상되는가(10장 180~187쪽)?

당신은 가난한 사람들에 대해 어떤 선입견을 갖고 자라났는가? 그들에 대해 아직도 머리 한구석에 남아 있는 고정된 이미지는 없는가?

6. 고린도후서 8:13-15에서 바울은 고린도 교회를 향해 예루살렘 교회를 도와 두 교회 사이에 균등함이 있게 하라고 촉구한다(10장 191~192쪽). 당신의 교회와 당신은 가장 가난한 사람들과의 사이에 균등함이 있도록 하기 위해 어떤 조치를 취하겠는가?

7. 당신과 당신의 교회는 아래의 프로그램(또는 유사한 프로그램) 중 어떤 것에 참여하고 있는가?

- 단기 선교여행.
- 노숙자들을 위한 쉼터 지원.
- 지역 자선 단체를 정기적으로 지원.
- 국제 구호 단체를 정기적으로 지원.
- 무료급식소 운영 및 봉사.
- 매주 자원봉사 활동을 벌임.
- 월드비전 및 그 밖의 기관을 통해 어린이들을 후원.
- 가난한 지역이나 개발도상국의 한 교회와 협력.
- 위험한 환경에 처한 젊은이들을 도움.
- 기타(적어 보라).

이런 프로그램 및 지원 방안들이 장기적으로 볼 때 얼마나 효율적이라고 판단하는가? 11장에서 읽은 내용에 근거해 볼 때 어디에 힘을 쏟는 것이 적절하겠는가?

8. 잠비아의 로드릭은 이렇게 말했다. "하나님은 저를 선대하셨습니다. 하나님이 계속 복을 주신다면……학교를 하나 세우고 싶습니다"(11장 202쪽). 받은 은혜를 나눈다는 이런 인식에 근거해서 다음 문장을 완성해 보자.

하나님은 저를 선대하셨습니다. 하나님이 계속 복을 주신다면 제가 하고 싶은 일은 _____.

9. 지난 몇 년간 미국 정부가 아프리카의 에이즈 퇴치를 위해 어느 정도 지출했는지 뉴스에서 본 적이 있는가? 기억이 나지 않는다면 인터넷에서 찾아 보라. 미국 정부는 이 일을 위해 얼마나 할당했는가? 그것이 적절한 액수라고 생각하는가? 너무 많은가, 적은가? 그렇게 생각하는 근거는 무엇인가? 기아, 질병, 더러운 물, 예방 가능한 질병이 가난한 사람들에게 끼치는 영향에 대한 자세한 정보는 12장의 내용을 참고하라.

10. 책을 이 정도까지 보고 나면 가난한 사람들이 처한 난관에 기가 질릴 수도 있다. 우리는 다음 두 가지를 믿어야 한다. (1) 이 난관들 하나하나마다 해결책이 있다. (2) 우리 한 사람 한 사람이 변화를 일으킬 수 있다 (13장 232쪽). 이 두 가지 명제를 믿는 그리스도인이라면 가난한 사람들을 위해 어떤 일을 더 고려해야 할까? 당신은 삶의 어떤 점에서 달라질 수 있을까?

11. 기도는 세상의 고통에 맞서는 무기이다. 이런 기도의 능력에 대해 당신의 생각은 어떠한가?

   1) 기도는 가장 강력한 무기이다.

   2) 우리는 기도할 수 있지만 실제로 필요한 것은 돈이다.

   3) 기도는 교회와 구호 단체, 정부 기관의 활동과 병행하여 사용해야 할 중요한 무기이다.

   왜 그렇게 생각하는지 설명해 보라. 친구들과 토의해 보라.

12. 르네 스턴스처럼 하루 동안 물 없이 지내 보자. 모든 수도꼭지와 정수기 등 물 관련 제품에 '10억 명이 못쓰고 있음' 쪽지를 붙여 놓자. 하루가 끝난 뒤 느낀 점을 적어 보라.

실천할 일 당신이 누군가의 기도에 대한 응답이 되었던 일들을 생각해 보라.

'내가 ……할 때 누군가의 기도에 대한 응답이 된다.' 이 문장을 사용해 목록을 작성해 보라.

기도할 일 월드비전 설립자 밥 피어스처럼 "하나님의 마음을 아프게 하는 일들로 인해 제 마음도 아프게 하소서"라고 기도해 보자. 또, 빈곤의 거미줄에 걸린 사람들을 위해 기도하고, 어떻게 하면 당신의 교회가 가난한 사람들을 돕는 일에 나서게 할 수 있을지 생각해 보라.

4부_ 구멍 난 교회

1. 리치는 그가 만든 비유에 등장하는 미국 교회가 아프리카 교회의 고통을 모르는 까닭은 자체 프로그램에 몰두해 있기 때문이라고 말한다(15장 268쪽). 당신의 교회가 몰두하고 있는 프로그램들을 우선순위별로 나열해 보라.(교회 게시판을 보는 것이 출발점이 될 수 있다.) 교회 내 프로그램들의 우선순위에 어떤 조정이 필요하다고 생각하는가?

2. 교회는 세상을 변화시키는 일을 주된 목표로 하는 '변화의 기지'가 될 수도 있고, 그리스도인들이 적대적인 세상을 피해 머무르는 '영적 고치'가 될 수도 있다(15장 272쪽). 당신의 교회는 어느 쪽에 가까운가? 왜 그렇게 생각하는가? 그것이 어떻게 드러나는가? 당신의 교회가 세상의 빛과 소금이 되는 비전을 갖도록 이끌기 위해 당신이나 이 책을 함께 공부하는 스터디 그룹이 어떻게 도울 수 있을까?

3. 당신의 교회의 선교 활동에 대해 조사해 보라. 당신의 교회가 매년 (가난한 사람들에게 초점을 맞추는) 선교 사업을 위해 얼마나 헌금하는지 알아보라. 그것은 전체 예산의 몇 퍼센트나 되는가? 당신은 이 비율이 충분하다고 생각하는가(16장 280쪽)? 선교비를 1퍼센트 이상 늘리려면 어떤 일이 필요할까?

4. 당신의 교회는 개발도상국의 다른 교회나 교회들을 지원하거나 그들과 협력하고 있는가(16장 285~286쪽)? 만약 그렇다면 그 내용을 좀더 자세히 파악하고 교인들의 참여를 늘릴 방안은 무엇인가? 다른 교회를 지원·협력하지 않고 있다면, 당신의 교회에서 그 사업을 시작하기 위한 출발점은 무얼까?

5. 그리스도인들이 에이즈의 영향을 받는 사람들을 도울 것인가에 대한 바나 그룹의 설문 결과를 어떻게 생각하는가(17장 295쪽)? 현대 교회가 보지 못하는 다른 맹점들은 또 무엇이 있을까?

6. '믿음 대 행위' 논쟁(17장 299~305쪽)에서 당신과 당신의 교회는 어느 쪽에 서 있는가? 그 이유는 무엇인가? 이 문제에 대한 리치의 시각이 타당하다고 생각하는가? 왜 그런가? 혹시 사회적 행동을 자유주의 신학의 산물이라 여기는 교회에 다니고 있는가? 그렇다면 사회적 행동을 어떻게 정의해야 그것이 보수적인 신학과 조화를 이룰 수 있겠는가?

7. "돈은 권력이고 권력은 우리 삶의 최고 자리를 놓고 하나님과 경쟁한다"(19장 317쪽)면, 당신의 삶에서는 누가, 어느 쪽이 이기고 있는가? 어떤 상황에서 그 권력 다툼이 가장 극렬하게 느껴지는가? 당신은 그 상황에 어떻게 대처해 왔는가?

8. 말라기 3장 8-12절을 다시 읽어 보라(19장 321쪽). 하나님께 헌금하고 나서 그분이 복을 부어 주신 경험을 한 적이 있는가? 어떤 식으로 복을 받았는가? 이 구절을 헌금을 독려하는 본문으로 남용한다면 어떤 위험이 있을까?

9. 리치의 '미국 교회에 보내는 편지'(20장 332~335쪽)를 읽어 보고 당신과 당신의 교회가 특히 유의해야 할 문장들에 밑줄을 그어 보라.

10. 당신의 교회가 반대하는 일들을 나열해 보라(21장 338~342쪽). 그리고 나서 당신의 교회가 지지하는 일들을 적어 보라. 어느 목록이 더 긴가?

11. 마가복음 1장 40-45절을 읽으라(22장 355쪽). 교회는 살아 있는 그리스도의 몸이다. 따라서 이 구절에 나오는 예수를 '내 교회'로 바꾸어 읽어도 무방할 것이다. 그렇게 읽을 때 이 구절에서 어떤 점을 깨달을 수 있는가?

실천할 일 "이것은 우리 돈이 아니다. 모든 것은 하나님이 주셨다. 우리는 이것을 맡았을 뿐 마음대로 처리할 권리는 없다. 하나님은 우리가 이것을 그분의 나라를 위해 사용하기 원하신다." 만약 이것이 사실이라면, 현재 자신의 태도에서 벗어나 성경적 재물관을 가질 방법은 무엇일까(18장 312쪽)? 자신이 취할 수 있는 조치를 서너 가지 적고 실행에 옮겨 보자.

기도할 일 하나님이 당신의 삶에서 일어나는 '중대한 불이행들'을 보여 주시길 구하자(16장). 그리고 하나님의 답변을 일기장에 적어 보라.

5부_ 구멍 보수하기

1. 우리 복음에 난 구멍을 보수하려면 "의도적인 결단이 있어야 한다. 그런 일은 그냥 생겨나지 않는다"(23장 362쪽). 그리스도를 위한 변화의 주도자가 되기 위해 우리는 어떤 부분에서 달라져야 할까?

2. "우리가 받아들인 이 복음, 우리가 따르는 이 예수님은 위험하다"(23장 364쪽). 예수님과 복음의 어떤 부분이 위험한가? 여기서 무엇을 두려워하는가? 또 무엇이 당신에게 활력을 주는가?

3. 세상에 계속 존재하는 빈곤과 불의 때문에 하나님의 이미지와 영광이 훼손된다는 말에 동의하는가(24장 376쪽)? 왜 그렇게 생각하는가?

4. 당신이나 당신의 교회가 지역 사회 혹은 전 세계에서 '한 번에 돌 하나

씩 쌓아' 이룰 수 있는 '불가능한 꿈들'을 하나 이상 찾아 보라(24장 377쪽). 당신은 느헤미야처럼 조직을 이끄는 기술을 가진 리더인가? 만약 그렇다면 이제 한 번에 한 걸음씩 내디뎌 그 꿈에 이르게 해줄 행동 계획을 세우라.

5. "우리가 하나님의 계획 원안이다……. 그리고 하나님께 차선책이란 없다"(26장 408쪽). 이 말은 당신, 당신의 소그룹, 당신의 교회가 이 스터디의 결과로 벌이게 될 일에 대해 어떤 의미가 있는가? 당신이 그 일을 하지 않는다면 할 사람이 없다는 말이 아닐까?

실천할 일 일기장이나 화이트보드에다 당신이나 당신이 속한 소그룹, 교회가 지역 사회와 전 세계에 온전한 복음을 전하기 위해 결심한 내용을 요약해 보라. 그리고 www.theholeinourgospel.com에 가서 그 생각들과 실천 내용, 결과들을 나누라. 같은 여정에 나선 다른 사람들에게 격려가 될 것이다.

기도할 일 당신의 시간, 재능, 재물의 은사를 복되게 하셔서 어려움에 처한 세상에 희망과 정의를 안겨 주는 데 사용하게 해달라고 구하라.

주

서론

1. Johnny Cash, 'No Earthly Good.'
2. 나는 이 책 전체에 걸쳐 성경을 권위의 원천으로 삼을 것이다. 성경은 우리를 향한 하나님의 뜻을 구할 때 늘 바라보아야 할 진리의 닻이다. 진리는 상대적 개념이 아니라 절대적 개념이다. 우리가 속한 문화, 자신의 세계관, 다수의 견해를 신념의 토대로 삼으면 닻이 없는 배와 같이 떠다니다 무엇이나 옳을 수 있다고 생각하게 된다.

프롤로그

1. "HIV/AIDS in Uganda," Uganda AIDS Commission official Web site, http://aids uganda.org/ (2008년 10월 13일 최후 접속).
2. http://www.avert.org/aidsorphans.htm.
3. United Nations Development Programme, *Human Development Report 2007/2008* (New York: Palgrave MacMillan, 2007), 25.
4. Joint United Nations Programme on HIV/AIDS (UNAIDS), *2008 Report on the Global Aids Epidemic* (Geneva: UNAIDS, 2008), 163.

1장

1. *Dictionary.com Unabridged* (v 1.1), s.v., "gospel," http://dictionary.reference.com/browse/gospel (2008년 3월 20일 접속).
2. David Kinnaman and Gabel Lyons, *UnChristian: What a New Generation Really Thinks about Christianity······and Why It Matters* (Grand Rapids: Baker Books,

2007), 72.

3. United States Geological Survey, "Earthquake Hazards Program," Department of the Interior, http://neic.usgs.gov/neis/eq_depot/2001/eq_010126/index.html.

4. 인도 출신의 아툴 탠던Atul Tandon은 씨티은행에서 탁월하게 일하다가 최근 월드비전의 후원개발부 수석 부회장으로 합류했다. 인도 마을의 사람들은 야구모자에 청바지를 입고 월드비전 로고가 찍힌 티셔츠를 입은 그를 '미국 사람들' 중 하나로 잘못 본 게 분명하다.

5. 짐 월리스Jim Wallis는 잡지 〈Sojourners〉의 창간자이며 성경적 정의와 관련된 이슈들을 다루는 강연과 저술 활동을 하고 있다.

6. The British and Foreign Bible Society, 2008. http://www.povertyandjusticebible. org/를 보라.

7. Jim Wallis, *God's Politics* (New York: HarperSanFrancisco, 2005), 212-213.

8. *The American Heritage Dictionary of the English Language*, 4th ed., s.v., 'hole.'

2장

1. 물론 이 놀이가 다소 위험했던 때도 있었다. 우리 아이들이 이 놀이를 하려 했다면 나는 기겁을 했을 것이다. 그러나 내가 자라던 시절에는 아이들이 사고 걱정 없이 도로에서 자유롭게 놀았다.

2. 이후 밥Bob은 클린턴 대통령의 임명을 받아 미국 국제종교자유위원회(International Religious Freedom)의 초대 대사를 맡았고, 이후 몇 년 동안 탁월하게 그 직무를 감당했다.

3장

1. 텍사스의 기업가 Bob Buford는 그의 멋진 책 *Halftime: Changing Your Game Plan from Success to Significance* (Grand Rapids: Zondervan, 1997)에서 사업에서 성공한 사람들이 다른 분야에서 의미 있는 목표를 추구하며 사는 것을 두고 이 표현을 만들어 냈다. (《하프타임》, 국제제자훈련원 역간)

2. Bruce Wilkinson, *The Prayer of Jabez: Breaking Through to the Blessed Life* (Sisters, OR: Multnomah, 2000).

3. J. R. R. Tolkien, *The Lord of the Rings: The Fellowship of the Ring* (New York: Houghton Mifflin, 1994), 59-60.

4. 나중에 빌Bill은 그때 내 대답을 듣고 내가 적임자임을 알았다고 말했다. 그 질문에 정직하게 대답한 사람이 나뿐이었기 때문이다. 그는 그런 고통에 '편안'해하는 사람이라면 그 일의 적임지가 아닐 거라고 말했다.

4장

1. 마태복음 25장에 나오는 "내 형제 중에 지극히 작은 자"들이 누구를 가리키는지를 놓고 많은 논쟁이 있었다.

   일부 주석가들은 이들이 가난하고 어려운 모든 사람을 뜻하는 게 아니라 그리스도의 제자들을 지칭한 것이며, 양과 염소는 그리스도를 따르는 자들이나 그분의 제자들을 어떻게 대했는지에 따라 판단을 받는다고 주장한다. 몇몇 주석가들은 선교사가 되어 복음을 전파하는 일에 참여한 그리스도의 제자들만을 아우르는 보다 좁은 의미의 표현이라고 주장하기도 한다. 여기서 굳이 그런 주장들을 되풀이하지는 않겠다. 나는 그리스도의 이 말씀이 가난하고 어려운 자들을 모두 포함한다고 믿는다. 마태복음 25장의 최후의 심판 장면에 이르기까지 두세 장에 걸쳐 이어진 말씀은 하나님이 사람들의 순종하는 삶을 증거로 삼아 신앙 고백의 진실성을 가리고 심판하실 거라는 큰 그림을 보여 준다.

   마태복음 23장에서 예수님은 바리새파 사람들이 경건한 척하지만 행동과 삶이 전혀 뒤따르지 않는 위선자들이라며 더없이 엄하게 꾸짖으셨다. "화 있을진저 외식하는 서기관들과 바리새인들이여 너희가 박하와 회향과 근채의 십일조는 드리되 율법의 더 중한 바 정의와 긍휼과 믿음은 버렸도다. 그러나 이것도 행하고 저것도 버리지 말아야 할지니라"(23절). 그리고 마태복음 24장과 25장에서 종말에 대한 경고와 비유들이 이어지는데, 그 목적은 신자가 다시 오실 주인을 맞을 준비를 하도록 촉구하기 위함이다. 최후의 심판 장면 직전에 나오는 달란트 비유에서는 주인이 돌아와 그가 떠나 있는 동안 종들이 무슨 일을 했는지 확인한다. 주인의 기대에 부응하여 행동했던 두 종은 칭찬과 보상을 받았지만, 주인이 맡긴 것으로 아무 일도 하지 않았던 종은 꾸지람을 듣고 어둠 속으로 던져졌다. 결국 이 구절들에서 마태(와 예수님)는 사람이 고백하는 믿음의 진실성을 판단하는 궁극적인 기준은 그리스도의 가르침과 명령에 일관되게 살아가는 모습이라는 '열매'라고 말하고 있는 것이다. 행동으로 드러나는 가난한 사람들에 대한 관심은 그리스도의 가르침 중 최상위 목록에 있었음이 분명하다.

2. 좀더 자세한 내용은 다음을 참조하라. Michael Gerson, "To End a Nightmare: Balancing Peace and Justice in Central Africa," *Washington Post*, October 17, 2007, A17, http://www.washingtonpost.com/wp-dyn/content/article/2007/10/16/AR2007101601520.html.

3. Camila Olson and Melanie Teff, "Northern Uganda: Give Displaced People Real Options," Refugees International, http://www.refugeesinternational.org/policy/field-report/northern-uganda-give-displaced-people-real-options. 국내 실향민 IDP은 고향을 떠나 자국 내의 환경이 열악한 난민 캠프에서 살게 된 사람들을 말한다. 그들은 안전하게 집으로 돌아갈 수 있게 될 때까지 하수 시설, 치료, 적절한 음식이 없는 환경에서 생존을 위해 몸부림친다. 굴루에는 20년 동안 난민 캠프에 살면서 그곳에서 자녀들과 손

자들이 태어나는 것을 본 사람들도 있다.

4. 실명이 아님.

5장

1. *Poverty and Justice Bible* (Swindon, UK: The British and Foreign Bible Society, 2008).

2. 2003년에 출간된 Jeffrey Geoghegan and Michael Homan의 *The Bible for Dummies* 와 혼동하면 곤란하다.

3. N. T. Wright, *Surprised by Hope*: Rethinking Heaven, the Resurrection, and the Mission of the Church (New York: HarperCollins, 2008), 208, 《마침내 드러난 하나님의 나라》(IVP 역간).

6장

1. John R. W. Stott, *Basic Christianity* (Downer Grove, IL: InterVarsity Press, 1958).

7장

1. The Internet Movie Database, "Memorable quotes for Chariots of Fire," IMBD.com, http://www.imdb.com/title/tt0082158/quotes.

2. John Ortber, *If You Want to Walk on Water, You've Got to Get out of the Boat* (Grand Rapids: Zondervan, 2001).

3. Brainy Quote, "Mother Teresa Quotes," BrainyMedia.com, http://www.brainy quote.com/quotes/quotes/m/mothertere114249.html.

8장

1. Jimmy Carter for the Nober Foundation, "Text from the Nobel lecture given by the Nobel Peace Prize Laureate for 2002," Jimmy Carter Library and Museum, http://www.jimmycarterlibrary.gov/documents/jec/nobel.phtml.

2. Ibid.

3. Jeffrey D. Sachs, *The End of Poverty: Economic Possibilities for Our Time* (New York: Penguin Press, 2005).

4. "Annual Television Set Sales in USA," http://www.tvhistory.tv/Annual_TV_Sales_39-59.JPG.

5. Planned Giving Design Center, LLC, "U.S. Charitable Giving Estimated to Be

$306.39 Billion in 2007," http://www.pgdc.com/pgdc/us-charitable-giving-estimated-be-30639-billion-2007.

6. 이 용어는 이전에 만들어진 듯하지만, 다음 책을 통해 특히 유명해졌다. Susan D. Moeller, *Compassion Fatigue: How the Media Sell Disease, Famine, War and Death* (New York: Routledge, 1999).

7. Bureau of the Census, *Statistical Abstract of the United States 1939* (Washington, DC: United States Government Printing Office, 1939), 433.

8. Bureau of the Census, *Statistical Abstract of the United States 1950* (Washington, DC: United States Government Printing Office, 1950), 522.

9. Bureau of the Census, *Statistical Abstract of the United States 2008* (Washington, DC: United States Government Printing Office, 2008), table 1242.

10. Bono, in Sachs, *The End of Poverty: Economic Possibilities for our Times*, foreword.

9장

1. Global Issues, http://www.globalissues.org/article/715/today-over-26,500-children-died-around-the-world.

2. Moeller, *Compassion Fatigue*, 22.

3. Peter Singer, *Practical Ethics*, 2nd ed. (Cambridge, UK: Cambridge University Press, 1993), 229.

4. Ibid.

5. Peter Singer, "Famine, Affluence and Morality," *Philosophy and Public Affairs* 1, no. 1 (Spring 1972).

10장

1. Keith Epstein, "Crisis Mentality," *Stanford Social Innovation Review* (Spring 2006).

2. Ibid.

3. Family Care Foundation, "If the World Were a Village of 100 People," http://www.familycare.org/news/if_the_world.htm (2008년 8월 5일 접속).

4. U.S. Department of Commerce, Bureau of Economic Analysis, "Per Capita Personal Income by State," Bureau of Business and Economic Research, University of New Mexico, http://www.unm.edu/~bber/econ/us-pci.htm (2008년 8월 5일 접속).

5. United Nations Development Programme, *Human Development Report 2007/2008* (New York: Palgrave MacMillan, 2007), 25.

6. "The World's Billionaires: A New Count, A New Record," by Sam Pizzigati, http://www.alternet.org/workplace/79993/ (2008년 10월 20일 최종 접속).

7. Anup Shaw, "Poverty Facts and States," Global Issues, http://www.globalissues.org/article/26/poverty-facts-and-stats#src18.

8. United Nations Development Programme, *Human Development Report 2007/2008*, 25.

9. Ibid.

10. Sachs, *The End of Poverty*, 28.

11. Jimmy Carter for the Nober Foundation, "Text from the Nobel lecture given by the Nobel Peace Prize Laureate for 2002," Jimmy Carter Library and Museum, http://www.jimmycarterlibrary.gov/documents/jec/nobel.phtml.

12. 우리 대부분은 의도적으로 빈곤을 고착화시키거나 가난한 사람들을 억압하려 하지는 않는다. 이런 면에서 보면 빈곤은 우리 책임이 아니다. 하지만 우리는 가난한 사람들에게 무관심하고 그들을 억압하는 체제를 무심코 지원하는 식으로 빈곤의 지속화에 공모하고 있다. 아동 노동자들을 착취하는 공장에서 만든 옷을 구입하고, 힘들게 일해서 커피를 기르고 수확하는 농부들에게 적절한 보상을 하지 않는 체제에서 커피를 사는 일은 착취와 빈곤을 영속화하는 데 가담하는 행위다. 그런 의미에서 가난한 사람들에 대한 우리의 죄는 불이행의 죄다.

11장

1. 자야쿠마 크리스천Jayakumar Christian은 인도 월드비전의 회장이고 *God of the Empty-Handed: Poverty, Power, and the Kingdom of God* (Monrovia, CA: World Vision International, 1999)의 저자다.

12장

1. Marc Lacey, "Across Globe, Empty Bellies Bring Rising Anger," *New York Times*, April 18, 2008.

2. United Nations Children's Fund, *The State of the World's Children 2007* (New York: United Nations, 2006), 24.

3. "Hunger Facts," World Food Program, http://www.wfp.org/aboutwfp/facts/hunger_facts.asp?section=1&sub_section=5 (2008년 10월 20일 최종 접속).

4. Robert Black, Saul Morris, and Jennifer Bryce, "Where and Why Are 10 Million Children Dying Every Year?" *The Lancet* 361:2226–34(2003).

5. World Food Programme, "What is Hunger?" http://www.wfp.org/aboutwfp/introduction/hunger_what.asp?section=1&sub_section=1.

6. Ibid.

7. ActionAid Internation USA, "25,000 Empty Plates Mark Daily Hunger Death Toll," OneWorld.net, http://us.coneworld.net/node/158162.

8. Deepa Narayan, *Voices of the Poor–Can Anyone Hear Us?* (New York: Oxford University Press, 2000), 45.

9. Jan Eliasson and Susan Blumenthal, "Dying for a Drink of Clean Water," *Washington Post*, September 20, 2005, http://www.washingtonpost.com/wp-dyn/conten/article/2005/09/19/AR2005091901295.html.

10. "World Security Depends on Averting Water Wars," Environment News Service, March 22, 2002, http://www.ens-newswire.com/ens/mar2002/2002-03-22-01.asp.

11. "Global Water Crisis Basic Facts Sheets," Water Partners International, http://www.water.org/FileUploads/WPMidCurricFULL.pdf (2008년 10월 20일 최종 접속).

12. Isha Seshay, "Inside Africa: Marketing World Water Day," 2008년 3월 22일 Lucy Liu와 가진 다음 인터뷰에서. http://transcripts.cnn.com/TRANSCRIPTS/0803/22/i_if.01.html.

13. Eliasson and Blumenthal, "Dying for a Drink of Clean Water."

14. Donald G. McNeil Jr., "Child Mortality at Record Low; Further Drop Seen," *New York Times*, September 13, 2007, http://www.nytimes.com/2007/09/13/world/13child.html?_r=1&oref=slogin.

15. United Nations Children's Fund, *The State of the World's Children 2008* (New York: United Nations, 2007), 116–117.

16. Bono, in Sachs, *The End of Poverty: Economic Possibilities for our Times*, foreword.

17. Associated Press, "U.S. life expectancy tops 78 for the first time: Federal report cites decline in heart disease, other major causes of death," June 11, 2008, http://today.msnbc.msn.com/id/25097931/.

18. CNN, "U.N.: Life expectancy in sub-Suhara Africa hit hard by AIDS," October 28, 1998, http://www.cnn.com/HEALTH/9810/28/aids.report.01/index.html.

19. Central Intelligence Agency, "Rank Order: Life Expectancy at Birth," *World Factbook* (Date of information, 2008 est.), https://www.cia.gov/library/publication/the-world-factbook/rankorder/2102rank.html.

20. World Health Organization, *World Health Statistics 2007* (Geneva: World Health Organization, 2007), 19.

21. United Nations Children's Fund, *The State of the World's Children 2008*, 8(원 그래프).

22. World Health Organization, "Malaria," http://www.searo.who.int/en/Section10/Section21/Section334_4008.htm (2008년 8월 6일 접속).

23. Michael Jinkel, "Stopping a Global Killer," *National Geographic*, July 2007.

24. Ibid.

25. Roll Back Malaria, "Children and Malaria," World Health Organization, http://www.rbm.who.int/cmc_upload/0/000/015/367/RMBInfosheet_6.htm (2008년 8월 6일 접속).

26. Ibid., http://www.rbm.who.int/cmc_upload/0/000/015/363/RMBInfosheet_10.htm.

27. Melinda Gates, "Malaria Forum Keynote Address," Bill & Melinda Gates Foundation, http:www.gatesfoundation.org/MediaCenter/Speeches/Co-ChairSpeeches/MelindaSpeeches/MFGSpeechMalariaForum-071017.htm, October 2007.

28. World Health Organization, "Tuberculosis: The Startling Facts," WHO, http://www.searo.who.int/LinkFiles/Tuberculosis_right8.pdf (2008년 8월 6일 접속)

29. World Health Organization, *Global Tuberculosis Control* (Geneva: World Health Organization, 2008), 3.

30. Division of Tuberculosis Elimination, "A Global Perspective on Tuberculosis," Center for Disease Control, http:///cdc.gov/TB/WorldTBDay/resources_global.htm (2008년 8월 6일 접속).

31. 산모들의 HIV를 치료하지 않고 방치하면 출산을 통해 1/3 정도의 신생아가 감염된다. 하지만 시기적절한 처방이 이루어지면 아기에게 HIV가 전염되는 비율을 거의 0으로 줄일 수 있는 효과 만점의 저렴한 치료제가 나와 있다. 항레트로바이러스제 치료의 발전으로, 에이즈를 '치료'할 수는 없어도 환자가 에이즈를 만성 질환으로 관리할 수 있게 되었다. 미국인들과 유럽인들은 약만 충실히 먹으면 사실상 정상적인 생활을 할 수 있다. 하지만 최근까지도 이 약들은 가난한 나라들에는 널리 보급되지 않고 있다.

32. Joint United Nations Programme on HIV/AIDS(UNAIDS), *Report on the Global*

Aids Epidemic (Geneva: UNAIDS, 2008), 16.

33. Ibid., 30.

34. Ibid., 15.

35. Ibid., 39-40.

36. "India World's Second in AIDS Crisis," IBN Live, December 1, 2006, http://www.ibnlive.com/news/indias-story-got-aids-dont-know/277443-3.html.

37. OSI, "HIV/AIDS Policy in Ukraine: A Civil Society Perspective," Open Society Institute, October 2007, http://www.soros.org/Staging/initiatives/health/focus/phw/articles_publications/publications/ukraine_20071015?skin=printable.

38. UNAIDS, *Report on the Global AIDS Epidemic*, Annex 1.

39. Ibid., 16.

40. Ibid., Annex 1.

41. 여기서 고아는 부모 중 한쪽이나 양쪽을 모두 잃은 아이를 말한다. 대개 부모 중 한쪽이 죽으면, 나머지도 얼마 후 뒤를 따른다. 에이즈는 배우자에게 옮아 가기 때문이다.

42. Edward C. Green, *Rethinking AIDS Prevention* (Westport: Greenwood Publishing Group, 2003), 143.

43. Ibid.

44. Ibid.

45. Joint United Nations Programme on HIV/AIDS (UNAIDS), 07 *Aids Epidemic Update* (Geneva: UNAIDS, 2007), 11.

13장

1. 4년 후 나는 두 사람을 방문했다. 잠비아 월드비전 스탭진의 관여로 매기는 사립학교에 다니고 있었다. 매기는 깨끗한 교복 차림에 신발까지 신고 있었다. 파인디아 할머니는 월드비전에서 지어 준 새 집에서 훨씬 편안하게 살고 계셨다.

2. Narayan, *Voices of the Poor*, 53.

3. 2003 Environmental Scan, a report to the OCLC membership, "Worldwide Education and Library Spending," Online Computer Library, http://oclc.org/reports/escan/economic/educationlibraryspending.htm (2008년 8월 7일 접속).

4. United Nations Development Program, *Human Development Report 2003* (New York: Oxford University Press, 2003), 92.

5. 담보 노동-Bonded Labor은 현대판 노예제의 일종이다. 찢어지게 가난한 가족이 돈을 빌리

는 대가로 자녀 중 한 명의 노동을 제공하는 것이다. 사채업자들은 일정 기간에 걸쳐 아이가 노동을 하면 빚을 갚게 되고 이후 아이는 풀려난다고 약속하지만, 이자율이 너무 높아서 아이는 결코 풀려나지 못한다. 지금도 이런 부도덕한 담보 노동의 족쇄에 수십만 명의 어린이들이 갇혀 있다.

6. United Nations Children' s Fund, *The State of the World' s Children 2008* (New York: United Nations, 2007), 147.

7. Ibid., 22.

8. Central Intelligence Agency, "The 2008 World Factbook: Niger," CIA, https://www.cia.gov/library/publications/the-world-factbook/print/ng.html (2008년 8월 7일 접속).

9. Ban Ki-Moon, Children and the Millennium Development Goals, United Nations Children' s Fund (New York: UNICEF, 2007), 58.

10. United Nations, *The Millennium Development Goals Report 2007* (New York: United Nations, 2007), 16.

11. CARE, *Women' s Empowerment*, http://www.care.org/newsroom/publications/whitepapers/woman_and_empowerment.pdf, 1. http://www.minuhemmati.net:80/gender/womenland.htm도 보라.

12. International Council on Women' s Health Issues, http://www.icowhi.org/.

13. Commission on the Status of Women, "No Tool for Development More Effective than Empowerment of Women, Says Deputy Secretary-General, as Women' s Commission Opens 50th Session," United Nations, http://www.uk.org/News/Press/docs/woml 1539.doc.htm (2008년 8월 7일 접속).

14. The World Revolution, "Peace, War & Conflict," http:///worldrevolution.org/projects/globalissuesoverview/overview2/PeaceNew.htm (2008년 8월 7일 접속).

15. The International Rescue Committee, "Special Report: Congo," http://www.theirc.org/special-report/congo-forgotten-crisis.html (2008년 8월 7일 접속).

16. United Nations Development Programme, *Human Development Report 2007/2008*, 321.

17. Anup Shah, "World Military Spending," Global Issues, http://www.globalissues.org/Geopolitics/ArmsTrade/Spending.asp#WorldMilitarySpending (2008년 8월 7일 접속).

18. Development Co-operation Directorate, "Debt Relief Is Down: Other ODA Rises Slightly," Organisation for Economic Co-operation and Development, http://www.oecd.org/document/8/0,3343,en_2649_33721_40381960_1_1_1_1,00.htm

1 (2008년 8월 8일 접속).

19. Sachs, *The End of Poverty*, 295.

14장

1. Loren Eiseley, *The Star Thrower* (New York: Harvest, 1979)에서 각색.

2. United Nations Development Programme, *Human Development Report 1990* (New York: Oxford University Press, 1990), 17; and United Nations Development Program, *Human Development Report 2007/2008*, 232.

3. Ibid., 264.

4. United Nations Children's Fund, *The State of the World's Children 2008*, foreword.

5. UN Millennium Project 2005, *Halving Hunger: It Can Be Done*, summary version (New York: The Earth Institute at Columbia University, 2005), preface.

6. United Nations Development Program, *Human Development Report 1990*, 23; United Nations Children's Fund, *The State of the World's Children 2008*, 14.

7. United Nations Development Program, *Human Development Report 1990*, 17; United Nations Development Program, *Human Development Report ,2007/2008*, 272..

8. "Millennium Development Goals," Millennium Promise, http://www. millenniumpromise.org/site/PageServer?pagename=press_mdg. 이 페이지 우측 상단 에는 디지털 시계가 있어서 2015년까지 얼마나 남았는지 보여 준다. 역사적으로 중요한 의 미가 있는 UN Millennium Project 웹사이트 http://unmillenniumproject.org/도 방문 해 보라. 특히 거기 나와 있는 "About MDGs: What They are" 페이지를 보길 권한다. http://www.unmillenniumproject.org/goals/index.htm로 들어가면 된다.

15장

1. Narayan, *Voices of the Poor*, 136.

16장

1. "Pastor Poll," The Barna Group, Ltd., 1999.

17장

1. Dee Alexander Brown, *Bury My Heart at Wounded Knee* (New York: Picador, 1976).

2. Rev. James H. Thornwell, "The Worcester Fanatics-Progress of Socialism, Abolition, and Infidelity," *New York Herald*, October 29, 1850.

3. Martin Luther King Jr., "Letter from Birmingham Jail," April 16, 1963. 이 편지는 그의 웹사이트 http://www.mlkonline.net/jail.html에서 구할 수 있다.

4. Ibid.

5. Ibid.

6. "Omnipoll," The Barna Group, Ltd., 2002.

7. John Stott, *Human Rights and Human Wrongs* (Grand Rapids: Baker Book House, 1999), 83-84.

8. J. Wesley Bready, *England: Before and After Wesley* (New York: Harper, 1938), 327.

18장

1. LovetoKnow Gorp., "American Dream Definition," www.yourdictionary.com/amercian-dream (2008년 8월 11일 접속).

2. Lexico Publishing Group, LLC, "gospel.Dictionary.com Unabridged (vol.1.1)," based on the *Random House Dictionary*, Random House, Inc. 2006, http://dictionary.reference.com/browse/american%20dream (2008년 8월 11일 접속).

19장

1. Randy Alcorn, *Money, Possessions and Eternity* (Carol Stream, IL: Tyndale House, 2003), 16-17.

2. R. Scott Rodin, *Stewards in the Kingdom* (Downers Grove, IL: InterVarsity Press, 2000), 205-206.

3. Global Rich List, "How Rich Are You?" Poke, http://www.globalrichlist.com/ (2008년 8월 26일 접속). 이 사이트는 World Bank Development Research Group에서 나온 수치들에 근거해서 계산했다. 개별적인 계산을 할 때 Poke는 세계 인구를 60억 명으로, 전 세계인의 연평균 수입을 5천 달러로 잡는다.

4. The Donella Meadows Archive, Voice of a Global Citizen, "State of the Village Report," the Sustainability Institute, http://www.sustainer.org/dhm_archive/index.php?display_article=vn338villageed (2008년 8월 27일 접속). 다음 자료도 보라. Joyce Dargay, "Vehicle Ownership and Income Growth, Worldwide: 1960-2030," New York University, http://www.econ.nyu.edu/dept/courses/gately/DGS_Vehicle

%20Ownership_2007.pdf (2008년 8월 12일 접속).

5. David B. Barrett and Todd M. Johnson, *World Christian Trends, Ad 30-Ad 2200: Interpreting the Annual Christian Megacensus* (Pasadena, CA: William Carey Library Publishers 2003), 1.

6. Sachs, *The End of Poverty*, 295에 따르면 그 비용은 연간 650억 달러 정도 들 것이다.

7. Barrett and Johnson, *World Christian Trends*, 400.

8. The Barna Group, "New Study Shows Trends in Tithing and Donating," http://www.barna.org/FlexPage.aspx?Page=BarnaUpdate&Barna&UpdateID=296 (2008년 8월 11일 접속)

9. Ibid. Barna의 '중생'에 대한 정의는 이 사이트를 참조하라.

10. Ibid. The Barna Group은 '복음주의 그리스도인'을 중생을 경험하고 다음 일곱 가지 조건을 충족시키는 사람들로 정의한다. (1) 현재 자신의 삶에서 신앙이 대단히 중요하다고 말한다. (2) 그리스도에 대한 자신의 종교적 신앙을 비그리스도인들에게 전해야 할 책임이 있다고 믿는다. (3) 사탄이 존재한다고 믿는다. (4) 영원한 구원은 행위가 아니라 은혜로만 가능하다고 믿는다. (5) 예수 그리스도는 지상에서 죄 없는 삶을 살았다고 믿는다. (6) 성경의 모든 가르침이 정확하다고 주장한다. (7) 하나님이 우주를 창조하셨고 오늘날에도 다스리시는 전지全知하고 전능全能하고 완벽한 신이라 믿는다. 복음주의로 분류할 때 교회 출석 여부나 출석 교회의 교파는 따지지 않았다. 응답자들에게 자신을 '복음주의자'로 여기는지 묻지도 않았다.

11. State Church Giving Through 2005, "Giving Research," Empty Tomb, Inc., http://www.emptytomb.org/fig2_05.html (2008년 8월 11일 접속).

12. Ibid., http://emptytomb.org/scg05prssadv.html.

13. Bureau of Economic Analysis, "State Personal Income 2007," http://www.bea.gov/newsreleases/regional/spi/spi_newsrelease.htm (2008년 8월 11일 접속). 미국의 1인당 수입 38,611달러에 근거한 자료.

14. 나는 십일조를 하고 남는 돈으로 가족을 부양해야 하는 가난한 가정들의 처지를 이해한다는 걸 말하고 싶다. 그들에게 이것은 따르기 쉽지 않은 명령이다. 다만, 재정적으로 복을 받은 사람들은 최소 기준인 10퍼센트 이상의 십일조를 할 수 있고 해야 한다는 말을 덧붙이고 싶다.

15. Pam Danziger, "Luxury Consumer Confidence Bounces Back as Affluent Consumers Spend More on Luxury Indulgences," Unity Marketing, http://www.unitymarketingonline.com/events/index.php (2008년 8월 11일 접속).

16. Associated Press, "Wardrobes for Teens Include Luxury Items," *Champaign*

News-Gazette, August 9, 2007.

17. Ken Gassman and Cheryl Russel, "IDEX Online Research: Americans Haven't Stopped Spending," International Diamond Exchange, http://www.idexonline.com/ portal_FullNews.asp?id=30257 (2008년 8월 12일 접속).

18. Tom Tulloch, North American Association of State & Provincial Lotteries, e-mail 문의.

19. Office of the Director of U.S. Foreign Assistance, "International Affairs FY 2009 Budget," U.S. Department of State, http://www.state.gov/f/releases/factsheets 2008/99981.htm (2008년 8월 12일 접속).

20. Joel Stein, "It's a Dog's Life," *Time* magazine, May 19, 2003.

21. American Society for Aesthetic Plastic Surgery, "11.7 Cosmetich Procedures in 2007," http://www.surgery.org/press/news-release.php?iid=491 (2008년 8월 12일 접속).

22. A. Scott Moreau, "Putting the Survey in Perspective," Linda J. Weber and Dotsey Welliver, eds., *Mission Handbook 2007-2009* (Wheaton, IL: Evangelism and Missions Information Service, 2007), 12-13.

23. Sachs, *The End of Poverty*, 295.

24. United Nations Development Programme, *Human Development Report 1998* (New York: Oxford University Press, 1998), 37.

25. Global Issues, http://www.globalissues.org/article/715/today-over-26,500- children-died-around-the-world.

20장

1. 이 편지에 사용된 본문들은 NIV를 기본으로 하고 여러 역본들을 참고했으며 가독성을 높이기 위해 조금씩 손을 보기도 했다. 사용된 본문은 다음과 같다. 계 2:1-2, 약 5:5, 계 2:4, 사 5:8-9, 학 1:5-6, 약 5:2-3, 계 3:17, 약 2:5, 마 6:19-21, 33: 고후 8:9, 눅 6:46, 약 1:22, 요 14:21, 미 6:8, 갈 5:14, 신 15:11, 시 82:3, 사 58:4-7, 요일 3:17, 욜 2:12-13, 엡 4:1-2, 롬 12:2, 사 55:2, 58:9-11, 고전 15:58, 계 22:12.

21장

1. 내 어머니는 두 번의 이혼 경력이 있는 아버지와 결혼한 후 파문당한 로마가톨릭 배교자였다. 어머니는 성당에 더 이상 다니지 않았지만 늘 자신을 가톨릭 신자이자 그리스도인으로 여겼다. 어머니의 생각은 사람은(그리스도인, 유대인, 무슬림 등) 특정 종교의 신앙인으로

태어나게 되는데, 살아가면서 그 신앙을 명시적으로 거부하지 않는 한 계속 신앙인으로 남는다는 것이었다. 다시 말해 어머니에게 신앙은 사람이 선택하는 대상이 아니었다.

2. Kinnaman and Lyons, *UnChristian*, 24-25.

3. Ibid., 26.

4. Ibid., 34.

5. Ibid., 47.

22장

1. 그 통계는 잘못된 것으로 밝혀졌다. 당시의 실제 비율은 17퍼센트에 더 가까웠다. 2008년 그 비율은 28퍼센트였다.

2. Eileen W. Lindner, ed., *Yearbooks of American & Canadian Churches 2008* (Nashville: Abington Press, 2008), 381.

23장

1. 밥Bob과 팸Pam은 International Health Services를 시작했는데, 이 단체는 성장하여 지금도 열심히 활동하고 있다. 자세한 내용은 www.internationalhealthservices.org를 보라.

25장

1. MCA는 개발을 위한 몇 가지 적극적인 기준을 충족시키는 나라들에만 원조를 제공할 목적으로 부시 대통령이 설립하고 의회의 승인을 받아 만들어졌다. 이 계정을 만든 근본 의도는 책임 있게 행동하는 개발도상국들을 지원하자는 것이다.

2. Bread for the World의 회장 데이비드 베크먼David Beckmann은 내 친구다. Bread for the World는 홍보 활동과 편지 쓰기를 통해 정부 정책에 영향을 끼치는 식으로 기아와 빈곤을 완화시키고자 일하는 기독교 단체다.

3. Bread for the World, "Your Letters Make a Difference," *Bread* (newsletter), September 2004.

4. J. Wilbur Chapman, *The Life and Work of Dwight Lyman Moody* (New York: Bradley-Garretson, 1900). 이 책은 http://www.biblebelievers.com/moody/index.html에서 구입할 수 있다.

5. 다음 웹사이트를 참고해 보라. http://www.umc.org/site/c.lwL4KnILtH/b.1355371/k.9501/Spritual_Gifts.htm

http://www.churchgrowth.org/cgi-cg/gifts.cgi?intro=1

http://www.chriatanet.com/bible/spritualgiftstest.htm

6. Jonathan Sim은 충실한 월드비전 스탭이었는데 슬프게도 서른세 살에 죽음을 맞았다. 그의 아내 Kelly는 남편의 이름을 딴 학교를 세우는 꿈을 간직하고 있었다. 오스틴은 그 꿈에 동참했다.

7. Austin Gutwen, "History," Hoops of Hope, http://www.hoopsofhope.org/index. php?page=history. 다음 자료도 보라. Liz Werner, "One: 13-Year-Old Humani tarian," *Need magazine*, 11, http://www.hoopsofhope.org/uploads/File/NEED03_ ONE.pdf.

8. 12,500달러의 비용으로 우물을 파서 25년간 500명의 사람들에게 깨끗한 물을 공급한다고 할 때.

9. Jeff Raderstrong, "Filtering out a global problem," *Seattle Times*, July 14, 2008.

10. 실명이 아님.

옮긴이 **홍종락**

서울대학교에서 언어학과를 졸업하고, 한국해비타트에서 간사로 일했다. 2001년 후반부터 현재까지 아내와 한 팀을 이루어 번역가로 일하고 있으며, 번역하며 배운 내용을 자기 글로 풀어낼 궁리를 하며 산다. 저서로 《오리지널 에필로그》가 있고, 역서로는 《당신의 벗, 루이스》, 《순례자의 귀향》, 《피고석의 하나님》, 《세상의 마지막 밤》, 《개인 기도》, 《실낙원 서문》, 《오독》, 《이야기에 관하여》, 《현안》, 《영광의 무게》, 《폐기된 이미지》(이상 루이스 저서), 《C. S. 루이스와 기독교 세계로》, 《C. S. 루이스의 순전한 기독교 전기》, 《본향으로의 여정》(이상 루이스 해설서), 《C. S. LEWIS 루이스》, 《루이스와 잭》, 《루이스와 톨킨》(이상 루이스 전기), 그리고 루이스가 편집한 《조지 맥도널드 선집》과 루이스의 글을 엮어 펴낸 《C. S. 루이스, 기쁨의 하루》 등이 있다. 학생신앙운동(SFC) 총동문회에서 발행하는 〈개혁신앙〉에 '루이스의 문학 세계'를 연재 중이다. '2009 CTK(크리스채너티투데이 한국판) 번역가 대상'과 2014년 한국기독교출판협회 선정 '올해의 역자상'을 수상했다.

구멍 난 복음
The Hole in Our Gospel

지은이 리처드 스턴스
옮긴이 홍종락
펴낸곳 주식회사 홍성사
펴낸이 정애주
국효숙 김경석 김의연 김준표 박혜란 오민택
오형탁 임영주 주예경 차길환 허은

2010. 7. 9. 초판 발행   2021. 3. 25. 9쇄 발행

등록번호 제1-499호 1977. 8. 1.
주소 (04084) 서울시 마포구 양화진4길 3   전화 02) 333-5161   팩스 02) 333-5165
홈페이지 hongsungsa.com   이메일 hsbooks@hongsungsa.com   페이스북 facebook.com/hongsungsa
양화진책방 02) 333-5161

• 잘못된 책은 바꿔 드립니다.   • 책값은 뒤표지에 있습니다.

ISBN 978-89-365-0278-2 (03230)